Ernst-Otto Czempiel

Kluge Macht

Ernst-Otto Czempiel

Kluge Macht

Außenpolitik
für das 21. Jahrhundert

Verlag C. H. Beck München

Eine Publikation aus der
Hessischen Stiftung Friedens- und Konfliktforschung,
Frankfurt a. M.

Die Deutsche Bibliothek – CIP-Einheitsaufnahme

Czempiel, Ernst-Otto:
Kluge Macht : Außenpolitik für das 21. Jahrhundert /
Ernst-Otto Czempiel. – München : Beck, 1999
ISBN 3-406-45311-2

ISBN 3 406 45311 2

© C. H. Beck'sche Verlagsbuchhandlung (Oscar Beck), München 1999
Satz: Fotosatz Janß, Pfungstadt
Druck und Bindung: Ebner, Ulm
Gedruckt auf säurefreiem, alterungsbeständigem Papier
(hergestellt aus chlorfrei gebleichtem Zellstoff)
Printed in Germany

Für Naemi, Tabea, Dominik, . . . und ihre Generation,
die die Politik des neuen Jahrhunderts
bestimmen werden.

Inhalt

II.
Strukturen verändern
Seite 102

III.
Beziehungsmacht: Bürgerkriege befrieden
Seite 155

IV.
Beziehungsmacht: Den Krieg austrocknen
Seite 194

V.
Konsensmacht
Seite 227

Resümee
Seite 244

Anhang

Vorwort

Dieses Buch greift seiner Zeit voraus. Es erscheint in der Jahrhundertwende, behandelt aber die Außenpolitik danach. Während des Ost-West-Konflikts, der fast die Hälfte des 20. Jahrhunderts ausgefüllt hat, haben sich Wirtschaft und Gesellschaft zwischen Vancouver und Wladiwostok, in Euro-Atlantik, derartig verändert, daß die Außenpolitik ihren neuen Grundlagen angepaßt werden muß. Niemand weiß, wie sich die Welt am Ende des 21. Jahrhunderts darstellen wird. Aber man kann wissen, wie sie an seinem Anfang aussieht. Das Buch beschreibt sie und entwickelt dann die außenpolitischen Strategien, die sich daraus ergeben.

Hier wird dargestellt, welche Außenpolitik in Zukunft möglich, nötig und erfolgreich sein wird. Die Regierungen sollen es leichter haben, die Außenpolitik entsprechend zu informieren. Darin steckt keine Prognose. Natürlich können die Entscheidungsträger die Modernisierung verweigern oder verzögern. Die Außenpolitik bildet den letzten Sachbereich, auf dem sich die Politik weitgehend unkontrolliert noch bewegen kann. Deswegen wendet sich das Buch auch an die Öffentlichkeit, schildert ihr, wie die Außenpolitik im 21. Jahrhundert gestaltet und das Verhältnis zwischen Aufwand und Erfolg verbessert werden könnte. Wenn die Regierungen die alten Gleise der Realpolitik nicht verlassen wollen, sollten die Gesellschaften die Weichen umstellen.

Seit dem 19. Jahrhundert, als mit der europäischen Machtpolitik auch die «Realpolitik» geboren wurde, hat sich unendlich viel geändert. Damals war Europa arm und wurde autoritär regiert. Heute ist es reich und demokratisch organisiert. Damals war Europa die Welt, heute hat sich die Welt globalisiert. Damals war jeder Staat autonom, heute hat die Interdependenz den Staaten immer größere Teile dieser Eigenschaft abgenommen. In der Staatenwelt gehörte der Krieg zur Normalität. In der Gesellschaftswelt ist er überflüssig und zwecklos. Zwar ist die Gewalt nicht verschwunden. Sie hat sich in die Staaten zurückgezogen, zum Bürgerkrieg verändert, der aber ganz andere Ursachen hat als der zwischenstaatliche Krieg und daher auch ganz anders behandelt werden muß.

Diese neue Wirklichkeit hat viele der alten politischen Paradigmen makuliert. Das Nationalinteresse bietet keine Orientierung mehr, weil der Nationalstaat «denationalisiert» worden ist. Die äußere Sicherheit ist noch nicht gewährleistet, aber Westeuropa, der alte Kriegs- und Krisenherd, zeigt, daß sie heute auf ganz andere Weise besorgt werden kann und muß als mit der Herstellung von Verteidigungsfähigkeit.

Wenn so viele vertraute Werte umgewertet worden sind, kann die Außenpolitik nicht bei ihren alten konzeptionellen Leisten bleiben. Sie darf sich nicht zu einer «Normalität» zurückwenden, wie es ihr gerade in Deutschland nach 1990 wieder angeraten worden ist. Im Gegenteil. Sie muß sich von dieser Routine abwenden und sich den Bedingungen stellen, die um die Jahrhundertwende in Europa herrschen und sich weiterentwickeln werden. Innovation ist angesagt, nicht Restauration. Die deutsche Innenpolitik folgt ja auch nicht mehr den Regeln, mit denen Friedrich der Große Preußen regiert hat. Warum sollte die Außenpolitik die Maximen jener längst vergangenen Zeiten befolgen?

Das Buch steht in einer Reihe mit zwei anderen. 1981 habe ich in der «Internationalen Politik» das internationale System untersucht, wie es sich aus den Interaktionen hochentwickelter staatlicher und nicht-staatlicher Akteure entwickelt hat. Es läßt sich nur noch mit dem unanschaulichen Modell eines asymmetrischen, gebrochenen Gitters abbilden, in dem die vertraute Vorstellung, die Staaten seien Akteure, und zwar die einzigen, keinen Platz mehr hat. Fünf Jahre später habe ich in den «Friedensstrategien» versucht, anhand eines solchen Modells die Wirkung herrschaftlicher und systemischer Strukturen auf die internationalisierende Politik der Akteure herauszuarbeiten. Diese Strukturen gelten in der Theorie der Internationalen Politik als die beiden wichtigsten Gewaltursachen, die es gibt.

Hier, in diesem Buch, geht es nur noch in einem Kapitel um Strukturen, in den anderen um den ebenso wichtigen Bereich der außenpolitischen Prozesse. Was läßt sich unter den so nachhaltig veränderten Zuständen, in denen die Interdependenz die Staaten miteinander verklammert und die Informationstechnologie ihre Isolierung beendet hat, überhaupt noch als «Außenpolitik» verstehen? Wer muß als ihr Urheber, wer als ihr Adressat verstanden werden? Können es noch die Regierungen, werden es nicht häufig die Interessengruppen und müßten es nicht eigentlich die Gesellschaften sein? Ihre Interaktionen haben doch die neuen Zustände des internationalen Systems herbeigeführt, die gern schon als «Weltinnenpolitik» bezeichnet werden, weil sie in der Tat denen ähneln, die wir vom Binnenraum des Staates gewöhnt sind. Was kann in einer solchen Welt, die vornehmlich eine Wirtschaftswelt geworden ist, militärische Gewalt noch ausrichten?

Wer nach der Jahrhundertwende Macht erfolgreich in der internationalen Umwelt anwenden will, wird sich zunächst gründlich umsehen müssen, wie diese Welt aussieht. In Kapitel I wird sie dargestellt, wird die Distanz vermessen, die sie von der vorindustriellen Welt des 19. Jahrhunderts trennt. Neue Formen der Macht stehen zur Verfügung, die aus ganz neuen Quellen stammt. Manches von dem, was der Realpolitik lieb und teuer war, gehört zum alten Eisen. Wer viel davon besitzt, ist immer wieder versucht, es auch zu benutzen. Alte Strategien haben natürlich Folgen – haben sie auch Erfolge? Die Antwort darauf gibt der Krieg der NATO gegen Jugoslawien.

Fragen müssen besonders an den Sachbereich der Sicherheit gerichtet werden. Mit ihm beschäftigen sich die operativen Kapitel II bis V dieses Buches. Ich habe es sehr bedauert, daß die beiden anderen Sachbereiche der Politik, der der wirtschaftlichen Wohlfahrt und der der Partizipation an der Herrschaft, unberücksichtigt bleiben mußten. Besonders schade ist es, daß auf die Darstellung der Außenwirtschaftsbeziehungen in ihrer ganzen Breite verzichtet werden mußte. Da die Gesellschaftswelt in ihrer Orientierung vornehmlich eine Wirtschaftswelt ist, kommt diesem Sachbereich eine ähnlich große Bedeutung zu wie dem der Sicherheit. Ihn ausführlich zu behandeln, hätte aber nicht nur den Rahmen des Buches, sondern auch meine Kompetenz überstiegen.

Um so mehr habe ich mich bemüht, den Sachbereich der Sicherheit ausführlich zu behandeln. Sicherheit wird auch heute noch gern mit Verteidigungsfähigkeit verwechselt, fällt aber nur im Extremfall eines spontanen Angriffs mit ihr zusammen. Sicherheit im Sinn des Wortes besteht nur dann, wenn es keine Feinde mehr gibt, die sie bedrohen könnten. Diese Vorstellung ist nicht utopisch, sondern in Westeuropa schon Wirklichkeit geworden. Sie über den ganzen Kontinent auszudehnen, liegt in der Reichweite kluger Macht. Ihre Eintrittsbedingungen auf der ganzen Welt zu verbessern, sollte diese Macht ständig bestrebt sein. Die Weltgeschichte ist das Ergebnis politischer Entscheidungen und ihrer Interaktion, also das Resultat veränderlicher Größen. Außenpolitik kann sie so gestalten, daß die Grade der Sicherheit und des Wohlstands kontinuierlich ansteigen.

Die neuen Strategien in praktische Politik umzusetzen, ist eine Kunst, deren Beherrschung den Politiker ausmacht; es ist die Sache des Wissenschaftlers nicht. Er kann aber der politischen Praxis helfen, sich in den veränderten Bedingungen besser zu orientieren und Strategien einzusetzen, deren Erfolgschancen bedeutend sind.

Das klingt sehr einfach, hat sich aber als sehr schwierig erwiesen. Seit achtzig Jahren gibt es die Internationalen Beziehungen als Teildisziplin der Politikwissenschaft. Soweit sie ihr Fachwissen der laufenden Politik konkret zuwendet, werden ihre Arbeitsergebnisse wenigstens zur Kenntnis genommen. Spezialwissen ist immer Mangelware bei Politikern und Diplomaten. Zwischen der Grundlagenforschung aber, die sich mit allgemeinen Zusammenhängen von Ursache und Wirkung in der Außenpolitik beschäftigt, und der praktischen Politik, die mit diesen Zusammenhängen umgehen muß, gibt es kaum Beziehungen. Die Politik kann mit Forschungsergebnissen nichts anfangen, die keinen erkennbaren Bezug zu dem haben, was ihr als aktuelle Wirklichkeit erscheint. Die Wissenschaftler ihrerseits halten die Gegenstände ihrer Arbeit so steril wie möglich, vermeiden sogar den Anschein politischer Verwendbarkeit.

Dieser Zustand wechselseitiger Nichtbeachtung ist so paradox, wie er teuer ist. Die Gesellschaft finanziert die Erarbeitung von Kenntnissen, die sie nicht benutzt. Daran ist die Politikwissenschaft nicht unschuldig. Sie hat bisher kein Handbuch, kein Lehrbuch der Außenpolitik auf den Markt gebracht. Es gibt keine vergleichende Analyse von Konflikten und Strategien, keine Problemaufrisse. Nach 1990 sind viele Arbeiten erschienen, die sich mit dem Platz des wiedervereinigten Deutschland in Europa und in der Welt und mit den Zielen beschäftigen, die die deutsche Außenpolitik verfolgen soll. Mit dem glücklichen Begriff der «Zivilmacht» (Maull) wurde ihr auch der Weg gewiesen, auf dem sie diese Ziele verfolgen sollte. Was fehlt, ist – um im Bild zu bleiben – die Wanderkarte. Noch immer sind die Umbrüche in Politik und Strategie nicht aufgearbeitet worden, die sich im Niedergang des Ost-West-Konflikts zeigten. Es gibt kein Register erfolgreicher und erfolgloser außenpolitischer Strategien, keine Verarbeitung der Erfahrungen, die die USA in Vietnam, die Sowjetunion in Afghanistan, die Vereinten Nationen in Somalia gemacht haben. Diese riesige Lücke kann das Buch nicht füllen. Es legt einen ersten Versuch vor, der auch das Tor öffnen soll für eine Forschungsrichtung, auf die Politik und Gesellschaft dringend angewiesen sind.

Das Manuskript des Buches war fertiggestellt, als die NATO die seit 1945 geltende Weltordnung durchbrach und Gewalt für politische Zwecke einsetzte. Sie hatte sich durch zahlreiche Ultimaten und Gewaltandrohungen in einen Handlungszwang versetzt, dem sie nicht mehr entkommen konnte. So gesellte sie sich dem Konflikt zwischen Serben und Albanern um die Herrschaft im Kosovo als weitere Partei hinzu, brachte ihre Glaubwürdigkeit und ihr Prestige als zusätzliche Ursachen ein. Die Anfänge dieses Krieges konnten in das Buch noch eingearbeitet, aber seine Ursachen nicht mehr analysiert werden. Wie der Krieg ausgehen, welche Folgen er haben wird, war im Frühjahr 1999 nicht absehbar. Geschrieben, um die Möglichkeiten und Perspektiven der Außenpolitik in der Gesellschaftswelt darzulegen, ist es zur Gegenfolie einer Politik geworden, die sich an den Strategien der vergangenen Staatenwelt orientiert. Es hat damit eine zusätzliche Aktualität bekommen, die ebenso unerwartet wie bestürzend ist.

In die Arbeit an diesem Buch sind auch Forschungen zum Sicherheitsdilemma in Europa eingeflossen, die ich im Rahmen eines von der Deutschen Forschungsgemeinschaft unterstützten Projektes unternommen habe. Das Sicherheitsdilemma ist die Folge der Systemanarchie, einer der beiden großen Gewaltquellen, die man nicht sehen kann, die aber bedeutende Wirkungen ausüben. Herr Dipl. rer. pol. Bernd Schönwälder und Frau Dipl. rer. pol. Tanja Schliebe haben mir bei einigen Recherchen geholfen; Frau Schliebe hat auch das Sachregister erstellt. Allen schulde ich Dank. Die Herstellung des Manuskripts und die Koordination der dazu erforderlichen Arbeiten lag, wie immer, in den bewährten Händen von Frau Marlies Sanner. Ihr Engagement hat bei den mehrfachen Überarbeitungen nicht nachgelassen, deren die Endfassung bedurfte. Dafür und für die unendliche Umsicht, die sie dem Buch zukommen ließ, möchte ich ihr auch an dieser Stelle besonders danken.

Frankfurt am Main, im Frühjahr 1999   Ernst-Otto Czempiel

I.
Von der Staatenwelt zur Gesellschaftswelt

1. Ist die Realpolitik wirklich realistisch?

Obwohl das Ende des Ost-West-Konflikts, die Auflösung des Warschauer Paktes, die Selbstauflösung der Sowjetunion und die Selbstaufgabe des Kommunismus hinlänglich genug dokumentieren, daß sich die Bedingungen der internationalen Politik jedenfalls im atlantischen Raum maßgeblich geändert haben, ist im außenpolitischen Denken des Westens kaum ein Reflex davon mehr zu verspüren. Er setzt die Politik fort, an die er sich in den vierzig Jahren des Kalten Krieges gewöhnt hatte. Natürlich wurde sie etwas angepaßt, wurden die Truppen verringert und die Rüstungsetats durchweg um ein Fünftel gekürzt. Alles andere aber wurde intakt gelassen, vor allem das Weltbild. Es zeigt die vertraute Welt von souveränen Nationalstaaten, deren interessegesteuertes Verhalten die internationale Politik zu Wege bringt. Weil sie konflikt- und gewalthaltig ist, muß jeder Staat ständig für seine Sicherheit vorsorgen, am besten in einer Allianz.

Starke Streitkräfte gelten nach wie vor als unentbehrlich. Sie sind zwar nicht das einzige, keineswegs aber das letzte, sondern ein besonders wichtiges Mittel der Außenpolitik. Sie werden weniger für die Verteidigung gebraucht als für politische Zwecke. Sie sollen in Bürgerkriegen, wie dem in Bosnien-Herzegowina, den Frieden wahren und ihn im Kosovo herstellen. Sie sollen weltweit eingesetzt werden können, wo immer westliche Interessen bedroht sind. Und sie schaffen auch politische Ordnung. Die Neuordnung Europas wurde in erster Linie der NATO und ihrer Osterweiterung anvertraut. Das Bündnis bleibt das einzige politische Bindeglied zwischen Nordamerika und Westeuropa. Und seit dem NATO-Jubiläumsgipfel vom April 1999 wird die Gewaltkompetenz der Allianz zunehmend herangezogen, um auch global ordnungspolitisch zu wirken.

An allen herkömmlichen Standards gemessen, befindet sich die Welt seit 1989/90 im Frieden. Es hat seitdem keinen internationalen Krieg mehr gegeben. Er kann wiederkehren, ist aber auf absehbare Zeit nicht in Sicht. Warum versteift sich der Westen dennoch auf seine Militärpotentiale? Die Gesamtverteidigungsausgaben der NATO-Länder beliefen sich 1996 auf rund 466 Mrd. US-Dollar (USD);[1] das waren, in konstanten Preisen und Wechselkursen von 1985 gerechnet, sogar 100 Mrd. mehr als 1985. Ist es nicht paradox, daß der Westen in den Friedenszeiten mehr

Geld für seine Rüstung ausgibt als auf dem Höhepunkt des Kalten Krieges?

Seine Bedrohungsanalyse trägt natürlich der Beendigung des Kalten Krieges mit der Sowjetunion Rechnung, hat sich aber in ihrer Gesamtanlage nicht geändert. Die Notwendigkeit zur Landes- und Bündnisverteidigung bleibt weiter bestehen, weil eine «grundlegende Veränderung der Rahmenbedingungen für die Sicherheit in Europa nicht ausgeschlossen werden kann». Genauer noch: «Frieden und Stabilität in Europa werden entscheidend von der Substanz des Gesamtdispositivs für Landes- und Bündnisverteidigung bestimmt», heißt es im deutsch-französischen Sicherheits- und Verteidigungskonzept vom 9. Dezember 1996.[2] An der Bedrohung selbst und vor allem an ihrem Ausmaß hat sich also kaum etwas geändert; sie hat nur ihre Erscheinungsform gewandelt. Wurde sie zuvor durch den Warschauer Pakt präsentiert, so wird sie am Ausgang des Jahrhunderts in einem Ensemble «unvorhersehbarer und aus vielen Richtungen kommender Bedrohungen»[3] gesehen.

Zehn Jahre nach dem Umbruch in der Weltpolitik[4] hat sich die Bereitschaft, ihn zur Kenntnis zu nehmen und zu berücksichtigen, wieder verflüchtigt. Hatte es nach 1991 ohnehin keine fiskalische Friedensdividende gegeben, so ist auch in der Konzeptualisierung von Außen- und Sicherheitspolitik kaum ein Reflex der so gründlich veränderten Weltlage zu finden. Der amerikanische Präsident Bill Clinton, der 1992 den Wahlkampf bestritten und die Wahlen gewonnen hatte mit dem Versprechen, diese doppelte Dividende zu verteilen, mußte dieses Vorhaben schon 1994 wieder aufgeben.

Diese Anpassungsverweigerung ist auffällig. Für die unentbehrliche Rückversicherung, für die Friedenssicherungsaufgaben und eventuell notwendig werdende Einsätze der Schnellen Eingreiftruppe würde die Hälfte der militärischen Kapazität ausreichen, die der Westen weiter vorhält.

Gewiß sperren sich die Besitzstandsinteressen des Militärs und der Rüstungsindustrie gegen jede weitere Mittelkürzung, und sei sie sachlich noch so berechtigt. Ein dem «shareholder value» der Wirtschaft nachgebildetes «citizen value», das die sachlich mögliche Anpassung schleunigst durchzusetzen verlangte, hat sich in der Politik noch nicht eingebürgert. Militär und Rüstungswirtschaft bilden eine mächtige Lobby.

Ihre Argumente aber entspringen nicht nur ihren «vested interests». Hinter ihnen stecken Methode und Tradition. Ihre Analysen verwenden Kriterien, die in der – sich selbst so nennenden – Realpolitik seit eh und je Verwendung gefunden haben. Lord Palmerston bemerkte in der Mitte des vorigen Jahrhunderts, daß so, wie dem Arzt alles ungesund und dem Priester alles unrein vorkomme, dem Militär eben alles unsicher sei. Eineinhalbtausend Jahre vorher gab der römische General Vegetius den

Rat, der nicht nur den gesunden Menschenverstand, sondern auch das sicherheitspolitische Denken der Militärs und Politiker bis heute überzeugt: «Wenn Du den Frieden willst, bereite den Krieg vor.» Clausewitz ging bekanntlich einen bedeutenden Schritt weiter und hob den Krieg in den Rang eines Mittels der Politik. Der britische Premier William Gladstone zählte noch am Ende des vorigen Jahrhunderts die Kriege, «so bedauerlich sie auch sein mögen, zu den Notwendigkeiten der Lage».[5] Wieder hundert Jahre später, 1994, warnte der damalige Generalinspekteur der deutschen Bundeswehr, General Klaus Naumann, davor, «daß generell auf alle Maßnahmen zur Durchsetzung des Friedens unter Anwendung militärischer Gewalt verzichtet wird».[6]

Kann der Einsatz des Krieges zu politischen Zwecken nur auf eine kurze, so kann die Verteidigungsvorsorge als Sicherheitspolitik auf eine sehr lange Tradition zurückblicken. Sie kann sogar methodische Einsichten für sich ins Feld führen. Da es im internationalen System keine Zentralgewalt mit Sanktionskompetenz gibt, die die Sicherheit der Staaten so gewährleisten könnte, wie es die Regierung innerhalb eines Staates für ihre Bürger tut, muß jeder Staat für sich selbst sorgen. Das internationale System ist ein Selbsthilfesystem. Sicherheit ist zudem das oberste Ziel des Staates; jede Regierung muß sie entsprechend hoch veranschlagen und, da die Zukunft prinzipiell offen und ungewiß ist, immer für den schlimmsten Fall vorsorgen. Diese Maxime hatte Vegetius sozusagen auf den Punkt gebracht. Sie hat sich bis heute als enttäuschungsfest erwiesen. Sie hat nicht nur den längst erbrachten Nachweis überlebt, daß ihre Zweckrationalität nur scheinbar ist.[7] Sie hat sogar ihre demonstrative Widerlegung durch das Ende des Ost-West-Konflikts überlebt. Weder der Sowjetunion noch ihren Alliierten im Warschauer Pakt hatte es an ausreichender Kriegsvorbereitung gefehlt; im Rüstungsbereich waren sie immer gleich stark wie der Westen, sektoral sogar stärker. Trotzdem − oder gerade deswegen − haben sie die Auseinandersetzung mit dem Westen verloren.

Aber der Westen hat daraus keine Konsequenzen für die Entwicklung einer modernen Außenpolitik gezogen. Seine Strategen hüllten sich für ein paar Jahre in Schweigen, um dann, nachdem die freudige Erregung über das Ende des Kalten Krieges und die großen Erwartungen, die sich daran knüpften, abgeklungen waren, mit den vertrauten Folgerungen und Forderungen wieder nach vorn zu treten. Zu Beginn des neuen Jahrtausends, so scheint es, hat sich das Fenster für die Reform der Außenpolitik wieder geschlossen, regiert die Tradition und verweigert die Innovation.

Diese pessimistische Bilanz ist glücklicherweise übertrieben. In der westlichen, gerade auch in der deutschen Politik haben sich sehr wohl Elemente modernen Denkens erhalten und Wirksamkeit erlangt. Daß die wirtschaftliche und die monetäre Union Europas seit Maastricht durch die politische Union ergänzt wird, kann als konzeptionelle Innovation von Außenpolitik gar nicht überschätzt werden. Die Integration ist eine höchst moderne, den sozioökonomischen Bedingungen der Gegenwart absolut entsprechende Strategie zur Umwandlung von ehemaligen Zonen des Krieges in Friedenszonen. Zweihundert Jahre lang war Westeuropa der weltpolitische Kriegsherd par excellence gewesen. Seit 1948 wurde es zuerst mit der OEEC, dann mit der Montanunion, mit den Römischen Verträgen und schließlich mit der Europäischen Union zunächst durch die Institutionalisierung von Kooperation, dann durch die Integration in einen Zustand versetzt, in dem der Krieg als beseitigt gelten kann.

Die zweite innovative Leistung war die Umwandlung der KSZE in die – später so genannte – Organisation der OSZE. Die «Charta von Paris für ein neues Europa» vom November 1990 stellt der Lernfähigkeit der Politiker ein hervorragendes Zeugnis aus. Zwar wurde dieser konzeptionelle Fortschritt von den Kräften der Tradition überholt und die OSZE in eine Kummerecke in Wien verbannt; sie ist aber jederzeit in der Lage, auf die Zuwendung neuer Aufmerksamkeit zu reagieren und in die Position einzurücken, die ihr 1990 zugedacht war.

Auch der Auftrag des Sicherheitsrates an den damaligen UN-Generalsekretär Boutros Boutros-Ghali, Überlegungen auszuarbeiten, die die Gewalt vermeiden können (statt ihre Anwendung verspätet zu bestrafen), gehört zu den gedanklichen Fortschritten. Der Generalsekretär hat den Auftrag des Sicherheitsrates 1992 ausgeführt[8] und seine Antwort später weiter differenziert. Seine «Agenda für den Frieden» steuert Überlegungen zur Konfliktlösung bei, nachdem die von UN-Generalsekretär Dag Hammarskjöld 1956 eingeführte Strategie der Friedenssicherung erfolgreich versucht hatte, wenigstens die Gewalt bei der Konfliktbearbeitung stillzustellen. Seit 1985 und besonders nach 1990 wurde dieses Leistungsangebot der Vereinten Nationen besonders stark in Anspruch genommen.

Das traditionelle Denken der Realpolitik hat also durchaus kräftige Konkurrenz bekommen, die von den großen wirtschaftlichen Interessen, insbesondere den Transnationalen Konzernen, gestützt wird – wenn auch unbewußt und unfreiwillig. Da aber diese Konkurrenz kein neues Weltbild entworfen und kein neues, überzeugendes Konzept von Außenpolitik entwickelt hat, hat es die traditionelle Realpolitik leicht, sich zumindest im Sachbereich der Sicherheit wieder nach vorn zu drängeln. Sie bewegt sich im vertrauten Weltbild der Staatenwelt, in dem die internationale Politik von den Staaten erzeugt wird, die, von ihren Regierungen geführt, sich wie Billardbälle formieren, sich aufeinander zu- oder voneinander wegbewegen. Ihre Innenpolitik ist für die Außenpolitik irrelevant.

War diese Weltsicht bei Bismarck noch hinzunehmen, so muß sie bei einem zeitgenössischen Staatsmann wie Henry Kissinger verwundern.[9]

Aber sie bestimmt auch am Ende des 20. Jahrhunderts die Politik der USA und der anderen Großmächte. Washington schloß in den neunziger Jahren eine «Strategische Partnerschaft» nach der anderen, 1998 sogar mit China. Dafür blieb Indien vernachlässigt, obwohl seine demokratische Grundordnung dem amerikanischen Verständnis sehr viel näher steht als die chinesische Form des Kapitalismus. Die NATO erweitert sich nach Osten, obwohl für die Gesellschaften dort der Beitritt zur Europäischen Union wichtiger und wertvoller wäre. Überlegungen dieser Art spielten in der Staatenwelt des 19. Jahrhunderts, als das klassische Weltbild konstruiert wurde, keine Rolle. Heute führt die Weiterverwendung des alten Weltbildes dazu, daß die Kräfte, die eigentlich die Politik bilden, der Aufmerksamkeit der Entscheidungsträger ferngehalten werden. Wer die Außenpolitik modernisieren will, muß also zunächst einmal das Weltbild zurechtrücken.

Denn die Weltbilder und die ihnen entsprechenden Handlungsanleitungen sind keinesfalls, wie es die Erfahrung der Realpolitik unterstellt und die Theorie des Realismus konstatiert, zeitlos. Daß das Alltagsdenken in der internationalen Politik immer nur die Wiederkehr des gleichen erkennt, ist verständlich. Daß ein Wissenschaftler wie Hans J. Morgenthau, der Vordenker der realpolitischen Außenpolitik des Westens nach 1945, die internationale Politik von «objektiven Gesetzen beherrscht (sieht), deren Ursprung in der menschlichen Natur liegt»,[10] klingt dem modernen Ohr schon befremdlich. Es registriert die Unbekümmertheit, mit der Morgenthau zwei analytische Ebenen, die des Systems und die des einzelnen, miteinander in Beziehung setzt. Kenneth N. Waltz, dem anspruchsvollen Theoretiker des Neorealismus, unterlaufen solche Patzer natürlich nicht. Wenn er aber, methodisch richtig, ausschließlich auf der Ebene des internationalen Systems analysiert, entgeht ihm notwendigerweise, was auf dem analytischen Niveau des Staates als Beitrag zur Systembildung zu sehen ist. Waltz sieht es nicht.[11] Nur deswegen kann er auf der alten These beharren, daß unter den Zwängen des internationalen Systems alle Staaten sich immer gleich verhalten.

Beiden, und den meisten ihrer Anhänger, ist eine Vorstellung von Theorie eigen, die darunter nicht an der Empirie geprüfte Hypothesen versteht, sondern logische Konstrukte, die die empirische Vielfalt zu ordnen[12] oder aus einer einzigen Ursache zu erklären versuchen.[13] Das nützt der «Schlankheit» der Theorien, aber nicht dem Empiriegehalt dieser Verallgemeinerungen. Nicht umsonst hat sich die moderne Sozialwissenschaft längst auf Teiltheorien, auf Quasitheorien konzentriert, die sehr viel wirklichkeitsnäher, empiriegesättigter und daher in der Lage sind, nicht nur den gesellschaftlich-politischen Bedingungen einer Epoche Rechnung zu tragen, sondern auch deren Wandel.

Angesichts dessen ist es nicht verwunderlich, daß von diesem Realismus und Neorealismus die zeitgenössische Außenpolitik nicht informiert, sondern in ihrem Verlaß auf Tradition und Erfahrung geradezu noch bestärkt wird.[14] Wenn die Theorie unhistorisch argumentiert und die Veränderungen unterschlägt, die sich seit der Mitte des 19. Jahrhunderts im gesellschaftlich-wirtschaftlichen Substrat der Politik vollzogen haben, kann man es der Realpolitik, ihrer Tochter, nicht verdenken, daß sie sich an Handlungsanleitungen des fünften nachchristlichen Jahrhunderts orientiert. Wenn Kenneth N. Waltz die Gleichgewichtspolitik, die im 18. Jahrhundert in Europa Einzug hielt, für die unverändert gültige, also richtige Konsequenz aus der Systemanarchie ansieht, muß man sich über die 1997 begonnene Osterweiterung der NATO nicht sonderlich wundern. Sie folgt den gewohnten Gleisen europäischer Kabinettspolitik.

Daß der Realismus sich durch sein unhistorisches Denken selbst eine Falle stellt, daß die Realpolitik durch ihr Verhalten erst die Zustände hervorruft, durch deren Analyse sie sich bestätigt sieht,[15] vermögen diese «klassischen Realisten» nicht zu erkennen und nicht zu vermitteln. Ihre jüngeren Nachfolger, die «postklassischen Neorealisten», registrieren aber durchaus, daß 1989/90 ein Wandel sichtbar geworden ist, der die Theorie nicht unberührt lassen kann.[16] Er ist wahrlich unübersehbar. Gesellschaft, Wirtschaft und Politik sehen heute fundamental anders aus als vor 200 Jahren. Als die Praxis der Realpolitik eingeübt wurde, also zwischen dem 17. und dem 19. Jahrhundert, bestand Europa aus kleinen, feudal-autoritär regierten Herrschaftseinheiten, die hauptsächlich von der Landwirtschaft lebten. Als Carl von Clausewitz' berühmtes Buch «Vom Kriege» 1832/34 erschien, war Preußen, wie die meisten anderen Staaten, ein kleines Agrarland. In der ersten Hälfte des 20. Jahrhunderts dominierten der zentral beherrschte Nationalstaat und die Industrialisierung. Zu Beginn des dritten Jahrtausends gibt es überall in Europa demokratisch verfaßte Informationsgesellschaften, die Wissen verarbeiten, vermarkten oder austauschen. Mehr als die Hälfte aller Beschäftigten sind «knowledge worker» geworden.[17] Die Staaten Europas stehen sich nicht mehr, wie in der Staatenwelt, isoliert, fremd und feindselig gegenüber. Interdependenz und gesellschaftliche Interaktion haben die Staaten unterlaufen und überwölbt. Sie sind «denationalisiert»,[18] räumlich «entgrenzt» worden.[19] Die Gesellschaftswelt von heute hat mit der Staatenwelt, die 1945 zu Ende ging, nur noch Äußerlichkeiten gemeinsam.

Dieser dramatische Wandel der sozioökonomischen Befindlichkeit kann die Außenpolitik nicht unberührt lassen. Der britische Diplomat Robert Cooper registrierte denn auch vor einigen Jahren schon den Wandel von der Prämoderne (in der die Realpolitik formuliert wurde) über die Moderne hin zur Postmoderne.[20] Die Politik weiß es also, kann es jedenfalls wissen, wie fundamental sich die gesellschaftlichen Zustände und damit die Voraussetzungen und Bedingungen geändert haben, aus denen sie hervorgeht.

Gleichzeitig müssen sich die Strategien ändern, mit denen man der neuen Lage Herr werden will. Man kann es der individuellen Bewertung überlassen, ob die Zeiten durch diesen Wandel besser geworden sind. Dem politischen Belieben aber sollte die Möglichkeit entzogen werden, den Wandel selbst zu leugnen und eine Außenpolitik zu betreiben, deren Leitlinien im 19. Jahrhundert ersonnen worden sind. Sie mögen in jenen Teilen der Welt noch gelten, deren politisch-gesellschaftliche Zustände in der Phase der Prämoderne oder der Moderne verweilen. In der OECD-Welt, zu der inzwischen der größte Teil der einst vom Ost-West-Konflikt erfaßten atlantischen Welt gehört, können sie nur noch als Anachronismus gelten. Er ist nicht ungefährlich, vor allem aber ist er leistungsunfähig, weil er mit denjenigen Gewaltquellen, die unsere Gegenwart bedrohen, nicht umgehen kann.

2. Der Wandel von Wirtschaft und Gesellschaft

Wer die Außenpolitik und ihre Konzepte an die Bedingungen des beginnenden 21. Jahrhunderts anpassen will, muß sich also zunächst dieser gesellschaftlichen, wirtschaftlichen und politischen Veränderungen vergewissern, die seit den Tagen des Carl von Clausewitz eingetreten sind. Dazu genügt ein Blick auf die entsprechenden Daten.

Ausführlicher gilt es, die politisch relevanten Folgen zu besprechen, die sowohl innerstaatlich wie zwischenstaatlich eingetreten sind und aus der alten Staatenwelt die zeitgenössische Gesellschaftswelt gemacht haben. Dieser Entwicklung muß das Verständnis von Macht folgen. Ein kleiner Exkurs zieht dann die Konsequenzen für die Theorie der Internationalen Politik.

Die Entwicklung von der Staatenwelt zur Gesellschaftswelt läßt sich prägnant durch drei berühmte Zitate beschreiben. «Der Staat bin ich», soll Ludwig XIV. 1655 ausgerufen haben, und wenn das Zitat nicht stimmt, so ist es doch gut erfunden. Es spiegelt das politische Selbstverständnis des Absolutismus deutlich wieder. 130 Jahre später, 1787, stellte dagegen die Bundeskonvention der neuen amerikanischen Staaten fest: «Wir, das Volk der Vereinigten Staaten, ... setzen diese Verfassung in Kraft». Wieder zweihundert Jahre später, 1989, stürzte die Gesellschaft in Ostdeutschland mit dem Kampfruf «Wir sind das Volk» die nur oberflächlich als Volksdemokratie verkleidete Diktatur der Kommunistischen Partei.

Dieser Entwicklung der Herrschaftssysteme lag der Übergang von der vorwiegend agrarisch dominierten, vorindustriellen Wirtschaft in das industrielle Zeitalter zugrunde, das in der zweiten Hälfte des 20. Jahrhunderts von der Informations- und Wissensepoche abgelöst worden ist. Wer einen Zusammenhang zwischen diesen beiden Prozessen konstatiert, huldigt deswegen noch lange keinem materialistischen Determinismus. Er registriert vielmehr, daß sich die wirtschaftlichen und sozialen Verhältnisse in den letzten dreihundertfünfzig Jahren radikal geändert haben.

Dieser neue Kontext kann für die internationale Politik genauso wenig folgenlos bleiben wie in der Innenpolitik. Dort wurde die feudale Epoche von der sozialdemokratischen abgelöst, deren Ende zwar schon proklamiert worden, aber keinesfalls zu sehen ist.[21] Um wie viel schneller und gründlicher müssen die außenpolitischen Theorien des Realismus und der Realpolitik überarbeitet werden, die noch aus der Feudalzeit stammen, also noch nicht einmal «sozialdemokratisiert» worden sind. Ihre Verfechter können sich nicht darauf berufen, daß die moralisch-ethische Ausstattung des Menschen – wird sie nun pessimistisch oder optimistisch eingeschätzt – von der Veränderung seiner Existenzbedingungen nicht betroffen wird. Denn in der Politik, zumal in der Außen- und internationalen Politik, agieren nicht Individuen, sondern herrschaftlich verfaßte Kollektive, die ihre entscheidungsprozessual festgestellten Interessen realisieren.

Alle drei Kriterien sind eminent zeitabhängig. Es kann doch nicht gleichgültig sein, ob sich kleine, autoritär beherrschte, an die Unterwerfung der Untertanen und deren Unkenntnis gewöhnte Agrarstaaten gegenüberstehen oder ob sich demokratisch organisierte, hochentwickelte Dienstleistungsgesellschaften, deren Informationsstand dem der Entscheidungsträger ebenbürtig ist, in einer weitgehend transparenten, übersichtlichen Umwelt bewegen. Es müßte längst ein Gemeinplatz geworden sein, daß die Außenpolitik in der Gesellschaftswelt auf ganz anderen Voraussetzungen beruht und ganz andere Ziele verfolgen muß als die, die in der feudal strukturierten Staatenwelt geherrscht haben. Statt dessen ist es bitter notwendig, wenigstens kursorisch die wichtigsten Veränderungen zu notieren, die sich in den Grundlagen der Politik vollzogen haben. Bei den heutigen Industriestaaten, der sogenannten OECD-Welt, sind sie mit den Händen zu greifen. Tendenziell, wenn auch unterschiedlich ausgeprägt, sind sie aber auch in der gesamten Welt schon wirksam.

a) Die Veränderung der Lebens- und Arbeitsbedingungen

Der wichtigste Wandel betrifft den Humanbereich. Die Menschen im OECD-Raum leben am Beginn des dritten Jahrtausends länger und gesünder. Sie sind reicher, arbeiten weniger und bequemer, genießen die Freuden des Lebens. Wer 1990 geboren worden ist, hat eine durchschnittliche Lebenserwartung von 79 Jahren (Frauen) oder 73 Jahren (Männer).[22] Die Menschen werden also mehr als doppelt so alt wie ihre Vorfahren um 1871/80 (38,5 Jahre (Frauen); 35,6 Jahre (Männer)).[23] Die 38-Stunden-Woche ist zwar noch nicht überall, aber doch weitgehend zum Regelfall geworden, während noch der Reichskanzler Bismarck der Meinung war, daß jede Beschränkung der Arbeitszeit die Freiheit des Arbeitnehmers beschneide. Der 8-Stunden-Tag für Arbeiter und Angestellte wurde, mit wenigen Ausnahmen, erst 1918/19 eingeführt.[24] In der Bundesrepublik wurden 1950 48 Wochenstunden geleistet.

Um 1830 war Preußen/Deutschland ein Agrarland. Rund 60% der Werktätigen arbeiteten in der Landwirtschaft. 1871 waren es noch knapp 50%, 1995 sind es nur noch 3,2%. Nicht ganz ein Viertel der Beschäftigten arbeitete um 1825 in der Industrie, die aber erst langsam anfing, die Handarbeit in der Landwirtschaft zu erleichtern. Die industrielle Herstellung von Ackergeräten begann 1819, aber noch 1871 herrschten Sichel und Sense als Arbeitsgeräte vor. Dienstleistungen gab es damals auch schon, rund 20% der Beschäftigten arbeiteten in diesem Bereich, vor allem natürlich im Transportgewerbe. Es war vorwiegend auf den Pferdewagen angewiesen; die erste Lokomotive baute Borsig in Deutschland 1842; die erste Eisenbahn für den Personenverkehr fuhr in den fünfziger Jahren. 1870 umfaßte das Streckennetz der Eisenbahn ganze 18 600 km.[25]

Um die Jahrtausendwende sieht das Dienstleistungsgewerbe ganz anders aus. Es wird von der Erzeugung und Übermittlung von Informationen dominiert und hat sich in vielen Bereichen sogar entlokalisiert. Natürlich gibt es den Transportsektor noch; in ihm wird, wie im Bereich der Industrie, in dem 1995 noch 32,2% aller Beschäftigten tätig waren, körperliche Anstrengung nicht mehr verlangt. Das mit Energie betriebene Werkzeug hat die Handarbeit so gut wie ersetzt.

Die Menschen sind vor allem reicher geworden, so daß sich ihr Lebenszuschnitt gründlich verändert hat. Er ist nicht mehr nur auf die Reproduktion der Arbeitskraft gerichtet, wie es um 1830 die Regel war, sondern orientiert sich an Freizeitgestaltung und Konsum. Die Wohlstandsverteilung ist ungleich, begünstigt die oberen, benachteiligt die unteren Einkommensschichten, die allerdings von der Sozialpolitik zusätzlich abgesichert werden.

In unserem Zusammenhang geht es nicht um die relative Verteilungsgerechtigkeit, sondern um den allgemeinen Anstieg des gesellschaftlichen Wohlstands. Das Kriterium dafür ist das Bruttosozialprodukt pro Kopf. Es betrug 1830 ca. 260 Mark; 1995 belief es sich auf rund 30 000 USD, also je nach Wechselkurs rund 45 000 DM. Der Wochenlohn eines Eisengießers bei der Firma Krupp betrug um 1830 8,22 Mark. 1995 bekam sein Nachfahre allein einen Stundenlohn in Höhe von 22,72 DM. Der durchschnittliche Verdienst eines Facharbeiters in der BRD im verarbeitenden Gewerbe belief sich 1995 in der Woche auf 1088,– DM;[26] das Haushaltsnettoeinkommen rund der Hälfte aller Haushalte in der BRD (51,5%) betrug 1995 monatlich über 3000,– DM.[27] Um 1950 hatte es noch bei 4000,– DM im Jahr gelegen.

Gerade diese Zahlen zeigen den großen Wohlstandsanstieg, der sich zwischen 1950 und 1973 in Westdeutschland – und in ganz Westeuropa – vollzogen hat. Während die Wachstumsrate des Bruttosozialprodukts pro Kopf in Europa von 1800 bis 1913 unter einem Prozent lag,[28] zwischen 1900 und 1950 in Westeuropa nur unwesentlich höher war, nämlich bei 1,3 %, sprang sie im «Goldenen Zeitalter» von 1950 bis 1973 auf 4,9 %. In der ersten Hälfte des 20. Jahrhunderts hatte sich das Bruttoinlandsprodukt pro Kopf in Deutschland verdoppelt. In den folgenden knapp 40 Jahren bis 1987 vervierfachte es sich.[29] Die Wachstumsrate verlangsamte sich auf durchschnittlich 3 %. Die aber wurden seitdem in der Weltwirtschaft kontinuierlich gehalten, trotz der Wirtschaftskrise in Asien. Ausgelöst durch die Produktivitätssteigerung und ermöglicht durch den drastischen Rückgang internationaler Kriege, erlebte die Welt eine bis dahin unbekannte Wohlstandssteigerung.[30]

Die Wohlstandsgesellschaft tritt also erst ab 1950 in Erscheinung, dann aber sehr deutlich. Erst seit einem halben Jahrhundert können sich die Folgen für die Außenpolitik bemerkbar machen, die mit dieser wirtschaftlichen Entwicklung verknüpft sind. Die wichtigste: Die Gewaltabneigung nimmt zu. Der Wohlstandsbürger ist risikoavers. Da er in einem Krieg nichts zu gewinnen, aber sehr viel zu verlieren hat, wird er ihn unter allen Umständen zu vermeiden suchen. Diesen Zusammenhang zwischen Besitz und Kriegsabneigung hatte theoretisch zwingend schon Immanuel Kant formuliert. Wenn der Bürger, so schrieb er 1795 sinngemäß in seiner Abhandlung über den Ewigen Frieden, der in dem Krieg kämpfen und leiden und dann auch noch dessen Kosten bezahlen muß, darüber mitbestimmen könnte, ob Krieg geführt werden soll oder nicht, würde es keinen mehr geben.[31] Diese Formulierung des Ursache-Folge-Verhältnisses ist absolut richtig, auch wenn es sich in der politischen Praxis in dieser Reinheit noch nicht durchgesetzt hat. Je reicher eine Gesellschaft ist, je mehr ihre Herrschaftsordnung den einzelnen in Stand setzt, seine Existenzentfaltung selbst zu besorgen, desto kritischer wird sie der organisierten militärischen Gewaltanwendung in der internationalen Umwelt gegenüberstehen. Die amerikanische Regierung mußte den Vietnam-Krieg in dem Moment beenden, in dem die Wehrpflicht die Söhne der Reichen zu erfassen drohte. Frankreich bestreitet seine Militärexpeditionen nur mit der Fremdenlegion. Und sollte die Bundeswehr «out of area» und jenseits der Verteidigung eingesetzt werden, dann nur mit Freiwilligen.

b) Die Entstehung der Informationsgesellschaft

Bei der Durchsetzung dieses Interesses kommt der Gesellschaft der hohe Bildungsstand zugute, über den sie inzwischen verfügt. Sie vermag damit die ihr zur Verfügung stehende Fülle von Informationen über das internationale System zu rezipieren und für ihre Meinungsbildung auszuwerten. Angetrieben von der Humboldtschen Schulreform breitete sich die Schulpflicht in Deutschland während des 19. Jahrhunderts schnell und stark aus, konzentrierte sich freilich auf die Volksschule. Um 1830 war die einklassige Dorfschule noch immer vorherrschend gewesen; 2% der Einwohner Preußens hatten Abitur.[32] Die Analphabetenquote betrug um 1850 20%, praktisch lag sie wohl höher. Um 1914 besuchten 87,2% der Bevölkerung die Volksschule; dafür ging der Besuch der Höheren Schulen deutlich zurück.

Auch dieser Zustand änderte sich nach 1950. Hatten 1970 noch 35,6% der Bevölkerung die Volksschule und 58,1% die weiterführenden Schulen besucht, so fiel um 1990 der Volksschulbesuch auf 24,2% zurück. Der Besuch der weiterführenden Schulen stieg leicht auf 58,9%; gleichzeitig verdreifachte sich fast der Universitätszugang. Hatte er 1970 nur 6,3% betragen, so befanden sich in Deutschland 1989 16,8% aller Lernenden an der Universität.[33]

Diesem gestiegenen Bildungspotential in der Bevölkerung stehen Informationsmöglichkeiten zu Gebote, die sich noch rasanter, geradezu exponentiell vermehrten. Der Prozeß begann schon mit den Zeitungen. Stellte sich das Verhältnis von Zeitung zu Bevölkerung um 1840 noch auf 1:23, so lag es zwanzig Jahre später schon bei 1:5,6. Um 1992 lasen 80% der Deutschen täglich oder doch mehrmals in der Woche die politischen Nachrichten einer Tageszeitung. Es gab 375 davon, auf tausend Einwohner entfielen 340 Exemplare.[34]

1995 verfügte praktisch jeder Haushalt in der Bundesrepublik über mindestens ein Hörfunk- und ein Fernsehgerät; 1962 war die Dichte mit 79,3% (Hörfunk-) bzw. 34,4% (Fernsehgerät) noch sehr viel geringer gewesen. Das gleiche gilt für das Telefon (13,7%).

In der Konkurrenz zwischen den Nachrichtenmedien verliert das Fernsehen offenbar an Bedeutung. Benutzten 1996 36,4% der Bevölkerung das Fernsehen zur Informationsaufnahme, so waren es 1998 nur noch 34,7%.[35] Demgegenüber blieb die Tageszeitung das beliebteste Medium. Vier von fünf Deutschen über vierzehn Jahre lasen sie 1997 regelmäßig. Die Presse erreichte damit in Deutschland täglich 50,6 Mio. Leser, 79,1% der Bevölkerung. Die meisten, 69,4%, griffen zu einem der regionalen und lokalen Blätter. Die überregionalen Tageszeitungen erreichten in Westdeutschland knapp 7%, in Ostdeutschland nur 3,1% der Leser.[36]

Verfügte damit jeder Bürger in der Bundesrepublik jederzeit über die Möglichkeit, sich über die internationale Umwelt Deutschlands und dessen Position darin zu informieren, so erhöhten sich die Kommunikations- und Informationsmöglichkeiten durch die Ausweitung und Verbilligung zusätzlicher Telekommunikationseinrichtungen wie Mobilfunk, Fax und vor allem PC. Die Privatisierung der Kommunikationsgesellschaften hat diese Erweiterung des Informations- und Kommunikationsangebots erheblich beschleunigt. Die zivile Nutzung der einst zu militärischen Zwecken konstruierten Satelliten und, vor allem, der Ausbau des Internet hat die Informationsbeschaffung in Realzeit ermöglicht. Neue fiberoptische Kabel wie «Flag» (fiberoptic link around the globe) erlauben die Datenübertragung in größerem Umfang und größerer Schnelligkeit als die Satelliten.[37]

Die Folgen dieser erst im letzten Jahrzehnt des 20. Jahrhunderts einsetzenden «Kulturrevolution» sind noch gar nicht abzusehen. Bis zur Mitte des 19. Jahrhunderts war das Pferd das schnellste Transportmittel, auch für Informationen. Telegraf und Telefon beschleunigten die Kommunikation, aber nur langsam und sehr selektiv. 1960 gab es in der Bundesrepublik erst 3,2 Mio. Telefon- und 35 000 Telex-Anschlüsse. Am Ausgang des Jahrhunderts hat das Telex weitgehend ausgedient, hat das Telefon durch die Digitalisierung seine Dienste ausgeweitet und beschleunigt.

Die Informationsmöglichkeiten der Gesellschaft haben sich aber nicht nur durch Vermehrung und Verbesserung von Informationsquellen gesteigert; auch die Möglichkeit zur eigenen Informationsaufnahme hat sich verbessert. Die Informationsgesellschaft ist motorisiert. 1995 hätte mit 47,3 Mio. zugelassenen Kraftfahrzeugen jeder Haushalt (36,9 Mio.) mindestens über ein Auto verfügen können.[38] Mehr als die ·Hälfte aller Urlaubsreisen führte die Deutschen 1979/80 ins Ausland, mit dem Schwerpunkt Europa. Die dabei aufgenommenen Informationen können durchaus ambivalenten Charakter haben. Sie können beispielsweise Konflikte hervorrufen, die sich sonst nicht eingestellt hätten. Sie reduzieren aber ein Hindernis für die adäquate Rezeption der internationalen Umwelt: die Unkenntnis. Wer das «Ausland» gesehen hat, wird Informationen darüber sehr viel besser verarbeiten als der, für den das Ausland die unbekannte «Fremde» bleibt.

Zu den entscheidenden Kriterien, die die Gesellschaftswelt auszeichnen, gehört der Umfang der Bildung, des Wissens und der Information, über den sie verfügt. In der Staatenwelt besaßen nur die politischen Eliten diese Kenntnisse; die breite Masse war politisch ungebildet und, vor allem, uninformiert. Ihr erschien der Krieg als unabänderliches Politikereignis. Es «gab Krieg» so, wie es eben «Regen gab». Die Gesellschaftswelt hingegen weiß, daß Krieg und Konflikt die Folgen von Entscheidungen enthalten, die konkrete Entscheidungsträger unter konkreten Bedingungen getroffen haben, also auch anders hätten treffen können. Zwar kann ihr Wissen beeinflußt, durchaus auch manipuliert werden. Die Regierungen haben nicht nur einen – wenn auch durch die

Medien erfolgreich in Frage gestellten – Informationsvorsprung. Sie können ihre Macht einsetzen, um bestimmte Konflikte zu betonen (etwa die Minderheitenpolitik Serbiens) oder zu verdecken (etwa die Minderheitenpolitik der Türkei). Sie können Konstellationen erzeugen oder vertragliche Bindungen eingehen, die angebliche Handlungszwänge erzeugen.[39] Aber sie haben keinesfalls mehr die Handlungsfreiheit, die sie in der Staatenwelt mit dem Hinweis auf den «Primat der Außenpolitik» genossen.

Die Informations- und Wissensgesellschaft des beginnenden dritten Jahrtausends muß aber auch darüber entscheiden, was aus der Fülle des Möglichen wirklich wissenswert ist. Wenn sie über 6000 Fachdisziplinen verfügt, die an jedem Arbeitstag 20000 Publikationen erzeugen, dann muß die Gesellschaftswelt auswählen, was für die weitere Existenzentfaltung ihrer Bürger unter den kommenden Bedingungen wichtig ist. Mit Recht wird in der vom Bundesministerium für Bildung, Wissenschaft, Forschung und Technologie 1998 vorgelegten Untersuchung bemängelt, daß im Bildungsangebot die modernen Grundlagenthemen, zu denen neben der Medizin und der Gesundheit auch die Politik gehört, vernachlässigt werden. Von der internationalen Politik ist vermutlich überhaupt nicht die Rede, obwohl sich die Bundesrepublik seit dem Eintritt in die Währungsunion nur noch als Teil der Europäischen Union definieren und interpretieren kann. Gleichzeitig ist sie Teil Gesamteuropas, das unter den modernen Interdependenzbedingungen keineswegs etwa am Ural endet. Wissen und Informationen sind kulturelle Phänomene, erstrecken sich als solche aber gerade auch auf die Existenzentfaltung in der internationalen Umwelt. Die hier relevanten Informationen, die verfügbar sind, richtig aufnehmen und einordnen zu können, die internationale Politik der Gegenwart und Zukunft als internationalisierende Politik erfassen zu lernen, in der die traditionellen Vorstellungen von «Außenpolitik» und «Innenpolitik» ineinander versinken, müßte zum Ziel einer Bildungspolitik werden, die der postmodernen Gesellschaftswelt angemessen ist.

c) Die Entfaltung des demokratischen Herrschaftssystems

Die verstärkte Berücksichtigung der internationalisierenden Politik im Bildungsangebot der Gesellschaftswelt ist nicht zuletzt deswegen so wichtig, weil infolge der zunehmenden Demokratisierung die Gesellschaft immer stärkeren Einfluß auf das Verhalten des Politischen Systems in der internationalen Umwelt ausübt. In der Innenpolitik läuft dieser Prozeß seit langem; er wird erleichtert durch die Einsicht in dieses Politikfeld, die jedem Bürger aufgrund seiner eigenen Erfahrung, des Erläuterungsangebotes der Parteien, des Parlamentes, der gesellschaftlichen Großgruppen sowie der Medien relativ leicht möglich ist. Für die internationale Umwelt fällt nicht nur das Erläuterungsangebot sehr viel schwächer aus; es wird in stärkerem Maße auch zur Konsensmobilisierung benutzt, zumal der Gesellschaft in der Regel nicht primär die Kenntnisse zur Verfügung stehen, mit denen sie die eigenen Erfahrungen in der internationalen Umwelt und die zugänglichen Informationen darüber adäquat verarbeiten könnte. Zwar hat sich die Situation im Vergleich zu der Zeit vor 1945 erheblich und substantiell gebessert; aber noch immer sind die Gesellschaften nicht in der Lage, ihre Anforderungen an das Politische System über die Gestaltung dieser Umwelt erheblich zu präzisieren und die Umwandlung sehr viel besser zu überwachen.

Im Begriff der Gesellschaftswelt drückt sich derjenige politische Vorgang aus, der die Welt des ausgehenden 20. Jahrhunderts so entscheidend verändert hat, daß man ihn durchaus als Revolution bezeichnen kann: die Demokratisierung. Zwar ist diese Welt nach wie vor staatlich geordnet; sie wird es auf absehbare Zeit bleiben. Aber der Aufbau der Staaten ändert sich. In der OECD-Welt ist dieser Prozeß bereits weit vorangeschritten; in der Welt außerhalb der Industriestaaten greift er um sich. Die Gesellschaft emanzipiert sich innerhalb des Staates vom Politischen System, von dem sie bis 1945 weitgehend beherrscht und kontrolliert gewesen war. Sie wird sich seitdem ihrer bewußt, begreift das Politische System nicht mehr, wie es gerade in Deutschland beliebt war (und ist) als «Staat», dem sie hilflos unterworfen ist. Vielmehr setzt sich auch hierzulande die in der Tradition von Naturrecht und Aufklärung stehende westliche Auffassung durch. Danach gilt die Gesellschaft als der Souverän; sie gliedert ein funktionales Subsystem, das Politische System, aus, damit es im Auftrag der Gesellschaft die gesamtgesellschaftlichen Aufgaben lösen kann. Im Prozeß der Demokratisierung setzt sich dieses Politikverständnis auch in den Staaten durch, die, wie Deutschland, einer anderen Tradition verpflichtet waren.

Dementsprechend muß sich auch die Begrifflichkeit ändern. Der «Staat» kann nicht mehr als Einheit, sondern muß als dynamische Beziehung zwischen der Gesellschaft und ihrem Politischen System aufgefaßt werden. Diese Beziehung ist herrschaftlich geordnet, aber veränderlich. Im Prozeß der Demokratisierung gewinnt die Gesellschaft Rechte hinzu – oder zurück –, die das Politische System abtritt.

Es wird kaum möglich sein, dieses dynamische Verhältnis zwischen Gesellschaft und Politischem System in der Alltagssprache abzubilden; dort wird der «Staat» weiter als die «black box» bezeichnet werden, die dann «Deutschland», «Rußland» oder «Burma» genannt wird. Das ist unproblematisch, solange das umgangssprachlich verwandte Kürzel nicht zur Vereinfachung des Denkens führt. Nicht nur die Wissenschaft, sondern gerade auch die Politik muß stets berücksichtigen, daß sich hinter dem Kürzel «Staat» ein dynamisches Herrschaftsverhältnis zwischen Gesellschaft und Politischem System verbirgt, das in jedem Land anders geordnet ist und anders verläuft.

Gemeinsam ist all diesen «Staaten», daß die Souveränität nicht beim Politischen System, sondern bei der Gesellschaft liegt. Diesen Gedanken zu denken, fällt dem Völkerrecht und dem deutschen Staatsrecht noch immer schwer; sie leiden unter dem Ballast ihrer Herkunft aus der Staatenwelt. Politikwissenschaft und Politik aber müssen sich auf die Ausbreitung der Gesellschaftswelt rasch einstellen und daraus Konsequenzen sowohl für ihr Verständnis von «Staat» wie vor allem für ihre außenpolitische Strategie ziehen. Hier liegt, wie zu zeigen sein wird, der wichtigste Schlüssel für eine erfolgreiche Außenpolitik im 21. Jahrhundert. Es ist nur ein wenig übertrieben zu sagen, daß die Schwierigkeiten der westlichen Politik gegenüber dem seit 1990 vermehrt auftretenden Problem der Bürgerkriege vornehmlich darauf zurückzuführen sind, daß die außenpolitische Strategie noch immer in den veralteten Kategorien der Staatenwelt und nicht in denen der Gesellschaftswelt argumentiert und agiert.

In jeder aufgeklärten Tour d'horizon sollten die «Staaten» nicht mehr über einen vereinheitlichenden Begriffskamm geschoren, sollte nicht mehr von «englischen» oder «amerikanischen» Interessen gesprochen werden. Während sich die Analysen der Wissenschaft von den Internationalen Beziehungen des von David Easton entworfenen und für die Zwecke der Außenpolitikanalyse modifizierten Modells[40] bedienen können, sollte der politische Diskurs berücksichtigen, daß die Außenpolitik eines Politischen Systems in zunehmendem Maß die Anforderungen seiner Gesellschaft widerspiegelt. Dementsprechend sollte von «Staatsräson», wie sie Friedrich Meinecke so meisterhaft für die Staatenwelt beschrieben hat,[41] oder von den «nationalen Interessen» nicht mehr die Rede sein. Es gibt sie nur noch idealtypisch als Verteidigung, wenn der Staat angegriffen wird. Im großen Einzugsbereich der Außenpolitik agieren Interessen gesellschaftlicher Gruppen, die bei den Politischen Systemen um Einfluß und Berücksichtigung konkurrieren.

d) Demokratisierung als Trend

Mit Recht stellt der amerikanische Politikwissenschaftler Samuel P. Huntington fest, daß die demokratische Revolution «den wichtigsten politischen Trend» im ausgehenden 20. Jahrhundert darstellt.[42] Er zählte bis 1990 bereits drei Wellen der Demokratisierung. Die erste begann für ihn in Amerika im frühen 19. Jahrhundert und endete mit dem Ersten Weltkrieg. Die zweite wurde durch den Entkolonisierungsprozeß nach 1945 eingeleitet und ebbte in den sechziger Jahren ab. Immerhin hatte sie 36 Staaten in Demokratien verwandelt. Die dritte Welle begann 1974; sie ist die eigentlich interessante.

Es muß bezweifelt werden, ob es im 19. Jahrhundert überhaupt Demokratien gegeben hat, die dem Namen gerecht werden, weil sie den Kriterien entsprechen. Bruce Russett[43] sieht diese Eigenschaft am Ende des 19. Jahrhunderts bei maximal 12 bis 15 Staaten gegeben; nach Anzahl und Ausprägung zureichend wird sie erst ab 1946 vorhanden sein. Zweifelhaft ist auch, ob die neuen Staaten, die nach 1945 und besonders nach 1960 aus den früheren Kolonien entstanden, sogleich als Demokratien zu gelten haben. In der Regel herrschte, vor allem in Afrika, die Generation der erfolgreichen Unabhängigkeitskämpfer.[44]

Anfang der siebziger Jahre hingegen setzte wirklich eine universale Welle des Demokratisierungsprozesses ein. Länge und Stärke dieser Welle waren in den Weltregionen unterschiedlich. Sie löste in den westlichen Industriestaaten einen Demokratisierungsschub aus und gab den einschlägigen Interessen in der sich entwickelnden Welt Oberwasser. Sie hing zusammen mit dem globalen Aufschwung der Wirtschaft und der Ausbreitung der Kommunikationsmittel[45] und fand ihren Vorlauf in der Einforderung der Menschenrechte. Der amerikanische Präsident Jimmy Carter und sein Sicherheitsberater Zbigniew Brzezinski registrierten 1977 ganz deutlich, wie sich dieses Interesse an der Verwirklichung der Menschenrechte, mit unterschiedlichem Erfolg natürlich, über die ganze Welt ausbreitete.

Sie wurde durch die «sanfte Revolution» im Warschauer Pakt 1989/90 angeschoben und verstärkt. Diese Revolution galt weltweit als Musterbeispiel und als Fanal der Demokratisierung. Haben doch die Gesellschaften in Osteuropa das Joch der kommunistischen Diktatur, unter dem sie jahrzehntelang gelitten hatten, erfolgreich abgeschüttelt und legitime, das heißt von ihnen akzeptierte Herrschaftseliten eingesetzt. Wenig später folgte Rußland diesem Beispiel.

Daraus entstand ein weltweiter Trend. Von den 180 Staaten der Welt hatten 1997 117 ein demokratisches Herrschaftssystem, wobei allerdings nur 81 Staaten beanspruchen konnten, mit der Demokratisierung auch ein genuin freiheitliches System errichtet zu haben.[46] Deren Zahl hat sich 1998 weiter erhöht. In Indonesien wurde im Mai 1998 das autoritäre Regime von Präsident Suharto abgelöst; in Südkorea übernahm im Februar 1998 Kim Dae-jung, der Freiheitsheld, der unter den autoritären Regimen jahrzehntelang gelitten hatte, die Präsidentschaft. «Wann immer die Gesellschaften Asiens die Gelegenheit hatten – und oft mußten sie sie selbst ergreifen –, haben sie für die Freiheit optiert».[47] In Albanien erzwang die Bevölkerung 1997 Wahlen und die Neubildung der Regierung, worauf sich eine demokratiepolitische Konsolidierungsphase eröffnete. Bulgarien gab im Januar 1997 erst das Präsidentenamt, dann im Juni, nach vorgezogenen Wahlen auch das des Ministerpräsidenten an die «Union der Demokratischen Kräfte». Damit hatte sich in dem gesamten Staatengürtel zwischen dem Schwarzen Meer und dem Baltikum die Demokratisierung verfestigt. In der Ukraine gilt sie als stabil, in Rußland eher als fragil. Natürlich kann man den Demokratisierungsgrad auf dem Gebiet des ehemaligen Warschauer Paktes nicht mit dem vergleichen, der in Westeuropa erreicht worden ist. In Deutschland hat es, nimmt man 1848 als Ausgangspunkt, mehr als einhundert Jahre gedauert – in denen zwei Weltkriege stattfanden –, bis das demokratische Herrschaftssystem seinen heutigen Festigungsgrad erreicht hat. Entscheidend ist vielmehr, daß der Demokratisierungsprozeß in Gang gekommen und irreversibel geworden ist.

Den Kern dieses Prozesses bildet die Beteiligung der Gesellschaft an der Herrschaft, die Mitbestimmung. Herrschaft, die nicht akzeptiert wird, wird abgeschüttelt, notfalls mit Gewalt. Der Westen erlebte diesen Prozeß in Nordirland, im Baskenland, in Korsika und in Italien. Der Aufstand der Kurden gegen die türkische Herrschaft, die gewaltsame Herauslösung Tschetscheniens aus dem Staatsverband Rußlands, der Versuch der Sezession der Kosovo-Albaner, ahmen nur nach, was die Bürgerrechtsbewegung in Osteuropa gegen die kommunistischen Regierungen vorgemacht hatte. Herrschaft, die nicht akzeptiert, zumindest toleriert werden kann, wird nicht mehr erduldet, sondern bekämpft. Das ist die gemeinsame Ursache der zahlreichen Bürgerkriege, die am Ende des 20. Jahrhunderts zu beobachten sind. Von den 25 Kriegen, die 1997 gezählt wurden, richteten sich 16 gegen das Regime, 7 auf die Sezession, 2 hatten andere innerstaatliche Ursachen.[48]

Der Anfall von Gewalt im Prozeß der Demokratisierung und die Tatsache, daß viele der sich selbst so nennenden Demokratien eher als verhüllte Autokratien, zumindest als sehr unstabil anzusehen sind, hat manche Skeptiker auf den Plan gerufen. Für sie ist eine weltweite Demokratisierung weder wünschbar noch machbar,[49] jedenfalls nicht in der Verbindung mit dem Liberalismus, der die westliche Demokratie kennzeichnet. Sie verweisen auf Peru und auf die Philippinen, auf Hongkong und auf die lateinamerikanischen Staaten, deren Demokratie kaum der in Westeuropa ähnelt.[50] Sie können auf die vier erfolgreichen Tiger-Staaten Südostasiens deuten, die bis zu der seit 1997 eingetretenen Wirtschaftskrise einen enormen wirtschaftlichen Aufschwung vollbracht, aber einen höchst autoritären Regierungsstil beibehalten haben.

Der Prozeß der Demokratisierung darf eben nicht mit seinem Ende verwechselt oder an ihm gemessen werden. Die Abhaltung von Wahlen ist natürlich kein zureichendes Definitionskriterium; schließlich ist auch Hitler gewählt worden. Unbestreitbar ist andererseits, daß am Anfang des

Demokratisierungprozesses Wahlen stehen müssen, weil darin der Herrschaftswechsel von der Oligarchie/Monarchie hin zur Gesellschaft prinzipiell anerkannt wird. Im Laufe der politischen und vor allem auch der wirtschaftlichen Entwicklung wird der die Demokratie konstituierende Kriterienkatalog langsam aufgefüllt werden, weil die Gesellschaft und die einzelnen der Herrschaft immer mehr Rechte und Ansprüche entreißen werden.

Die Form dieser Übertragung muß keineswegs mit der übereinstimmen, die der politische Liberalismus für die westeuropäischen Industriestaaten durchgesetzt hat. In diesem Bereich, wie in dem der Kultur, der Bildung und der Sprache, ist längst die «Dritte Entkolonialisierung» zu spüren. Sie streift das westliche Erbe ab und betont, wie etwa der Islamismus mit dem Arabischen, das Autochthone. Historische, kulturelle und religiöse Traditionen bestimmen also die endgültige Form, die dieser Herrschaftstransfer annehmen wird. Dessen Inhalt aber bleibt gleich: Der Prozeß der Demokratisierung zielt auf die größtmögliche Teilhabe der Gesellschaft an den Herrschaftsprozessen und die möglichst adäquate Übersetzung gesellschaftlicher Anforderungen in die Entscheidungen des Politischen Systems.

Legt man dieses Kriterium an, können selbst die westlichen Industriestaaten keinesfalls als voll entwickelte Demokratien angesehen werden.[51] Abgesehen von der Tendenz, mit der Bildung der Europäischen Union den Partizipationsgrad in Europa wieder zu senken, kann auch auf nationalstaatlicher Ebene keine Rede davon sein, daß die Mitbestimmung ihre höchste Stufe erreicht hat, die Übersetzung gesellschaftlicher Interessen in Entscheidungen der Politischen Systeme alle Gruppen gleichermaßen berücksichtigt. In der Atlantischen Gemeinschaft ist ein beträchtlicher Grad von Demokratisierung, aber noch keinesfalls der oberste erreicht worden. Abwegig ist es in jedem Fall, europäische Staaten des 19. Jahrhunderts und die USA schon als Demokratien zu bezeichnen.

e) Demokratie und Außenpolitik

Im Prozeß der Demokratisierung kommt der Wandel der Gesellschaft und der Herrschaft, vor allem der Wandel der Beziehung zwischen den beiden selbst zum Ausdruck. Die Monarchie des 19. und die sich entfaltende Demokratie des ausgehenden 20. Jahrhunderts sind nur noch in ihrem völkerrechtlichen Anspruch identisch, ein Staat zu sein. Sonst sind sie nicht mehr miteinander vergleichbar, weder in ihrer Binnenstruktur noch in ihrer Außenpolitik. Wie immer die Außenpolitik einer entfalteten Demokratie aussehen mag, sie muß sich schon deswegen von der einer Monarchie oder einer Diktatur unterscheiden, weil sie nicht vom Herrscher, nicht einmal ausschließlich von der politischen Elite, sondern von den artikulierten Interessen der Gesellschaft bestimmt wird. Es haben sich seit dem 19. Jahrhundert nicht nur die wirtschaftlichen und die sozialökonomischen Daten verändert, sondern auch das Herrschaftssystem – jedenfalls im OECD-Raum.

Was sind die außenpolitischen Ziele der demokratisierten Gesellschaftswelt, wie ist ihre außenpolitische Kultur beschaffen? Darüber wissen wir bis jetzt nur sehr wenig. Die Wissenschaft hat sich kaum damit beschäftigt und damit stillschweigend die von den Politischen Systemen verbreitete Auffassung gestützt, daß die Außenpolitik Sache der Regierung und nicht die der Gesellschaft sei. Diese Position läßt sich am Ausgang des Jahrhunderts nicht mehr halten.

Der Generationswechsel hat seit 1970 auch einen Wertewandel hervorgebracht. Die postmaterialistischen Generationen legen viel mehr Wert auf Partizipation, Freiheit und sozialen Fortschritt als auf wirtschaftliches Wachstum, bewerten den Frieden höher als ein starkes Verteidigungspotential.[52] In großem Maß setzte sich diese Auffassung politisch erstmals 1968 durch, als sie in den USA die Beendigung des Vietnam-Krieges erzwang. Die Freeze-Bewegung der achtziger Jahre in den USA und die Friedensbewegung in Europa, vor allem in Deutschland, brachten die widerstrebenden Regierungen zurück auf den Weg der Rüstungskontrolle. «Die Präferenzen der Öffentlichkeit stellen ein zusammenhängendes Muster dar, dem Ziele, Werte und Einstellungen zugrunde liegen, darunter ein starker Wunsch nach Frieden, nach internationaler Zusammenarbeit und einem Verlaß auf Verhandlungen und Abkommen».[53] Diese Haltung schließt die Bereitschaft zur Gewaltanwendung ein, wenn es um lebenswichtige Interessen geht, lehnt sie aber als Allheilmittel ab, kritisiert sogar die Militärhilfe und den Waffenhandel. Für die Gesellschaftswelt ist die internationale Zusammenarbeit eine Normalität geworden, zumal nach dem Ende des Ost-West-Konflikts ein konkretes Bedrohungsgefühl nicht mehr existiert.[54]

Gemeinsam ist der Gesellschaftswelt darüber hinaus auch, daß sie die Innenpolitik für wichtiger hält als die Außenpolitik. Hatte 1986 noch ein Viertel der amerikanischen Gesellschaft die Außenpolitik für das wichtigste Problemfeld gehalten, so waren 1990 nur noch 16 und 1995 nur noch 11% dieser Meinung.[55] Dagegen stieg der Anteil derer, die die Sozialpolitik als Hauptproblem ansahen, um die Hälfte, von 41 auf 61%. Anders ausgedrückt: Für die amerikanische Gesellschaft rangierte die Außenpolitik 1995 nicht unter den ersten zehn wichtigen Problemen der Politik. Dort fanden sich die Sorge um die Arbeitsplätze, die Angst vor Kriminellen oder ökologischen Bedrohungen.[56]

Es ist interessant, daß die politische Elite der USA diesen Wertewandel nur sehr langsam nachvollzogen hat und auch in ihren Strategiepräferenzen deutlich von denen der Gesellschaft abgewichen ist. Zwar lag

1995 der Teil der politischen Elite, der die Außenpolitik für das wichtigste Thema hielt, mit 11,4% genauso niedrig wie der der Gesellschaft. 1990 aber waren noch 23%, 1986 sogar 41% der Führungsschicht dieser Meinung gewesen.

Bei den Zielkatalogen kam dann deutlich zum Vorschein, daß die Eliten die außenpolitische Machtentfaltung der USA für sehr viel wichtiger ansahen, als es die Gesellschaft tat. Bei ihr war es nur knapp die Hälfte, die eine Weltführungsposition für wichtig hielt, die Elite war sich hier ganz einig.[57] Sie bewertete die klassischen Felder der Sicherheitspolitik wie die Nichtverbreitung von Nuklearwaffen und die militärische Verteidigung der Verbündeten sehr viel höher als die Gesellschaft. Ihr wiederum lagen die Drogenbekämpfung, der Schutz der Arbeitsplätze und die Energieversorgung besonders am Herzen. In der Außenpolitik bevorzugte sie die Kooperation in den Vereinten Nationen weit mehr als die Eliten, die eher auf den amerikanischen Alleingang setzten.

Sieht man die USA als Prototyp der sich ausbildenden demokratisierten Gesellschaftswelt an, so zeichnen sich zu ihrer Charakterisierung vier Aspekte besonders ab. Die Eliten geben nach wie vor der Außenpolitik den Primat und räumen dabei der Anwendung militärischer Gewalt einen höheren Stellenwert ein als die amerikanische Gesellschaft. Das hat sicher damit zu tun, daß sie besser informiert sind und Sicherheitsgefährdungen früher erkennen als die Öffentlichkeit. Der Außenpolitik den Primat zuzusprechen, stellt aber auch eine lang bewährte Herrschaftstechnik dar. Sie bewahrt der Elite ein Arkanum, einen Raum, den die Gesellschaft kaum kontrollieren kann. Auf den «außenpolitischen Ernst der Lage» hinzuweisen, hilft auch bei der Durchsetzung innenpolitischer Wertverteilungen, denen die Gesellschaft, weil sie hier sehr viel besser informiert ist, möglicherweise sonst nicht zustimmen würde. So hat Präsident Reagan in den ersten drei Jahren seiner Herrschaft den Konflikt mit der Sowjetunion angeheizt, um über die überhöhten Rüstungsausgaben die für die Sozialpolitik kürzen zu können.[58] Eine solche Betonung der Außen- und Sicherheitspolitik deutet, gerade in Zeiten des Friedens, darauf hin, daß der Demokratisierungsprozeß noch weite Strecken zu durchlaufen hat.

Denn die Öffentlichkeit, das ist der zweite Aspekt, gibt der Innenpolitik den Vorzug, weil sie sich davon zurecht eine Verbesserung ihrer Existenzentfaltung verspricht. Der Kandidat Bill Clinton wurde 1992 nicht zuletzt deswegen gegenüber dem amtierenden Präsidenten George Bush in das Weiße Haus gewählt, weil er versprochen hatte, nach vierzig Jahren der erzwungenen Außenorientierung nunmehr der Innenpolitik, der Wirtschafts-, Arbeitsmarkt- und Sozialpolitik mehr Aufmerksamkeit zukommen zu lassen.

Dieser «Primat der Innenpolitik» darf nicht mit einer Vernachlässigung der internationalen Umwelt gleichgesetzt werden. Wie die Untersuchungen der amerikanischen Öffentlichkeit zeigen, ist sie dieser Umwelt gegenüber offen und kooperativ eingestellt. Sie ist auch nicht naiv, tritt für eine zureichende Verteidigungskomponente ein. Aber sie bewertet die Anwendung der Gewalt zu politischen Zwecken sehr viel niedriger, und sie ist gegen die Einmischung in die inneren Angelegenheiten anderer Länder.[59]

Besonders auffällig ist, drittens, daß in der Auseinandersetzung mit der Elite, politisch gesprochen also in der Beziehung zum Politischen System, die Gesellschaft mit ihrem Prioritätenkatalog sich nicht immer durchsetzen kann. Obwohl sie beispielsweise die Kooperation mit und in den Vereinten Nationen deutlich befürwortete, hat sich in den achtziger Jahren die Administration, in den Neunzigern der Republikanisch beherrschte amerikanische Kongreß immer weiter von der Weltorganisation entfernt. Obwohl die amerikanische Gesellschaft gegen den Gewalteinsatz in der internationalen Umwelt ist, hat die Reagan-Administration darauf nicht verzichtet. Allerdings hat sie sich bemüht, diese Interventionen kurz und amerikanische Verluste möglichst klein zu halten.[60] Die Clinton-Administration, angetreten im Zeichen der Zurückhaltung und der UN-Mandatierung, ist von beidem seit 1997 zunehmend abgewichen. Dabei hat sicher die innenpolitische Bredouille des Präsidenten vom Januar 1998 bis zum Februar 1999 eine Rolle gespielt. Aber auch Clinton war darauf bedacht, den Tod amerikanischer Soldaten zu vermeiden. In der Bundesrepublik galt es Ende der neunziger Jahre als ausgemacht, daß die Zustimmung der Gesellschaft zum Einsatz der Bundeswehr «out of area» sofort zurückgehen würde, wenn deutsche Soldaten dabei ums Leben kämen.

Ist das Politische System also den Präferenzen der Gesellschaft nicht immer gefolgt, hat es sie doch keineswegs aus dem Auge gelassen. Es hat ihnen wenigstens soweit Rechnung getragen, daß sie alles vermied, was nicht nur den Konsens, sondern auch die Toleranz der Gesellschaft aufheben würde. Sie sitzt bei den Entscheidungen der Regierungen mit am Tisch, kann freilich erst im Notfall ihre Stimme erheben.

Auch dieser vierte Aspekt zeigt, daß die Außenpolitik der Gesellschaftswelt erst auf dem Wege ist, dem Politischen System die Umwandlung ihrer außenpolitischen Anforderungen aufzuzwingen. Fortschritte aber sind deutlich zu erkennen. Denn: Die Gesellschaft bewahrt ihre eigenen Zielkataloge und Strategiepräferenzen, läßt sich darin nicht von der politischen Elite beeinflussen oder gar umstimmen. Morgenthaus berühmtes Diktum, daß das Politische System «Herr, nicht Sklave» der öffentlichen Meinung in der Außenpolitik sei,[61] trifft nicht mehr zu. Die Politischen Systeme haben das Informations- und Definitionsmonopol, das sie in der Staatenwelt besaßen, längst an die Medien verloren. Die Gesellschaft benutzt deren Informationsangebot, um sich ihre eigene Meinung zu bilden. Es fehlt also nicht mehr viel, damit ihre außenpolitischen Anforderungen mehr Gehör beim Politischen System finden. Sie muß sie deutlicher artikulieren und mit ihrem Kontrollanspruch auch in jenem Arkanum durchsetzen, das die Politischen Systeme mit den Schutzbegriffen der «nationalen Sicherheit» und des «nationalen Interesses» noch immer zu errichten versuchen.

Das Hauptinteresse der Gesellschaft, das einzige, das für sich beanspruchen kann, ein gesamtgesellschaftliches Interesse darzustellen, lautet auf Sicherheit und Frieden. Es zu verwirklichen, ist Aufgabe der Politischen Systeme. Sie müssen dabei aber stärker überwacht werden, als es heute geschieht. Der amerikanische Kongreß hatte schon Anfang der siebziger Jahre herausgefunden, daß die Weichen zum Krieg oder zum Frieden zu einem so frühen Zeitpunkt gestellt werden, daß die Zielstationen dem ungeübten Auge gar nicht erkennbar sind. Deswegen hatte er sich mit seiner «Entschließung über die nationalen Verpflichtungen» von 1969 und dem Kriegsvollmachtengesetz von 1971 sozusagen zu einem Weichensteller ernannt. Will die Gesellschaft ihr Kontrollrecht ausüben, muß sie sich mit den Fachkenntnissen versorgen, ohne die sich der eigentliche Stellenwert einer außenpolitischen Maßnahme nicht erkennen läßt. Alle Politischen Systeme nehmen heute für sich in Anspruch, ausschließlich den Frieden und die Sicherheit zu bezwecken. Die Maßnahmen, die sie dafür treffen, sind in vielen Fällen ungeeignet, können sogar das Gegenteil bewirken. Um zu verhindern, auf solche Weise in Zwangslagen versetzt zu werden, in denen die Gewalt nicht mehr vermieden werden kann, muß sich die Gesellschaft um die Kontrolle der Vorlaufstadien bemühen. Nur dann kann sie dem Politischen System eine bewährte Herrschaftstechnik entwinden und sicherstellen, daß ihr außenpolitisches Hauptziel, Friede und Sicherheit, auch politisch umgesetzt wird.[62]

Nur dann wird die Gesellschaftswelt den Wandel der Außenpolitik, den sie hervorbringt, in vollem Umfang auch erreichen. Im Verhältnis zwischen Demokratien ist er seit langem eingetreten. Die Diskussion in der Wissenschaft von den Internationalen Beziehungen, die seit Jahrzehnten vor allem in den USA geführt wird, hat das unbestreitbare Resultat erbracht, daß Demokratien untereinander noch nie Krieg geführt haben. Am Befund und an seiner Erklärung ist, wie in der Wissenschaft üblich, immer wieder herumgedeutet worden.[63] Freilich konnte dabei das Ergebnis, daß Demokratien sich gegenüber anderen Demokratien absolut friedlich verhalten, nicht in Frage gestellt werden.[64] Es ergibt sich auch aus dem politischen Augenschein.[65] Die Verwandlung Westeuropas vom zweihundertjährigen Konfliktherd in eine Friedenszone, die seit 1948 einsetzt, hat eine ihrer Ursachen darin, daß alle Staaten über ein demokratisches Herrschaftssystem verfügen. Westdeutschland erhielt es erst mit der Gründung der Bundesrepublik. Es war aber dieser Wandel des Herrschaftssystems, der aus dem zuvor aggressionsbereiten Deutschland den friedlichen Partner seiner europäischen Nachbarn gemacht hat. Am Einzelfall der Bundesrepublik wie am Zusammenschluß der Europäischen Gemeinschaft bis hin zur Europäischen Union läßt sich die friedenstiftende Wirkung des demokratischen Herrschaftssystems ablesen. Es wirkt auch im gesamten OECD-Raum.

Die USA haben das seit Woodrow Wilson gewußt und darauf ihre außenpolitische Strategie nach 1945 gegründet. Der Marshallplan war das Demokratisierungsinstrument für Westeuropa par excellence. Nach dem Ende des Kalten Krieges hatten vor allem Präsident Bill Clinton, sein Sicherheitsberater Anthony Lake und der Stellvertretende Außenminister Strobe Talbott diese Strategie verstärkt – in der richtigen Erkenntnis, daß die Demokratisierung der Herrschaftssysteme die beste Sicherheitsstrategie für die USA darstellt. Sind alle Staaten in ihrer Umwelt demokratisch verfaßt, geht von ihnen keine Gefahr mehr aus. Die USA sind dann sicher in einem Grad der Verläßlichkeit, der von keiner Verteidigungsbereitschaft erzeugt werden kann. Der wichtigste Bestandteil aller «Friedenszonen» auf dieser Welt ist das demokratische Herrschaftssysten.[66]

Allerdings weist die bestehende Theorie vom «demokratischen Frieden» eine große Schwachstelle auf. Im Verhältnis zu nichtdemokratischen Staaten verhalten sich auch Demokratien nicht anders als sie, haben genauso oft und genauso gern zur Gewalt der Waffen gegriffen. Das Phänomen ist bisher nicht überzeugend erklärt worden.[67] Da das demokratische Herrschaftssystem nur insgesamt eine von sechs Friedensursachen darstellt, über die noch kurz gesprochen werden wird, können die Ursachen für die nachweisbare Kriegsbereitschaft von Demokratien in den anderen fünf Gewaltanlässen liegen, vor allem in der Systemanarchie.[68] Der Bedeutung des demokratischen Herrschaftssystems für die Verfolgung gewaltvermeidender, kooperativer Politik wird durch dieses Rätsel kein Abbruch getan. Es macht nur darauf aufmerksam, daß die Kontrollfähigkeiten der Gesellschaft im Verhältnis zu nichtdemokratisch strukturierten Nachbarn noch zu wünschen übriglassen. Diese Schwäche bleibt wirkungslos, wenn der Partner ebenfalls eine Demokratie ist. Wenn und solange die Außenpolitik der Gesellschaftswelt sich darauf richtet, in der internationalen Umwelt die Verbreitung des demokratischen Herrschaftssystems zu fördern, verkleinert sich der Einzugsbereich dieser Schwäche.

Der Zusammenhang wird nicht dadurch verändert, daß der Prozeß der Demokratisierung häufig gewaltsam verläuft. Vielfach muß er revolutionär erzwungen werden; die im Innern erzeugte Gewalt wendet sich nach dem Erfolg nach außen. Die Französische Revolution bildet diesen

Zusammenhang ab. Im Zuge der Demokratisierung setzen sich gesellschaftliche Anforderungen nicht nur nach mehr Mitbestimmung, son-
dern auch nach verbesserter wirtschaftlicher Wohlfahrt durch, die ihre
Befriedigung in der internationalen Umwelt suchen. Ideologien, religiöse
Überzeugungen, missionarische Ideen begleiten den Prozeß der Demokratisierung, werden zu seiner Steuerung eingesetzt wie im Iran und im
Sudan der neunziger Jahre. Die Aggressivität des nationalsozialistischen
Deutschland veranschaulicht den Versuch, einen bereits eingeleiteten,
aber nicht weit vorangekommenen Demokratisierungsprozeß durch die
Erzeugung eines permanenten Ausnahmezustandes abzufangen und auf
die Stabilisierung diktatorialer Herrschaft umzuleiten.

Auch höhere Grade der Demokratisierung können gewaltverschärfend
wirken. Tocqueville hat darauf aufmerksam gemacht, daß gerade friedliebende Demokratien, wenn sie zum Krieg gezwungen werden, ihn dann
mit unnachsichtiger Härte bis zum Sieg über den Gegner führen.[69]
Große Militärapparate, auch das war schon vor rund 200 Jahren bekannt,
sind gerade für friedliebende Demokratien eine Gefahr: «Es gibt nichts
Gefährlicheres als ein Heer inmitten eines unkriegerischen Volkes.»[70] Der
moderne Verfassungsstaat hat diesen Zusammenhang stark abgeschwächt,
aber nicht beseitigt. Das sollten sich die westlichen Demokratien sagen
lassen, die von der beibehaltenen Existenz riesiger Militärapparate immer
wieder dazu verleitet werden, Gewalt einzusetzen oder anzudrohen, wo
sie, wie im Irak und in Serbien 1998/99, fehl am Platze ist.

Der hohe Entwicklungsgrad der Demokratie in den westlichen Industriestaaten darf auch nicht zu der Illusion verleiten, als sei der Prozeß der
Demokratisierung bei ihnen abgeschlossen. Denn sie haben zumeist den
von der Monarchie eingeführten Zentralismus und die Machtakkumula-
tion in den Kapitalen beibehalten, beides lediglich kollektiviert. Dementsprechend ist der Einfluß partikularer Interessengruppen noch immer bedeutend. Eine voll entfaltete Demokratie würde die Macht stark dezen-
tralisieren, die erzeugten Wohlstandswerte gleichmäßiger verteilen und
militärische Gewalt nur noch für den Residualfall der Verteidigung bereithalten, weder für Einsätze «out of area» noch für die «power projection».

Der Prozeß der Demokratisierung ist lang. Er wird in seinen Anfängen
oftmals von Gewaltanwendung begleitet und in seinen höheren Stadien
immer wieder der Versuchung ausgesetzt, gestört, angehalten, ausgenutzt
zu werden. Repräsentanten hochentwickelter Staaten sind, wie das die
konservativen Republikaner im amerikanischen Kongreß seit 1994 zeigten, in erstaunlicher Weise geneigt, militärische Gewalt für außenpolitische Zwecke einzusetzen. Die deutschen Bundesregierungen der neunziger Jahre haben an der Wehrpflicht festgehalten, obwohl jede militärische Bedrohung entfallen war. Der Demokratisierungsprozeß hat noch
weite Strecken vor sich.

Gerade deswegen muß er unablässig gefördert und vorangetrieben werden. Er muß, wie das Beispiel Südafrika zeigt, auch nicht in seinen Frühphasen gewaltsam verlaufen; die Umwelt kann viel dazu beitragen, daß er einen glimpflichen Kurs nimmt. Er kann nie enden, es sei denn, die Geschichte endet. Jenseits des kritischen Grades, an dem die Demokratisierung den Krieg endgültig aus der Welt geschafft haben wird, kann der Elan zurückgenommen werden. In der Europäischen Union ist dieser Zustand schon eingetreten; in Euro-Atlantik und in der Welt muß er noch herbeigeführt werden.

3. Globale Entwicklungstendenzen

Die tiefgreifenden Veränderungen gesellschaftlicher und wirtschaftlicher Strukturen, die einen gänzlich veränderten Kontext dessen hergestellt haben, was landläufig als «Außenpolitik» bezeichnet wird, gelten für den Bereich der westlichen Industriestaaten, auch für alle Mitglieder der OECD. Wirksam sind diese Veränderungen in den Industriestaaten Osteuropas, in der Ukraine und im westlichen Teil Rußlands, wiewohl hier schon gewisse Abschwächungen zu registrieren sind. Nur mit diesem Bereich beschäftigt sich das Buch, nur für ihn gelten die Analysen und strategischen Konzepte.

Gerade deswegen aber ist der Hinweis unerläßlich, daß die Entwicklungstendenzen in der Welt außerhalb des atlantischen Bereiches in die gleiche Richtung weisen. Zeitlich versetzt, räumlich stark differenziert und in sehr unterschiedlicher Ausprägung, auf die nicht zuletzt die jeweilige geschichtlich-kulturelle Tradition eingewirkt hat, lassen sich die gleichen Prozesse fast überall auf der Welt feststellen. Im Begriff der «Globalisierung» schwingt die entsprechende Vermutung mit, doch ist er zu allgemein und unterstellt eine Gleichförmigkeit, die nicht nachweisbar ist. Die außeratlantische Welt befindet sich zumeist in der Phase der Industrialisierung, der Moderne also, mit einigen wenigen Staaten, die noch in der Prämoderne verweilen, und ebenfalls wenigen anderen, in die die Postmoderne, die Dienstleistungswirtschaft, schon Einzug gehalten hat.

Diese Welt soll hier nur ganz summarisch mit einigen Daten skizziert werden. Mehr ist nicht möglich. Mehr ist aber auch nicht erforderlich, weil der Hinweis auf diese globalen Trends ausreicht, um anzuregen, bei der Konfliktanalyse in jedem Weltteil sensibel für jene Verursachungen zu werden, die auf die Entstehung der Gesellschaftswelt hindeuten.

Im Durchschnitt leben alle Menschen auf dieser Welt länger und unter besseren Bedingungen, ist ihr Bildungsgrad und die Versorgung mit politisch relevanter Information gestiegen. Ihre Ernährung hat sich verbes-

sert, ebenso die medizinische Betreuung. «Mitte der 90er Jahre leben die
Menschen weltweit länger, sterben weniger Kinder und können mehr
Erwachsene lesen und schreiben als je zuvor: die soziale Lage der Menschen hat sich in den vergangenen dreißig Jahren in allen Weltregionen
verbessert. Der Abstand zwischen Industrie- und Entwicklungsländern
ist geringer geworden.»[71]

Dieser generelle Befund verschleiert nicht die gravierenden Unterschiede zwischen dem südlichen Afrika, wo die Entwicklung stagniert
bzw. sogar rückläufig ist, und Südostasien, wo sie bis zur Wirtschaftskrise
1998 weit über diesen Durchschnittswerten rangierte. Die Lebenserwartung in den Ländern mit geringem Einkommen stieg von 49 Jahren,
1965, auf 62 Jahre, 1989. Das Pro-Kopf-Einkommen aller Entwicklungsländer, das sich im Durchschnitt der Jahre 1978 bis 1987 um 2,1 % gehoben hatte, stieg 1997 um 4,5 %. Davon profitierte auch Afrika, dessen
negative Wachstumsraten seit 1994 positiv und 1997 bei 2,3 % angelangt
waren.[72] Immerhin waren 1990 noch 550 Mio. Menschen hungrig,[73] das
sind bei einer Weltbevölkerung von 5,6 Mrd. Menschen, 1997, rund 10 %.
Bezeichnet man mit der Weltbank jemanden als arm, der weniger als
einen US-Dollar pro Tag zur Verfügung hat, dann waren 1993 1,3 Mrd.
Menschen arm, also mehr als ein Viertel der Weltbevölkerung.

Die Schulbildung in dieser außeratlantischen Welt nahm erheblich zu.
Waren 1970 noch 54,7 % der Menschen in diesen Ländern Analphabeten,
so waren es 1990 nur noch 34,9 %; im Jahr 2000 werden es 28,1 % sein.
Unter der männlichen Bevölkerung wird dann nur noch ein Fünftel,
rund 20 %, weder lesen noch schreiben können. Höhere Bildungsgrade
sind naturgemäß seltener. 1992 besuchten knapp 45 % der Bevölkerung
in den Entwicklungsländern weiterführende Schulen. 1980 waren es nur
35,7 % gewesen. Zugang zu höheren Schulen und Universitäten hatten
1992 nur 7,8 % der Menschen dieser Länder; in Nordamerika waren es
zehnmal soviel.[74]

Die Beschäftigungsstruktur der Welt befindet sich zum größten Teil
noch im vorindustriellen Stadium. Aber die Tendenz nimmt ab. Waren
1965 noch 57 % der arbeitenden Bevölkerung in den Entwicklungsländern in der Landwirtschaft tätig, so waren es 1995 nur noch 46 %. 21 %
aller Beschäftigten waren in der Industrie tätig (gegenüber 19 % 1965),
33 % im Dienstleistungssektor (1965: 24 %). Die informelle Tätigkeit
überwiegt noch immer, der reguläre Arbeitsplatz ist eher die Ausnahme.

Die außeratlantische Welt wird auch sehr viel besser mit Informationen versorgt, wobei interessanterweise das Fernsehen eine besondere
Rolle spielt. Die Zeitungslektüre hat sich nur mäßig beschleunigt, die
Zahl der Radioempfänger hingegen hat sich von 1970 bis 1988 mehr als
verdoppelt. Fast 2 Mrd. gab es davon weltweit. Dreimal so schnell stieg
die Zahl der Fernsehgeräte, und zwar vor allem in den armen Ländern.

In den Industriestaaten wuchs die Zahl der Fernsehgeräte in den beiden Dekaden von 1970 bis 1990 nur um ein Drittel, von 300 auf 400 Mio. Geräte. In den armen Ländern der Welt verfünffachte sich diese Zahl von 40 Mio. auf 200 Mio.[75] Dabei hatten natürlich auch die wirtschaftlichen Interessen der TV-Industrie ihre Hand im Spiel. Andererseits vermitteln aber gerade die visuellen Medien besonders eindrucksvolle Informationen über Lebens- und Politikstile. Sie veranschaulichen konkret die Möglichkeiten und Chancen gesellschaftlicher Partizipation an der Herrschaft, regen zur Nachahmung an. Deswegen sind gerade die elektronischen Medien bei Diktatoren aller Couleur besonders gefürchtet.

Auf dem Sektor Kommunikation ist die außeratlantische Welt in ihrer Mehrheit stark benachteiligt. Die Hälfte der Menschheit hat noch nie ein Telefongespräch geführt; ihr Weg zum nächsten Apparat würde auch mehr als zwei Tagesreisen in Anspruch nehmen. Von der weltweiten Zunahme der Telefonanschlüsse zwischen 1993 und 1997 von 575 Mio. auf 730 Mio. profitierten die armen Entwicklungsländer, vor allem die in Afrika, am allerwenigsten.[76] Personalcomputer mit Zugang zum Internet gibt es in Afrika nur in der Republik Südafrika. Rechnet man die dort stehenden Geräte ab, entfallen auf ganz Afrika ganze 0,001 % der weltweit verfügbaren Internet Hosts.[77] Diese Lage auf dem Schwarzen Kontinent – wie bei allen Ländern mit geringem Einkommen – könnte sich mit der Ausweitung des satellitengestützten Mobilfunks ändern, dessen Infrastrukturkosten außerordentlich niedrig sind.

Mit erheblicher Verzögerung und sehr viel geringeren – und regional zudem äußerst differenzierten – Graden der Ausprägung lassen sich also in der außeratlantischen Welt ähnliche Veränderungen der wirtschaftlichen und gesellschaftlichen Ausstattung erkennen, die in den OECD-Ländern die Gesellschaftswelt heraufgeführt haben. Es wird viele Jahrzehnte dauern, bis die außeratlantische Welt ihren Rückstand aufgeholt hat. Bis dahin wird die Uhr ihrer sozialen Zeit anders ticken als die in den Hochindustrieländern. Was sie in der Periode des Übergangs von der prämodernen zur modernen Phase an politischen Einstellungen, Strategien, Konstellationen und Konflikten erlebten, kann möglicherweise manche Phänomene erklären helfen, die sich gegenwärtig, also chronologisch zeitgleich, in der außeratlantischen Welt abspielen, in der sozial eine andere Zeit herrscht.

Nicht alle, aber die meisten von ihnen haben den Weg in die Demokratisierung eingeschlagen, nicht zuletzt aufgrund des Vorbildes, das die «sanfte Revolution» in Osteuropa 1989/1990 abgegeben hat. Die wichtigste Voraussetzung für diese Nachahmung muß in der wirtschaftlichen Entwicklung gesucht werden, als deren geläufigster Maßstab das Bruttoinlandsprodukt pro Kopf gilt. Es gibt bessere und sehr viel genauere

Indizes.[78] Die darauf aufbauenden Analysen zeigen, daß die Demokratie als Herrschaftssystem in Lateinamerika, in Indien, in Ost- und Südostasien stabil ist und sich weiter stabilisieren wird, während sie in Afrika südlich der Sahara stark gefährdet bleibt und sich in Nordafrika, im Mittleren Osten und in Zentralasien erst noch durchsetzen muß.

Der politische Rundblick in der zweiten Hälfte der neunziger Jahre bestätigt, daß der Demokratisierungsprozeß weltweit in Gang ist. Die in der zweiten Hälfte der neunziger Jahre aufgetretene destabilisierende Wirtschaftskrise dürfte langfristig die Durchsetzungsfähigkeit des demokratischen Herrschaftssystems verbessern; mittelfristig verstärkt sie die Turbulenzen, die der Demokratisierungsprozeß ohnehin erzeugt. In Taiwan und Südkorea ist er (jedenfalls bis 1999) in ruhigen Bahnen verlaufen, in Afrika nicht. Auf dem Balkan vollzog er sich zunächst als Dekolonisationsprozeß; in dieser Gestalt trat er im Falle Tschetscheniens sogar innerhalb der Russischen Föderation erstmals zutage. Die mit Waffen durchgesetzte ethnische, nationale oder geographische Autonomie macht sich in der zweiten Hälfte der neunziger Jahre als verstärkter Ausdruck der Einforderung von Mitbestimmung mehr und mehr bemerkbar.[79]

Der Versuch verschiedener asiatischer Regierungschefs, die Welle der Demokratisierung mit dem Hinweis auf die «asiatischen Werte» zu brechen, ist weitgehend mißlungen. Gerade die Wirtschaftskrise hat die gesellschaftliche Mitbestimmung an der politischen Herrschaft in dieser Region als erfolgreiches Modell erscheinen lassen. Was für Ostasien gilt, gilt für alle Entwicklungsländer mit mittlerem oder hohem Einkommen: «Der Trend verläuft in Richtung größerer Demokratisierung.»[80] In dem Maße, in dem sich die Wirtschafts- und Lebensformen weltweit angleichen, werden sich auch die Ziele der demokratisierten Gesellschaften einander annähern.

Der Prozeß der Demokratisierung verläuft unruhig und nicht immer unblutig. Je mehr er sich vollendet, desto stärker können sich die Interessen der ihre Existenzentfaltung besorgenden Bürger durchsetzen. Sie lauten überall auf Freiheit, Wohlstand und Friede. Zu diesem – gewiß noch weit entfernten – Zeitpunkt wird die Gesellschaftswelt auf globaler Ebene eine Folge hervorgebracht haben, die sich im atlantischen Bereich schon deutlich abzeichnet. Die in den einzelnen Staaten ablaufenden sozioökonomischen und herrschaftlichen Veränderungen erzeugen eine veränderte Außenpolitik, die in ihrer Interaktion mit den Korrespondenten in den anderen Staaten eine internationale Politik, damit ein internationales System erzeugt, das sich von dem der Staatenwelt qualitativ genauso unterscheidet wie die Demokratie von der Monarchie oder der Diktatur.

4. Veränderungen im internationalen System

Der die Gesellschaftswelt charakterisierende entscheidende Vorgang, die Emanzipation der Gesellschaft gegenüber ihrem Politischen System, hat nicht nur zu veränderten Anforderungen an dessen Politik geführt. Er hat dem Politischen System das außenpolitische Monopol genommen und zahlreiche bedeutende und starke gesellschaftliche Akteure freigesetzt, die ihre eigenen Interaktionen mit der internationalen Umwelt unterhalten, und zwar sowohl mit den Politischen Systemen dort als auch mit den gesellschaftlichen Akteuren. Der rasante Ausbau der Kommunikations- und Verkehrsnetze hat diese Entwicklung beflügelt. Informationen können praktisch in Realzeit übertragen, Personen und Produkte in Zeitspannen transportiert werden, die die Welt schrumpfen lassen.

Entstand die internationale Politik bis zur Mitte des 20. Jahrhunderts im wesentlichen aus den Interaktionen der Politischen Systeme, so haben sich seitdem derartig viele und bedeutende Interaktionen gesellschaftlicher Akteure hinzugesellt, daß das euro-atlantische System und über weite Strecken sogar das internationale System seine seit Jahrhunderten vertraute Figur verloren hat. Nicht nur sind viele Transnationale Unternehmen heute «mächtiger als die Staaten, denen der politischen Theorie nach die letzte politische Autorität über Gesellschaft und Wirtschaft zukommt»;[81] als «wichtigste Triebkräfte bei einer Vielzahl globaler Probleme sind die Nicht-Regierungsorganisationen hervorgetreten, die die Aufgaben formulieren, die Öffentlichkeit mobilisieren und die Ausführung ihrer Anforderungen als eine neue Art von Weltpolizei kontrollieren».[82]

Damit sind aber nicht nur neue Einflüsse, es sind auch neue Probleme in das internationale System eingezogen. Die Interaktionen der gesellschaftlichen Akteure bilden ihr eigenes internationales System aus, das von den Regierungen, sofern sie nicht auf ihren Souveränitätsanspruch verzichten, nicht mehr kontrolliert werden kann. Die Gesellschaften, der «microlevel» der Politik,[83] haben nicht nur die stärkere Partizipation an der eigenen Herrschaft durchgesetzt und sie auf die Umwandlung der gesellschaftlichen Anforderungen verpflichtet; die Gesellschaften haben durch ihre eigenen Interaktionen in und mit der internationalen Umwelt ein politisches Wirkungsfeld geschaffen: die «internationalisierende Politik».[84] Indem sie ihre Politischen Systeme zur Umwandlung ihrer Anforderungen auffordern und gleichzeitig selbst im internationalen System agieren, reißen die gesellschaftlichen Akteure die – ohnehin schon brüchige – Trennung zwischen Innen- und Außenpolitik ein und verbinden beide Räume zu «intermestic affairs».[85] Diese internationalisierende Politik läßt sich mit dem herkömmlichen Vokabular der Staatenwelt nicht mehr angemessen beschreiben. Der Politikwissenschaftler Michael Zürn[86] spricht von «Denationalisierung».

a) Interdependenz erzeugt Kooperation

Der Wandel des internationalen Systems wurde heraufgeführt, weil die oben beschriebene Ausbildung der Gesellschaftswelt eine unvorhergesehene Konsequenz für die Außenpolitik nach sich zog: Die Staaten verloren ihre funktionale Autarkie. Die die Postmoderne kennzeichnende Verwendung von Hochtechnologie und Elektronik hat dasjenige Phänomen erzeugt, das die internationale Politik der Gesellschaftswelt charakterisiert, die wechselseitige Abhängigkeit, die Interdependenz.

Sie ist früh beobachtet und seitdem vielfach definiert worden. Zumeist wird sie verstanden als eine «relationship costly to break», als eine Beziehung also, die zu unterbrechen teuer ist.[87] Diese Abhängigkeiten können so groß sein, daß sie einen Akteur «verwunden»; sie können aber auch so leicht sein, daß sie von ihm nur «empfunden» werden.[88] Dieser schwache Grad ist überhaupt nicht neu. Gottfried Achenwall beobachtete schon 1761, daß seit dem 16. Jahrhundert «keine wichtige Begebenheit in irgendeinem europäischen Staate (sich ereignet), daran nicht die übrigen, oder doch mehrere andere Antheil nehmen, gewisse Maßregeln darüber ergreifen, sich in Bewegung setzen, und dabey mitzuwürken suchen».[89] Schon diese schwache Ausprägung der Interdependenz hatte Achenwall zu der Erkenntnis bewogen, daß «Europa eine ganz andere Gestalt» gewonnen hat.

Der zu registrierende Systemwandel hat also sehr früh eingesetzt, aber sich mit zunehmenden Interdependenzgraden qualitativ ganz anders ausgedrückt. Am Ausgang des 20. Jahrhunderts muß unter der wechselseitigen Abhängigkeit eine Situation verstanden werden, in der ein Akteur seine Ziele nur noch erreichen kann, wenn andere Akteure kooperieren. Das gilt für die Interaktionen der Gesellschaft genauso wie für die des Politischen Systems. Kein Staat, nicht einmal die Supermacht USA, geschweige denn der europäische Staat mittlerer Größe, kann seine Ziele verwirklichen, ohne daß andere Staaten mitwirken.

Im Sachbereich der wirtschaftlichen Wohlfahrt ist diese Einsicht so weit und unbestritten verbreitet, daß ihr der Begriff der Globalisierung schon weltweite Gültigkeit attestiert – die ihr zweifellos nicht zukommt. Im Sachbereich der Sicherheit ist sie genauso evident, ohne allerdings genauso leicht akzeptiert zu werden. Die nachweisbare Interdependenz auf dem Gebiet der Sicherheit ist es aber, die den qualitativen Wandel des internationalen Systems, den Achenwall schon attestierte, zur Vollendung gebracht hat. Wenn ein Staat seine Sicherheit nur gewährleisten kann, falls die anderen Staaten kooperieren, dann ist die Zusammenarbeit

zur unumgänglich umfassenden Strategie im internationalen System aufgerückt. Wenn der Gegner nicht kooperiert, kann die eigene Sicherheit
nicht gewährleistet werden.

Die Zusammenarbeit in einer Militärallianz war immer nur Teil einer
antagonistischen Systemstruktur, in der sich zwei – oder mehr – Allianzen
gegenüberstanden, im Glücksfalle gleichgewichtig. Sie bearbeiteten den
Konflikt zwischen ihnen keineswegs kooperativ, sondern feindselig und
gewaltbereit. Der Gegner wurde durch Gewaltandrohung abgeschreckt,
im Regelfall mit Gewalt bezwungen. Die Kernwaffen haben diese Strategie außer Kraft gesetzt. Wer zuerst schießt, stirbt als zweiter. Und umgekehrt: Weil das Überleben einer Seite vom Wohlverhalten der anderen
abhängt, beide also wechselseitig interdependent sind, bleibt nur die Kooperation als erfolgreiche Strategie übrig.

Diese sicherheitspolitische Interdependenz hat den Antagonismus
durch die Kooperation als das funktional allein brauchbare Prozeßmuster
im internationalen System ersetzt. Die Kooperation kann unterschiedliche Formen und Grade annehmen, angefangen von der lockeren Zusammenarbeit in einem bilateralen Kontext über ihre informelle Stabilisierung in einem Regime bis hin zur Fixierung in einer Internationalen
Organisation und dem äußersten Grad, dem Übergang des internationalen Systems in eine Integration. Diese Kooperation kann natürlich auch
scheitern; sie besitzt aber, weil sie von der Interdependenz als funktional
geradezu erzwungen wird, in der Tat die Chance, zum vorherrschenden
Interaktionsmuster des euro-atlantischen Systems, gegebenenfalls sogar
der Welt, zu werden.

Diese Weiterentwicklung des dominanten Prozeßmusters vom Antagonismus zur Kooperation bildet den entscheidenden Kern des System-
wandels. Die Staaten können sich nicht mehr in hobbesianischer Feind-
seligkeit gegenübertreten, weil sie infolge der Interdependenz ihre Sicherheit nicht durch Verteidigung, sondern nur noch durch Kooperation
mit den anderen Mitgliedern des Systems zu bewirken vermögen.

b) Im Sachbereich der Sicherheit

Die Wende vom Antagonismus zur Kooperation vollzog sich während
des Kalten Krieges, und zwar Anfang der sechziger Jahre. Der Aufmarsch
beider Seiten seit 1948 hatte noch in klassischer Manier als antagonistische Konfrontation zweier Militärbündnisse stattgefunden. Das eine war
im Besitz von Nuklearwaffen zur «massiven Vergeltung» fähig; das andere
besaß in Europa die Überlegenheit im Bereich der konventionellen
Kriegführung. Als es mit der Entwicklung der Wasserstoffbombe und der
Langstreckenrakete Ende der fünfziger Jahre nachzog, entstand die Situation «wechselseitig gesicherter Zerstörungsfähigkeit» (Mutual Assured

Destruction, MAD). Der atomare Rüstungswettlauf war nicht imstande, einer der beiden Seiten einen entscheidenden Vorteil zu verschaffen; jede war für ihr Überleben immer darauf angewiesen, daß die andere Seite auf den Einsatz der Nuklearwaffen verzichtete.

Aus der Einsicht in diese Interdependenz resultierte letztlich der Entschluß zur Kooperation. Sie blieb eingebettet in den Antagonismus, erzeugte aber die nukleare Sicherheit durch die Zusammenarbeit in der Rüstungskontrolle und deren Verfestigung zu einem Regime. Regime bestehen, in der klassischen Definition, aus «impliziten oder expliziten Prinzipien, Normen, Regeln und Entscheidungsprozeduren, in denen – in einem bestimmten Politikfeld – sich die Akteure in ihren Erwartungen einig sind».[90] Regime sind, moderner ausgedrückt, «internationale Institutionen. Sie stiften Ordnungen zwischen Akteuren in internationalen Beziehungen. Die Akteure reproduzieren diese Ordnungen durch ihre Interaktionen».[91] Sie sind informell, aber stabil und dauerhaft. Sie beruhen auf der wechselseitig vorhandenen Einsicht, daß ein optimales Ergebnis nur durch Zusammenarbeit erreicht werden kann, egal ob sie die Sicherheit, die Verteilung von Macht, die Befriedung von Interessen oder die Verbreitung von Wissen zum Gegenstand haben.[92]

Die Einsicht in die Notwendigkeit der Zusammenarbeit beschränkte sich während des Kalten Krieges keinesfalls nur auf die Kontrolle der nuklearen Rüstung; die Schlußakte von Helsinki, 1975, brachte mit der Konferenz für Sicherheit und Zusammenarbeit in Europa (KSZE) die Kooperation auch im Bereich der konventionellen Kriegführung und im Sachbereich der wirtschaftlichen Wohlfahrt in Schwung. Die innerdeutschen Wirtschaftsbeziehungen wurden als Regime ausgestaltet, ebenso die Reinhaltung der Ostsee.[93] Harald Müller sieht auf westlicher Seite sogar in den Protokollen zu den Pariser Verträgen von 1955 und auf östlicher Seite im Görlitzer Vertrag von 1953 ein Regime der Territorialordnung in Europa während des Kalten Krieges.[94]

Jedenfalls trat innerhalb der antagonistischen Grundstruktur des Ost-West-Konflikts die Einsicht, daß Sicherheit nur «gemeinsam» zu haben sei, immer deutlicher hervor. Sie führte zu den Vertrauensbildenden Maßnahmen im Rahmen der KSZE und mit dem Vertrag über konventionelle Streitkräfte in Europa[95] zu der «neuen KSZE»,[96] die seit dem 1. Januar 1995 als Organisation für Sicherheit und Zusammenarbeit in Europa firmiert. Sie betreute in der zweiten Hälfte der neunziger Jahre auch die Anpassung des KSE-Vertrages, der noch zur Zeit des Kalten Krieges geschlossen worden war, an die Bedingungen danach.

Der von der Interdependenz erzwungenen Notwendigkeit der Kooperation fiel sogar ein Attribut staatlicher Souveränität zum Opfer, das im herkömmlichen Verständnis der Sicherheitspolitik allerhöchsten Wert besaß: die Geheimhaltung. Die Erwartungsstabilität in Regimen ist so groß wie das wechselseitige Vertrauen der Partner untereinander in die Einhaltung der verabredeten Regeln. Verifikation ist, jedenfalls auf dem Gebiet der Sicherheitspolitik, die Vorbedingung der Kooperation. Die Überprüfbarkeit ist daher die Achillesferse des Versuchs, die Verbreitung von Massenvernichtungsmitteln weltweit zu verhindern oder zu begrenzen.[97] Im euro-atlantischen Bereich konnte die Einhaltung der kooperativ verabredeten Maßnahmen zwar auch unilateral durch Satellitenüberwachung oder seismische Beobachtungsstationen kontrolliert werden. Wirklich verläßlich aber war sie nur multilateral durch Inspektionen vor Ort festzustellen. In der rein antagonistischen Phase des Ost-West-Konflikts waren darüber erbitterte Konflikte ausgetragen worden; in der zunehmend kooperativ gestalteten Phase wurde die wechselseitige Inspektion zur akzeptierten Regel mit einer Tendenz zu weiterer Entwicklung und Verbreitung.[98]

Hatte sich die Zusammenarbeit als Prozeßmuster schon in der antagonistischen Grundstruktur des Kalten Krieges eingestellt, weil die Interdependenz keine brauchbare Alternative übrigließ, so wurde sie nach dem Ende des Kalten Krieges sozusagen von selbst zur allumfassenden und ungefragt beherrschenden Form der Konfliktbearbeitung. Weltweit wurden die Vereinten Nationen reaktiviert, denen der Modus der Kooperation für die Herstellung globaler Sicherheit bereits 1945 inkorporiert worden war.[99] Präsident Bush sah in den United Nations den Kern und den Motor einer Neuen Weltordnung. In Europa rief die NATO gleich nach dem Ende des Kalten Krieges, im Dezember 1991, den NATO-Kooperationsrat ins Leben, in dem vor allem die Militärs der beiden Bündnissysteme sich begegnen und kennenlernen, Erfahrungen austauschen und gemeinsame Probleme erörtern konnten. Der Rat erstellte einen «Arbeitsplan für Dialog, Partnerschaft und Zusammenarbeit», und er war darin so erfolgreich, daß er 1997 um die Teilnehmer des Programms «Partnerschaft für den Frieden» erweitert und in dieser Zusammensetzung als Euro-atlantischer Partnerschaftsrat konstituiert wurde.

Das Programm «Partnership for Peace» war 1993 von den USA eingerichtet worden, um allen Staaten des früheren Warschauer Paktes, Rußland eingeschlossen, eine vertiefte Kooperation mit der NATO zu ermöglichen und damit die Forderungen nach einer direkten Erweiterung der Allianz vom Tisch zu bringen. Sie wurden dann 1994 doch erhört und 1999 mit der Aufnahme Polens, Tschechiens und Ungarns in die westliche Militärorganisation teilverwirklicht.

Das Programm «Partnerschaft für den Frieden» aber blieb davon unberührt; es umfaßt alle Staaten Osteuropas und die meisten der früheren Sowjetunion, ist der Motor intensiver Kooperation zwischen den Militärs der betroffenen Länder und bildet auch die Grundlage für die Teilnahme Rußlands (und einiger osteuropäischer Staaten) an dem Friedenssicherungs-Einsatz der NATO in Bosnien-Herzegowina.

Kooperation also kennzeichnet durchgehend die Prozeßmuster zwischen Ost und West im Einzugsbereich des früheren Ost-West-Konfliktes, desavouiert nur durch die Osterweiterung der NATO. Selbst sie aber wird wenigstens verbal vom Westen im Kontext der Kooperation verortet, den die Grundakte zwischen der NATO und Rußland vom 27. Mai 1997 in Paris ausdrücklich festschrieb.

Die eigentliche Quintessenz aus den Erfahrungen selektiver Kooperation im antagonistischen System des Kalten Krieges zogen die ehemaligen Gegner in der Charta von Paris für ein neues Europa. Sie wurde am 21. November 1990 unterzeichnet, zusammen mit einer «gemeinsamen Erklärung», in der Ost und West bekundeten, sich nicht mehr als Gegner zu betrachten. Die Charta erweiterte den Modus der Zusammenarbeit auf den gesamten Bereich der Sicherheitspolitik. Alle «Beziehungen (würden sich) künftig auf Achtung und Zusammenarbeit gründen».[100] Was fünfzehn Jahre zuvor mit der Schlußakte von Helsinki begonnen und den früheren Gegnern «den Weg zu besseren Beziehungen gewiesen» hatte, nämlich die Zusammenarbeit, sollte jetzt zu dem Prozeßmuster gemacht werden, das «unseren Nationen ein Leben (ermöglicht), das ihren Wünschen gerecht wird».

Auch wer solche Deklaratorik nicht überbewertet, muß der Charta von Paris bescheinigen, den Wandel des internationalen Systems richtig erkannt und zum Ausgangspunkt der künftigen Politik gemacht zu haben. Daß die Umsetzung dieses Programms nicht leichtfallen würde, war abzusehen. Immerhin wurde eine jahrhundertealte außenpolitische Tradition verabschiedet, in der der Friede nur als Pause zwischen den Kriegen angesehen wurde und von Koexistenz, geschweige denn von Kooperation nicht die Rede gewesen war. Noch hundert Jahre zuvor galten alle «Friedensschlüsse dieser Welt (nur als) Provisorien ... nur bis auf weiteres» (Bismarck). Der Krieg war ebenso normal wie der Friede. Diese Norm war zwar 1945 in der Charta der Vereinten Nationen aufgegeben, beim Ausbruch des Ost-West-Konflikts aber mühelos wiederbelebt und erst ausgangs der fünfziger Jahre unter den Zwängen von MAD wenigstens selektiv durchbrochen worden.

Dreißig Jahre später war die Aufgabe zu meistern, aus der Ausnahme die Regel zu machen, also dem interdependenten Zwang zur Gewaltvermeidung eine breite Basis der Kooperation unterzuschieben. Damit wurde ein ganz neuer Politikentwurf fällig. Jahrhundertelang war er dem Krieg gewidmet gewesen, seiner Vorbereitung und seiner Ausführung. Jetzt mußte diese Außenpolitik gänzlich neu orientiert werden, nämlich auf die Herstellung von Friedensursachen, die zwar nicht die Konflikte beseitigen, aber ihre antagonistisch-gewaltsame Austragung, die unmöglich geworden war, vermeiden sollte.

Die Größe dieser Aufgabe kann um so weniger unterschätzt werden, als die Ausweitung der Kooperation auf alle Felder der Sicherheitspolitik bei weitem nicht als so zwingend erscheint wie seinerzeit die Regime der nuklearen Rüstungskontrolle und der Vertrauensbildenden Maßnahmen. Sie hatten die Interdependenz sozusagen handgreiflich präsentiert, die Kooperation unterhalb dieser Bedrohungsebene tat das nicht ohne weiteres. Die Auflösung der Sowjetunion erforderte Hilfe, der neu aufflammende ethnische oder nationale Konflikt in Osteuropa und auf dem Balkan erheischte Beistand. Die wirtschaftliche Misere in den Ländern des früheren Warschauer Paktes rief nach Auslandshilfe, die Wiedervereinigung Deutschlands nach einer neuen Gestaltungsformel des europäischen Systems.

Auf solche Aufgaben war der Westen nicht vorbereitet, die ehrwürdigen Konzepte von Staatsräson und Nationalinteressen hielten dafür keinerlei Anleitung bereit. Um so höher ist die Leistung zu veranschlagen, die die Politiker in West – und Ost – in der Charta von Paris erbrachten, um so höher auch die Mühe, die sie sich in den ersten Jahren danach mit der Verwirklichung dieses Programms gaben.

Daß das Engagement für die Ausbreitung von Demokratie und Marktwirtschaft langsam nachließ, ist daher nicht unverständlich. Daß die in Paris 1990 beschlossene Umwandlung der KSZE von einer losen Konferenzfolge in eine dauerhafte Organisation mit Sitz in Wien alsbald vergessen wurde, stimmt schon eher bedenklich. Die – seit 1995 – so genannte Organisation für Sicherheit und Zusammenarbeit in Europa symbolisiert die Bedeutung der Kooperation als Prozeßmuster in der euroatlantischen Welt. Sie leidet, wenn die Organisation vernachlässigt wird.

Daß sich seit 1994 statt dessen die Militärallianz der NATO wieder in den Vordergrund schiebt und sich mit ihrer Osterweiterung auch als ordnungspolitisches Element zu gerieren weiß, deutet ebenfalls darauf hin, daß das Lernpensum der Interdependenz nicht groß genug gewesen ist, um die Wirksamkeit einer aus der vorinterdependenten Zeit stammenden Tradition gänzlich zu neutralisieren.

Es bedarf also noch großer Anstrengung, um im Sachbereich der Sicherheit zu gewährleisten, daß die Prozeßmuster der Kooperation von der Ebene der Massenvernichtungswaffen aus sich durchsetzen auf die vorgelagerten Ebenen der Außen- und Sicherheitspolitik im Detail. Im Gegensatz zum Sachbereich der wirtschaftlichen Wohlfahrt, wo die Abhängigkeit in jeder Interaktion sichtbar wird und ihre Vernachlässigung sich sofort als Verlust von Wohlfahrt oder Profit niederschlägt, muß im Sachbereich der Sicherheit ihr Langfristwert immer erst deutlich gemacht werden. Dazu bedarf es analytischer Einsichten in die Gewaltursachen und konzeptueller Innovation, um sie richtig zu beseitigen. Wird diese Lernleistung nicht erfüllt, besteht durchaus die Gefahr, daß sich in dem Vakuum alte, veraltete, aber traditionell eingeübte und deswegen gewohnte Strategeme wieder festsetzen. Ihre Auswirkungen könnten im euro-atlantischen System durchaus eine Situation wieder heraufführen, in der das Pensum des Kalten Krieges erneut durchgenommen werden muß.

c) Im Sachbereich der Wirtschaft

In der Wirtschaftswelt brauchte der Interaktionsmodus der Kooperation nicht erst durch die Interdependenz herbeigezwungen werden; Zusammenarbeit ist, sozusagen, die Grundlage von Wirtschaft und Handel. Die unter Zwang erfolgende Ausbeutung hat sich zu keiner Zeit bewährt. Handel und Wandel gedeihen nur dort, wo die Gewinnverteilung für beide Seiten einigermaßen akzeptabel ist. Im Unterschied zum Sachbereich der Sicherheit, wo die physische Vernichtung der anderen Seite in der Prämoderne und der Moderne noch als funktional erscheinen konnte, war und ist sie im Sachbereich der Wirtschaft immer dysfunktional, weil sie einen Kunden vernichtet.

Diese Bilanz leugnet weder noch verharmlost sie das Wohlstandsgefälle zwischen West und Ost im euro-atlantischen Bereich oder das Nord-Süd-Gefälle etwa zwischen Europa und Afrika. Aus beidem läßt sich vielmehr ablesen, daß auch in der Wirtschaftswelt das Konzept der Kooperation und die ihr innewohnende annähernde Gleichverteilung der Gewinne bedeutenden Nachholbedarf hat. Er wird geradezu riesig, wenn man berücksichtigt – was später getan werden wird –, welch entscheidenden Beitrag die Steigerung der wirtschaftlichen Wohlfahrt einer Gesellschaft für deren Demokratisierung und damit für deren Friedfertigkeit besitzt.

Hier stehen zwei andere Aspekte im Vordergrund. Die Welt nach dem Ende des Ost-West-Konfliktes ist vornehmlich eine Wirtschaftswelt. Allen Gesellschaften und – über ihre Anforderungen vermittelt – deren Politischen Systemen geht es um die Steigerung der wirtschaftlichen Wohlfahrt. Im euro-atlantischen Bereich gilt das durchgehend, mit Ausnahme der Staaten mit angefochtenem Herrschaftsanspruch der Politischen Systeme. In der übrigen Welt sind, wie Indien und Kaschmir, Israel und die PLO, der Mittlere Osten, Afrika südlich der Sahara zeigen, auch Sicherheitsprobleme aktuell. Sie sind indes in der Minderzahl. Die Gesellschaftswelt des ausgehenden 20. Jahrhunderts ist vor allem eine Wirtschaftswelt. Nach den vierzig Jahren des Ost-West-Konfliktes, in denen der Sachbereich der Sicherheit dominierte, verlangen die Gesellschaften die Verbesserung ihrer Möglichkeiten zur Existenzentfaltung.[101]

In der Wirtschaftswelt bildet Kooperation das etablierte, unangefochtene Prozeßmuster. Im Gegensatz zum Sachbereich der Sicherheit mußte in dem der wirtschaftlichen Wohlfahrt nicht umgelernt werden. Die Interdependenz hat sich hier sehr viel deutlicher und sehr viel früher manifestiert. Die Gründung der Europäischen Wirtschaftsgemeinschaft 1957 mit den Römischen Verträgen und die Weiterentwicklung über die Europäischen Gemeinschaften bis hin zur Politischen Union des Vertrages von Maastricht und der Währungsunion, die am 1. Januar 1999 in Kraft getreten ist, dokumentieren die Kraft der Interdependenz. Es ist richtig, daß diese Entwicklung durch Entscheidungen der Politischen Systeme ermöglicht wurde. Wirtschaftliche Zusammenarbeit schlägt nicht, wie einst vom Funktionalismus erwartet, automatisch und von selbst in politische Kooperation um. Aber die politischen Entscheidungen haben nur die Integration ratifiziert, die die wirtschaftlichen Akteure entweder schon praktiziert oder gefordert hatten. Die Währungsunion ist eine Leistung der Politischen Systeme, sie erfüllt de facto die Anforderungen der europäischen Wirtschaft nach Senkung der Transaktionskosten, Schaffung eines einheitlichen Wirtschaftsraums, Erleichterung der «economies of scale». Die wechselseitige Abhängigkeit der europäischen Wirtschaften war so groß geworden, daß die Beibehaltung nationalstaatlicher Wirtschafts- und Währungsgrenzen nicht mehr oder nur noch unter unkalkulierbaren Kosten für den Lebensstandard der Gesellschaft möglich gewesen wäre.

In der Währungsunion Europas zeigt sich auch, daß die Tendenz der Epoche nicht auf Globalisierung, sondern auf Regionalisierung lautet. Die Integration der Europäischen Union nimmt hier nur eine Spitzenposition ein. Sie wird gefolgt von den zahlreichen Freihandelszonen und Wirtschaftszusammenschlüssen, die sich über die Welt verteilen. Die Interdependenz wirkt sich regional aus, aber (noch) nicht global. Dazu trägt auch bei, daß mit der Zunahme geographischer Distanz die Möglichkeit der Substitution sich vermehrt, die Notwendigkeit der Kooperation abnimmt.

In der wirtschaftlichen Integration der Europäischen Union, der sich die politische Integration verspätet, aber mit bedeutenden Folgen hinzugesellt hat, zeigt sich das volle Leistungsvermögen der Interdependenz. Die Politik hat mit der Unionsbildung die richtige Konsequenz daraus gezogen. Ob Integration stets die unausweichliche Folge der Interdependenz darstellt, steht dahin. In der Atlantischen Gemeinschaft – die hier nicht im Detail analysiert werden kann – zeigen sich hohe Grade der Interdependenz ohne die Perspektive einer Unionsbildung. Diese Grade rechtfertigen, verlangen geradezu eine über die Militärallianz der NATO hinausgehende Institutionalisierung der Beziehungen. Dergleichen hatte den Westeuropäern vorgeschwebt, als sie 1995 für eine neue Transatlantische Agenda warben. Sie hat aus den verschiedensten Gründen, nicht zuletzt wegen des amerikanischen Widerstands, auf absehbare Zeit keine Chance.[102]

Im Verhältnis zwischen der Europäischen Union und den Transformationsländern nistet sich die Interdependenz seit 1990 durch den Anstieg von Handel und Investitionen ein. In den sogenannten Europaverträgen ist die Perspektive der Integration schon enthalten. Mit sechs Staaten, nämlich Estland, Polen, Ungarn, Tschechien, Slowenien und Zypern wird seit 1998 über den EU-Beitritt verhandelt.

Die Kooperation mit den Transformationsländern hat sich seit 1990 zunächst in der Zunahme des Handels und der Investitionen manifestiert. Sie haben zwar die nach dem radikalen Wechsel ihres Wirtschafts- und Herrschaftssystems eingetretene Exportschwäche noch nicht ganz überwunden. Weltweit belief sich ihr Anteil am Weltexport 1996 mit 3,2 % nur auf knapp die Hälfte ihres Volumens von 1988, das 7 % ausgemacht hatte.[103]

Im Handel der mittel- und osteuropäischen Länder (MOE) mit der Bundesrepublik Deutschland zeigt sich, daß sie in der Zeit von 1990 bis 1995 sowohl in den Einfuhren wie in den Ausfuhren die bis zur Wende geltenden Werte nicht nur eingeholt, sondern überholt haben.[104] 1994 hatte Osteuropa am Gesamtaußenhandel der Bundesrepublik einen Anteil von 8 %, genauso viel wie die USA. Daß die Bundesrepublik in der ersten Hälfte der neunziger Jahre einen Exportüberschuß von 36 Mrd. Mark in den MOE erzielte, zeigt die ungleiche Wertverteilung. Sie hat jedoch, und darauf kommt es hier an, den kooperativen Charakter der Austauschbeziehungen nicht geschmälert.

Der Handel der Bundesrepublik mit den GUS-Staaten verzeichnet einen leichten Exportüberschuß zu deren Gunsten, verlief also umgekehrt asymmetrisch. Er hat im Einfuhrbereich noch nicht die Höhe von 1990 erreicht, liegt bei den deutschen Ausfuhren knapp über der Hälfte des Ausgangswertes von damals.

Die Bundesrepublik nimmt innerhalb der EU eine Spitzenstellung ein, weil sie fast die Hälfte ihres Außenhandels mit den MOE abwickelt. Dementsprechend groß ist die Interdependenz und das daraus resultierende Interesse der Bundesrepublik, die MOE möglichst bald an die Europäische Union heranzuführen. Aber auch die Gesamtzahlen der EU zeigen eine Zunahme der Austauschbeziehungen, ein Anwachsen der Interdependenz. Die Einfuhr der Union aus den MOE stieg von 29,2 Mrd. Ecu 1990 auf 45,9 Mrd. 1995, die Ausfuhr in die MOE wuchs von 23,3 Mrd. auf 44,8 Mrd. an.[105]

Von besonderer Bedeutung für die Ausbildung wechselseitiger Abhängigkeit sind die Direktinvestitionen. Sie teilintegrieren die Märkte. Die Wirtschaften der USA und Westeuropas sind auf diese Weise derartig fest miteinander verknüpft, daß die Auseinandersetzungen über Konkurrenzprobleme nur noch als Oberflächenerscheinungen zu gelten haben.

Ein so hoher Grad der Interdependenz ist im Verhältnis zwischen der Europäischen Union und den MOE noch nicht zu finden. Die Investitionen verlaufen noch nicht wechselseitig, sondern einseitig von West nach

Ost. Die Bundesrepublik steigerte die Direktinvestitionen von 1990 bis 1995 von 256 Mio. DM auf 4,2 Mrd.[106] Der Löwenanteil entfiel dabei auf Ungarn und dann Tschechien, während Rußland weit unten rangierte.

Interdependenz und Kooperation zwischen der Europäischen Union und den MOE sind aber schon so ausgeprägt, daß sie in den «Europa-Abkommen» institutionalisiert und mit der Perspektive der Integration versehen wurden. Zehn solcher Verträge wurden bis 1998 abgeschlossen und in Kraft gesetzt; den weiteren Weg zur Aufnahme der beitrittswilligen Länder hat die Europäische Kommission in ihrer «Agenda 2000» vorgezeichnet. Die Europa-Abkommen sollen innerhalb von zehn Jahren zu einer Freihandelszone führen. Im Titel II dieser Verträge ist ein politischer Dialog vorgesehen, der die wirtschaftliche Kooperation auf die Außenpolitik zu übertragen versucht. Während die Union mit den genannten sechs Staaten Beitrittsverhandlungen 1998 aufgenommen hat, führt sie mit allen seit 1994 einen «strukturierten Dialog».[107] Er sollte die Integrationsambitionen derjenigen MOE auffangen, die zur ersten Beitrittsrunde nicht zugelassen worden waren.

Das Partnerschafts- und Kooperationsabkommen der EU mit Rußland trat am 1. September 1997 in Kraft, nachdem der Vertrag 1994 geschlossen und mit einem Interimsabkommen partiell schon verwirklicht worden war. Mit der Ukraine wurde ähnlich verfahren.[108] 1997 stimmte das Europäische Parlament dem Partnerschafts- und Kooperationsabkommen mit Armenien, Aserbaidschan, Georgien und Kasachstan zu; hinzu trat das Instrument der Interimsabkommen. Mit der expliziten Ausnahme von Weißrußland sind alle Staaten der früheren Sowjetunion in der einen oder anderen Form vertraglich mit der Europäischen Union verbunden. Die Kooperation ist institutionalisiert und in den Abkommen auf das Gebiet der Politik ausgeweitet worden. Die Ukraine würde gern langfristig Vollmitglied der Europäischen Union werden, richtet sich aber darauf ein, vorläufig den Status des Assoziierten zu behalten. Für Rußland faßt die Europäische Kommission als Endstadium der Institutionalisierung die Bildung einer Freihandelszone ins Auge.

Im Sachbereich der wirtschaftlichen Wohlfahrt hat sich die Kooperation gerade in den Beziehungen zwischen der Europäischen Union und den MOE rasch intensiviert. Bei allen Schwierigkeiten waren die Interessen am Wirtschaftsaustausch und am Kapitaltransfer auf beiden Seiten groß und stark. Ihre Umsetzung trieb die Interdependenz und mit ihr den Anreiz zur Institutionalisierung der Kooperation an. Allerdings gab es auch in diesem Sachbereich ein nicht-kooperatives Element. Der Protektionismus des Gemeinsamen Marktes, vor allem der Gemeinsamen Agrarpolitik, erschwert die Heranführung der mittelosteuropäischen Länder an die Union. Er behindert die Vertiefung der Kooperation, wenngleich er sie als solche nicht in Frage stellt.

Das Prozeßmuster der Zusammenarbeit im Sachbereich der wirtschaftlichen Wohlfahrt flankiert die Kooperation im Sachbereich der Sicherheit und unterstützt sie. Dieser Zusammenhang sollte weder über- noch unterbewertet werden. Wirtschaftliche Austauschbeziehungen allein können das systemische Gesamtmuster der Kooperation nicht stabilisieren, wenn es im Sachbereich der Sicherheit in Frage gestellt wird. Ihre Bedeutung steigt aber in dem Maß, in dem die Austauschbeziehungen institutionalisiert werden. Erreichen sie, wie in der Europäischen Union, den Grad der Integration, überlagern und neutralisieren sie den Sachbereich der Sicherheit. Ein Konfliktaustrag mit Anwendung militärischer Gewalt ist in der Union nicht mehr denkbar.

In den Beziehungen zwischen der Europäischen Union, den osteuropäischen Staaten, Rußland, der Ukraine und den anderen Mitgliedern der GUS hat die Institutionalisierung der wirtschaftlichen Kooperation einen mittleren Grad erreicht. Die Austauschbeziehungen sind geregelt und in eine Form gebracht worden, die auch die Verpflichtung zur politischen Zusammenarbeit festschreibt. Der «spill over» von den Prozeßmustern im Sachbereich der wirtschaftlichen Wohlfahrt zu denen im Sachbereich der Sicherheit ist angelegt und möglich. Wenn er auch der politischen Entscheidung jeweils bedarf, um in Fluß gebracht zu werden, so ist die unterstützende Qualität der Kooperation im Sachbereich der wirtschaftlichen Wohlfahrt für den Gesamtcharakter der systemischen Prozesse sehr viel höher, als er es je gewesen ist. Es ist ein Netz von Institutionen und Verträgen entstanden, das, wenn es nicht mutwillig zerstört wird, als Struktur der Kooperation die Prozeßmuster der Zusammenarbeit im Sachbereich der Sicherheit mitträgt und stärkt.

Hervorgerufen durch die für die Gesellschaftswelt kennzeichnende Interdependenz der Akteure in den zwei funktionalen Sachbereichen der Politik ist nach 1990 in Europa ein Systemzustand eingetreten, der sich von dem, der bis 1945 als regelhaft galt, qualitativ deutlich unterscheidet. Seine Prozeßmuster sind nicht durch den Antagonismus, sondern durch die Kooperation charakterisiert. Der bevorzugte Austragsmodus der Konflikte ist nicht mehr die Liquidierung des Gegners, sondern die Zusammenarbeit mit einem Partner. Das schließt Konflikte nicht aus; größere Interaktionsdichten und zunehmende Interdependenzen können deren Anteil sogar noch erhöhen. Wenn aber die Kooperation zum beherrschenden Prozeßmuster geworden ist, wird die Bearbeitung dieser Konflikte nicht mehr durch die Anwendung oder Androhung militärischer Gewalt erfolgen. Das internationale System der Gesellschaftswelt hat eine andere Qualität als das der Staatenwelt.

d) Gesellschaftliche Akteure drängen vor

Der Qualitätswandel drückt sich auch darin aus, daß das internationale System mit Interaktionen gesellschaftlicher Akteure in einem bis dahin unvorstellbaren Maß angefüllt wurde. Gegeben hatte es solche Akteure seit langem. Die Katholische Kirche spielte in Europa seit dem frühen Mittelalter eine große Rolle; die Fugger bildeten ein großes internationales Handelshaus. Die Nähmaschinenfabrik Singer war schon im 19. Jahrhundert ein «Multi». Seit den sechziger Jahren des 20. Jahrhunderts traten immer mehr multinationale Firmen in den Vordergrund. Ihre Zahl stieg so rasant an, daß schon aus der Quantität eine neue Qualität erwuchs. Nach der «kapitalistischen Revolution der neunziger Jahre»[109] weiteten diese Akteure ihre Tätigkeiten noch einmal so aus, daß die Umgangssprache dafür den Begriff der «Globalisierung» prägte. Ebenso sprunghaft nahm die Zahl anderer nichtstaatlicher Akteure zu, vornehmlich die der nichtstaatlichen internationalen Organisationen. Auch substaatliche Akteure agierten auf eigene Rechnung in internationalen Systemen. Dementsprechend verloren die Politischen Systeme an Gestaltungsmacht.

Gewinner waren vor allem die multinationalen Firmen (Multinational Corporations, MNC). Ihre Zahl belief sich 1998 auf ungefähr 40 000 Unternehmen mit rund 250 000 Tochtergesellschaften. Mit ihrem Umsatz von 5500 Mrd. USD dominierten sie den Export der Welt.[110] Einige haben sich schon zu Transnationalen Konzernen (Transnational Corporations, TNC) weiterentwickelt, die in der Welt handeln, ohne noch einen definierbaren nationalen Standort zu besitzen.[111]

Von weltpolitischer Bedeutung ist der Anstieg der von den MNC getätigten Direktinvestitionen. Belief er sich 1980 auf 500 Mrd. USD, so waren es 1995 bereits 2700 Mrd. USD. Die Zuwachsraten lagen in den neunziger Jahren zwischen 12,7 und 40 %. 1994 machte der Beitrag der MNC zur globalen Wertschöpfung 6 % aus. Der Schwerpunkt der Investitionen liegt in den OECD-Ländern, gefolgt von Asien. Afrika geht weitgehend leer aus, die Transformationsländer des ehemaligen Warschauer Paktes erhalten nicht viel.

Greift die Direktinvestition in die Wirtschaftspolitik des betreffenden Landes ein, so machen sich die Politischen Systeme bei der Refinanzierung ihrer Staatsverschuldung von den internationalen Finanzmärkten abhängig. Sie werden von den privaten Banken, auch von institutionellen Anlegern, getragen. Es wurde geschätzt, daß 1996 allein die OECD-Staaten Staatspapiere im Umfang von 8000 Mrd. USD in Umlauf gebracht hatten. Die internationalen Währungsreserven befanden sich ohnehin seit langem zu fast 90 % in der Hand privater Akteure. Deren Macht ist, zumal wenn sie sich mit der eines staatlichen Akteurs zur «Transnationalen

Politik»[112] verbindet, entscheidend, wie es beim Zustandekommen der Währungsunion in der Europäischen Union der Fall war.

Aber auch ohne diese Interaktion mit dem Politischen System ist sie ausschlaggebend. Das bekamen die europäischen Regierungen in der Währungskrise von 1993 zu spüren. Das bekamen die Länder Asiens in der 1996 ausbrechenden Wirtschaftskrise zu spüren, als Investoren aus den OECD-Ländern ihr Kapital plötzlich abzogen und damit das Währungsgefüge in Asien zum Einsturz brachten. Fast alle Regierungen dieser Region verloren ihr Amt, viele Menschen ihren Arbeitsplatz und ihre Ersparnisse.

Daran waren auch westliche Wissenschaftler und Finanzinstitute schuld. Sie haben unter der Anleitung amerikanischer Ökonomen aus Boston und Chicago und mit korrespondierenden Auflagen des Internationalen Währungsfonds (IWF) und der Weltbank diesen Ländern eine Liberalisierungspolitik aufgedrängt, von der sie aus Erfahrung wußten – oder wissen mußten –, daß sie nicht zum Ziel, sondern ins Chaos führt. Das Wirtschaftswachstum wurde nicht auf einheimische Wertschöpfung, sondern auf ausländische Kredite gegründet. Die Konvertierbarkeit ihrer Währung – Westeuropa hatte nach 1954 mehr als zehn Jahre mit einer Devisenbewirtschaftung gelebt – war ein glänzendes Geschäft für westliche Banken und Investoren, aber eine Katastrophe für die betroffenen Länder. Dabei könnten die Politischen Systeme auf die Politik des IWF mehr Einfluß nehmen, müßten die Auslandsgeschäfte der Banken, der großen Investoren und der Hedge-Fonds politischer Aufsicht unterworfen werden. Da sie bedeutende politische Folgen erzeugen, von denen Gesellschaften und Regierungen betroffen werden, sollten diese Transaktionen überwacht und mit Rahmenregeln daran gehindert werden, politisches Unheil anzurichten.[113]

Die politischen Konsequenzen der Interaktionen wirtschaftlicher Akteure sind also immens. Der von privaten Kräften unterhaltene Weltmarkt wird von der Gestaltungsmacht der Politischen Systeme, wenn sie ihr bisheriges Verhalten nicht ändern, nicht mehr erreicht. Er beeinflußt die Wirtschaftspolitik der Politischen Systeme, ohne daß sie ihrerseits Einfluß darauf nehmen könnten. Selbst die Europäische Union hat darauf verzichtet. Ob die Europäische Zentralbank allein imstande sein wird, die Interaktionen der wirtschaftlichen Akteure innerhalb der Union auf regelhaftes Verhalten zu verpflichten – in Zusammenarbeit mit den nationalen Regierungen natürlich –, steht dahin. Steuerungspolitisch richtig wäre die Bildung einer europäischen Wirtschaftsbehörde, die für den Unionsbereich die wirtschaftlichen Rahmenbedingungen festlegt, die bis dahin der Nationalstaat durchgesetzt hatte.

In der Europäischen Union wird besonders deutlich sichtbar, wie sehr die Tätigkeit nichtstaatlicher Akteure die Politik «entterritorialisiert» hat.

Sie wird «entgrenzt», wie es im Jargon postmoderner Theoriebildung heißt.[114] Das mit dem Westfälischen Frieden 1648 errichtete System der europäischen Nationalstaaten, in dem die Herrschaft der Politischen Systeme deckungsgleich war mit dem Staatsgebiet, hat sich mit dem Aufkommen der Gesellschaftswelt immer weiter aufgelöst. Die Gestaltungsmacht der Politischen Systeme existiert; solange sie aber keine Konsequenzen aus der «Entgrenzung» wirtschaftlicher Interaktionen ziehen, sondern sich auf ihren territorial definierten Herrschaftsbereich beschränken, versäumt sie zumindest in diesem Sachbereich der Politik die Möglichkeit, sich unter den Bedingungen der Gesellschaftswelt zu rekonstituieren.

Die Chance dazu böte ihnen die Internationale Organisation. In der Zusammenarbeit mit anderen Politischen Systemen hätte sich die «Entgrenzung» wirtschaftlicher Interaktionen kompensieren und auffangen, die Gestaltungsmacht der politischen Systeme wiederherstellen lassen. Sie wäre in der Zusammenarbeit mit anderen eingeschränkt, aber nicht beschädigt worden. Anstatt sie in angemessen geförderten oder neu zu errichtenden Internationalen Organisationen anzupassen und zu behalten, haben die Politischen Systeme Gestaltungsmacht abgeben müssen.

Empfänger waren, neben den global operierenden Wirtschaftsunternehmen, die Nicht-Regierungsorganisationen (Non-Governmental Organizations, NGOs). Sie haben die entstandene Lücke gefüllt, sind von einer «peripheren zu einer zentralen Rolle» aufgerückt, wenn es darum ging, multilaterale Abkommen zu schließen.[115] Die Nicht-Regierungsorganisationen institutionalisieren die Zusammenarbeit gesellschaftlicher Akteure. Sie haben hergestellt, was die entterritorialisierten Interaktionen der Gesellschaftswelt brauchten, aber von den Politischen Systemen nicht bekamen: die notwendigen Netzwerke.

Im internationalen Rahmen arbeiten schätzungsweise 25000 solcher NGOs;[116] regional ist ihre Zahl sehr viel höher. Ihren ersten großen Auftritt hatten sie in dem «Erdgipfel» von Rio de Janeiro im Juni 1992. Ihren größten Triumph feierten sie mit dem Vertrag über die Errichtung eines Internationalen Strafgerichtshofes in Den Haag, 1998. Gegen den Widerstand der Supermacht USA setzte die «NGO-Koalition für einen Internationalen Strafgerichtshof», die sich 1995 in New York gegründet und bis 1998 auf 800 Organisationen vergrößert hatte, durch, daß künftighin Verbrechen gegen die Menschlichkeit, Völkermord und Angriffskrieg als internationale Straftatbestände angesehen und geahndet werden können.[117] Ihren größten Erfolg im Sachbereich der Sicherheit erzielten sie, indem sie zunächst den «Ottawa-Prozeß» und dann in seinem Rahmen die Osloer Konvention zum Verbot von Antipersonenminen 1997 zustande brachten.[118]

Alle drei Erfolge konnten natürlich nicht ohne die Mitwirkung der Politischen Systeme verwirklicht werden, wären aber ohne die treibende Kraft der NGOs nicht zustande gekommen. Sie haben ihre gesellschaftliche Macht eingesetzt, um die Politischen Systeme zu Regulierungen zu veranlassen, die den Bedürfnissen der Gesellschaftswelt Rechnung tragen.

Zahlreiche NGOs kümmern sich um regelungsbedürftige Einzelprobleme. Berühmt geworden ist Greenpeace, eine Umweltschutzorganisation, besonders mit ihrer Aktion gegen die Versenkung der Ölplattform Brent Spar 1995. Amnesty International geht gegen Willkürakte im Rechtswesen von Diktaturen vor, indem sie sie weltöffentlich brandmarkt und die Bürger zu schriftlichen Eingaben auffordert. World Watch beobachtet die Einhaltung der Menschenrechte.[119]

Den Spuren dieser Großorganisationen folgen unzählige große und kleine NGOs. Ihre Arbeit wurde erleichtert durch die Revolution im Kommunikationswesen, durch Telefax, PC und Internet. Die Association for Progressive Communications subventioniert den Internetzugang von mehr als 50 000 NGOs in 130 Ländern.[120] Sie verstehen sich als Anwalt bürgerlicher Belange über die Grenzen von Staaten hinweg und versuchen die Inaktivität der Politischen Systeme auszugleichen. Diese Tätigkeit der NGOs verschiedenster Größe und unterschiedlichster Ausrichtung hat das internationale System mit grenzüberschreitenden gesellschaftlichen Aktionen derart angefüllt, daß die Politischen Systeme darauf Rücksicht nehmen müssen.

Die gesellschaftlichen Akteure bauen ihre eigenen Handlungszusammenhänge auf und versetzen sich in die Lage, die Politischen Systeme zur Anerkennung zu veranlassen oder sogar zu zwingen. Daraus den Schluß zu ziehen, NGOs seien die Vorreiter einer Weltgesellschaft, ist weder richtig noch zwingend. Noch weniger überzeugt der Vorschlag, Weltparteien einzurichten.[121] Die Welt ist noch weit von einem Zustand entfernt, der sie als Weltgesellschaft ausweisen und daher weltweit wirkende Parteien tragen würde. Ein Zusammenhang, der den Begriff der Gesellschaft rechtfertigen würde, verlangt über Zeit eine spezifische Dichte des Austausches von Personen, Gütern, Dienstleistungen und Informationen, der weltweit einfach nicht gegeben ist. Regional ist er in Westeuropa vorhanden, worauf gleich noch hinzuweisen sein wird. Schon im euro-atlantischen Bereich sind nur Interdependenzen anzutreffen, keine Identitäten. Man braucht nur die in der Europäischen Union vorhandene Identität als Meßlatte an die Welt außerhalb der EU zu halten, um zu sehen, wieviel niedriger die Interaktionsgrade dort sind.

Um von einer «Weltinnenpolitik» zu sprechen, wie es Bundespräsident Roman Herzog immer wieder getan hat,[122] ist es entschieden zu früh. Versteht man den Begriff analog, ist er durchaus hilfreich. Er macht dann darauf aufmerksam, daß in der entgrenzten und durch Interdependenz gekennzeichneten Welt Strategien eingesetzt werden können und müssen, die in der Innenpolitik erfolgreich sind. Sie benutzen die Macht, die das Medium aller Politik ist und bleibt. Aber sie verzichten auf die militärische Gewalt, die die Staatenwelt gekennzeichnet hat. In der Gesellschaftswelt ist sie weitgehend funktionslos geworden, weil sie nur verhindern, aber nicht gestalten kann.

Auch die Gesellschaftswelt wird auf absehbare Zeit staatlich geordnet bleiben. Der Herrschaftsanspruch der Politischen Systeme bleibt bestehen, wenn er auch inhaltlich durch die gesteigerte Partizipation der Gesellschaft verändert wird. Aber der Einzugsbereich dieses Herrschaftsanspruchs kann nicht mehr territorial, sondern nur funktional bestimmt werden – in der Konkurrenz mit anderen Politischen Systemen, die aufgrund der Interdependenz präsent sind, und in der Auseinandersetzung mit den großen wirtschaftlichen und gesellschaftlichen Akteuren, die sich längst aus der Aufsicht der Politischen Systeme emanzipiert haben und aufgrund ihrer Machtfülle die Verteilungsprozesse in der Gesellschaft und ihrer Umwelt mitbestimmen.

Der Begriff der Gesellschaftswelt bezeichnet einen Systemzustand, in dem es die Staaten noch gibt und in ihnen den Herrschaftsanspruch der Politischen Systeme. Aber sie müssen ihn aufgrund der Interdependenz mit dem ihrer Nachbarn teilen und sehen sich zugleich der konkurrierenden Regelungskompetenz gesellschaftlicher Akteure gegenüber, die ihnen aus ihrer Machtposition erwächst.

Man muß also, wenn man vom internationalen System der Welt spricht, die verschiedenen Grade von Interdependenz deutlich unterscheiden. In der EU ist er sehr hoch, global ist er sehr niedrig. Aber er ist selbst dort sehr viel höher, als er es im 19. Jahrhundert gewesen war, in dessen Kategorien die meisten Politiker noch heute denken. Insofern richtet der Begriff der «Weltinnenpolitik» eine Warntafel auf, deren gelinde Übertreibung hilfreich sein kann. Die NGOs thematisieren, daß weltweit gesellschaftliche Interaktionszusammenhänge bestehen, die grenzüberschreitende Problemkonstellationen enthalten und deswegen international zu regeln sind. Die Transnational Social Movement Organizations (TSMO) veranschaulichen, daß auch politische und gesellschaftliche Loyalitäten sich «entgrenzen», daß Interessen oder gesellschaftsspezifische Gemeinsamkeiten registriert, artikuliert und in politische Akte umgesetzt werden.[123] 1997 haben sich amerikanische Frauenbewegungen gegen die von den USA geplante Ölleitung durch Afghanistan gewendet, weil die dort herrschende Taliban, einem radikalen Islamverständnis verhaftet, die Frauen unterdrückt.[124] Solche Solidarisierungen sind nicht die Vorstufe einer späteren weltweiten Institutionalisierung, sondern Ausdruck eines politischen Problembewußtseins, das nicht an den Staatsgrenzen endet, sich nicht auf die Identifikation mit der eigenen Nation beschränkt, sondern partielle Interessen in der internationalen Umwelt erkennt und ihnen Rechnung trägt.

Sogar subnationale Akteure haben sich in diesem Zeichen verselbständigt, haben das Außenpolitikmonopol der Hauptstadt aufgebrochen, ihre eigene Außenpolitik begonnen. Die sich ausbreitenden Städtepartnerschaften stellten dabei nur die harmlose Variante dar, ebenso die Partnerschaften, die etwa die Bundesländer der Bundesrepublik mit Gebietskörperschaften im Ausland pflegen.[125] Amerika ist hier immer schon mit leuchtendem Beispiel vorangegangen. Viele Städte hatten seinerzeit gegen die Atomversuche und für den Abschluß eines umfassenden Teststopps in den USA votiert. Sie hatten, gegen den Willen Washingtons, oppositionelle Kräfte in Nicaragua unterstützt. Zur Desinvestition in Südafrika aufzurufen, gehörte zum urbanen Ton in den USA, solange es das Apartheidregime noch gab. 1997 verhängte der Staat Massachusets zusammen mit einigen Großstädten ein Handelsverbot gegen Burma wegen der repressiven Politik der dortigen Militärjunta. Und es wirkte. Große amerikanische Firmen wie Apple Computer Inc., PepsiCo Inc. und andere große Firmen gaben den Burma-Handel auf.[126]

In Europa hielt die «European Association of Metropolitan Cities» (Eurocities) 1986 ihre erste Konferenz. 1994 hatte sie schon 58 Mitglieder, die bereit waren zu einer «Kooperation, die nationale Grenzen und nationale Rivalitäten überwindet».[127] In der Europäischen Gemeinschaft gaben die Länder und Kommunen nicht nach, bis sie ihre eigene Repräsentation in Brüssel durchgesetzt hatten. Kommunen und Länder sind natürlich Bestandteile des Politischen Systems. Sie verringern nicht dessen Kompetenz, sondern fasern sie aus. Dabei verändert sich aber auch die Orientierung dieser «Außenpolitik». Sie ist nicht auf ein imaginäres «Nationalinteresse» ausgerichtet, sondern auf die gemeinsame Bearbeitung vergleichbarer urbaner Probleme.

Zu den gesellschaftlichen Akteuren, die im internationalen System tätig geworden sind, zählen leider auch Kriminelle, Terroristen, die Drogenhändler und das Organisierte Verbrechen. Auch sie profitieren von den Errungenschaften der Informations-, Kommunikations- und Transporttechnologie, auf denen die Gesellschaftswelt beruht.

Während die Bekämpfung des Verbrechens auf Findigkeit, Kooperation und Geld angewiesen ist, reicht die des Terrorismus ins Zentrum des Sachbereiches Politik und Sicherheit.[128] Die Gesellschaftswelt kann es nicht dabei belassen, jeden bewaffneten Kämpfer so lange als Terroristen zu bezeichnen, bis er an die Regierung gekommen oder untergegangen ist. Nelson Mandela, Präsident der Republik Südafrika, und Jassir Arafat, Chef des Palästinensischen Autonomierats, galten bekanntlich jahrelang als diffamierte Terroristen. Von diesem Versuch der Regierungen, sich unliebsamer Herausforderungen durch Diskreditierung ihrer Urheber zu entziehen, wird in Kapitel III ausführlich die Rede sein. Es gibt auch echte Terroristen, die nur an der Ausübung von Gewalt interessiert sind. Dazu zählt die AUM-Sekte in Japan mit ihrem Giftgasanschlag auf die U-Bahn in Tokio. Dazu zählen die, die die Achille Lauro überfielen und einen behinderten Amerikaner ermordeten, zählt die RAF in Deutschland mit ihren internationalen Verbindungen zu «Carlos», dem Superterroristen. Dazu zählen die Attentäter des Flugzeugabsturzes von Lockerbie, wenn sie nicht als Rächer der Tochter des libyschen Staatschefs Gaddafi zu gelten haben, die bei dem amerikanischen Luftangriff auf Tripolis ums Leben kam. Es gibt viele Täter, die Gewalt um der Gewalt willen anwenden. Auch sie agieren im internationalen System und können nur international bekämpft werden.

Das massive Eindringen wirtschaftlicher und gesellschaftlicher Akteure in das internationale System bewirkt, daß die «relative Macht der Staaten abnimmt und weiter abnehmen wird».[129] Am Ausgang des 20. Jahrhunderts findet eine «Machtverschiebung» statt, die die gesellschaftlichen Akteure begünstigt und die Gestaltungsmacht der Politischen Systeme einschränkt. Ein mögliches Vorbild für die weitere Entwicklung zunächst auf regionaler, dann möglicherweise auch auf globaler Basis bietet die Europäische Union. Hier herrscht eine Interaktionsdichte vor, die die Verwendung des Gesellschaftsbegriffes am ehesten erlaubt.

Die Europäische Union stellt ein Ensemble von Netzwerken dar, in denen Beamte der Kommission und der Nationalstaaten mit Vertretern der Verbände frühzeitig zusammenarbeiten. Die Entscheidungsfindung ist nicht, wie im Nationalstaat, hierarchisch von oben nach unten organisiert, sie verläuft horizontal, kooperativ, konsensorientiert. Funktionsorientiert entstehen so verschiedene Teilsysteme, die sich um horizontale Koordination bemühen. Effizienz verbindet sich mit Konsens und Koordination.

In der Perspektive einer solchen Entwicklung liegt nicht der Supranationalstaat, also der in die regionale Dimension vergrößerte Nationalstaat, sondern der Multinationalstaat. Er setzt sich aus einer Fülle dezentral-horizontal angeordneter Netzwerke zusammen, die die Macht nicht akkumulieren, sondern verteilen. Der Regionalstaat der Gesellschaftswelt ist dezentral, föderal und subsidiär angelegt. Nur wenige Bereiche wie Währung, Konjunktur, Verteidigung werden zentral gesteuert. Das in der Europäischen Union praktizierte «Mehrebenenmodell» von Politik gilt als Vorläufer.[130]

Von diesen in Westeuropa vorfindbaren sozioökonomischen Bedingungen ist die euro-atlantische Welt, von der hier vornehmlich die Rede ist, weit entfernt. Sie ist Gesellschaftswelt, nicht weniger, aber auch nicht mehr. Das euro-atlantische System wird getragen nicht nur von den

Interaktionen der Regierungen, sondern auch denen der wirtschaftlichen und der gesellschaftlichen Akteure. Sie haben sich aus der Kontrolle der politischen Systeme emanzipiert und verfolgen in den Interaktionen mit ihren Korrespondenten in den anderen Ländern Ziele, die sie entweder für profitabel oder für wichtig halten.

e) Der einzelne erfährt die Umwelt

Das internationale System ist nicht nur eine Domäne der großen gesellschaftlichen und wirtschaftlichen Akteure geworden. Es wird auch von dem einzelnen Bürger direkt erfahren und bildet, vermittelt über die Medien, seine kognitive Umwelt.

Die Gesellschaftswelt hat den Massentourismus hervorgebracht. Für viele Länder, vor allem Entwicklungsländer, ist er ein bedeutender Industriezweig geworden. Für den einzelnen bedeutet er eine Möglichkeit direkter Welterfahrung. Sie ist nicht immer positiv, überwindet nicht immer, sondern bestärkt gelegentlich existierende Vorurteile. Aber sie beseitigt die Unkenntnis. Das Gastland stellt auf der Karte des politischen Bewußtseins keinen weißen Fleck mehr da. Es ist mit konkreten Erfahrungen gefüllt, die trotz der Nischenexistenz, zu der der Tourist in den Entwicklungsländern meist verbannt wird, doch einen Eindruck von Land und Leuten vermitteln. Diese Umwelt wird konkret erfahren und damit dem Politischen System die Möglichkeit genommen, Unkenntnis so weit zu instrumentalisieren, daß sie das Prozeßmuster der Feindschaft, das die Gewaltbereitschaft einschließt, zuläßt. Es ist richtig, daß größere Nähe die Zahl der möglichen Konflikte, verstanden als Positionsdifferenzen, vergrößert. Sie diskriminiert aber den Bearbeitungsmodus der Gewalt, und das ist entscheidend. Wird ein Land häufiger besucht, so bildet sich, wenn auch in einer U-Kurve, letztendlich ein positives Image heraus.[131]

Der Massentourismus charakterisiert ausschließlich die Industriestaaten; er ist ein Phänomen der Gesellschaftswelt, weil er einen hohen Lebensstandard voraussetzt. 1995 haben 42,4 Mio. Deutsche die Grenzen ihres Landes überschritten; nimmt man Polen hinzu, das 1995 47 Mio. Grenzübertritte von Deutschen registrierte, so war, statistisch gesehen, jeder Deutsche einmal im Ausland unterwegs. Vornehmlich reisten sie in Europa, nach Frankreich und Italien, nach Ungarn, Griechenland und England.[132] Die Vorlieben wechselten: 1996 standen Italien, Österreich und Spanien im Vordergrund. Umgekehrt kamen vorwiegend Holländer und Österreicher, Franzosen und Schweizer nach Deutschland.[133]

Der Reiseverkehr ist regional verdichtet. Europäer reisen vor allem in Europa, und zwar natürlich nicht nur zu Erholungs-, sondern auch zu beruflichen Zwecken. Der Gemeinsame Markt der Europäischen Union erzeugt eine entsprechend hohe Interaktion. 86% aller Reisenden, die 1994 in Frankreich eintrafen, stammten aus Europa. In der Bundesrepublik waren es 73,6%. England fällt etwas ab: Nur 65% der Besucher stammen aus Europa. Überraschend viele sind es in der Russischen Föderation, nämlich 78%.[134] In absoluten Zahlen gesehen, waren es nicht sehr viel. 1994 kamen 4,6 Mio. Besucher nach Rußland, 1993 waren es knapp 6 Mio. gewesen. Aber sie kamen, und das ist interessant, vorwiegend aus Europa.

Außerhalb Europas reisten die Deutschen vor allem in die Vereinigten Staaten. Mit weitem Abstand folgen dann Tunesien, Kanada und Thailand.

Für diese direkte Art, die europäische Umwelt zu erfahren, geben die Europäer sehr viel mehr Geld aus als etwa die Amerikaner oder die Japaner. Diese wandten höchstens 1% ihres privaten Konsums für solche Zwecke auf. Die Österreicher hingegen 8,5%, die Beneluxländer zwischen 6 und 4%, die Deutschen immerhin noch 3,6%.[135] Selbst wenn sie vornehmlich zu Zwecken der Erholung und des Sightseeing gereist sind, so haben sie dabei doch ihre internationale Umwelt in Augenschein genommen.

Damit hat sich ein Hintergrund direkter Erfahrung gebildet, auf dem sich Informationen besser und richtiger verarbeiten lassen. Der Europäer wird ja auch nicht über Vorgänge in seinem eigenen Land kontinuierlich und gleichmäßig unterrichtet. Erst das außergewöhnliche Ereignis löst eine Nachricht aus, die dann auf dem Hintergrund bewußter Normalität richtig aufgenommen und eingeschätzt werden kann. Diese Möglichkeit bietet sich auch dem, der häufig in seiner internationalen Umwelt reist. Er kennt Land und Leute und entwickelt von ihnen ein Bewußtsein, das dem von seinem eigenen Land in der Wirkung ähnelt, wenn es ihm auch in der Intensität noch nicht entspricht. Das gewonnene Image ist nicht mehr das des «Auslands», des fremden Unbekannten. Es ist das Image der Umwelt, mit dem das eigene Land durch die politische Kooperation und die ökonomische Interdependenz vielfältig verbunden ist. Der Reisende nimmt also nur eine Wirklichkeit zur Kenntnis, die ihm als Subjekt und Objekt von Wirtschaft und Politik bereits geläufig ist.

Die Welt außerhalb Europas ist Ausland geblieben, wenn es auch kein Land der Welt gibt, in dem Europäer nicht in nennenswerten Prozentsätzen als Besucher anzutreffen wären. Besonders beliebt sind auch hier die Urlaubsländer wie Madagaskar, Kuba oder die Malediven. Die Philippinen hatten 1995 1,8 Mio. Besucher zu verzeichnen, darunter 3% Deutsche. Genauso hoch war ihr Anteil an den 6 Mio. Touristen, die 1995 in die Volksrepublik China gereist sind.

Die Welt ist die Welt geblieben, aber sie ist nicht mehr unbekannt. Vermittelt über preiswerte Pauschalangebote, ist für fast jeden Europäer fast jedes Land der Welt zu einem potentiellen Ziel geworden. Ein Urlaub

in Thailand kommt einer deutschen Familie billiger zu stehen als einer
in Bayern. Freilich fällt bei solchen Reisen wenig Information über das
Gastland ab; der Touristik-Komplex ist meist vom Hinterland säuberlich
abgeschirmt. Der Eindruck vom Land wird also nur sehr schwach und
schemenhaft sein. Dennoch sollte man ihn nicht unterschätzen. Er läßt
die Welt dem einzelnen als erfahrbar erscheinen. Sie ist nicht mehr die
unbekannte Ferne, in der sich nur die Diplomaten zurechtfinden. Sie
steht prinzipiell auch dem einzelnen offen, der in den Reisekatalogen
seine Möglichkeiten mit seinen Interessen verbinden kann. Diese Chance
der Interaktion reicht sicherlich nicht aus, um weltweit schon jenes kognitive Weltbild entstehen, den Horizont erwartbaren Verhaltens global
aufschimmern zu lassen, in denen Niklas Luhmann die Weltgesellschaft
entstehen sah. Aber er hat sicher Recht mit seiner Feststellung, «daß die
Welt durch die Prämissen weltweiten Verkehrs vereinheitlicht worden
ist».[136] Jedenfalls ist in den OECD-Ländern ein Bewußtsein von Welt
entstanden, das der Massentourismus erzeugt hat. Regional verdichtet, hat
es eine globale Reichweite.

f) Die Medien informieren ihn

Die Welt ist die latente, die Region die aktuelle Umwelt des Bürgers. So
verhalten sich auch die Medien. Sie wissen, daß der Bürger genug von
der Welt weiß, um zu erwarten, daß er von ihnen informiert wird, wenn
seine Existenz oder seine Interessen direkt berührt werden. Während des
Kalten Krieges, als sich der Westen von sowjetischen Raketen direkt
bedroht sah, spielte die «Außenpolitik» in den Massenmedien eine bedeutende Rolle. Amerikanische Sender verwandten in den siebziger Jahren 40% der Nachrichtenzeit auf diese Themen; auch bei den europäischen Medien gab der Ost-West-Konflikt sehr häufig die Schlagzeile ab.
Daß nach dem Ende des Kalten Krieges die Innenpolitik nach vorn
drängte, darf nicht wunder nehmen. Vorgänge im Ausland nahmen 1995
nur noch 13,5% der Nachrichtenzeit in amerikanischen Medien ein; die
Länge der jeweils gesendeten Information fiel von 1,7 auf 1,2 Minu-
ten.[137]
   Das verringerte Angebot entsprach einer verringerten Nachfrage.
Wenn aus der internationalen Umwelt keine Gefahren drohen, kann sich
das Interesse dem Lokalen und dem Regionalen zuwenden. Es vertraut
darauf, daß auch die Medien ihre Konsumenten sofort informieren würden, wenn sie von einem Ereignis in der internationalen Umwelt direkt
betroffen werden. Weltweit ist die Welt eben nur ein Horizont, den zu
überwachen und zu kontrollieren Aufgabe der Medien ist. Der berühmte
Sender CNN unterhält 23 auswärtige Büros, in denen 35 Korrespondenten arbeiten. Die französische Nachrichtenagentur AFP ist mit 176 Sta-

tionen im Ausland fast in allen Ländern der Welt vertreten. Die englische Nachrichtenagentur Reuters ist nur in 140 Ländern präsent, hat aber genauso viele Journalisten im Ausland wie AFP, nämlich etwas mehr als 1000.[138] Das sind keine überwältigenden Zahlen, wenn man bedenkt, daß die meisten Medien und die kleineren Tageszeitungen auf solche Agenturen für ihre Auslandsberichterstattung angewiesen sind. Ihre Benutzer werden also bestenfalls «lückenhaft» über die internationale Umwelt orientiert.

Nun ist es sicher richtig, daß das Massenpublikum «zu keiner Zeit anhaltend daran interessiert war, was in der Außenwelt ablief».[139] Das Interesse des Massenpublikums war begrenzt auf den Krieg und auf die Kriegsdrohung. Gerade diese Benutzer kümmern sich im wesentlichen um ihren Lebensunterhalt und benutzen das Angebot der Medien eher zur Unterhaltung und zur Entspannung. Sie vertrauen aber ebenfalls darauf, daß sie von diesen Medien über alles unterrichtet werden, was für sie von Interesse und von Belang ist. So war es nach der TET-Offensive in Vietnam, nach der Geiselnahme 1979 in Teheran, nach dem Anschlag auf amerikanische Soldaten in Beirut. Über den Beginn und den Verlauf des zweiten Golfkrieges wurde gerade auch in den Massenmedien ausgiebig berichtet, ebenso über den Einsatz amerikanischer Truppen in Bosnien-Herzegowina und den Krieg gegen Serbien. Das große Publikum kann sich darauf verlassen, daß es weiterhin über jeden Vorgang in der Welt unterrichtet wird, der seine Interessen berührt.

Das «attentive public», das ein sehr viel breiter gefächertes Interesse an den Vorgängen auf der Welt aufweist, kann sich über die großen Tageszeitungen informieren. Sie unterhalten ihre eigenen Korrespondentennetze in der Welt. Es ist in Europa besonders dicht ausgeprägt. Die in den EU-Ländern akkreditierten Journalisten dieser Zeitungen sind in der Regel auch die besten Kenner der Gastländer.

Die Rundfunkanstalten nehmen insofern eine besondere Rolle ein, als ihre Produkte ortsunabhängig konsumiert werden können. Sie unterrichten höchst aktuell, kurz, aber meist mit regionalem Schwerpunkt. Gerade in der Bundesrepublik haben die öffentlich-rechtlichen Sender mit ihren über den ganzen Tag verteilten Magazin-Sendungen den Politikanteil erhöht. Davon hat auch die internationale Politik profitiert.

Die sogenannten neuen Medien, vor allem das Internet, haben die führende Position der Printmedien und des Rundfunks nicht aushebeln können. Das Internet bietet zwar dem Spezialisten die Möglichkeit, zusätzliche und spezielle Informationen über Vorgänge in der internationalen Politik zu gewinnen, doch resultiert daraus keine breite Benutzung. Das Internet ist das charakteristische Medium für die Informationsgesellschaft, weil darin jeder einzelne sowohl Nachrichten liefern wie entgegennehmen kann. In der virtuellen Welt dieses Mediums wird jeder

einzelne Benutzer zum Akteur. Deswegen aber wird die Welt nicht zum
«globalen Dorf», die internationale Politik nicht zur «internetionalen Politik».[140] Das Internet bildet einen «Hafen für Tausende von Einzelinter-
essen, die sich vom Rest der Welt entfernt halten».[141] Es bietet die Möglichkeit zusätzlicher, schneller detaillierter Information für wenige. Die
Popularität des World Wide Web, in dem Zeitungen wie das Wall Street
Journal auch eine Internet-Ausgabe bereithalten, ist aber keine Alternative zu Rundfunk und Zeitung, sondern ein noch schnellere Aktualität
erreichender Zusatz. Sein Beitrag zur Herstellung einer allgemeinen politischen Öffentlichkeit ist «eher beschränkt».[142]

Die elektronischen und die Print-Medien aber könnten in der Außenpolitik durchaus zur «Komplementärinstitution politischer Kontrolle»[143] werden, als sie sich innenpolitisch bereits erfolgreich betätigen. Sie
vermindern nicht direkt die Gestaltungsmacht der Politischen Systeme,
wohl aber deren Informations- und Definitionskompetenz. Der Spiel-
raum der Politischen Systeme ihren Gesellschaften gegenüber wird dabei
eingeschränkt. In der Staatenwelt besaßen sie, da die Gesellschaft sich
nicht selbst über Vorgänge in der internationalen Politik orientieren
konnte, das Informationsmonopol. Es enthielt gleichzeitig das Definitionsmonopol. Wenn das Politische System die nationale Sicherheit gefährdet sah, dann war sie es. Die Ursache lag stets beim Gegner. Der
Hinweis auf die nationale Sicherheit ließ keine Nachfrage zu. In der
Außenpolitik war die Gesellschaft ausschließlich auf das Wissen, die
Klugheit und die Absichten ihres Politischen Systems angewiesen.

In der Gesellschaftswelt besteht diese Abhängigkeit nicht mehr. Natürlich verfügt das Politische System bei der Darstellung und der Interpretation der internationalen Lage über eine besondere Kompetenz, die
nicht zuletzt der Akzeptanz entspringt, die es in der Gesellschaft genießt.
Sie hat aber in den Medien ihre eigenen Informationsmöglichkeiten und
verfügt auch über Evaluatoren. Sie ist damit in der Lage, sich ein eigenes
Bild von der internationalen Situation zu verschaffen und dann zu entscheiden, wie sie sich dem Analyseangebot der Exekutive gegenüber
verhalten will.

Es ist unverkennbar, daß auch in der Gesellschaftswelt die Politischen
Systeme dazu neigen, ihre außenpolitischen Interessen hinter dem
Schutzschild des «Nationalinteresses» zu verbergen und mit dem Hinweis
auf die Größe der im internationalen System lauernden Gefahren ihre
politische Machtposition aufzustocken und ihre Verteilungspräferenzen
abzusichern. Es ist ebenso unverkennbar, daß die Medien instrumentali-
siert oder ausgenutzt werden können, um die Öffentlichkeit für eine
bestimmte Politik zu gewinnen. Indem sie unentwegt Bilder von Flücht-
lingen vorzeigte, aber die ihrer Bombardierungen verbarg, versuchte die
NATO 1999, ihren Krieg gegen Serbien als humanitäre Handlung aus-

zugeben. Auch verfolgen die Medien eigene außenpolitische Interessen. Sie stets als Anwalt einer neutralen und «objektiven» Berichterstattung zu präsentieren, heißt, sie mißzuverstehen.

Dennoch erbringen sie die bedeutende Leistung, das Informations- und Definitionsmonopol des Politischen Systems zu brechen und der Gesellschaft andere, qualitativ ebenbürtige, in Umfang und Schnelligkeit die Politischen Systeme meist übertreffende Informationen und Interpretationen an die Hand zu geben, so daß sie sich ein eigenes Bild der Welt verschaffen kann. Der sogenannte «CNN-Faktor» beschreibt nicht nur die Fähigkeit des Fernsehens, durch eine strategisch geplante Bilderkampagne Öffentlichkeiten zu mobilisieren und das Politische System unter Handlungszwang zu stellen, wie es in den USA im Hinblick auf Somalia der Fall gewesen war. Der Faktor symbolisiert die Existenz einer gesellschaftlichen, vom Politischen System unabhängigen Informations- und Definitionskompetenz, die mit der der Politischen Systeme konkurriert. Insofern diese Kompetenz eine bedeutende Machtquelle darstellt, wird die der Regierung beeinträchtigt.

g) Fazit: Die Staatenwelt ist vergangen

Jedenfalls im euro-atlantischen System sieht die Welt des beginnenden 21. Jahrhunderts ganz anders aus als hundert oder auch nur fünfzig Jahre zuvor. Alles ist verändert worden, nichts so geblieben, wie es über die Jahrhunderte hin gewohnt war. Zwar ist die euro-atlantische, die OECD-Welt noch staatlich partikularisiert. Aber die Lage in den Staaten hat sich wie die zwischen ihnen radikal verändert. Der Untertan ist zum Bürger und zum Träger der Souveränität geworden; er bestimmt die Regierung. Die arme Landbevölkerung hat sich zum begüterten Mittelstand entwickelt, der seinen Wohlstand vornehmlich mit Dienstleistungen erwirtschaftet. Er läßt sich nicht mehr zum Kanonenfutter machen. Er unterhält vielmehr seine eigenen Interaktionen mit den gesellschaftlichen Akteuren der internationalen Umwelt. Er hat sich aus der herrschaftlichen Kontrolle seines Außenverhaltens längst emanzipiert.

Staatsgrenzen markieren noch Verwaltungsbereiche, aber entgrenzen den Staat, begrenzen nicht mehr die Politik. Die Interdependenz hat den Staat unterlaufen und überwölbt; er ist, jedenfalls als europäischer Staat mittlerer Größe, funktional handlungsunfähig geworden. Zwischen den Gesellschaften herrscht eine Dichte von Information und Kommunikation, die noch vor fünfzig Jahren unvorstellbar gewesen wäre. Wer wollte in einer sozioökonomisch so radikal veränderten Umgebung noch die alte Außenpolitik der europäischen Kabinette betreiben?

In der Innenpolitik kommt niemand auf einen so absurden Gedanken. Gerade der europäische Sozialstaat reflektiert die eingetretenen Veränderungen und schreibt sie fort. Auch die Außenpolitik hat sich den Veränderungen angepaßt. Friede ist seit den sechziger Jahren zum erklärten Hauptziel geworden; das Ende des Ost-West-Konflikts gab den Anlaß zu beträchtlicher Abrüstung.

Aber eine gründliche Beschäftigung mit der Frage, wie denn die Außenpolitik in dieser Gesellschaftswelt auszusehen habe, die Frieden und Abrüstung sicherstellt, gibt es nicht. Die Fingerzeige auf die «Weltinnenpolitik», die beide früheren Bundespräsidenten von Weizsäcker und Herzog gegeben haben, schärfen das Problembewußtsein dafür, daß die Staatenwelt endgültig vergangen ist, in der Außenpolitik eben Außenpolitik war und unter den ehernen Gesetzen von Machterwerb und Machtverlust stand.

Wie muß sie in der internationalisierenden Politik aussehen, die entstanden ist, weil sich die Kontexte des gesellschaftlichen Umfeldes und seiner internationalen Umwelt ineinander verschoben haben? Wenn sie noch nicht Innenpolitik ist, weil außerhalb der EU die staatliche Partikularisierung noch existiert, wie muß diese «Innenpolitik», diese internationalisierende Politik geführt werden? Wie kann sie Sicherheit herbeiführen, und was heißt Sicherheit unter den Bedingungen von Interdependenz? Gibt es noch die «nationalen Interessen», wenn es schon das «Nationalinteresse» nicht mehr gibt, und wie sehen sie aus, auf wen beziehen sie sich? Ist in dieser Kommunikations-, Informations- und Wohlstandsgesellschaft mit dem «letzten Argument der Könige», der Kanone, noch etwas anzufangen, und wenn, was? Kommt Macht noch immer aus dem Gewehr, wie Mao gesagt hat, oder muß sie nicht heute vornehmlich aus dem Gehirn kommen? Wenn sich doch in der euroatlantischen Welt in den letzten hundert Jahren jedes gesellschaftliche, wirtschaftliche und politische Datum geändert hat, muß sich auch die Außenpolitik ändern, sonst kann sie mit den neuen Fakten nicht erfolgreich umgehen. Natürlich fällt es nicht leicht, von den großen Traditionen des Europäischen Mächtekonzerts Abstand zu nehmen; die Strategien von Dayton (erfolgreich) und Rambouillet (erfolglos) bezeugen es. Aber diese intellektuelle Anpassungsleistung muß erbringen, wer sich Rechenschaft über die neuen Bedingungen ablegt, unter denen er arbeitet. In der euro-atlantischen Welt ist die Staatenwelt so passé wie der Feudalstaat.

5. Internationalisierende Politik als Programm

Der Begriff der Außenpolitik ist ebenso veraltet; er müßte durch den der internationalisierenden Politik ersetzt werden. Er beschreibt sehr viel genauer, was im Verhältnis zwischen einem Staat und seiner internationalen Umwelt abläuft. Die Interdependenz hat die Schale des Staates aufgebrochen; die emanzipierten gesellschaftlichen Akteure sind in die internationale Umwelt vorgestoßen und konkurrieren dort mit dem Politischen System um die Erzeugung von Werten, die in der Gesellschaft verteilt werden. Das Politische System kann dabei in seinem gesellschaftlichen Umfeld Herrschaft einsetzen, den die Staatlichkeit konstituierenden einmaligen Unterfall der Macht. Aber auch gegenüber eigenen Gesellschaften wendet das Politische System häufig nur Macht an, den gleichen Modus, der auch den gesellschaftlichen Akteuren zur Verfügung steht. Auf diese vielfältige Weise wird mehr und mehr zusammengeschoben, was in der Staatenwelt als «Innenpolitik» und «Außenpolitik» säuberlich getrennt war. Beide sind nur noch unterschiedliche Kontexte der Politik.

Der Begriff «internationalisierende Politik» bezeichnet diesen beinahe bruchlosen Übergang zwischen dem gesellschaftlichen Umfeld und der internationalen Umwelt eines Staates. Mit ihren Aktionen beziehen das Politische System und die gesellschaftlichen Akteure immer größere Teile der internationalen Umwelt in den Prozeß der Werterzeugung und -verteilung ein. Außen- und Innenpolitik verschmelzen zur internationalisierenden Politik.

Diese sehr komplexe Befindlichkeit ist zu erinnern, wenn hier, um die Lektüre zu erleichtern, der herkömmliche Begriff der Außenpolitik weiter verwendet wird. Gemeint ist immer die hier beschriebene «internationalisierende Politik». Sie stellt begrifflich sicher, daß unter «Außenpolitik» heute etwas ganz anderes verstanden werden muß als in der Staatenwelt. Diente sie damals der «Lust der Könige» – um den polemischen, aber in der Sache treffenden Ausdruck von Immanuel Kant zu benutzen –, indem sie durch territoriale Expansion vor allem den Reichtum der feudalen Schichten vermehrte, so lautet das Ziel heute auf Sicherheit und den Wohlstand aller Bürger.

Als internationalisierende Politik muß die Außenpolitik vorrangig Frieden erzeugen. Sodann muß sie Arbeitsplätze sichern oder schaffen, also zum Bruttosozialprodukt beitragen. Es wird noch immer nicht gerecht verteilt, aber bei weitem nicht mehr so ungerecht wie in der Staatenwelt. Die Gesellschaftswelt ist auch eine «Wirtschaftswelt»;[144] Wohlstand zu erzeugen und zu verbreiten ist das zweite Hauptziel der internationalisierenden Politik.

a) Erfahrungen der Praxis

Das erste bildet, wie immer, die Sicherheit. Bevor der Bürger seine Existenz entfalten kann, muß sie erhalten sein. Sicherheit des Staates ist in der Gesellschaftswelt das erste Hauptziel der Außenpolitik. Sie läßt sich freilich nicht mehr auf Verteidigungsfähigkeit reduzieren. Heute wird gern vom erweiterten oder umfassenden Sicherheitsbegriff gesprochen. Weniger klar ist leider, was darunter verstanden wird. Interessant ist, daß schon von «ökologischer Sicherheit» gesprochen wird. In der Tat beschädigt die Umweltverschmutzung die Gesundheit der Menschen. Aber wer in der Außenpolitik von Sicherheit spricht, meint nach wie vor die von Land und Leuten, die unversehrte Aufrechterhaltung des Staates und seiner Souveränität gegen Angriffe von außen. Ihr dient die Verteidigungsfähigkeit.

Gerade hier hat sich ein neuer Begriff eingestellt, der neuere Erfahrungen reflektiert. Man spricht von «gesellschaftlicher Sicherheit».[145] In der Gesellschaftswelt kann ein Staat nicht nur von außen bedrängt werden, er kann auch in sich zusammenstürzen. Die Staaten des Warschauer Paktes waren im traditionellen Sinne absolut verteidigungsfähig. Sie waren im Sachbereich der Sicherheit der NATO absolut ebenbürtig, in manchen Feldern sogar überlegen. Ihre entscheidende Schwäche lag im Sachbereich der wirtschaftlichen Wohlfahrt und in dem der Partizipation an der Herrschaft. Sie waren gesellschaftlich höchst unsicher. Was die kommunistischen Systeme ihren Gesellschaften hier zubilligten, hielt den Vergleich mit dem Leistungsangebot der westlichen Demokratien nicht aus.

Der Kalte Krieg hält noch eine weitere Lehre bereit, die noch wichtiger ist. Der Westen, der eine hohe Verteidigungsfähigkeit kombinierte mit einem bedeutenden Angebot an wirtschaftlicher Wohlfahrt und demokratischer Partizipation an der Herrschaft, war ja auch nicht sicher. Im Gegenteil: Er fühlte sich im höchsten Maße gefährdet, und zu Recht. Im Warschauer Pakt stand ihm ein hochgerüsteter, militärisch außerordentlich leistungsfähiger Gegner gegenüber. Die Sowjetunion hatte in den siebziger Jahren durch ihre nukleare Aufrüstung den letzten westlichen Vorsprung beseitigt und damit ihre konventionelle Bedrohung Westeuropas erheblich verstärkt. Westliche Forscher diagnostizierten anfangs der achtziger Jahre eine wesentliche «Überlegenheit» der Sowjetunion und die Möglichkeit einer militärischen Herausforderung in Europa und im Nahen und Mittleren Osten.[146] Der Westen müsse sich sehr anstrengen, hieß es damals, um den Sowjets diese Überlegenheit zu nehmen.

Sicher fühlte sich der Westen also keinesfalls, trotz der enormen Verteidigungsanstrengungen, die er unternommen hatte. 1980, also ungefähr in dem gleichen Jahr, hatten alle NATO-Staaten mehr als 255 Mrd. Dollar dafür aufgewendet. Und dennoch waren sie nicht sicher.

Zwischen Sicherheit und Verteidigungsfähigkeit muß also doppelt unterschieden werden. Sicherheit hat eine gesellschaftliche Dimension, die heute genauso wichtig ist wie die militärische. Vor allem: In ihrer militärischen Bedeutung darf Sicherheit nicht mit Verteidigungsfähigkeit gleichgesetzt werden, denn die Gefährdung bleibt. Sicher im umfassenden Sinn des Wortes ist ein Staat nur dann, wenn er keine Gegner hat. Nimmt man den umfassenden Begriff von Sicherheit ernst, verlangt er also eine ganz andere Strategie als die Herstellung von Verteidigungsfähigkeit.

Zielsetzung wie Strategie sind nicht utopisch. In Westeuropa herrscht ein solcher Zustand, obwohl der Halbkontinent bis 1945 der größte Kriegsherd im Weltsystem gewesen war. Über hundert Kriege haben dort seit 1816 stattgefunden, darunter zwei Weltkriege. Keine der traditionellen Strategien hatte sie verhindern können. Die alte Weisheit des römischen Generals Vegetius, daß man den Krieg vorbereiten solle, wenn man den Frieden erzeugen will, wurde von der europäischen Geschichte des 19. und des 20. Jahrhunderts Lügen gestraft.

Die Erfahrungen Westeuropas nach 1945 zeigen dagegen, daß sich sehr wohl ein zwischenstaatlicher Zustand erzeugen läßt, der jene umfassende Sicherheit bietet. Ob die Europäische Union sich nun politisch weiter integriert oder nicht, sie hatte schon als Europäische Wirtschaftsgemeinschaft zwischen ihren Mitgliedern jene Sicherheit erzeugt, die allein diese Bezeichnung verdient. Die auf die Herstellung von Sicherheit gerichteten Strategien also sind es, die von Grund auf renoviert und modernisiert werden müssen. Wenn sich die Sicherheit, die die Bürger in der Gesellschaftswelt fordern und auf die sie auch Anspruch haben, herstellen läßt, dann werden dadurch alle jene Strategien in den Schatten gestellt, die in herkömmlicher Weise nur Verteidigungsfähigkeit zu erzeugen versuchen.

Haben die beiden außenpolitischen Ziele Sicherheit und Wohlstand eine lange Tradition, so hat sich ihr Inhalt in der Gesellschaftswelt radikal verändert. Unter Wohlstand ist nicht nur der Reichtum weniger, sondern die Wohlfahrt aller zu verstehen; sie muß von den Politischen Systemen wie von den gesellschaftlichen Akteuren besorgt werden. Sicherheit kann nicht mehr durch Verteidigungsfähigkeit, sondern nur dadurch erreicht werden, daß sich alle Mitglieder eines internationalen Systems als Partner begegnen.

Internationalisierende Politik ist also nicht nur eine neue Bezeichnung für die Außenpolitik, sondern enthält das Inventar eines ganz neuen Inhalts. Der veränderte Begriff reflektiert die Veränderungen im sozioökonomischen Substrat der internationalen Politik, die von der Postmoderne hervorgebracht worden sind. Weil die Gesellschaftswelt nicht mehr identisch ist mit der Staatenwelt, können weder deren Zielsetzungen noch deren Strategien übernommen werden. Wer richtig sieht, daß der Staat der Gegenwart ein «postmoderner Nationalstaat» ist, der also die Moderne und die Prämoderne und deren gesellschaftlich-politische Zustände längst hinter sich gelassen hat, kann nicht gleichzeitig die Ansicht

vertreten, daß eine «europäische Geschichte weitergeht, die seit dem
15. Jahrhundert ... in stärkstem Maß von der Dynamik des Staatensystems bestimmt war».[147]

In der seit 1945 entstandenen Gesellschaftswelt herrschen ganz andere
Bedingungen, handeln ganz andere Akteure als in der vergangenen Staatenwelt. Deren Fürstenhäuser waren an der Erweiterung ihres Territoriums wie ihres Wohlstands und deswegen auch an der unablässigen Ver-
größerung militärischer Gewaltpotentiale interessiert. Das Europäische
Mächtekonzert wurde von «bornierten Philistern der ‹Realpolitik›» betrieben (Weber), die alles Erreichbare auch für wünschbar hielten.

Diese Verbindung von Machtstreben und Gewalteinsatz sollte weder
mit der Verwendung des Systembegriffs verschleiert, noch politologisch
als konstant angesehen werden. Es scheint aber gerade zu den Idiosyn-
krasien des Realismus zu gehören, daß er das, was er beschreibt, damit
auch erklärt zu haben meint. Nicht nur deutsche Historiker, sondern
auch amerikanische Politologen, sofern sie sich für Realisten halten, neigen zu einer statischen Politiksicht. Indem sie ganz unbefangen von
Staaten reden, egal ob es sich um die feudalen Oligarchien des 18. oder
die Massendemokratien des ausgehenden 20. Jahrhunderts handelt, erspa-
ren sie sich den Blick in die gewaltigen Veränderungen, die sich in diesen
Einheiten zugetragen haben. Kenneth Waltz verbot sogar in seinem
Hauptwerk den Blick in die Herrschaftsordnung und Innenpolitik der
Staaten, weil ihr Außenverhalten nicht davon, sondern von den Verhaltenszwängen des internationalen Systems bestimmt werde. Neuerdings
hat er diesen Verzicht etwas abgeschwächt; aufgegeben hat er ihn nicht.[148]

b) Anleitungen der Theorie

Die Liberale Schule in den Internationalen Beziehungen hat dagegen
seit dem Beginn der achtziger Jahre unermüdlich auf diese Verschiebun-
gen im sozioökonomischen Spektrum in der internationalen Politik aufmerksam gemacht. Die Transnationalisten und Globalisten haben nachgewiesen, daß die moderne Welt keineswegs nur aus hermetisch abgeschlossenen Staaten besteht, deren Politische Systeme nichts weiter
beabsichtigen als, gestützt auf militärische Gewalt, ihre Macht zu erweitern bzw. mindestens zu erhalten. Sie stellten den Sachbereich der wirtschaftlichen Wohlfahrt in den Vordergrund ihrer Analyse und zeigten die
internationale Wirtschaftswelt, die von Konkurrenz und Kooperation,
von Interdependenz und Globalisierung gekennzeichnet ist. Sie legten
das alte Billardball-Modell der Staatenwelt beiseite, verwiesen auf die
weltumspannenden Handlungszusammenhänge, die, von den gesellschaftlichen Akteuren unterhalten, viel besser als Netzwerk abgebildet werden
müßten.

In der dritten Großen Debatte um die Theorie der Internationalen Beziehungen hielten die Liberalen dieses neue, moderne Weltbild dem alten entgegen.[149] In dieser Welt herrschten nicht mehr, wie die Realisten noch immer glaubten, Antagonismus und Konflikt. Hier gab es, im Gegenteil, Zusammenarbeit der Akteure in internationalen Organisationen oder in Regimen. Die Staaten standen sich keineswegs mehr isoliert gegenüber, wie es der Realismus annahm, sondern befanden sich in engem Kontakt, so daß sich auch die Qualität des internationalen Systems veränderte. Sie war noch immer anarchisch, aber der Grad der Anarchie war erheblich geringer als in der Staatenwelt.[150]

Bei dieser Gelegenheit zeigte sich, daß die Realistische Schule niemals die unangefochtene Position innegehabt hatte, die sie stets reklamierte. John H. Herz, der intellektuelle Antipode Morgenthaus und wie er aus Deutschland stammend, entfaltete Ende der fünfziger Jahre seinen «realistischen Liberalismus», der der Realpolitik die Möglichkeit ihrer Veränderung entgegenhielt.[151] Herz klinkte sich dabei ein in die erste Große Debatte, die sich in der Disziplin der Internationalen Beziehungen nach dem Ende des Zweiten Weltkrieges abgespielt hatte, die zwischen Realisten und Idealisten.[152] Sie setzte aber nur einen Diskurs fort, der in den zwanziger Jahren unentwegt angehalten hatte. James T. Shotwell hatte 1929 die Wirtschafts- und Sozialgeschichte des Ersten Weltkriegs herausgegeben, die sich auf die ökonomischen und gesellschaftlichen Ursachen der Katastrophe konzentrierte. Und waren es nicht solche «Realpolitiker» wie der Admiral Mahan auf amerikanischer und der Admiral Tirpitz auf deutscher Seite, die durch ihre geopolitischen Thesen die Aufrüstung vorangetrieben und damit dem Krieg den Weg bereitet hatten?

Noch zu Beginn des 20. Jahrhunderts war eine solche Auseinandersetzung für unmöglich gehalten worden, zumal in den theoretischen Auseinandersetzungen des 19. Jahrhunderts keineswegs der Realismus, sondern eher der Liberalismus dominiert hatte. Der Begriff der Realpolitik war bekanntlich erst in der Mitte des 19. Jahrhunderts geprägt und in die Diskussion eingebracht worden[153] – gegen die Liberalen.[154] Sie beherrschten das Denken in der ersten Hälfte des 19. Jahrhunderts, wobei sie sich auf Immanuel Kant stützen konnten, der in seiner Schrift «Vom ewigen Frieden» diejenigen Verursachungen von Außenpolitik herausgearbeitet hatte, die die Liberale Schule bis heute für richtig hält: die gesellschaftlichen Bedingungen und das Herrschaftssystem.[155]

Der Realismus und die Realpolitik können also gar nicht in Anspruch nehmen, die dominante Richtung des europäischen Denkens gewesen zu sein. Sie schoben sich erst mit der imperialistischen Phase der europäischen Politik in deren Vordergrund, blieben aber stets angefochten. Wenn die Verteidigungsnotwendigkeit des Kalten Krieges nach 1948 erneut den Sachbereich der Sicherheit betonte und die klar und einfach geschnittenen Verhaltensregeln des Realismus erneut zum Glänzen brachte, so lief dabei nur eine weitere Episode im Diskurs über die Außenpolitik ab. Nachdem der Konflikt Mitte der fünfziger Jahre seinen konfrontativen Höhepunkt überschritten und sich zum Rüstungswettlauf weiterentwikkelt hatte, der sich anfangs der sechziger Jahre auch gemeinsamen Kontrollen öffnete, wurde die Diskussion weitergeführt. Ihr Tenor bewegte sich im Einklang mit den Schwankungen der Ost-West-Beziehungen. In den siebziger Jahren dominierte liberales Denken, mit Ronald Reagan zogen die Realisten wieder gleich.

Um so härter traf sie das Ende des Ost-West-Konflikts, vor allem die Art und Weise der Beendigung. Gesiegt hatte ja nicht die militärische Potenz des Westens, sondern seine gesellschaftlich-wirtschaftliche Überlegenheit. Der Warschauer Pakt wurde nicht erobert, er kapitulierte auch nicht, wie die Deutschen 1918 und 1945. Er wurde von innen liquidiert, durch die Bürgerrechtsbewegungen und die politische Opposition. Nachdem Michail Gorbatschows Versuch, in der Sowjetunion den Kommunismus zu reformieren, gescheitert war, wurden beide durch Boris Jelzin und die ihn stützenden politischen Gruppen liquidiert. Mit dem Wandel der Herrschaftssysteme in allen Ländern des Warschauer Paktes wurden die früheren Gegner zu Partnern des Westens.

Wie kein anderer Vorgang hat dieses Ende des Ost-West-Konflikts die Validität der liberalen Analyse der internationalen Politik bestätigt und die des Realismus entkräftet. Die Neorealisten räumten schon Ende der achtziger Jahre ein, daß die Außenpolitik der Staaten keineswegs ausschließlich auf den Anarchiedruck des internationalen Systems reagiere, sondern daß auch die gesellschaftliche Formation und das Herrschaftssystem der Staaten dabei eine Rolle spiele.[156]

Die Tatsache, daß in der Dekade seit 1989 ein größerer zwischenstaatlicher Konflikt weder eintrat noch sich abzeichnete, zwang den Neorealismus zu einer weiteren Konzession. Die Interdependenz zwischen den postmodernen Staaten hatte die Anarchie des internationalen Systems offenbar so weit reduziert, daß die jederzeitige Bedrohung nur noch als möglich, aber nicht mehr als wahrscheinlich galt. Der Neorealismus mauserte sich zum postklassischen Realismus[157] oder zum modifizierten Neorealismus, wie Volker Rittberger ihn nennt.

Die Liberale Schule in all ihren Facetten bekam erheblichen Auftrieb. Sie wies nach, daß das zentrale Theorem des Realismus, die Systemanarchie und das daraus unweigerlich resultierende Sicherheitsdilemma, keine «objektive», keine exogen vorfindbare Tatsache darstellt, sondern als das Produkt politischer Perzeptionen zu gelten hat, die in einer Gesellschaft unter den Bedingungen ihrer politischen Verfaßtheit entstehen und zirkulieren.[158] Die transnationalen Handlungszusammenhänge zwischen Politischen Systemen und gesellschaftlichen Akteuren wurden als Regime begriffen, als informelle, aber höchst stabile Kooperationsverabredungen, die den Antagonismus und die Systemanarchie weiter zersetzten. Sie waren schon zwischen den Gegnern des Kalten Krieges aufgetreten.[159] Sie breiteten sich nach 1990 erheblich aus und wurden gleichzeitig parallelisiert durch die Zunahme formalisierter Institutionen, in denen die Kooperation einen organisierten Grad annahm.[160]

Kurz: Der Umbruch in der Weltpolitik, der sich 1989/90 vollzogen und einen Blick in die gesellschaftlichen Tiefenschichten der internationalen Politik freigegeben hatte, beflügelte die liberale Analyse der internationalen Beziehungen, deren theoretischer Ansatz sich durch die empirische Evidenz mehr als bestätigt sah. Konnten die internationalen Beziehungen zu keiner Zeit als ein System begriffen werden, das sich oberhalb der Staaten aus ihren Interaktionen heraus etabliert und sie sich dann untergeordnet hatte, so war 1989/90 die gesellschaftliche Dimension geradezu schlagartig in den Vordergrund getreten.

Die internationale Politik kann seitdem nicht mehr als eine das Verhalten aller Staaten determinierende Größe, sondern muß als Produkt der Interaktionen begriffen werden, die von den Akteuren der Politischen Systeme und den gesellschaftlichen Akteuren über Zeit unterhalten werden. Gerinnt diese internationale Politik zur Struktur, nimmt sie dann auch den Charakter der Bedingung an. Er kann aber, wenn auch nur langsam, durch verändertes Verhalten verändert werden. Die Außenpolitik in der Gesellschaftswelt ist gesellschaftlich, nicht vom System her determiniert. Sie ist es, die, wenn sie sich ändert, auch das System verändert.[161]

Die Liberale Schule legt damit den Blick frei auf das eigentliche und bestimmende Subjekt der internationalisierenden Politik: die Gesellschaft. Rational und risikoscheu handelnde gesellschaftliche Akteure sind das Movens dieser internationalisierenden Politik. Sie agieren entweder direkt in der internationalen Umwelt oder engagieren das Politische System, oder Teile des Politischen Systems, um ihre Interessen durchzusetzen.[162]

Das Politische System ist deswegen nicht, wie es die frühe Gruppentheorie wollte, nur das Differential divergierender Interessen. In dem herrschaftlich geordneten Prozeß der Umwandlung gesellschaftlicher Anforderungen in Wertzuweisungen muß das Politische System auch den Konsens derer einholen, die von der internationalisierenden Politik nur betroffen werden. Sie stellen, als Wähler, sogar die Mehrheit. Je demokratischer das Herrschaftssystem geordnet ist, desto mehr wird das Politische System seine Wertzuweisungen so gestalten, daß die Anforderungen dieser Mehrheit nach Sicherheit und Wohlstand erfüllt werden. Das Politische System wird deswegen seine internationalisierende Politik noch verstärken. Denn unter den Bedingungen zunehmender Interdependenz können die Anforderungen der eigenen Gesellschaft nur noch erfüllt werden, wenn die der Nachbargesellschaften auch zu ihrem Recht kommen. Der Wohlstand der eigenen Gesellschaft hängt mit dem anderer zusammen. Damit gerät nicht die nationale Identität der Gesellschaft ins Schwimmen, wohl aber die funktionale. Der «deutsche Konsument» hat mehr gemeinsame Interessen mit den anderen Konsumenten in der EU als mit den Produzenten. Folgerichtig wohnt der internationalisierenden Politik ein integratives Element inne.

Unter den Bedingungen geringer Interdependenz ist dieser Zusammenhang nur schwach ausgeprägt, aber sehr wohl auch vorhanden: Wenn etwa mit dem Hinweis auf die Globalisierung transnationale Akteure den nationalen Verbrauchern und Arbeitnehmern Wohlstandsminderungen abzuverlangen suchen und gleichzeitig die Gesellschaften der Gastländer ausbeuten, müssen die Politischen Systeme mit der Strategie der Governance – über die noch zu reden sein wird – gegensteuern.

Die Erkenntnisse der Liberalen Schule der Internationalen Beziehungen könnten insofern dazu benutzt werden, den Grad der Aufklärung und der Information im außenpolitischen Diskurs erheblich anzuheben. Damit verkleinert sich natürlich auch der letzte Freiraum, dessen sich die Politischen Systeme noch erfreuen. Während ihre innenpolitischen Entscheidungen jedermann selbst einsichtig sind, können sie die Außenpolitik diesem Einblick entziehen, indem sie die aus dem internationalen System entspringenden Handlungszwänge und vorzugsweise die Gefahren für die nationale Sicherheit beschwören. Die Liberale Theorie läßt diese Verdunkelung nicht mehr zu, weil sie nachweist, daß beide Größen durch politische Entscheidungen konstituiert worden sind. Weil das internationale System keine Zentralinstanz mit Sanktionskompetenz besitzt, ist es ein spezifisch anderer Kontext als eine innerstaatliche Gesellschaft. Gewaltanwendung im internationalen System ist und bleibt eine Möglichkeit. Sie ist aber kein Fatum und unter den Bedingungen der Gesellschaftswelt nicht einmal mehr eine Notwendigkeit. Sie ist eine Strategie unter mehreren und muß sich wie sie einer Kosten-Nutzen-Analyse stellen.

In der Gesellschaftswelt kann umfassende Sicherheit nicht durch Verteidigungsfähigkeit hergestellt, sondern nur im äußersten Notfall auf sie abgestützt werden. Wer umfassende Sicherheit in dem Sinne in einem internationalen System herstellen will, daß kein Staat einen anderen mehr bedroht, muß die gesellschaftlich-politischen Zustände heraufführen, die ein solches Verhalten bewirken und garantieren. Dazu muß eine Antwort auf die Frage gefunden werden, welche Ursachen die Gewalt im internationalen System auslösen, und wie sie beseitigt werden können.

c) Woher stammt die Gewalt?

Mit der Antwort darauf tut sich die Politik verständlicherweise sehr schwer, sie fällt auch nicht leicht. Um so mehr sollte sich die Politik der Hilfe der Wissenschaft versichern, die darüber seit langem nachgedacht und dabei Erkenntnisse gewonnen hat, die mehr Plausibilität und Gültigkeit für sich beanspruchen können als der politische Alltagsverstand und die von ihm akkumulierten Erfahrungen. Es ist ja eben nicht so, daß die außenpolitische Bedrohung stets von einem aggressionsbereiten Nachbarn stammt. Es gibt ihn, wie die Beispiele Deutschland unter Hitler und Irak unter Saddam Hussein zeigen. Die Liberale Theorie mit ihrem Hinweis auf die gesellschaftliche Konstituierung von Außenpolitik macht aber darauf aufmerksam, daß Aggressivität mit den sozialen Zuständen einer Gesellschaft und ihrer herrschaftlichen Verfassung zu tun hat. Hier also liegt die erste große Gewaltursache. Man wird sie weniger an der Person des Diktators, sondern an der autoritären Struktur des ihn tragenden Herrschaftssystems festmachen müssen.

Der klassische Realismus vernachlässigt solche Präferenzen der Gesellschaft und den Charakter ihrer herrschaftlichen Verfassung, weil er eine ganz andere Gewaltursache diagnostiziert: die Anarchie des internationalen Systems. Das ist nicht unrichtig. Der Realismus argumentiert auf dem analytischen Niveau des internationalen Systems, dort also, wo sich die Außenpolitiken der einzelnen Staaten zu Aktions-Reaktionsfolgen, zu Interaktionen verdichten. Sie laufen unter der vom System gestifteten Bedingung weitgehender Ungewißheit ab. Die hier entstehende internationale Politik weist deutliche Einflüsse der auf allen Seiten der Interaktion vorherrschenden Ungewißheit auf. Die im internationalen System herrschende Anarchie ist zweifellos ein wichtiger Parameter der internationalen Politik.

Die Liberale Schule hingegen argumentiert auf dem analytischen Niveau des Staates, also der Außenpolitik. Sie erfaßt natürlich auch den Einfluß der Systemanarchie auf diese Außenpolitik, lehnt lediglich den unbegründeten – und unbegründbaren – Anspruch des Realismus ab, daß das Außenverhalten einer Einheit allein durch diese Systemanarchie determiniert und die Verfaßtheit der Gesellschaft bedeutungslos sei. Die Liberale Schule betont demgegenüber, daß der Entwicklungsstand einer Gesellschaft und ihre herrschaftliche Verfassung großen Einfluß auf die Qualität ihrer Außenpolitik nehmen, auch darüber, welche Bedeutung sie der Systemanarchie beimißt.

Der anarchische Zustand des internationalen Systems wird von der Liberalen Schule keineswegs verkannt, sondern als Bedingung der auswärtigen Politik in Rechnung gestellt. Der Realismus liegt nicht falsch, wenn er behauptet, daß diese Anarchie mit den aus ihr resultierenden

Verhaltenszwängen eine wichtige Gewaltursache darstellt. Es ist nur nicht die einzige.

Der Realismus selbst hat noch eine zweite entdeckt: die Machtverteilung in einem internationalen System. Sie ist ein Derivat der Systemanarchie. Die von ihr ausgelösten Gewaltanwendungen führen zu Machtverteilungen, die als ungerecht und willkürlich empfunden werden und zu neuen Gewaltauseinandersetzungen führen. Die europäische Geschichte enthält auch die Abfolge von Hegemonien, die durch ihre Bildung ihren Herausforderer erzeugt haben.

Die Analysen der Gewaltursachen durch Realismus und Liberalismus schließen sich nicht aus; sie ergänzen sich. Die Außenpolitik eines Staates vollzieht sich unter den Bedingungen der Systemanarchie und der von ihr produzierten Machtverteilung. Aber die Ziele, die sie verfolgt, und die Strategien, die sie verwendet, vor allem das Ausmaß der Gewalt, das sie einsetzt, werden bestimmt von ihrer gesellschaftlich-wirtschaftlichen Entwicklung und ihrem Herrschaftssystem. Der klassische Realismus will das deswegen nicht einsehen, weil Theorien «schlank», d. h. monokausal sein müssen. Nur dann ergeben sich die «ehernen Gesetze», die das außenpolitische Verhalten regeln und dem Realismus so lieb und teuer sind: Gleichgewichtspolitik, Gegenmachtbildung, Verteidigung, Gewaltbereitschaft.

Die vorfindbare Gesellschaftswelt ist nun aber nicht eindimensional, sondern sehr komplex. Man muß nur die USA mit der (früheren) Sowjetunion vergleichen, um zu sehen, daß die Gesellschaft und ihre Ordnung einen bestimmenden Einfluß auf die Außenpolitik ausüben. Das ist das Argument der Liberalen Schule. Und auch sie sieht ein Derivat dieser Ordnung: den Einfluß der Interessengruppen.

In jedem internationalen System treten also schon einmal vier Gewaltursachen auf. Drei davon, die Anarchie des Systems, die Machtverteilung darin und die Herrschaftssysteme der Staaten sind Strukturen. Obwohl man sie nicht sehen kann, haben sie enorme Wirkungen.

Die vierte Gewaltursache, das Verhalten von Interessengruppen, gehört nicht zu den Strukturen, sondern zu den Prozessen der internationalen Politik. Interessengruppen sind Akteure, deren Verhalten gesehen und erfaßt werden kann. In diese Kategorie gehören auch diejenigen gesellschaftlichen Akteure, die sich erst seit neuerem im internationalen System bemerkbar machen und nur teilweise als Interessengruppen zu gelten haben: die Umweltverschmutzer, die Banden der Organisierten Kriminalität und die Drogenhändler. Einen eigenen Platz in dieser Gruppe nehmen die sogenannten Terroristen ein. Sie sind gesellschaftliche Akteure, erheben aber, indem sie im internationalen System Gewalt einsetzen, den Anspruch, als Rollen eines alternativen, erst in der Entstehung begriffenen Politischen Systems zu handeln, aus dem sie eine Quasi-Legitimität ableiten.

Es gibt aber noch zwei weitere Gewaltursachen. Die Prozesse der internationalen Politik, die zahllosen Interaktionen zwischen den Politischen Systemen, den gesellschaftlichen Umfeldern und Akteuren sowie vice versa können auch Gewalt auslösen. Moderne Interaktionen besitzen einen Umfang und weisen Konsequenzen auf, die der an ihnen beteiligte Akteur kaum überblicken, geschweige denn steuern kann. Viele Kriege sind entstanden, obwohl keiner der beteiligten Staaten das wollte. Auf diese Weise sind die USA in den unglückseligen Vietnam-Krieg geraten, hat sich die NATO 1998/99 in einen Handlungszwang gegen Serbien hineinmanövriert.

Die Kontrollschwäche von Politik und Militär wirkt sich heute um so stärker aus, als ihre Akteure in der Regel für die Tätigkeit in der Außenpolitik gar nicht ausgebildet worden sind. Außenpolitiker und Diplomaten müssen mit einem Gegenstand umgehen, über dessen Befindlichkeit und Verhalten sie keine systematischen Kenntnisse erworben haben. Nur ihre eigene Erfahrung und die ihrer Vorgänger stehen ihnen zur Verfügung. Daraus entstehen Fehlentscheidungen, wie die der Sowjetunion zum Einmarsch in Afghanistan 1979, und handwerkliche Fehler, wie sie der westlichen Diplomatie im Fall des Kosovo-Krieges unterlaufen sind.

Man wird also insgesamt sechs Gewaltursachen unterscheiden müssen, deren Analyse um so komplizierter ist, als sie nicht getrennt, sondern im Verbund auftreten. Es ist nicht einfach, festzustellen, ob das Gewaltverhalten eines Staates durch das systembedingte Sicherheitsdilemma, durch sein Herrschaftssystem, durch eine bestimmte Interessengruppe, durch die Inkompetenz der Akteure oder durch die Dynamik der Interaktion bedingt worden ist. Dennoch darf der Versuch nicht unterlassen werden, weil nur die differenzierte Bearbeitung der Gewaltursachen jene umfassende Sicherheit erzeugt, die erforderlich (und möglich) ist.

Er wird auch erleichtert dadurch, daß drei der sechs Ursachen strukturelle Qualität aufweisen, ein größeres Gewicht haben als die prozessualen. Die Gewalt stammt zunächst aus der Anarchie des Systems (und der der Machtfigur), sodann vor allem aus dem Herrschaftssystem der Staaten. Die Analyse kann von dieser verläßlichen Gewichtung der Gewaltursachen ausgehen. Jede Vereinfachung, gerade auch wenn sie sich selbst als «realistisch» einschätzt, führt stracks in die Realismusfalle,[163] zu einem Verhalten also, das die Gewalt, die sie doch vermeiden will, selbst erzeugt.

Alle sechs Gewaltursachen, auch die drei strukturellen, sind letztlich gesellschaftlich konstituiert. Das bedeutet, daß ihre Erscheinungsform, ihre Ausprägung und ihr Wirkungsgrad maßgeblich von den gesellschaftlichen Befindlichkeiten bestimmt werden. Also können sie durch politisches Handeln sehr wohl abgebaut, in zureichendem Maße verringert werden. Wenn die Gewaltursachen richtig analysiert und strategisch richtig bearbeitet werden, ist umfassende Sicherheit möglich. Das gilt vor allem für die beiden großen strukturellen Gewaltursachen, die Anarchie des internationalen Systems und die autoritäre Verfassung von Herrschaftssystemen.

d) Aus der Systemanarchie

Die anarchische Struktur des internationalen Systems darf man nicht unterschätzen. Sie stellt eine der beiden großen Quellen der Gewalt im internationalen System dar. Schon 1952 hat der Repräsentant eines realistischen Liberalismus, John H. Herz, darauf aufmerksam gemacht, daß die Systemanarchie das von ihm so genannte «Sicherheitsdilemma» produziert.[164] Sicherheit ist das oberste Ziel jedes Staates, es ist äußerst sensibel und spricht schon an, wenn es nicht verläßlich und auf Dauer gewährleistet ist. Diese Situation herrscht im internationalen System. Da kein Staat sich darauf verlassen kann, daß er zu keiner Zeit von einem anderen angegriffen wird, muß er sich auf diesen Angriff durch Verteidigung vorbereiten. Sie wird von den anderen Staaten zwangsläufig als Angriffsvorbereitung gedeutet und mit Verteidigungsanstrengungen beantwortet, die die eigenen Defensivmaßnahmen nicht nur rechtfertigen, sondern auch verstärken. Die Ungewißheit, die das internationale System strukturell kennzeichnet, läßt kein anderes Verhalten zu.

So entsteht das Dilemma, daß die Staaten von ihrem Sicherheitsinteresse zu einem Verhalten gezwungen werden, das diese Sicherheit gefährdet. Denn die wechselseitige Aufrüstung löst eine Dynamik aus, die zum Rüstungswettlauf führt und damit zur eigenen Gewaltsache wird. Die Entwicklung des Ost-West-Konflikts seit den sechziger Jahren zeigt dies zur Genüge. Der Rüstungswettlauf hatte sich verabsolutiert, von den Konfliktursachen gänzlich gelöst und zu einer eigenständigen Gefährdung weiterentwickelt. Nur eine Haaresbreite bewahrte beide Seiten davor, daß der Wettlauf bewaffnet ausgetragen wurde.

Das Dilemma besteht darin, daß der Verteidigungszwang augenscheinlich unentrinnbar ist. Alle Staaten müssen ihn akzeptieren, obwohl sie wissen, daß er als Strategie suboptimal ist. Der Realismus rät dazu, sich diesem Dilemma zu stellen und zu versuchen, es durch gleichgewichtige Rüstungen gewissermaßen einzuhegen.[165]

Auf die Selbsttäuschung dieses Arguments wurde schon hingewiesen; die Strategie des Gleichgewichts hat keinen Krieg verhindert; der Mechanismus der Abschreckung, auf dem es beruht, fördert Aufrüstung und Offensivbereitschaft.[166] Statt dessen ist zu fragen, ob das internationale System unter den Bedingungen der Gesellschaftswelt überhaupt noch als anarchisch zu bezeichnen, ob nicht vielmehr ein Grad von Übersichtlichkeit hergestellt worden ist, der die Anarchie bis zu einer Größe reduziert, die vernachlässigt werden kann. Global ist die Anarchie sicher noch gegeben; im euro-atlantischen System ist sie hingegen kaum noch vorhanden. In der Informationsgesellschaft, die das euro-atlantische System kennzeichnet, gibt es keine Wissenslücken mehr. Die NATO hat 1996 festgestellt, daß Rußland, selbst wenn es wollte, in den kommenden zwei Jahrzehnten zu keiner Offensivhandlung fähig wäre. Der Westen hat in der zwischen der NATO und Rußland 1997 abgeschlossenen «Grundakte» Rußland zum Partner erklärt und damit von allen auch nur potentiell vorhandenen Offensivabsichten freigesprochen. Interaktionsdichten und Interdependenzgrade im euro-atlantischen System sind so groß, daß sich der erreichte Grad der Übersichtlichkeit dem annähert, der in der Innenpolitik der Staaten herrscht.

In der neueren Theoriediskussion des Realismus hat sich daraufhin eine gewisse Modifikation eingebürgert. Sie geht nicht mehr davon aus, daß die Systemanarchie zur unabänderlichen, ständigen Bedrohung aller Staaten durch alle führt, so daß lediglich militärische Macht und Gegenmacht davor bewahren, angegriffen und ausgelöscht zu werden. Der modifizierte Realismus spricht nicht mehr von unabweisbaren Zwängen, sondern von Möglichkeiten und Wahrscheinlichkeiten. Die aus der anarchischen Struktur des internationalen Systems fließende Bedrohung tritt weder gleichmäßig noch zwingend auf; es läßt sich abschätzen, ob und wann die Sicherheit gefährdet ist. Dementsprechend ist militärische Gewalt nicht das einzige und letzte Mittel der Politik, der Krieg aller gegen alle nicht die Regel. Zwar regiert die Macht, aber sie kennt nicht nur die Konkurrenz, sondern auch die Kooperation.[167]

Diese moderne Spielart des Realismus reagiert auf die beträchtlichen kommunikativen und politischen Veränderungen, die in der zweiten Hälfte des 20. Jahrhunderts zutage getreten sind. Sie haben die Staaten aus der Isolierung befreit und mit den Vertrauensbildenden Maßnahmen, der Verifikation vor Ort und der Satellitenüberwachung Möglichkeiten wechselseitiger Information geschaffen, die in der Staatenwelt ganz undenkbar waren. Sie sind nicht ganz zuverlässig; von den Nukleartests Indiens im Mai 1998 wurde nur einer durch amerikanische Beobachtungsstationen registriert, die anderen wurden im wahrsten Sinne des Wortes verschlafen. Ebenso stritten sich die Geheimdienste wochenlang darum, ob Nordkorea am 31. August 1998 mit einer Langstreckenrakete eine Waffe abgefeuert oder einen Satelliten in den Weltraum geschossen hatte. Auf der anderen Seite haben sich längst auch private Überwachungsgesellschaften etabliert, die, wie die Earth Watch Inc., eigene Überwachungssatelliten stationieren und deren Dienste verkaufen.[168] In die Köpfe der Entscheidungsträger können aber natürlich auch sie nicht hineinsehen, und das Beispiel des Irak in den neunziger Jahren zeigt, daß selbst jahrelange intensive Überwachung an Ort und Stelle Möglichkeiten offenläßt, die Produktion von Massenvernichtungswaffen zu vertuschen. Damit bleibt ein Rest des Sicherheitsdilemmas. Es wird von der Ungewißheit gespeist. Sie bleibt prinzipiell erhalten, solange ein internationales System besteht und nicht, wie in der EU, in die Integration übergegangen ist.

In der Gesellschaftswelt hat dieser Rest von Ungewißheit deswegen keine Bedeutung, weil er durch die veränderte Gesellschafts- und Herrschaftsstruktur wirkungslos geworden ist. Besser als alle Überwachungs- und Verifikationssysteme stellen Wohlstand und Demokratie einer Gesellschaft ihren Aggressionsverzicht sicher. Dieser Aspekt, der später ausführlich behandelt wird, macht deutlich, daß die Übersichtlichkeit des internationalen Systems nicht nur aus der Kommunikationstechnologie und der Interdependenz stammt, sondern vor allem aus den veränderten Sozialstrukturen. Die Offenheit der Gesellschaften ist die beste Garantie der Verläßlichkeit. Selbst Rußland, dessen sozialer Wandel sich erst vollzieht, ist doch längst nicht mehr die undurchdringliche Monade, die die Sowjetunion einst gewesen war. Darin liegt sehr viel mehr Sicherheit, als auch die beste Satellitenüberwachung je erbringen könnte.

Sie läßt sich noch steigern. In der Atlantischen Gemeinschaft, der Wiege der seit den fünfziger Jahren entstehenden Gesellschaftswelt, trat das Sicherheitsdilemma nicht einmal als Restkategorie auf. Die Ursache liegt zutage: die intensive Kooperation der westeuropäischen Staaten in zahllosen Internationalen Organisationen in Westeuropa, von der OEEC angefangen über die Europäische Wirtschaftsgemeinschaft bis hin zur Europäischen Union. Hinzu kommt der Zusammenschluß Westeuropas und Nordamerikas in der hochverdichteten Militärallianz der NATO. Kooperation, und zwar besonders die in Internationalen Organisationen, ist diejenige Strategie, die zwischen souveränen Nationalstaaten die systembedingte Anarchie erfolgreich abbauen und das Sicherheitsdilemma drastisch reduzieren kann.

Dieses Konzept zur Bearbeitung der Systemanarchie ist nicht neu. Es stammt aus dem 18. Jahrhundert und wurde von dem Abbé de Saint-Pierre erstmals in den ausgearbeiteten Vorschlag der Errichtung einer Internationalen Organisation gegossen.[169] Der Grundgedanke ist einfach. Da die Ungewißheit, die im internationalen System herrscht, auf die Isolierung der Staaten zurückzuführen ist, kann man durch deren Beseitigung Gewißheit und Verläßlichkeit verbreiten. Die Zusammenführung in einer Internationalen Organisation und die Institutionalisierung der Kooperation dort erzeugen exakt diesen Effekt. Auf diesem Gedanken beruhte der Völkerbund, beruhen die Vereinten Nationen.[170] Im globalen Rahmen lassen sich Isolierung und Ungewißheit nur aufwendig und langsam abbauen, zumal wenn – wie es leider der Fall ist – diese Funktion der Internationalen Organisation von den politischen Entscheidungsträgern kaum gesehen, jedenfalls unterschätzt wird. Im regionalen Rahmen erzeugt die Internationale Organisation, wie es das Beispiel Westeuropas und der Atlantischen Gemeinschaft zeigt, befriedigende Wirkungen.

Die richtige Strategie zur Beseitigung der Systemanarchie besteht also darin, nicht Machtbalancen, sondern Internationale Organisationen zu errichten, die die Symptome nicht nur nicht verstärken, sondern deren Ursachen beseitigen. Im euro-atlantischen System bietet sich dafür die OSZE an, im pazifischen System das ASEAN Regional Forum (ARF). Im euro-atlantischen System sind die Bedingungen dafür geradezu exzellent, weil die wirtschaftlichen und politischen Entwicklungen, die die Gesellschaftswelt heraufgeführt haben, schon von sich aus die Kooperation zum beherrschenden Prozeßmuster ausgebildet haben. Sie in einer Internationalen Organisation zu institutionalisieren, wäre auch unter funktionalen Gesichtspunkten die logische Reaktion auf die gestiegenen Grade von Interdependenz und Interaktion. Um so mehr bietet es sich an, die Institutionalisierung der Kooperation als zweckmäßige Strategie für den Abbau der Systemanarchie und die Beseitigung des Sicherheitsdilemmas zu verwenden.

e) Aus den Herrschaftssystemen

Was die Gesellschaftswelt kennzeichnet, die zunehmende Emanzipation der Gesellschaften gegenüber ihren politischen Systemen, ist gleichbedeutend mit dem Prozeß der Demokratisierung. Diese Veränderung betrifft den dritten Sachbereich der Politik, den der Partizipation an der Herrschaft. Hier hat der entscheidende Prozeß stattgefunden, der zwar die Staatlichkeit nicht gesprengt, den Staat nicht überwunden (das hat die Interdependenz bewirkt), ihn aber in seiner inneren Organisation fundamental verändert hat. Die Gesellschaften verlangen verstärkt und zunehmend ihre Teilnahme an dem herrschaftlichen Prozeß der Wertzuweisung.

Dieser Prozeß ist in der Gesellschaftswelt des euro-atlantischen Raumes keineswegs abgeschlossen, im Osten schon gar nicht, im Westen auch erst zu einem guten Teil. Aber er ist in Gang, hat im Westen beachtliche Fortschritte zurückgelegt, so daß die Staaten der Atlantischen Gemeinschaft bereits als Demokratien gelten können. Er hat 1990 im Osten in solchem Umfang und solcher Intensität eingesetzt, daß der Prozeß der Demokratisierung als solcher nicht mehr in Frage steht. Er befindet sich in den Anfangsstadien, muß vielfach, vor allem in Rußland, mit Rückschlägen rechnen und ist in den asiatischen Teilen der früheren Sowjetunion vorerst noch minimal. Aber er charakterisiert schon jetzt den euro-atlantischen Raum. Die mittelosteuropäischen Staaten sind auf dem Wege, Rußland, vor allem, ist es auch.[171]

Sozusagen als Nebenprodukt hat der Prozeß der Demokratisierung die zweite große Gewaltursache – in den Augen der Liberalen Schule die größte – schon beseitigt: die autoritären Herrschaftssysteme. Es war der amerikanische Präsident Woodrow Wilson, der sich schon am Ende des Ersten Weltkriegs von der Demokratisierung aller Herrschaftssysteme den Frieden versprach. Es war nach dem Ende des Zweiten Weltkriegs die amerikanische Regierung, die mit ihrer entschiedenen Demokratisierungspolitik im Westen Deutschlands die aggressiv-offensiven Traditionen, die das Deutsche Reich seit seiner Gründung bis 1945 gekennzeichnet hatten, überwinden half und durch demokratische Strukturen ersetzte. Es war der amerikanische Präsident Jimmy Carter, der in der zweiten Hälfte der siebziger Jahre mit seiner Kampagne für die Verwirklichung der Menschenrechte diesen Sockelbestand der Demokratie global zu stärken suchte. Es war, schließlich, der amerikanische Präsident Bill Clinton, der das «enlargement» von Demokratie und Marktwirtschaft in den Mittelpunkt seiner Außenpolitik stellte. Er sah zu Recht darin die beste Sicherheitspolitik der Vereinigten Staaten. Denn Demokratien, das wußte die amerikanische Politik als Hüterin der liberalen Denktradition des Westens seit langem, sind gewaltabgeneigt.

Die Politikwissenschaft, vor allem die europäische,[172] liefert inzwischen die Nachweise. Die systematische Erforschung dieses Zusammenhangs kam in Schwung, nachdem sich die amerikanische Politikwissenschaft ihrer angenommen hatte. Das geschah in großem Stil Anfang der achtziger Jahre. Seitdem verfügen wir über einen noch immer anschwellenden Strom wissenschaftlicher Untersuchungen des Zusammenhangs zwischen Herrschaftssystem und auswärtiger Politik mit dem sich zunehmend verfestigenden Ergebnis, daß Demokratien untereinander Gewalt weder einsetzen noch androhen. Schon 1988 galt die Tatsache, daß Demokratien sich nicht wechselseitig bekämpfen, als so stabil, daß sie einem «empirischen Gesetz der internationalen Beziehungen sehr nahe» kam.[173]

An diesem Befund wird seitdem kontinuierlich gearbeitet. Differenzierungen sind nicht ausgeblieben, noch nicht alle Lücken geschlossen. Vor allem konnte die auffällige Tatsache nicht geklärt werden, warum Demokratien im Verhältnis zu Nicht-Demokratien keine geringere Gewaltneigung aufwiesen. Die Diskussion darüber wird weitergehen, aber an dem Faktum nichts mehr ändern, daß die Existenz demokratischer Herrschaftssysteme die notwendige und die wichtigste Voraussetzung für die Entstehung von Friedenszonen bildet.[174]

Der Zusammenhang zwischen der demokratischen Herrschaftsverfassung eines Staates und seinem Gewaltverzicht gegenüber anderen De-

mokratien impliziert nicht, daß autoritär verfaßte Herrschaftssysteme
ständig aggressionsbereit sind. Als nachgewiesen gilt nur, daß Demokratien untereinander keine Gewalt angewendet haben, daß ihre politischen
Normen sowohl wie die Organisation ihrer Entscheidungsprozesse sie
auf die Gewaltfreiheit bei der Bearbeitung von Konflikten mit anderen
Demokratien festlegen. Ein autoritäres Regime kann daran durchaus teil-
haben. Die Sowjetunion hat während des Kalten Krieges im Prinzip kein
anderes Verhalten an den Tag gelegt als die Vereinigten Staaten.

Und doch hat man Moskau zu Recht ein anderes Verhältnis zur Gewaltanwendung unterstellt als den USA. Da das autoritäre Herrschaftssystem gegenüber der eigenen Gesellschaft nur mit Gewalt aufrechterhalten werden kann, ist die Gewaltanwendung normativ habitualisiert.
Ihrer Anwendung nach außen stehen keine normativen Hindernisse entgegen. Im Gegenteil. Ein hoher Spannungsgrad in der internationalen
Umwelt erleichtert es dem autoritären Regime, die Unterdrückung seiner Gesellschaft mit dem Hinweis auf die äußeren Gefahren zu rechtfertigen.

Sind Demokratien von solchen Versuchungen nicht frei, so sind sie
doch nicht darauf angewiesen. Ihre Herrschaft beruht intern auf dem
Konsens der Gesellschaft, die mit dem Leistungsangebot des Politischen
Systems einverstanden ist. Die daraus resultierende normative Ablehnung
der Gewalt setzt sich im Außenverhalten fort. Wenn sich Demokratien
gegenüberstehen, wirken diese Regulative wechselseitig und erzeugen so
den «demokratischen Frieden».

Veranschaulicht wird dieser Zusammenhang wiederum durch den
Blick auf die Atlantische Gemeinschaft bzw. die Europäische Union. Gemeinsam ist allen Mitgliedern die stabile herrschaftliche Verfassung der
Demokratie. Sie haben, wie erwähnt, ihre intensive Kooperation institutionalisiert und organisiert, so daß das Sicherheitsdilemma reduziert, fast
beseitigt worden ist.

Solche Organisationen gab es aber während des Kalten Krieges auch
im Osten. Der Warschauer Pakt stellte eine ebenfalls hoch integrierte
Militärallianz dar, das COMECON eine – wenn auch sicherlich sehr viel
schwächer ausgebildete – Wirtschaftsgemeinschaft. Daß diese Organisationen zerfielen, die Staaten in die Vereinzelung zurücksanken und die
Angst vor einer militärischen Intervention Rußlands sich wieder verbreitete, hat seine strukturelle Ursache in der bis 1990 andauernden Persi-
stenz autoritär-diktatorialer und daher prinzipiell gewaltbereiter Herrschaftssysteme. Sie bildete den fundamentalen Unterschied zum Westen,
wo das demokratische Herrschaftssystem auch nach dem Ende des Ost-
West-Konflikts und des durch ihn zusätzlich erzeugten Zusammenhalts
dafür sorgte, daß die Friedenszone erhalten blieb. Schon Kant hatte die
hinreichende Ursache für die Entstehung eines solchen foedus pacificum

in der republikanischen (demokratischen) Verfassung der Herrschaftssysteme ausgemacht.

In der Erarbeitung solcher Zusammenhänge ist die Liberale Schule der Internationalen Beziehungen dem klassischen Realismus und der Realpolitik weit überlegen. Deren postklassische Varianten verschließen sich denn auch Ergebnissen liberaler Analysen nicht mehr.[175] In der Gesellschaftswelt, die per definitionem aus Demokratien besteht, tritt eine der beiden großen Verursachungen von Gewalt nicht mehr in Erscheinung. Ein größerer Unterschied zur Staatenwelt, deren Herrschaftssysteme durchweg im autoritären Spektrum angesiedelt waren, läßt sich gar nicht denken. Er hat den Kontext der Außenpolitik radikal verändert.

Ihr neues Konzept muß aber auch bedenken, daß an der internationalisierenden Politik nicht nur die Politischen Systeme, sondern auch zahlreiche gesellschaftliche Akteure beteiligt sind. Kann dem Strukturwandel, den die Gesellschaftswelt heraufgeführt hat, eine allgemein gewaltmindernde Wirkung zugeschrieben werden, so ist erst noch zu prüfen, wie sich das Auftreten so vieler neuer Akteure auf die Prozesse auswirkt. Die Demokratisierung der Herrschaftssysteme, die sich in der euro-atlantischen Region schon durchgesetzt, aber auch in der Welt sehr stark ausgebreitet hat, hat zahlreiche gesellschaftliche Akteure aus der Kontrolle der Politischen Systeme entlassen. Sie bewegen sich vornehmlich im Sachbereich der wirtschaftlichen Wohlfahrt, aber auch in dem der Sicherheit. Beide hängen sowieso eng zusammen. In das Bild der internationalisierenden Politik gehören also auch die Verteilungsprozesse, die von solchen gesellschaftlichen Akteuren mit ihrer oft beträchtlichen Macht vorgenommen werden.

In ihrer traditionellen Form, als Interessengruppen, sind sie immer schon aufgetreten und seit langem bekannt. Der britische Sozialökonom James Mill hatte schon zu Beginn des 19. Jahrhunderts auf den privilegierten Zugang einiger gesellschaftlicher Gruppen zu den Entscheidungskompetenzen des Politischen Systems hingewiesen. Dessen Wertzuweisungen bedienen dann in erster Linie die «Wenigen» und nicht die «Vielen». Die außenpolitischen Wirkungen dieses Zusammenhangs traten in der Phase des europäischen Imperialismus deutlich zutage.

Ihr Einfluß ist in der Gesellschaftswelt nicht unbedingt kleiner geworden. Die Bildung der Europäischen Wirtschaftsgemeinschaft wurde nicht zuletzt durch die identischen Interessen französischer und deutscher Bauernverbände ausgelöst; das von ihnen durchgesetzte Subventionssystem der landwirtschaftlichen Produktion belastet den europäischen Konsumenten wie den außereuropäischen Produzenten gleichermaßen. Die protektionistischen Tendenzen in der amerikanischen Außenwirtschaftspolitik sind eng mit den Interessen derjenigen Industriezweige verknüpft, die in den USA und für die USA produzieren. Trotz der Demokratisierung entziehen sich die meisten solcher Einflußprozesse der Transparenz. Auch nicht neu, aber infolge ungeheuer gesteigerter Vermehrung mit durchaus neuer Qualität ausgestattet, sind die Transnationalen Korporationen. Innerhalb eines Staates wirken sie als Interessengruppe, in der internationalen Umwelt als eigenständige Akteure. Ohne die Konkurrenz amerikanischer Ölfirmen mit denen aus Europa, Rußland und China kann der Irak-Konflikt gar nicht zureichend erklärt werden; Ölinteressen bilden den Hintergrund des Konflikts im ganzen Nahen und Mittleren Osten.

Glücklicherweise verstärken die neuen gesellschaftlichen Akteure nur in wenigen Fällen die Gewalt im internationalen System; meist sind sie auf der anderen Seite zu finden. Die Nicht-Regierungsorganisationen sind in vielen funktionalen Bereichen der internationalen Politik unentbehrliche Helfer geworden. Sie verteilen die Entwicklungshilfe in Afrika, sie leisten Politikhilfe in Rußland, ja, sie kontrollieren die Einhaltung der Bestimmungen der Chemiewaffenkonvention. Sie haben das Verbot der Antipersonenminen durchgesetzt, sie arbeiten an dem der konventionellen Kleinwaffen. NGOs bevölkern also nicht nur die Tätigkeitsfelder des Umweltschutzes und des Humanitären. Sie sind in den beiden wichtigen Sachbereichen der wirtschaftlichen Wohlfahrt und der Sicherheit unentbehrlich geworden, weil ohne ihren Sachverstand, ihre Kompetenz und Einsatzbereitschaft die funktional erforderliche weltweite Zusammenarbeit gar nicht funktionieren würde.

Schließlich müssen zu den neuen Akteuren im internationalen System auch die Bürokratien der Internationalen Organisationen gerechnet werden. Sie sind zwar von den Politischen Systemen eingerichtet worden, sind also von deren Konsens und Zustimmung abhängig. Die Mitglieder dieser Bürokratien sind nicht gewählt, aber sehr einflußreich, wie die Beispiele der Europäischen Kommission, des Generalsekretariats und des Militärausschusses der NATO zeigen. Daß sie ein Demokratiedefizit darstellen, schiebt sich erst langsam ins öffentliche Bewußtsein.

Macht und Einfluß dieser Bürokratien verstärken sich in ihrer Zusammenarbeit. Sie ist seit langem so bedeutend, daß sie als «Transgovernmental Relations» bezeichnet wird.[176] Haben die Internationalen Organisationen[177] zusammen mit den von gesellschaftlichen Akteuren unterhaltenen Regimen den kooperativen Charakter moderner internationaler Beziehungen ausgeprägt und gestärkt, so haben sie dabei auch viele Kompetenzen an sich gezogen, über die in der Staatenwelt nur die Politischen Systeme verfügten. Das internationale System ist – jedenfalls im OECD-Raum, aber tendenziell auch schon global – durch das Aufkommen der Gesellschaftswelt in seiner Komposition derartig verändert worden, daß von einer «Machtverschiebung»[178] gesprochen werden muß. Ob

die davon beeinflußten Prozesse den Anteil der Gewalt bei der Konfliktbearbeitung verstärken oder vermindern werden, bleibt abzuwarten.
Der Begriff der internationalisierenden Politik kann also, so zeigt sich
erneut, in einem Doppelsinn verwendet werden. Auf der einen Seite
beschreibt er die Verschmelzung des gesellschaftlichen Umfeldes eines
Politischen Systems mit seiner internationalen Umwelt, deutet er darauf
hin, daß die herkömmlichen Begriffe von «Außenpolitik» und «Innenpolitik» nur unterschiedliche Kontexte der Wertzuweisung bezeichnen,
die einmal durch Macht und Herrschaft, zum anderen nur durch Macht
erfolgt.

Gleichzeitig fällt von dem Begriff der internationalisierenden Politik
auch Licht auf die Tatsache, daß das internationale System zunehmend
von gesellschaftlichen Akteuren der verschiedensten Qualität besiedelt
wird. Die traditionellen Akteure, die Angehörigen der Politischen Systeme, haben erhebliche Konkurrenz bekommen. Die gesellschaftlichen
Akteure verfügen über enorme Machtpotentiale, vor allem im ökonomischen Bereich. Die wirtschaftlichen Sanktionen, mit denen amerikanische Präsidenten allzu gern widerborstige fremde Regierungen bestrafen wollen, scheiterten an den Interessen der amerikanischen Stahl-
industrie (beim sogenannten Röhren-Embargo 1982) und an denen der
amerikanischen Landwirtschaft, deren Exporte – 1980 in die Sowjetunion, 1998 nach Pakistan – von den Sanktionen ausgenommen werden
mußten.

Die Rüstungsindustrie ist in allen Staaten ein traditionell agiler Akteur,
dessen Suche nach Exportmärkten sich infolge der nach dem Ende des
Ost-West-Konflikts eingetretenen Absatzflaute erheblich verstärkt hat.
Entsprechend groß sind die Wirkungen im Sachbereich der Sicherheit.
Der UN-Generalsekretär Kofi Annan hat 1998 gerade der europäischen
Industrie vorgeworfen, mit ihren Waffenexporten nach Serbien und in
den Kosovo den Bürgerkrieg dort angeheizt zu haben.

Die von den großen gesellschaftlichen Akteuren betriebenen Prozesse
wirken auch direkt gewaltmindernd. Auf die das Weltwährungssystem
stabilisierende Tätigkeit der internationalen Banken wurde oben schon
hingewiesen. Den großen Ölfirmen ist es zu verdanken, daß die Ölkrisen
der siebziger Jahre gelöst wurden.[179] In welcher Weise die von den gesellschaftlichen Akteuren unterhaltenen Prozesse die Sicherheit stärken
oder schwächen, muß also je im Einzelfall untersucht werden. Entscheidend ist, daß die internationale Politik dermaßen internationalisiert worden ist, daß sie nicht nur ihren Anblick, sondern auch ihre Qualität als
Operationsfeld der «Außenpolitik» geändert hat. Die Gesellschaftswelt
hat nicht nur die Strukturen verändert, die das internationale System
kennzeichnen, sie hat auch die Zahl der Akteure und damit die der
Prozesse vermehrt, die das internationale System ausmachen.

Natürlich sind die Regierungen der Staaten heute so wichtig und so aktiv wie ehedem; gerade im Sachbereich der Sicherheit spielen sie nach wie vor die dominante Rolle. Aber sie besitzen auch in diesem Sachbereich nicht mehr das Monopol, über das sie einst verfügten. Im Sachbereich der wirtschaftlichen Wohlfahrt finden sie sich eher an der Peripherie der Prozeßabläufe. In beiden Bereichen der Politik sind sie auf die Kooperation der gesellschaftlichen Akteure, ihre Organisationen und Regime angewiesen; in manchen Fällen sind sie sogar davon abhängig. Das internationale System der Postmoderne weist also nicht nur einen Strukturwandel auf, den die Gesellschaftswelt hervorgebracht hat. Es treten mannigfach neue Akteure auf; die von ihnen unterhaltenen Prozesse lassen sich nicht mehr ohne weiteres von den Politischen Systemen kontrollieren.

f) Macht braucht kaum Gewalt

Davon wird auch das klassische Instrumentarium der Außenpolitik betroffen, die Macht. Machtpolitik in der Gesellschaftswelt ist nicht mehr identisch mit der in der Staatenwelt. Ihr Stellenwert hat sich nicht verändert: Macht bleibt das Medium aller Politik. Wer sie besitzt, kann seine Ziele erreichen. Der klassische Begriff Max Webers verstand unter Macht bekanntlich die Fähigkeit, seinen Willen gegen Widerstand durchzusetzen. Der Unterton der Gewalt, des Aggressiven, ist deutlich zu hören. Er schwingt auch mit, wenn Karl W. Deutsch Macht als die Fähigkeit bezeichnet, sich nicht anpassen zu müssen, sondern die Anpassung ausschließlich der Umwelt zuzuweisen.

Sehr viel neutraler demgegenüber ist die heute meist benutzte Bestimmung von Robert Dahl.[180] Macht besteht nach seiner Definition darin, einen Akteur zu einer Handlung zu veranlassen, die er sonst nicht unternommen haben würde. In diesem Begriff bleibt das Charakteristikum der Macht erhalten, die Überlegenheit, die den eigenen Interessen nutzt. Aber der Begriff ist viel brauchbarer, weil er offen läßt, auf welche Weise sich diese Überlegenheit durchsetzt. Er erlaubt die entscheidende Frage nach der Fungibilität der eingesetzten Mittel und Instrumente.

Deutschs Auslegung beispielsweise würde heute nur auf die USA zutreffen. Sie sind eine Supermacht, die sich selbst genug und in der Lage ist, die Anpassung ihrer Umwelt zu überlassen. In der Tat erliegt Washington immer wieder der Versuchung des Unilateralismus, etwa mit den nach Helms-Burton und D'Amato benannten Gesetzen, die die Verbündeten der USA zu Sanktionen gegenüber Kuba, Iran und Libyen zwingen wollten. Aber es gelang nicht, weil die Verbündeten die Anpassung ablehnten und dazu auch in der Lage waren.

Gleichzeitig ist damit auch Webers Machtbegriff entwertet worden. Gegen den Widerstand ihrer Alliierten konnten sich die USA nicht durchsetzen. In anderen Fällen gelang es ihnen, etwa 1963, als die Bundesrepublik partout den Atomteststopp-Vertrag nicht unterschreiben wollte, weil darin eine Quasi-Anerkennung der DDR lag. Es gelang ihnen mit den Gewalteinsätzen in Grenada und Panama, war aber zuvor in Vietnam gründlich mißlungen. Die Sowjets scheiterten in Afghanistan ähnlich. Wenn selbst kleine Entwicklungsländer heute soviel Widerstand aufbringen können, daß sogar der Gewalteinsatz einer Supermacht nicht ausreicht, um ihren Willen durchzusetzen, dann hat sich auch dieser Machtbegriff wegen der darin enthaltenen Wahl der Mittel unter den modernen Bedingungen überholt.

Wer seine Umwelt veranlassen will, etwas zu tun, was sie sonst nicht tun würde, muß sie akzeptieren und nicht negieren, darf nur im Notfall ihren Widerstand heraufbeschwören, muß in der Regel ihre Kooperation auslösen. Analytisch gesehen nähert sich der Machteinsatz in der internationalisierenden Politik der Gesellschaftswelt den Modalitäten an, die in der Innenpolitik der Staaten geläufig ist. Die Kunst der Machtpolitik besteht hier darin, ihre Ziele durchzusetzen und den Konsens der davon Betroffenen aufrechtzuerhalten. Nur bei extremen Regelverstößen und nur durch das Politische System kann Gewalt, als Herrschaft, eingesetzt werden. In Deutschland verfolgen die einzelnen Bundesländer ihre eigenen Interessen und versuchen, sie sowohl gegenüber dem Bund wie gegenüber den anderen Ländern mit Macht durchzusetzen.

An diesem Muster orientiert sich der Machtbegriff in der Gesellschaftswelt. Sie hat kein überstaatliches Herrschaftssystem, weist aber zwischen den Staaten Grade von Interaktion und Interdependenz auf, die denen ähneln, die im Innern eines Nationalstaates herrschen. Wer, beispielsweise, in der Europäischen Union «deutsche» Interessen durchsetzen will, muß eine ähnliche Machtpolitik betreiben wie die Länder in der Bundesrepublik. Es ist also gar nicht so abwegig, wenn die Bundespräsidenten von Weizsäcker und Herzog von der «Weltinnenpolitik» sprechen.

Freilich ist die notwendige Bedingung, eine stark ausgeprägte Interdependenz, weltweit nicht gegeben. Je schwächer sie wird, desto «außenpolitischer» wird die Außenpolitik, desto größer die Versuchung und die Möglichkeit, nur das eigene Interesse zu verfolgen, das des Adressaten zu vernachlässigen und dem im Machtbegriff auch enthaltenen Zwangselement mehr Platz einzuräumen. Es charakterisierte den Boykott gegenüber Libyen und dem Iran wie den Einsatz militärischer Gewalt im Irak.

In dem häufig verwendeten Begriff des «Schurkenstaates» spiegelt sich die psychische Distanzierung und die Bereitschaft wieder, ein gewünschtes Verhalten notfalls mit Gewalt zu erzwingen. 1999 hat die NATO militärische Gewalt gegen den jugoslawischen Präsidenten Slobodan Milosevic eingesetzt, weil er sich der vom Westen vorgeschriebenen Stationierung einer NATO-Truppe ohne UN-Mandat widersetzte.

Diese Politik übersah, daß das entscheidende Charakteristikum der Gesellschaftswelt in der erhöhten und zunehmenden Mitbestimmung der Gesellschaft an den Entscheidungen der Regierung liegt. Milosevic war gewiß ein Diktator; er war aber in seiner Kosovo-Politik auch ein Exponent der serbischen Gesellschaft, ebenso wie Rugova und Demaci, die beide Fraktionen der Kosovaren repräsentierten. Gesellschaftliche Zustimmung läßt sich nicht herbeibomben, nur herbeiführen. Luftangriffe können Staatschefs ums Leben bringen; in Libyen ist es versucht, im Irak erhofft worden. Aber die Zustimmung der Libyer und der Iraker wurde damit nicht erzielt.

Insofern ist der Machtbegriff Dahls der Gesellschaftswelt sehr viel angemessener als der Max Webers. Er erhält den Kern, die Überlegenheit, reduziert sie aber nicht auf militärische Gewalt. Nichts ist falscher als die These des zeitgenössischen amerikanischen Realisten John Mearsheimer, daß «ein Staat um so sicherer ist, je größer seine militärische Überlegenheit über andere Staaten ist».[181] Seine Sicherheit hängt unter den Bedingungen der Gesellschaftswelt davon ab, daß er von seinen Nachbarn akzeptiert, von ihnen nicht bedroht wird.

g) Die drei Formen der Macht

Wenn Macht in der Gesellschaftswelt bedeutet, andere Akteure dazu zu veranlassen, etwas zu tun, was sie sonst nicht getan haben würden, dann stehen dazu drei Möglichkeiten zur Verfügung. Man kann das Verhalten der Akteure direkt beeinflussen oder das Ergebnis ihrer Interaktion zu kontrollieren versuchen. Man kann schließlich die Strukturen des internationalen Systems so organisieren, daß sowohl die Interaktionen wie die Aktionen im gewünschten Sinne verlaufen.

Die direkte Einwirkung auf einen Akteur, die «Beziehungsmacht» oder «relational power»,[182] ist der einfachste und häufigste Fall der Anwendung von Macht. Wenn von Machtpolitik gesprochen wird, ist in der Regel diese Beziehungsmacht gemeint. Oft genug wendet sie Gewalt an oder droht damit (power projection). Die Bundesrepublik hatte sie eingesetzt, um im Zeichen der Hallstein-Doktrin die Dritte Welt davon abzuhalten, die DDR anzuerkennen. Die USA nahmen jahrelang Einfluß in Paris oder Bonn, um beide von einer Vertiefung ihrer Zusammenarbeit abzuhalten. In Panama, Dezember 1989, gegen den Irak, seit Dezember 1998, und gegen Serbien setzte Washington zugunsten dieses Machtanspruchs militärische Gewalt ein. Beziehungsmacht ist der Normalfall außenpolitischer, diplomatischer Routine. In der Staatenwelt gab es gar nichts anderes. Macht war immer nur Beziehungsmacht, die oft genug mit Gewalt durchgesetzt wurde. Beziehungsmacht ist auch in der Gesellschaftswelt das tägliche Brot von Diplomatie und Politik. Sie nimmt Einfluß, um Vorteile zu erringen und Nachteile zu vermeiden. Das ist bei den Myriaden täglich ablaufender Interaktionen ein aufwendiges und mühsames Geschäft.

Sehr viel effizienter ist daher die aus der Interdependenz sich ergebende Möglichkeit, nicht einzelne Handlungen zu beeinflussen, sondern ihre Ergebnisse. Macht wird dann ausgeübt als «shared control over mutually consequential events».[183] Diese gemeinsame Steuerung aufeinander folgender und wechselseitig abhängiger Prozesse ist das Kennzeichen von Governance.[184] Neue Prozesse verlangen und erzeugen auch eine neue Begrifflichkeit. Governance schafft einen gemeinsamen Rahmen, der die Situationsdefinitionen harmonisiert und die Richtung vorgibt, in der die Konflikte kanalisiert und bearbeitet werden. Beides entspricht den Interessen dessen, der über die Macht zu solcher Governance verfügt. Joseph S. Nye[185] hat für diesen neuen Typus der Macht eine weitere neue Bezeichnung gefunden: «soft power». Sie ist sehr anschaulich, darf aber nicht mißverstanden werden. «Sanfte Macht» erzeugt knallharte Ergebnisse.

Auch wenn die Kontrolle über Ergebnisse nicht immer erfolgreich ist, bleibt sie das Qualitätsmerkmal entwickelter Machtpolitik in der Gesellschaftswelt. Hier laufen buchstäblich unzählige Interaktionen zwischen den Politischen Systemen, den gesellschaftlichen Akteuren und vice versa ab. Zahlreiche Nicht-Regierungsorganisationen mischen sich in den Ablauf der internationalen Politik ein. Zwischenstaatliche Organisationen verschiedensten Kooperationsgrades, deren Bürokratien sich verselbständigt haben, unterhalten ihre eigenen Handlungszusammenhänge, oft genug in Konkurrenz zu den Regierungen. Diese die Interdependenz erzeugenden und vertiefenden Prozesse lassen sich ausnutzen, miteinander in Beziehung setzen. Dadurch entsteht «Delta-Interdependenz» (Knapp), die Aufrechnung verschiedener Interdependenzen zugunsten der Steigerung von Macht.

Die USA waren und sind ein Meister darin. In den siebziger Jahren benutzten sie ihre atomare Schutzfunktion, um den Westeuropäern außenhandelspolitische Konzessionen abzuhandeln. Die G 8, die Gruppe der sieben führenden Industriestaaten plus Rußland, gibt einen Paradefall von Governance ab. Sie arbeitet informell, aber sehr effektiv an der Steuerung der Weltwirtschaft, viel wirksamer, als es die sieben Mitglieder einzeln tun könnten. Die multilaterale Ergebniskontrolle ist dem Unilateralismus weit voraus, auch dem der Supermacht USA. Ein Herrschaftsanspruch der Vereinten Nationen oder ihres Sicherheitsrates verbietet sich sowieso von selbst. Der gesellschaftliche Konsens ist weder global noch intensiv genug, um auch nur eine Art Quasi-Weltregierung zu tolerieren und zu tragen. Governance ist sehr viel flexibler, anpassungsfähiger und deswegen erfolgreicher. Sie paßt sich den Regionen und Subregionen an, indem sie die dort existierenden, staaten-übergreifenden Zusammenschlüsse nochmals zusammenführt. Governance beruht ausschließlich auf dem Konsens. Aber gerade darin zeigt sich, daß Macht derjenige hat, der diesen Konsens über die Regelung der funktionalen Probleme herbeiführen und in seinem Sinne ausrichten kann.[186] In der Beherrschung von Governance manifestiert sich die postmoderne Macht schlechthin. Nur sie ist imstande, die «wachsende Relevanz und das Ausmaß der Kontrollmechanismen wieder in den Griff zu bekommen, das sich aus den Nationalstaaten hinaus in die transnationalen und subnationalen Regelungssysteme verlagert und die außenpolitische Macht der Staaten entsprechend reduziert hat».[187]

Die höchste, entwickelteste, aber wohl auch zukunftsreichste Form der Machtausübung ist die dritte. «Meta-Power» oder «Strukturelle Macht»[188] besitzt derjenige, der in der Lage ist, die ablaufenden Interaktionen über Zeit so zu steuern, daß die daraus erwachsenden Strukturen seinen Zielen dienen. Ein Beispiel für die höchst erfolgreiche Anwendung solcher Meta-Macht bildet der Marshallplan, mit dem die USA seit 1947 die Demokratie und die liberale Marktwirtschaft in Westeuropa festigten und stärkten. Beide sorgten dafür, daß in Westeuropa Herrschaftsordnungen entstanden, die ein friedliches und kooperatives Verhältnis zu den USA geradezu garantierten. Selbst wenn die USA auf den Einsatz von Beziehungsmacht und Governance gegenüber Westeuropa verzichten würden, bliebe diese für ihre Interessen so wichtige Verbindung intakt. Sie wurzelt in den herrschaftlichen und wirtschaftlichen Strukturen, die die USA mit dem ERP-Programm gelegt und gekräftigt haben.

Deswegen wird die Atlantische Gemeinschaft andauern, auch wenn die fortschreitende Einigung Europas es dem Politischen System der USA zunehmend schwerer machen wird, Beziehungsmacht in Europa auszuüben. Sie kommt ohnehin in erster Linie dem Politischen System beziehungsweise den privilegierten Interessengruppen zugute. Die Struktur des amerikanisch-westeuropäischen Verhältnisses wird von einer solchen Entwicklung nicht berührt. Westeuropa wird immer der Partner der USA bleiben.

Treten mit der Beziehungsmacht die Interessen des Politischen Systems und der Interessengruppen zurück, so kommen um so stärker diejenigen der Gesellschaft zum Vorschein. Das gilt hüben wie drüben.

Auf beiden Seiten können und werden die Gesellschaften davon profitieren, wenn die Machtinteressen der Regierungen wechselseitig schwächer werden. Die Demokratisierung erhält hier wie dort weiteren Ent-
faltungsraum. Die Interaktionen der gesellschaftlichen Akteure können –
und werden – zunehmen, so daß sich gerade auch in der Atlantischen
Gemeinschaft innenpolitikähnliche Zustände einstellen und vertiefen
werden. Die Anwendung Struktureller Macht, der Meta-Macht, ist daher
die beste und erfolgversprechendste politische Strategie in der Gesellschaftswelt.

Sie war über Jahrhunderte hin nicht gefragt, weil die Herrschaftssysteme identisch und die Gesellschaften unterdrückt waren. Auch Governance war in der Zeit isolierter Nationalstaaten kein Thema. Vorherrschend war die Beziehungsmacht, die Durchsetzung des eigenen Willens
gegen Widerstand. Er ließ sich vor allem mit Gewalt brechen. In vielen
Fällen reichte es aus, den Gegner einzuschüchtern oder ihm seine Kompromißbereitschaft abzukaufen. Aber Krieg und Gewalt blieben die
wichtigsten Quellen der Macht – und die Lust der Könige und des Adels
zugleich.[189]

In der Gesellschaftswelt, in der die gesellschaftliche Zustimmung zu
einer Politik die Erfolgsvoraussetzung enthält, sind die Ergebniskontrolle
durch Governance und die Fähigkeit zur Strukturbildung die eigentlich
erfolgreichen Machtmittel.

h) Die Quellen

Governance und Meta-Macht entstammen ganz anderen Fähigkeiten
und Eigenschaften als die, die der Kabinettspolitik des alten europäischen
Staatensystems zugrunde lagen. Um so mehr verwundert es, daß auch in
der gegenwärtigen Diskussion die alten Machtkataloge noch immer Verwendung finden. Im 18. Jahrhundert galten als Quelle außenpolitischer
Macht die Bevölkerung, die geographische Lage, der nach industrieller
Produktion, nach Handel und nach Finanzwesen differenzierte Reichtum
eines Staates, sein Nationalcharakter und seine Stellung im Staatensy-
stem.[190] Dazu kam natürlich ein starkes Militär.

Neuere Machtkataloge gibt es interessanterweise nicht. Die meisten
Autoren verzichten darauf zu erläutern, «was genau als maßgebende staat-
liche Machtressourcen zu betrachten» ist.[191] Selbst die Realisten und
Neorealisten denken nicht darüber nach, woher die Macht stammt, deren
Apologetik sie doch betreiben.

Wenn Machtkataloge erwähnt werden, wie bei Morgenthau und bei
Waltz, dann sind es die vertrauten alten.[192] Sie sind ebenso plausibel wie
irrelevant. Natürlich kann auf einem Territorium wie dem der Schweiz
keine militärische Supermacht errichtet werden. Aber genauso richtig –

und sehr viel wichtiger – ist, daß das riesige Territorium Rußland, das außerdem mit Bodenschätzen reich gesegnet ist, keine zureichende Grundlage für die Entstehung einer Supermacht gebildet hat. Daß die Sowjetunion während der letzten beiden Jahrzehnte des Kalten Krieges als Supermacht verstanden und dargestellt wurde, ist nur auf die veralteten Maßstäbe zurückzuführen, die an das Verständnis einer Supermacht angelegt wurden.

Unbestritten zählt auch in der Gesellschaftswelt ein militärisches Gewaltpotential zu den Machtquellen. Wer die Welt atomar oder mit konventionellen Waffen in Schutt und Asche legen kann, ist mächtig. Aber was kann er mit einer solchen Machtquelle politisch anfangen? Er kann sich verteidigen, kann potentielle Aggressoren frühzeitig abschrecken. Auf die Idee, die hochgerüsteten USA militärisch anzugreifen, kommt niemand so leicht; es wäre aberwitzig. Vergleichbares gilt für die NATO-Staaten. Sie sind nach dem Untergang des Warschauer Paktes praktisch unangreifbar geworden. Sie würden es auch bleiben, wenn sie erheblich weiter abrüsteten. Die euro-atlantische Welt befindet sich im Frieden. Ein militärischer Verteidigungskern, auf dem neuesten Rüstungsstand gehalten und aufwuchsfähig, reichte aus. Kluge Macht wird ihn behalten.

Schnelle Eingreiftruppen können Bürger retten, die in der Fremde in Bedrängnis geraten sind. Sie können Verkehrswege und lebenswichtige Rohstoffquellen beschützen, sollten diese militärisch bedroht werden (was allerdings kaum passieren dürfte). Sie sollten im Bedarfsfall dem Sicherheitsrat der Vereinten Nationen für Aktionen unter Kapitel VII der Charta der Vereinten Nationen zur Verfügung stehen. Analog zu den Gewaltmitteln legitimer Herrschaft innerhalb eines Staates sollte der Sicherheitsrat in der Lage sein, gegen einen Aggressor, wie seinerzeit den Irak, Gewalt einzusetzen. Ebenso verlangt die Friedenssicherung modernen Typs den Einsatz von Streitkräften, damit die getroffenen Vereinbarungen abgesichert werden können.

Diesen Aufgaben ist gemeinsam, daß sie zwar Übergriffe verhindern, beziehungsweise rückgängig machen, aber keine Politik gestalten können. Gewalt ist nicht mehr, wie bei Clausewitz vor 170 Jahren, ein anderes Mittel der Politik. Dieses Mittel ist nicht nur verboten. Im Artikel 2, Abs. 4 der Charta der Vereinten Nationen verpflichten sich die Staaten, Gewalt nur zur Verteidigung, nicht aber zu politischen Zwecken einzusetzen. Das war 1945 erst eine Norm, der immerhin 200 Jahre politischer Erfahrungen zugrunde lagen. Churchill und Roosevelt, die diese Norm durchsetzten, waren keine naiven Utopisten gewesen, sondern ganz hartgesottene Realisten, die allerdings denken konnten. Wer die Welt ändern wollte, mußte der Macht die Gewalt verbieten. Nicht mehr und nicht weniger.

Die Gesellschaftswelt hat der Norm den Nutzen hinzugesellt. Gewalt wird politisch nur noch wirksam, wenn sie auch akzeptiert wird. Deswegen war die Vertreibung des Irak aus Kuwait so erfolgreich. Die arabische Welt verurteilte die irakische Aggression und der Sicherheitsrat reflektierte den Konsens der Weltöffentlichkeit. Den amerikanisch-britischen Luftangriffen auf den Irak 1998 fehlte diese regionale und globale Legitimation. Sie richteten Schaden an, ohne Zweifel. Politisch blieben sie erfolglos. Weil ihnen ein legitimes Mandat durch die Völkergemeinschaft fehlte, wurden sie nicht nur von Saddam Hussein, sondern in der gesamten arabischen Welt als Akt imperialer Willkür angesehen. Solche Kanonenbootdiplomatie konnte die Potentaten der Staatenwelt einschüchtern; in der Gesellschaftswelt bringt sie nur die Gesellschaft gegen sich auf.

Deswegen täuscht sich die NATO, wenn sie unter Washingtons Führung immer mehr meint, auf die Mandatierung ihres Einsatzes durch UN oder OSZE verzichten zu können. In Serbien mußte ja nicht Slobodan Milosevic, sondern müssen die Serben und die Kosovo-Albaner überzeugt werden. Das vermag vielleicht der Konsens der Region oder der Welt, aber nicht der NATO-Rat. Er repräsentiert eine kollektive Verteidigungsorganisation, keine der kollektiven Sicherheit. Die NATO gilt als Partei, und zu Recht. Warum hat sie keine Bomben auf London, Paris und Ankara geworfen, um den Nordiren, den Korsen und den Kurden zu ihrem Recht zu verhelfen, warum nur auf Belgrad wegen des Kosovo?

Wer heute Gewalt einsetzen will, um Macht auszuüben, ist um so mehr darauf angewiesen, den Konsens der betroffenen Gesellschaft dafür zu erhalten. Die USA haben in Vietnam, die Russen in Afghanistan schrecklich dafür bezahlt, diese Erfolgsbedingung übersehen, in der Gesellschaftswelt die Strategie der Staatenwelt angewendet zu haben. Mußte ausgerechnet die NATO den Fehler wiederholen?

Richtig ist, daß der amerikanische Truppenaufmarsch im Persischen Golf im Februar 1998 und der der NATO rund um Jugoslawien im Oktober 1998 dazu beigetragen hatten, die Diktatoren in Bagdad und Belgrad zum Einlenken zu bewegen. Gewalt in Szene zu setzen, kann auch in der Gesellschaftswelt politisch nützlich sein. Sie bezeugt Aktivität und Führung der eigenen Gesellschaft gegenüber und erleichtert es dem Adressaten, sein Nachgeben vor seiner Gesellschaft zu rechtfertigen. Aus dem gleichen Grund werden bei Tarifauseinandersetzungen Streiks oder Aussperrungen angedroht, wird der Kompromiß immer erst in allerletzter Minute erzielt. Je größer die Gefährdung hingestellt werden kann, desto leichter kann die Konzession der jeweils eigenen Öffentlichkeit schmackhaft gemacht werden. Nur sind solche Inszenierungen in der internationalen Politik ungleich gefährlicher. Sie können zu

Handlungszwängen führen, die die Inszenierung zur Tragödie werden lassen.

Präsident Bill Clinton hat die Gewalt als moderne Machtquelle sehr früh sehr richtig dahin beschrieben, daß man über die Gewaltmittel verfügen können muß, sich aber nicht dazu verleiten lassen darf, sie auch einsetzen zu müssen. Sie können die Diplomatie unterstützen, aber sie ersetzen sie nicht.

Wer in der Gesellschaftswelt Macht ausüben, Akteure oder Ergebnisse kontrollieren und Strukturen aufbauen will, kann sich also nicht auf seine militärischen Gewaltpotentiale allein verlassen. Er muß kluge Politik treiben, über eine hochentwickelte Wirtschaft verfügen, die Spitzentechnologie einsetzen kann. Er muß anpassungsbereit und innovationsfähig sein, um die Interdependenz managen zu können. Dazu muß er vor allem vorzüglich informiert sein; Vorsprünge auf diesem Gebiet sind eine neue, sehr große Machtquelle.[193] Sie bieten die Fähigkeit, kommende Problemlagen rechtzeitig zu erkennen und Lösungen vorzubereiten, die dann als Ergebniskontrolle wirken.

«Gouverner c'est prévoir», dieser alte Leitspruch der Regierungskunst, bekommt in der Gesellschaftswelt eine ganz neue Bedeutung. Wer besser und schneller informiert ist, wer vor allem diese Informationen richtig verarbeiten kann, ist in der Lage, die Problemfiguren der Zukunft zu erkennen und seine Partner dazu zu bewegen, sie in einer ganz bestimmten Weise zu interpretieren und zu behandeln. Daraus entsteht eine bedeutende Machtposition. Sie kann vorgeben, was die anderen Partner als ihre «Nationalinteressen» jeweils verstehen werden, sie kann sogar das Selbstverständnis dieser Gesellschaften beeinflussen.[194] Der Export von Ideologien und Staatstheorien kann auf diese Weise zur Machtquelle par excellence werden.

Auch das zeigen die Erfahrungen von 1948. Die Verknüpfung der Marshallplan-Hilfe mit dem Demokratisierungsgebot an die Westeuropäer hatte zunächst die Wirkung dieser Wirtschaftshilfe verbessert. In der Tat können nur die freie Marktwirtschaft und das dazugehörige Herrschaftssystem der Demokratie optimale Wohlstandsbedingungen erzeugen.

Zusätzlich beschafften die USA sich damit einen machtpolitischen Vorteil. Der Marshallplan stärkte auch den Führungseinfluß der USA. Der «American Way of Life» prägte die Entwicklung der westeuropäischen Demokratien. Der große Aufwand, den die Vereinigten Staaten mit ihren Amerikahäusern, der «Stimme Amerikas» und mit ihren Austauschprogrammen trieben, trug dazu bei, daß sich die europäischen Institutionen nach den amerikanischen Vorbildern ausrichteten. Führende amerikanische Politiker und Diplomaten bereisen unentwegt die Hauptstädte ihrer Partner. Sie verbreiten dort die in Washington erzeugten Weltbilder und schaffen damit ein so dichtes Meinungsklima, daß alternative Lagebeurteilungen sich nur schwer durchsetzen können. Die CIA hat einst sogar die Künstler und Schriftsteller in den Vereinigten Staaten finanziell unterstützt, damit sie ihre Werke in der europäischen Umwelt besser vermarkten konnten.[195]

i) Machtpolitik heute

Angesichts dieser Realität einer neuen Machtpolitik das Wort zu reden, wie es einige Historiker tun,[196] oder den Begriff der «nationalen Interessen» zu restaurieren,[197] ist schlicht zu einfach. Es ist auch tautologisch. Macht ist das Medium der Politik; wer es eigens betont, leistet dem alten Mißbrauch Vorschub, im Mittel schon das Ziel selbst zu sehen – Max Weber läßt grüßen, und das Instrument des Militärs auch. Von Struktureller Macht oder Governance, den beiden besonders modernen und erfolgreichen Formen der Macht, ist in dem alten Wort von der «Machtpolitik» nichts zu erkennen.

Was kann man mit dem Begriff der «nationalen Interessen» im euroatlantischen Bereich anfangen, in dem der Staat längst «denationalisiert»[198] worden, die «Außenpolitik» zur internationalisierenden Politik geworden ist? Denn es gibt die gute alte «Außenpolitik» nicht mehr, die von der Hauptstadt ausgeht und irgendwo ankommt, sondern es gibt die internationalisierende Politik, die von denselben politischen und gesellschaftlichen Akteuren, die auch in der sogenannten Innenpolitik tätig sind, in der internationalen Umwelt betrieben wird und sich dabei ausschließlich der Macht bedient. Die davon betroffene Umwelt muß, weil sie Teil der in Deutschland getroffenen Entscheidungen geworden ist, konzeptuell mitbedacht werden. Das Wort vom «Nationalinteresse» ist, das hat sich bis in die große Politik herumgesprochen, nur noch ein «Unwort». Der zutreffende Begriff lautet: «Das gemeinsame Interesse der Union».[199]

Von «deutscher Außenpolitik» sollte aber auch deswegen nicht gesprochen werden, weil sie nicht von «Deutschland», sondern von der jeweiligen Regierung, der Bürokratie oder einzelnen gesellschaftlichen Akteuren beschrieben wird, für eine bestimmte Klientel. Dient sie wirklich allgemeinen Zielen wie dem Frieden oder dem Wohlstand, dann kann sie weder von Deutschland aus allein betrieben werden, noch kommt sie den Deutschen allein zugute. Die gesamte Europäische Union profitiert davon, ebenso die Umwelt dieser EU.

Eine Fachdiskussion sollte also aufhören damit, durch die Weiterverwendung eines gegenstandslos gewordenen Vokabulars den Kunstnebel noch zu verdichten, der ohnehin diese «Außenpolitik» umwabert. Mit dem Glossar der «Nationalen Sicherheit», der «vitalen Interessen» oder der «Staatsräson» werden lediglich Gruppeninteressen gefördert.

Eine der Demokratie angemessene, die vorfindbare Wirklichkeit widerspiegelnde Sprache wird statt dessen dann von Gesamtinteressen sprechen, wenn sie allen Deutschen, aber auch allen Bürgern aller EU-Staaten zugute kommen und auch denen in der Umwelt nützen, die von der Verwirklichung dieser Interessen betroffen werden. Diese Interessen lassen sich benennen: Sicherheit, Wohlstand, Partizipation an der Herrschaft. So müssen Strukturen angelegt und verankert werden, die mit Meta-Macht hergestellt werden können. Das kann die Bundesrepublik nicht allein, sondern nur als Mitglied der EU und als Teil der Atlantischen Gemeinschaft. In diesen Rollen aber kann sie sehr viel aktiver, vor allem auch viel innovativer werden. Die westliche Politik folgt noch immer den Spurrillen, die sich während des Kalten Krieges gebildet hatten.

Bis es die Strukturen geben wird, vor allem außerhalb der euro-atlantischen Welt, müssen die politischen Prozesse so gesteuert werden, daß die Gewalt eingedämmt wird. Vorbeugung lautet die Herausforderung an die Konzeptualisierung der «Außenpolitik», also an die traditionellen Verfahren der Machtanwendung («Beziehungsmacht») oder die modernen Verfahren der multilateral bewirkten Ergebniskontrolle («governance»). Wie läßt sich verhindern, daß neue große Weltkonflikte entstehen? Der Ost-West-Konflikt ging 1990 zu Ende. Die seitdem verstrichenen zehn Jahre sind keine Garantie dafür, daß ein solcher großer Konflikt nicht mehr wiederkommt, sei es global oder regional. Eine Pause ist noch kein verläßliches Ende. Und wenn die Pause nicht genutzt wird, um mit richtigen, das heißt der Wirklichkeit angepaßten Strategien dafür zu sorgen, daß die organisierte militärische Gewaltanwendung, der Krieg, nicht wiederkommt, könnte er wiederkehren.

Das soll nicht sein, es muß auch nicht sein. Die Gesellschaftswelt mit ihren demokratisch verfaßten Wohlstandsgesellschaften ermöglicht – und verlangt – eine ganz andere «Außenpolitik» als die alte, gewohnte. Sie braucht ein neues Paradigma.

Wünschenswert wäre der parallele Entwurf einer neuen «Außenwirtschaftspolitik». Die Gesellschaftswelt ist vor allem eine Wirtschaftswelt; die weltwirtschaftliche Krise der neunziger Jahre hat bedrohlich gezeigt, wie schrankenlos die Gewinnmaximierung gesellschaftlicher Akteure und die Dereguliersucht der Politischen Systeme nicht nur die Wohlstandsinteressen vieler Staaten beschädigen, sondern auch ihre gesellschaftliche Sicherheit destabilisieren können.

Auf diese überaus wichtigen Zusammenhänge können hier nur Seitenblicke geworfen werden. Die folgenden vier Kapitel beschäftigen sich mit der Frage, welche der drei Machtformen wie eingesetzt werden können, um in Euro-Atlantik (und skizzenhaft auch darüber hinaus) das Hauptziel jeder Gesellschaft, ihre Sicherheit, zu verwirklichen.

II.

Strukturen verändern

Vom Erfolg her gesehen, ist Meta-Macht die bedeutendste Form der Macht. Sie verändert Strukturen, erzeugt Bedingungen, die allen zukünftigen Prozessen die gewünschte Richtung geben. Deren Einzelsteuerung kann dann der Beziehungsmacht oder der Governance überlassen bleiben; sie kann auch, wenn es keinen Bedarf gibt, ganz entfallen. Denn die durch den Einsatz von Meta-Macht erzeugte Struktur garantiert, daß – wie immer die Einzelprozesse verlaufen – sie im Gesamtinteresse desjenigen liegen werden, der durch den Einsatz dieser Macht die Voraussetzung dafür geschaffen hat.

Meta-Macht einzusetzen, empfiehlt sich also gerade in der Sicherheitspolitik, weil die drei wichtigsten Gewaltursachen in einem internationalen System strukturelle Ursachen haben. Was dem Betrachter als Prozeß entgegentritt, etwa die Aggressivität eines Diktators oder der sich ohne erkennbaren Grund entwickelnde Rüstungswettlauf, hat seine eigentlichen Ursachen ganz woanders, nämlich in der Struktur. Im ersten Fall ist es das autokratisch-diktatoriale Herrschaftssystem, das, weil es auf Gewalt beruht, immer auch Gewalt nach außen anwendet. Im zweiten Fall zwingt die Anarchie eines internationalen Systems seine Mitglieder zu wechselseitiger Aufrüstung. Strukturqualität besitzt auch die Machtverteilung in einem internationalen System, also das Verhältnis von großen und kleinen Staaten. Es präsentiert sich in der Postmoderne als Asymmetrie gesellschaftlicher Potentiale, als Grad des Wohlstandsgefälles zwischen den Staaten.

1. In Euro-Atlantik

Stecken die großen Gewaltursachen in den Strukturen, so muß man, will man sie beseitigen, die Strukturen ändern. Wer nur die Prozesse umzusteuern versucht, kuriert lediglich am Symptom. Entweder weiß er nicht, daß und wie sich Prozesse von Strukturen, von Rahmenbedingungen, unterscheiden, oder er will die vorhandenen Strukturen behalten, weil sie seinen Interessen entgegenkommen bzw. seinem Weltbild entsprechen. Eine Meta-Macht, die die Gewaltursachen aufheben will, braucht dazu den politischen Willen und das politische Wissen. Kluge Macht ist gefragt.

a) Der Fehler von 1994

Was das Textbuch des Sicherheitsdilemmas vorhersagt, spielte sich im euro-atlantischen Raum in der zweiten Hälfte der neunziger Jahre fast buchstabengetreu ab. Die NATO gab auf die Unsicherheit hinsichtlich der künftigen russischen Politik, die vor allem von den osteuropäischen Staaten – verständlicherweise – betont worden war, die klassische Antwort. Sie erweiterte sich und die Schutzgarantie des Art. 5 auf Polen, Ungarn und Tschechien, die im März 1999 in die Allianz aufgenommen wurden. Der Beitritt weiterer Staaten wurde in Aussicht gestellt. Zwar war sich die westliche Militärallianz darüber im klaren, daß von Rußland realiter keine Gefahr ausging und das Land auf Jahrzehnte hin gar nicht in der Lage sein würde, eine größere militärische Operation in Richtung Westen durchzuführen.[1] Da aber diese Einschätzung unter der Einschränkung der Ungewißheit stand, die aus der Systemstruktur unweigerlich resultiert, und da das Ziel der Sicherheit so empfindlich ist, hielt es das Bündnis für die richtige Strategie, seine Verteidigungsfähigkeit nicht nur zu erhalten, sondern auch auszuweiten.

Es beging denselben Fehler, dessen unheilvolles Wirken in der Vorgeschichte des Ersten Weltkriegs dessen offizieller deutscher Historiograph A. Mendelssohn-Bartholdy schon 1928 herausgefunden hatte: «Je mehr ein Friedensplan sich mit der gemeinschaftlichen Bekämpfung eines möglichen Angreifers beschäftigt und so dem Angegriffenen Sicherheit des militärischen Erfolgs zu gewährleisten sucht, desto weniger hoch werden wir seine Funktion der allgemeinen Friedenssicherung einschätzen dürfen.»[2] Denn diese Vorbereitung muß, wie es das Theorem des Sicherheitsdilemmas vorhersagt, auf der Seite dessen, gegen den sie sich richtet, Ungewißheit und Angst hervorrufen. Beide führen notwendig zur Aufrüstung und damit zu der Situation, auf die das Bündnis vorauseilend reagiert. Es produziert, was es eigentlich vermeiden wollte.

Diese Textbuchreaktion Moskaus suchte die Allianz durch die Grundakte mit Rußland vom 27. Mai 1997 aufzuhalten. Man kann hier deutlich sehen, wohin es führt, wenn die einzelnen Machtformen nicht auseinandergehalten werden. An der anarchischen Systemstruktur muß ein Akt der Beziehungsmacht, wie ihn die Grundakte darstellt, ergebnislos abprallen. Was hingegen wirkt, ist die strukturelle Qualität der Ausweitung der Militärallianz auf Staaten des früheren Warschauer Pakts.

Diese Wirkung wird nicht dadurch gemildert, daß das westliche Bündnis zu Recht auf seine Defensivorientierung verweist. Das ist subjektiv völlig zutreffend, objektiv aber ohne Belang. Denn infolge der anarchischen Struktur des internationalen Systems kann Rußland diese Ausweitung des westlichen Bündnisses nur als gegen sich gerichtet empfinden. Zwangsläufig muß das russische Militär «seine Planungen nicht nach Absichten der NATO, sondern nach ihrem durch die Erweiterung erhöhten militärischen Aufklärungs- und Logistikpotential ausrichten».[3] Was dazu bestimmt ist, die Verteidigungsfähigkeit Polens, Ungarns und Tschechiens für den Notfall zu verstärken, muß in Rußland zwangsläufig als neue und gewachsene Bedrohung der eigenen Sicherheit aufgefaßt werden.

Die NATO-Osterweiterung folgt also dem Standardverhalten, das die Realpolitik seit dem Dreißigjährigen Krieg angesichts der von der Systemstruktur gestifteten Ungewißheit entwickelt hat.[4] Der Westen akzeptierte sehenden Auges das Sicherheitsdilemma, obwohl er dessen Folgen während der letzten zwei Jahrzehnte des Ost-West-Konflikts kennengelernt hatte. Er hofft, daß sie angesichts der wirtschaftlichen Schwäche Rußlands und seiner Abhängigkeit von der ökonomischen Kooperation des Westens geringer ausfallen werden. Dennoch ist damit diese suboptimale Politik des Westens nicht hinreichend erklärt.

Bis 1994 waren Präsident Clinton und der amerikanische Verteidigungsminister Les Aspin davon überzeugt gewesen, daß im Osten Europas «keine neue Linie in den Sand» gezeichnet werden sollte. Polnische Pläne zum NATO-Beitritt, die vom deutschen Verteidigungsminister Volker Rühe lautstark unterstützt worden waren, wurden von Washington mit dem Vorschlag abgefangen, das neue Kooperationsmodell «Partnerschaft für den Frieden» zu gründen. Es sollte die osteuropäischen Staaten des westlichen Schutzes versichern, ohne Rußland zu verängstigen.

Daß diese kluge Linie im Herbst 1994 zugunsten der Osterweiterung der Militärallianz verlassen wurde, hat viel mit der innenpolitischen Situation Präsident Clintons in den USA, den positionalen Interessen des NATO-Establishments, der Bedeutung der Militärallianz als einziger institutionalisierter Verbindung zwischen Westeuropa und den USA und schließlich wohl auch mit den Exportinteressen der amerikanischen Rüstungsindustrie zu tun. Alle diese Akzidenzien müssen berücksichtigt werden. Aber sie können diese Entscheidung des Westens in deren Tragweite nicht erklären.

Denn sie ist mehrfach suboptimal. Sie ist anachronistisch, weil sie bei der Veranschlagung des Risikos die Übersichtlichkeit des europäischen Systems, den herrschenden Grad der Kooperation und den innergesellschaftlichen Wandel Rußlands unterschlägt. Sie ist gefährlich, weil sie – längerfristig – eine russische Reaktion hervorruft, die zu einer neuen Teilung Europas, zu einem Konflikt führen kann, dem die anderen osteuropäischen Staaten infolge des «geographic fatalism» ungeschützt gegenüberstehen. Und sie ist überflüssig, weil andere, bessere Strategien zur Verfügung gestanden haben, die die Ängste Osteuropas hätten beruhigen können, ohne die Rußlands auszulösen.

Ein derart anachronistischer Einsatz von Meta-Macht läßt sich mit den Führungsinteressen Washingtons oder den Bestandswahrungsinteressen der NATO allein nicht erklären. Ein stärkerer Faktor ist am Werk: die Tradition. Seit der Neuzeit war in Europa die Verteidigungsvorsorge der wichtigste Bestandteil der Außenpolitik. Nach dem Ende eines Krieges bereitete man sich auf den nächsten vor. Zeigten nicht die Jahre 1945 bis 1947, wie richtig und notwendig diese Politik war? Hatte sie nicht im Kalten Krieg den Erfolg gebracht? Gab es damals, gibt es heute Alternativen zu dieser Politik, die handfeste Resultate vorweisen kann?

Diese Tradition war der Hauptautor des Skripts, dem die Wende von 1994 hin zur NATO-Osterweiterung folgte. Sie galt als richtig, weil sie fortsetzte, was immer schon als richtig gegolten hatte: «Wenn du den Frieden willst, bereite den Krieg vor.» An diesem Grundsatz, dessen Güte die Erfahrung bescheinigte, scheiterte die 1945 schon formulierte, 1990 aus dem Zusammenbruch des Ost-West-Konflikts empirisch abgeleitete Einsicht, daß sich die Zeiten geändert haben. 1994 schlug die Tradition zurück.

Diese negative Bilanz mußte zunächst einmal gezogen werden, um zu verhindern, daß der Fehler, nachdem er begangen worden ist, nun auch schnellstens vergessen wird, so daß ihm weitere folgen können. Ein Fait accompli nicht nur zu schaffen, sondern auch zum Scheideweg zu erklären, ist eine beliebte Herrschaftstechnik. Der NATO-Beitritt Polens, Ungarns und Tschechiens, beschlossen wie er ist, muß keinesfalls zum Programm der westlichen Ostpolitik werden. Er kann vielmehr, wie es auch amerikanische Politiker fordern, in eine Pause überleiten, in der politisch konstruktiv sowohl über die Neuordnung des euro-atlantischen Systems und darüber nachgedacht werden kann, wie sich die Systemanarchie unter den Bedingungen der Gesellschaftswelt angemessen bearbeiten läßt.

Zwei Strukturen also sind zu ändern; Meta-Macht ist doppelt gefordert. Die Grauzonensituation der osteuropäischen Staaten muß beendet, ihnen ein politischer Ort zugewiesen werden, der ihrer Geschichte, ihrer Tradition, ihrer Kultur und ihrem Selbstverständnis entspricht. Dieser Strukturwandel muß so vollzogen werden, daß die Beziehungen zu Rußland und den anderen Staaten der GUS mitberücksichtigt, verbessert und nicht durch die Erzeugung eines neuen Sicherheitsdilemmas belastet werden.

b) EU erweitern

Für die erste Aufgabe gibt es eine alternative Lösung: Osteuropa muß in die EU aufgenommen oder ihr zunächst assoziiert werden. Die Union ist der ihm zustehende Ort, nicht die NATO. Sie ist eine auf Zeit gegründete und mit der Verteidigung beauftragte Militärallianz. Sie ist nützlich und wichtig, aber kein Produzent politischer Ordnung. Man muß sie behalten, darf sie aber nicht ausdehnen. Denn sie akzentuiert eine neue Teilung Europas und erschafft das Sicherheitsdilemma neu. Auch das ist eine Ordnung, aber nicht die, die angestrebt und hergestellt werden könnte. Um die sicherheitspolitischen Ängste Osteuropas zu zerstreuen, würde eine einseitige Beistandsgarantie der NATO völlig ausreichen, zumal sie sehr viel verbindlicher gefaßt werden könnte als der vage Art. 5 des NATO-Vertrags. Den verständlichen Besorgnissen der osteuropäischen Staaten wäre Rechnung getragen, ein Bedrohungsgefühl in Rußland vermieden.

Die 1993 vom amerikanischen Außenminister Les Aspin als Alternative zur NATO-Erweiterung ins Leben gerufene «Partnerschaft für den Frieden» wirkte als bedeutender Beruhigungsfaktor. Das überaus erfolgreiche Konzept verbindet die NATO bilateral mit allen Staaten Osteuropas und (fast) allen Mitgliedern der früheren Sowjetunion. Es organisiert die militärische Zusammenarbeit bis hin zu gemeinsamen Manövern und führt neben ordnungspolitischen Funktionen wie der Einschüchterung Serbiens durch Luftmanöver über Albanien 1998 vor allem sicherheitspolitische Aufgaben durch.

In dieser praktischen Zusammenarbeit zwischen den Militärs der früheren Gegner liegt ein Element der Versicherung, auch des Schutzes. Es war schon Ende 1991 in der Gründung des Nordatlantischen Kooperationsrates enthalten gewesen. Mit ihm hatte die NATO gleich nach dem Ende des Ost-West-Konflikts sehr richtig auf den Orientierungsbedarf des russischen und die Kooperationsbereitschaft des osteuropäischen Militärs reagiert; die Einrichtung der Partnerschaft für den Frieden setzte diese außerordentlich fortschrittliche und erfolgreiche Politik fort. 1997 ging sie bruchlos an den Euro-atlantischen Partnerschaftsrat über, zu dem der Nordatlantische Kooperationsrat am 30. Mai 1997 in Sintra (Portugal) umgebildet worden war.

Die NATO war also seit 1991 in Osteuropa schon präsent. Da Rußland Mitglied des Systems war, konnte es keine Ausgrenzungssymptome entwickeln. Wäre noch eine explizite Existenzgarantie für die kurzfristigen Besorgnisse der osteuropäischen Staaten durch die NATO hinzugekommen, hätte sich eine bessere Sicherheitsgewährleistung für die kurzfristigen Besorgnisse der osteuropäischen Staaten kaum denken lassen. Sie wäre um so perfekter gewesen, als sie sich nicht auf nur drei Staaten hätte beschränken, sondern auf alle osteuropäischen Staaten erstrecken können, vor allem die baltischen. Sie sind, übernimmt man das Szenario einer Bedrohung durch Rußland, am meisten gefährdet. Sie sind gleichzeitig diejenigen Staaten, deren Aufnahme in das westliche Bündnis so gut wie ausgeschlossen ist, weil sie eine russische Intervention nach sich ziehen könnte.

Gegen eine Sicherheitsgarantie der NATO aber hätte Rußland nichts einzuwenden gehabt, da sie nur bestätigte, was Rußland, das sich ja gerade erst aus den baltischen Staaten zurückgezogen hatte, als eigene Zielsetzung immer verkündet hatte. Moskau hatte auch eine gemeinsame Sicherheitsgarantie für alle osteuropäischen Staaten ins Gespräch gebracht, gewiß etwas blauäugig. Es war kaum damit zu rechnen, daß die osteuropäischen Staaten angesichts jahrhundertelanger Erfahrungen ihre Sicherheit ausgerechnet von Rußland garantiert sehen wollten. Ein Schutzversprechen der NATO aber hätte ausgereicht und wäre von Rußland auch hingenommen worden.

In der dadurch erkauften Zeit hätte sich jener Schritt ausführen lassen, der die Situation Osteuropas substantiell und anhaltend verbessern würde, der Eintritt in die Europäische Union. Damit ist zwar keine direkte militärische Sicherheitsgarantie verbunden, jedenfalls solange, wie die Westeuropäische Union, deren Art. 5 eine solche – und sehr viel verläßlicher ausgestattete – Beistandsgarantie enthält, nicht zum verteidigungspolitischen Arm der Europäischen Union geworden und mit den entsprechenden Gewaltmitteln ausgestattet worden wäre. Mittelbar wäre der Militärschutz sehr wohl vorhanden, weil die meisten und wichtigsten Staaten der Europäischen Union Mitglied der NATO sind, so daß deren Schirm auch den neu hinzukommenden EU-Mitgliedern zuteil geworden wäre.

Die Mitgliedschaft in der Europäischen Union bietet politischen Schutz, der unter den Bedingungen der Gesellschaftswelt viel wichtiger ist als eine militärische Beistandsgarantie. Es wäre politisch absolut unsinnig, ein Mitglied der Europäischen Union militärisch anzugreifen. Die Besetzung eines Landes, wenn sie denn militärisch überhaupt gelingen würde, kann nicht politisch und schon gar nicht auf Dauer durchgehalten werden, weil sie am Widerstand der Bevölkerung scheitern würde. Das wußte schon Machiavelli, und der französische Ökonom Jean-Baptiste Say hat die abschreckende Wirkung hohen gesellschaftlichen Konsenses 1845 anschaulich beschrieben. Die USA haben das in Vietnam, die Sowjets in Afghanistan erfahren müssen. Rußland hat in seiner sowjetischen Phase es auch mit dem über viele Jahrzehnte hin anhaltenden Einsatz der Ideologie nicht geschafft, den Konsens der in seinem westlichen Vorfeld lebenden Menschen zu gewinnen. Nicht zuletzt daran ist seine Strategie im Ost-West-Konflikt gescheitert. Wer wollte angesichts solcher Erfahrungen bestreiten, daß dem Beitritt zur Europäischen Union ein bedeutendes Schutzelement innewohnt?

Freilich müßte die Integration Osteuropas erheblich zügiger betrieben werden, um das politische momentum, das 1989/90 entstand, nicht auslaufen zu lassen. Hier hat eindeutig die Europäische Union versagt. Sie hat sich mit dem Beschluß, die Vertiefung der Union gleichzeitig und gleichrangig zu behandeln mit deren Erweiterung, eine Falle gegraben, die beides erschwert. Die Regierungskonferenz von Amsterdam 1997 konnte die Schwierigkeiten nicht überwinden, die die Praxis und die Bestimmungen der alten Wirtschaftsgemeinschaft der Herausbildung einer wirklichen politischen Union entgegenstellten.[5] Das landwirtschaftliche Subventionssystem, das der Gründung der Europäischen Wirtschaftsgemeinschaft 1957 zugrunde lag und bis heute den Interessenkern auch der Union abgibt, kann nicht nach Osteuropa erweitert werden, ohne sämtliche Finanzierungsrahmen zu sprengen. Ob die «Agenda 2000» im Jahr 2000 verwirklicht werden wird, war 1999 noch nicht zu erkennen.

Mit ihrem Beschluß, sich gleichzeitig zu erweitern und zu vertiefen, hatte die Europäische Union also zwei Hürden vor ihrer wichtigen ordnungspolitischen Funktion errichtet, die osteuropäischen Staaten so schnell wie möglich aufzunehmen und damit aus der politisch fatalen Grauzonensituation zu befreien. Diese Staaten werden auf absehbare Zeit nicht in der Lage sein, der Währungsunion beizutreten, weil es ihnen dazu an Wirtschaftsleistung fehlt. Die Weiterentwicklung zur politischen Union, die schon unter den 16 EU-Mitgliedern schwierig genug war, würde durch den Beitritt von weiteren 11 Staaten ins Unmögliche gesteigert werden. Es wäre deshalb richtig gewesen, Vertiefung und Erweiterung voneinander zu trennen und für die letztere einen anderen, weicheren Rahmen zu wählen, als ihn die Union mit dem vollendeten Binnenmarkt darstellt. Es hat mehr als dreißig Jahre der Kooperation bedurft, ehe die Europäische Gemeinschaft diesen Grad der Integration erreicht hatte. Dennoch war sie schon zuvor ein politischer Faktor.

Die Europäische Wirtschaftsgemeinschaft des Jahres 1980 (um einen beliebigen Zeitpunkt auszuwählen) hätte sich sehr rasch auf alle osteuropäischen Staaten ausdehnen lassen und das erzeugt, worauf es ordnungspolitisch ankommt: die Einbindung dieses Staatengürtels in Westeuropa. Da es mit dem Europäischen Wirtschaftsraum ohnehin schon ein Tertium zwischen Mitgliedschaft und Nicht-Mitgliedschaft gibt, hätten auch in diesem Raum die osteuropäischen Staaten für die Zeitspanne angesiedelt werden können, die sie brauchen, um dem Binnenmarkt und der Währungsunion beizutreten zu können.

In den bilateralen Verhandlungen mit den ersten fünf osteuropäischen Beitrittskandidaten verfolgt Brüssel eine vergleichbare Lösung, indem es lange Übergangsfristen vorsieht. Von der Bindewirkung profitieren aber nur diese ersten fünf. Hätte Brüssel wenigstens das «Startlinienmodell» verwendet, das Osteuropa immer gefordert, die Europäische Union – leider unter lautstarker Beteiligung von Bundeskanzler Kohl und Außenminister Kinkel – abgelehnt hat. Da die Verhandlungen mit der ersten Gruppe sich mindestens bis zum Jahr 2003 hinziehen werden, ist es unabsehbar geworden, wann für Staaten wie Rumänien oder Bulgarien die Stunde des Beitritts schlägt.

Wenn hier nicht rasch Remedur geschaffen wird, verspielt die Europäische Union eine ordnungspolitische Chance historischen Ausmaßes. Sie kann sich dabei nicht mit dem Argument verteidigen, daß ihr die Osterweiterung der Militärallianz zuvorgekommen ist, die von vielen osteuropäischen Staaten, allen voran Polen, bevorzugt worden sei. Das ist prozessual richtig, durfte doch aber nicht hingenommen werden, wenn man die Strukturwirkungen mitbedachte. Die EU-Erweiterung hätte ganz Osteuropa integriert, ohne Rußland, die Ukraine und andere GUS-Mitglieder auszugrenzen. Das Sicherheitsdilemma wäre reduziert, umfassende Sicherheit erzeugt worden. Die Europäische Kommission, die eine andere, sehr viel bessere Rußlandpolitik betrieb,[6] war sich dessen wohl bewußt; der Fehler wurde in den Hauptstädten der führenden EU-Staaten gemacht.

c) OSZE aktivieren

Sie haben sich keine großen Gedanken darüber gemacht, daß mit der Osterweiterung des Bündnisses das Sicherheitsdilemma in Europa wieder auftritt, die Gewaltursache Nummer Eins. Sie haben es bemerkt und teilweise auch kritisiert. Aber die wenigen Diplomaten und Politiker, die in dieser Dimension zu Hause sind – und es gibt sie, gerade auch im deutschen Auswärtigen Amt –, konnten sich gegen die Menge derer, die der Tradition, dem Allgemeinwissen und ihrer politischen Lebenserfahrung folgen, kaum bemerkbar machen.

Diese drei Anleitungen werden hier nicht unterschätzt. Sie haben, alles in allem, eine durchweg erfolgreiche und richtige Politik im Ost-West-Konflikt zustande gebracht, übrigens auf beiden Seiten. Der Westen hat 1975, mit der Schlußakte von Helsinki, in die Bearbeitung des Ost-West-Konflikts eine kooperativ-assoziative Komponente eingezogen, die ebenso neu wie erfolgreich war.[7] Sie drang mit der Tauschofferte von Technologie und Know-how gegen menschliche Erleichterungen und Verbesserungen der Menschenrechte im Warschauer Pakt zum ideologischen Kern des Konflikts vor. Daß der Westen dabei seine Überlegenheit im Sachbereich der wirtschaftlichen Wohlfahrt und dem der demokratischen Partizipation an der Herrschaft nicht nur demonstrieren, sondern in alle Länder des Warschauer Paktes exportieren konnte, trug maßgeblich dazu bei, den Negativsaldo des Bolschewismus auf diesen beiden Gebieten im Einzugsbereich der sowjetischen Hegemonie immer sichtbarer zu machen. Es ist kaum übertrieben zu sagen, daß diese Strategie den Zusammenbruch der kommunistischen Herrschaft in den osteuropäischen Staaten und schließlich auch in der Sowjetunion mit herbeigeführt hat.

Die Neuorientierung 1990, die die Konferenz für Sicherheit und Zusammenarbeit aus der lockeren Konferenzfolge umwandelte in eine permanente Organisation, konnte also auch schon eine gewisse Tradition vorweisen. Sie war noch nicht sehr groß und nicht sehr alt, hatte in den fünfzehn Jahren aber doch erhebliche Erfolge erzielt. Sie zum Kernstück der Neuordnung Europas zu machen, wie es auf der Konferenz von Paris vom November 1990 mit der «Charta von Paris für ein neues Europa»[8] geschah, folgte also auch einer Erfahrung, wenn auch einer prozessualen. Die Aufwertung der KSZE zu einer internationalen Organisation entstammte der Aufbruchstimmung, die das Ende des Ost-West-Konflikts bei allen Teilnehmern hervorgerufen hatte. Die alten Feinde erklärten «feierlich, daß sie in dem anbrechenden neuen Zeitalter europäischer Beziehungen nicht mehr Gegner sind, sondern neue Partnerschaften aufbauen und einander die Hand zur Freundschaft reichen wollen».[9] Deswegen strebten sie, wie es in der gleichzeitig verabschiedeten Charta von Paris hieß, eine neue «Qualität des politischen Dialogs und der politischen Zusammenarbeit» an, der die KSZE dienen sollte. Sie wurde in Wien eingerichtet.

Vielleicht war es einigen Teilnehmern bewußt, daß sie mit der Umbildung der KSZE sehr viel mehr getan, nämlich eine Strukturveränderung eingeleitet hatten, deren Bedeutung kaum zu überschätzen war. Sie praktizierten Meta-Macht, und zwar politisch richtig.

Seit dem Beginn des 18. Jahrhunderts war darüber nachgedacht worden, warum die europäischen Staaten sich ständig in die Haare gerieten. Der oben schon erwähnte Plan des Abbé de Saint-Pierre sah die Ursache in der Ungewißheit über das Verhalten der Nachbarn, modern ausgedrückt: in der Anarchie des internationalen Systems. Seine Abhilfe, die das Sicherheitsdilemma hervorrufende Systemanarchie dadurch zu brechen, daß man die Staaten aus ihrer Isolierung löst und in einer internationalen Organisation zur Zusammenarbeit veranlaßt, ist heute noch aktueller als damals.

Die russischen Ängste über die in der NATO-Osterweiterung sich vermeintlich manifestierenden Aggressionsabsichten des Westens, die dieser gar nicht hat, werden nur durch die zwischen beiden herrschende Distanz erzeugt. Würde sie durch Zusammenarbeit verringert, träte das gefährliche Phänomen gar nicht auf. Daß Westeuropa die überragende militärische Macht der Vereinigten Staaten und ihre direkte Präsenz auf europäischem Boden nicht als Bedrohung, sondern als Sicherheitsgewährleistung empfindet, hängt auch damit zusammen, daß beide im Bündnis vereint sind und in vielen Institutionen zusammenarbeiten. Das sorgt dafür, daß die Perzeptionen weitgehend identisch sind.

Eine internationale Organisation kann die gleiche Leistung erbringen, wenn auch auf niedrigerem Niveau. Sie reicht aber völlig aus, weil sie die Interpretationsbarriere wegräumt, die durch das isolierte Gegenüber der Staaten entsteht. Solange Rußland nicht Teil der NATO ist, muß es

die Allianz ebenso fürchten, wie sie ihrerseits Angst vor einer Unbere-
chenbarkeit Rußlands haben muß. Hier liegt eine Strukturwirkung vor,
die nur dann beseitigt oder zumindest in zureichendem Maße abgemil-
dert werden kann, wenn man die Struktur verändert, die Isolierung beseitigt.

d) Wirkungen organisierter Zusammenarbeit

Das kann die Internationale Organisation. Sie aktiv für diesen Zweck
einzusetzen, ist beste Meta-Macht. Die ständige, institutionalisierte Kooperation senkt die Interpretationsbarrieren ab. Der tägliche Umgang
vergemeinschaftet die Beurteilungskriterien; man lernt sich wechselseitig
kennen und verstehen. Der modernen Politikwissenschaft ist seit langem
klar, «daß Staaten durch die Mitgliedschaft in einer internationalen Organisation in Richtung auf ein bestimmtes (nämlich gemäßigtes) Verhalten sozialisiert werden».[10]

Weil die 1990 gegründete (und 1995 umbenannte) Organisation für
Sicherheit und Zusammenarbeit alle Staaten des euro-atlantischen Systems umfaßt, könnte die Zusammenarbeit darin die Systemanarchie und
das Sicherheitsdilemma drastisch reduzieren. Allerdings müßte sie erheblich aktiviert werden, damit sie diese wichtige Leistung erbringen kann.

Sie würde deswegen nicht zur Regionalregierung. Diese Befürchtung
liegt nahe, beruht aber auf einem Mißverständnis. Internationale Organisationen sind keine Herrschaftseinrichtungen. Man kann die OSZE
nicht einmal mit der NATO vergleichen, kann sie nicht dafür kritisieren,
daß sie in Bosnien-Herzegowina nicht «Ordnung» gestiftet und auch die
zahlreichen Konflikte in und zwischen den Staaten der früheren Sowjetunion nicht mit harter Hand beigelegt habe. Selbst die Leistungen der
OSZE-Langzeitmissionen[11] überforderten eigentlich die Organisation.
Sie ist ebensowenig der Europapolizist, wie die Vereinten Nationen der
Weltpolizist sind.

Die OSZE kann das Sicherheitsdilemma verringern. Das ist mehr als
genug. Indem sie die Kooperation einübt, baut sie auch Aggressivitäten
ab. Sie beugt Konflikten vor, indem sie sie schon im Vorfeld öffentlich
werden läßt und der diskussiven Behandlung durch die Gremien zuführt.

Voraussetzung ist, daß alle Staaten einer Region der Internationalen
Organisation angehören. Es ist falsch, Staaten, die gegen den Konsens
verstoßen, zur Mitgliedschaft nicht zuzulassen oder wieder auszuschlie-
ßen. Das richtige Funktionsverständnis einer Internationalen Organisation legt eine ganz andere Strategie nahe. Gerade der Abweichler, der
möglicherweise aggressionsbereite Staat, muß in den Reihen gehalten
werden, damit er beeinflußt werden kann. Der britische Staatsmann Robert S. Castlereagh hatte schon den Mächtekonzerten des 19. Jahrhun-

derts als besondere Leistung gutgeschrieben: «to group the offending state» («den bedrohlichen Staat in die Gruppe einzubinden»).[12] Der frühere Generalsekretär der Vereinten Nationen U Thant sah es sehr richtig als eine der wichtigsten Leistungen der Internationalen Organisation an, alle Mitglieder «den Wirkungen der Arbeit der Organisation auszusetzen ebenso wie den Strömungen und Gegenströmungen der Meinungen, die in dieser Organisation entstehen».[13] Auch wenn in einer Internationalen Organisation Aktionen und Interaktionen stattfinden, also Prozesse ablaufen, wirken sie auf die Struktur des internationalen Systems ein. Gerade der latente Aggressor muß integriert bleiben, damit ihm das Sicherheitsdilemma als Vorwand zur Aggression genommen wird.

Als die OSZE die Bundesrepublik Jugoslawien am 7. Juli 1992 von der Mitarbeit in der OSZE suspendierte, bestrafte sie nicht Belgrad, sondern sich selbst, weil sie sich der vielen Möglichkeiten begab, auf Belgrad einzuwirken.[14] Im Konflikt um das Kosovo machte sich dieses Manko schmerzhaft bemerkbar. Der im Juni 1991 in Berlin von den Außenministern der KSZE eingerichtete «Mechanismus für Konsultation und Zusammenarbeit in dringlichen Situationen»,[15] ein ebenso wichtiges wie neuartiges Institut, konnte bei der Konfliktbearbeitung im Kosovo nicht eingesetzt werden. Dabei hätte dieser Mechanismus, weil er die Konfliktstrategie multilateralisierte, eine sehr viel bessere Handhabe zur Beeinflussung Serbiens abgegeben als die Bilateralisierung, in der abwechselnd amerikanische oder europäische Staatsmänner sich die Klinke in Belgrad in die Hand gaben.

Mit der Einrichtung des Krisen- und Konfliktlösungsmechanismus ist die OSZE schon weit über ihre eigentliche Hauptaufgabe hinausgegangen. Sie besteht nach wie vor darin, die Anarchie im euro-atlantischen System zu vermindern, Information und Vertrauen zwischen den Teilnehmern herzustellen und damit den Kontext der internationalen Politik so zu verändern, daß Unkenntnis oder Mißtrauen keine neuen zwischenstaatlichen Konflikte auszulösen vermögen. Die OSZE entwickelte sich damit nicht zu einem Entscheidungsgremium, das die Außenpolitik der Mitgliedstaaten zu regulieren versuchte. Sie bleibt ein Beratungsgremium, das die ständige Konsultation der Mitgliedstaaten organisiert. Aber die Zusammenarbeit verändert die Struktur des euro-atlantischen Systems. Wenn alle Staaten kontinuierlich kooperieren, gibt es nach wie vor Konflikte, Konkurrenzen und Streit. Aber es gibt keinen Anlaß zu Unsicherheit und Angst. Das Sicherheitsdilemma tritt nicht auf.

Darin liegt der gewünschte Effekt. Die institutionalisierte Kooperation soll nichts weiter als Ungewißheit und Unsicherheit aus dem Wege räumen, die so häufig Selbstverteidigungsmaßnahmen und Rüstungswettläufe ausgelöst haben. Je näher die Staaten sich kommen, desto mehr rückt die Perspektive des Gewalteinsatzes in den Hintergrund.

Allerdings lassen sich die «nationalen Interessen» nicht mehr so leicht exklusiv bestimmen, wenn derjenige, zu dessen Lasten sie gehen, zum Nachbarn geworden ist, mit dem man kooperiert. Zwar wird die Entscheidungsfreiheit der Mitgliedstaaten nicht aufgehoben, aber sie wird doch fühlbar eingeschränkt. Darin liegen Vor- und Nachteile. Je näher die Staaten aneinanderrücken, je mehr sie miteinander kooperieren, desto leichter läßt sich der Konsens herstellen, der den eigenen Interessen dient. Andererseits gerät die Beziehungsmacht, die sich notfalls auch «gegen Widerstand» durchsetzen will, in Nachteil. Die Androhung von Gewalt oder auch nur deren Andeutung nimmt sich in einem derartigen Rahmen der Zusammenarbeit als Fremdkörper aus. Das spüren deutlich diejenigen, die sich an die Verfügung über Gewaltmittel gewöhnt haben oder an Kompromissen nicht interessiert sind.

e) Trägheit der Tradition

So erklärt sich die Reserve der Großmächte gegenüber dem Produkt ihres Entschlusses von 1990, der internationalen Organisation OSZE. Die Zurückhaltung ist ganz besonders deutlich ausgeprägt bei den Vereinigten Staaten. Als größte Supermacht würden sie die größte Einbuße an Machtvollkommenheit erfahren, würden sie, was eigentlich ihrer außenpolitischen Tradition entspräche, mit der OSZE eine Struktur in Europa schaffen, die umfassende Sicherheit erzeugt. 1943–1945 waren sie die stärkste Triebkraft bei der Gründung der Vereinten Nationen gewesen. Der erste Entwurf der amerikanischen Weltführungspolitik stellte auf die Führung innerhalb der UN ab. Präsident Clinton versprach, als er 1993 sein Amt antrat, einen energischen Multilateralismus mit den Vereinten Nationen als Zentrum.

Aber die 50 Jahre als führende westliche Vormacht sind an den USA nicht spurlos vorübergegangen. Die militärisch instrumentalisierte Rivalität mit der Sowjetunion hat in der amerikanischen Politik tiefe Spuren hinterlassen. Die Reagan-Administration distanzierte sich von den UN und dem Multilateralismus. Der Republikanisch beherrschte Kongreß brachte auch Clinton davon ab. Die USA des ausgehenden Jahrhunderts wollen, gestützt auf ihr riesiges Militärpotential, von Systemen kollektiver Sicherheit kaum noch etwas wissen.

Den kleineren europäischen Staaten, abhängig wie sie sind, fällt die Einordnung in einen die Außenpolitik einhegenden Kooperationszusammenhang sehr viel leichter. Die Bundesrepublik würde von einer Aufwertung der OSZE sogar profitieren. Sie könnte in Wien eine führende Rolle spielen, die ihr als Nichtmitglied des Sicherheitsrates und als atomwaffenloser Staat bisher versagt geblieben ist. Andererseits hat sich die deutsche Außenpolitik mit dem Multilateralismus nicht so recht anfreunden können. Vielleicht ist sie deshalb so problemlos auf das Interesse der amerikanischen Politik eingeschwenkt, die NATO vor die OSZE zu schieben, das Bündnis und nicht die internationale Organisation in die Ordnungsfunktion einzuweisen. Im Subtext der amerikanischen Politik in Bosnien-Herzegowina und im Kosovo war dieses Interesse deutlich zu erkennen. Es kollidiert direkt mit der Strategie, in Europa umfassende Sicherheit mit Hilfe einer internationalen Organisation zu erzeugen, die das Sicherheitsdilemma reduziert. Ein Militärbündnis wäre dann überflüssig.

Damit würden viele der in den vierzig Jahren des Kalten Krieges groß und stark gewordenen Interessen beschädigt. Der Verteidigungsetat der USA im Haushaltsjahr 1998/99 ist mit 271 Mrd. USD fast genauso hoch wie zu den schlimmsten Zeiten des Ost-West-Konflikts. Alle NATO-Staaten zusammen haben 1998 rund 450 Mrd. USD für ihre Verteidigung aufgewendet. Mit dieser riesigen Summe sind nicht nur Interessen der Rüstungswirtschaft, sondern auch die der militärischen Führung an Macht verknüpft.

Wegweisend bleibt auch hier, wie bei der Osterweiterung der NATO, der Einfluß der Tradition. Mit anderen Allianzen umzugehen, ist jedem Militär geläufig. Abschreckungs- und Gleichgewichtssysteme zu steuern, ist sozusagen Routine. Nicht zuletzt deswegen haben sich NATO und Warschauer Pakt immer gut verstanden, die Rüstungskontrolle gemanagt, jede direkte Konfrontation einvernehmlich vermieden. Die «Grundakte» von 1997, zwischen der NATO und Rußland geschlossen, setzte eine Praxis fort, die während der Konfliktzeit erprobt worden war.

Diese geläufigen und überschaubaren Verfahren aufzugeben zugunsten der multilateralen politischen Kooperation in einer internationalen Organisation, fällt einer solchen Tradition verständlicherweise nicht leicht. Um mit einem solch neuartigen Instrument umzugehen, fehlt es an Erfahrung. Es fehlt aber auch an Wissen darüber, welche Strukturwirkungen die Kooperation in einer solchen Organisation erzeugen, daß sie das Sicherheitsdilemma beseitigen und damit eine umfassende Sicherheit herstellen kann, die dem Gegenüber zweier Militärblöcke versagt bleibt.

Institutionen, die solches Wissen vermitteln könnten, existieren praktisch nicht. Zwar gibt es sehr viele Militär- und Kriegsakademien, in denen die Kunst der Gewaltanwendung gelehrt wird. Politikakademien, die in der Kunst der Gewaltvermeidung und gewaltlosen Konfliktbearbeitung unterrichten, gibt es überhaupt nicht. Bei der Ausbildung des Führungsnachwuchses in Deutschland für die Bürokratie, die Diplomatie und die Bundeswehr ist die für die internationale Politik zuständige Wissenschaft der Internationalen Beziehungen nur im Ausnahmefall anzutreffen. Der einschlägige Unterricht wird seit Jahrzehnten von der Rechts- und der Geschichtswissenschaft bestritten.

Politiker und Parlamentarier genießen nicht einmal ihn. Sie können sich nur darauf verlassen, was ihnen ihre eigene Sozialisierung, ihre Erfahrung, die Anforderung der Gesellschaft und gute Ratschläge vermitteln. Diese Ausstattung wird man dafür verantwortlich machen müssen, daß der Westen unter den gänzlich neuen Bedingungen in Europa eine Strukturpolitik betreibt, die veralteten Vorlagen folgt. Er setzt Meta-Macht ein, aber die falsche, und ist blind gegenüber ihren Folgen. Das hat ihm die schärfste Kritik eingetragen.[16] Die NATO dehnte sich aus, sie stellte Schnelle Eingreiftruppen auf, intervenierte auf eigene Rechnung im Kosovo. Sie handelt, wie selbst ihr Generalsekretär Javier Solana einräumen mußte, ohne Gründe dafür nennen zu können. Das neue Selbstverständnis und die Rationalität der westlichen Politik sollten auf einem Jubiläumsgipfel der Allianz im April 1999 nachgereicht werden. Erst Fakten zu schaffen und dann ihrem Ergebnis einen Sinn zu verleihen, gehört zur Tradition europäischer Machtpolitik. Schon Immanuel Kant hat das Verfahren ironisiert: «Fac et excusa. Ergreife die günstige Gelegenheit zu eigenmächtiger Tat; die Rechtfertigung wird sich weit leichter und zierlicher nach der Tat vortragen und die Gewalt beschönigen lassen.»[17] Kluge Strukturpolitik ist es nicht.

Auf der ersten Sitzung des im Mai 1997 neu geschaffenen Euro-atlantischen Partnerschaftsrates trafen sich im Mai 1998 in Luxemburg die 16 NATO-Mitglieder mit den 28 Beitrittswilligen. Die Veranstaltung nahm eine Zukunft vorweg, in der sich die westliche Militärallianz direkt bis an die Grenzen Rußlands voranschieben und damit dessen Einkreisung vollenden würde. Den Sicherheitsinteressen der neuen Mitglieder wäre damit weniger gedient als den Macht- und Einflußinteressen der westlichen Militärallianz. Ein diesmal wirklich in die Ecke gedrücktes Rußland hätte, der gleichen Rationalität folgend, keine Alternative als die der Aufrüstung.

f) Rußland in die NATO?

Wollte das westliche Bündnis diese negativen Konsequenzen seiner Meta-Macht vermeiden, müßte es Rußland als Mitglied aufnehmen.[18] Diese Logik wurde auch in der amerikanischen Regierung gesehen und von dem stellvertretenden Außenminister Strobe Talbott begrüßt. Rußland gilt offiziell als Freund und Partner des Westens, warum soll es nicht NATO-Mitglied werden? Dann würde die Militärallianz zur zentralen Organisation des euro-atlantischen Raumes; der von ihr ständig angedeutete Funktionswandel von einem Verteidigungsbündnis hin zu einer politischen Organisation wäre perfekt.

Daß es dazu kommt, ist politisch eher unwahrscheinlich. Hatte die amerikanische Regierung die Wende von 1994 vollzogen, um über die

NATO ihre Führung in Europa zu instrumentalisieren, dann wird sie sie kaum mit Moskau teilen wollen. Europa hätte auch kaum etwas davon. Die NATO besitzt keinerlei Organe für die Bearbeitung von Konflikten zwischen ihren Mitgliedern. Sie könnten geschaffen werden, würden aber den Charakter der Allianz vollständig verändern. Und: Warum sollte sich die Militärallianz in eine Internationale Organisation verändern, wenn es diese Einrichtung in Gestalt der OSZE bereits gibt? Wer in der sich nach Rußland erweiternden NATO die neue Internationale Organisation des euro-atlantischen Raumes sieht, wäre sehr viel besser beraten, diese Aufgabe gleich der dafür geschaffenen und eingerichteten OSZE zu übertragen.

Die NATO könnte dann, vorausgesetzt sie pausierte nach den ersten drei Neuaufnahmen, in der Funktion erhalten bleiben, die auf absehbare Zeit unentbehrlich ist: Rückversicherung für den Notfall und Exporteur von Stabilität. Die strukturverändernde Aufgabe aber, im euro-atlantischen System die Anarchie und das Sicherheitsdilemma zu reduzieren, würde von der OSZE wahrgenommen werden. Je mehr und je besser sie diese Aufgabe löst, desto mehr kann der Rückversicherungsaufwand des Bündnisses zurückgenommen werden. Umfassende Sicherheit in Euro-Atlantik würde dann aus den neuen politischen Strukturen entstehen, deren eine, das Verschwinden des Sicherheitsdilemmas, von der Kooperation in der OSZE bewirkt worden wäre.

Die Organisation könnte sich dann ihrer zweiten Aufgabe widmen, nämlich «ein Forum für die Artikulation der verschiedenen Sicherheitsbedürfnisse Europas zu werden. Gleichberechtigt mit den USA in der OSZE kann Rußland seine Belange hervorbringen, während die kleineren Staaten, besorgt um eine Wiedererstarkung Rußlands, sich an die OSZE wenden könnten, um Moskaus Stärke in Schach zu halten».[19]

Nachdem seit der Wende rückwärts von 1994 schon sechs Jahre vergangen sind, ist kaum zu erwarten, daß der Anstoß zu einer neuen, an die Erkenntnisse von 1990 ansetzenden Strukturpolitik von den Politischen Systemen kommt. Die Gesellschaft muß ihn anfordern. Sie bezahlt nicht nur mit überhöhten Rüstungsetats dafür, daß die westlichen Staaten nach 1990 ihre im Kalten Krieg angenommene Machtverteilung beibehalten und ihre Entscheidungsprozesse nicht re-zivilisiert haben. Zu Buche schlägt vor allem, daß ein überfälliger Fortschritt zur Errichtung umfassender Sicherheit in Euro-Atlantik nicht wahrgenommen, sondern der Restauration veralteter Strategien geopfert wurde.

Dieser Fortschritt ist noch immer möglich, die Politik sagt niemals nie. In der Gesellschaftswelt hat die Gesellschaft großen Einfluß auf die Politik – wenn sie ihn wahrnimmt. Sie sollte sich nicht mit der teuren und unzureichenden Verteidigungsfähigkeit abspeisen lassen, wenn die bessere und billigere umfassende Sicherheit zu haben ist. Wenn die Regierungen diese Anforderungen nicht erfüllen, müssen sie abgelöst werden. Das ist leichter gesagt als getan. Außenminister Fischer (Die Grünen) hat gleich zu Beginn seiner Amtszeit die Informationsmacht der USA und des NATO-Establishments zu spüren bekommen, als er zum Verzicht auf den atomaren Ersteinsatz aufrief. Unter Fachleuten ist dieser Vorschlag richtig und problemlos. Weil er das mit viel «soft power» erzeugte Weltbild der NATO störte, wurde er abgeblockt. Er wird erst Erfolg haben, wenn er sich ebenfalls auf «sanfte Macht» stützen kann.

Richtige Informationen über die Möglichkeiten, in der Gesellschaftswelt umfassende Sicherheit herzustellen, gehören dazu. Die Gesellschaft sollte sie verlangen. Denn es ist ihr Geld, das verschwendet, ihr Wohlstand, der verringert wird. Es ist vor allem ihre Sicherheit, die wieder gefährdet sein wird, wenn die veraltete Allianzpolitik fortgeführt wird, die nur Gegenallianzen auf den Plan ruft. Umfassende Sicherheit entsteht nur dann, wenn die Gewalturachen abgebaut werden. Das kann die organisierte Kooperation. Also sollte sie angefordert werden.

2. In der Welt

Die Wirkung der Systemanarchie als Gewalturache ist im globalen Bereich sehr viel größer als im euro-atlantischen. Die Bedingungen, die hier die Gesellschaftswelt hervorgebracht haben, sind global zwar auch schon anzutreffen, zum Beispiel in den Schwellenländern. Auch die Demokratisierung breitet sich dort aus. Beide haben jedoch nicht den Entwicklungsgrad erreicht wie im euro-atlantischen System, so daß die in der Anarchie des globalen Systems liegende Gewalturache sehr viel stärker eingebettet ist in andere, gesellschaftliche und herrschaftliche Verursachungszusammenhänge.

Die Analyse darf also nicht nur global, sondern müßte auch regional verfahren, was hier nicht geleistet werden kann. Es gibt, wie der Ost-West-Konflikt gezeigt hat, die Welt durchaus als globales System, dessen Anarchie sich demzufolge auf die Staaten der Welt, jedenfalls die «global players», auswirkt. Die Systemanarchie wurde ja auch zuerst als globaler Zusammenhang erfaßt; die zu ihrer Bearbeitung eingerichteten Internationalen Organisationen, wie der Völkerbund und die Vereinten Nationen, besaßen, bzw. besitzen, weltweiten Umfang.

a) Die UN richtig nutzen

Daß sie gegründet wurden, um das Sicherheitsdilemma weltweit abzubauen, wird heute kaum noch gesehen. Dabei ist diese Wurzel der Vereinten Nationen sehr viel älter und stärker als die zweite, die die Vereinten

Nationen zu einem Instrument der Kollektiven Sicherheit gemacht hat. Sie verarbeitete Erfahrungen, die das Europäische Mächtekonzert im 19. Jahrhundert gemacht hatte, und betonte deswegen den Sicherheitsrat und sein im Kapitel VII der Charta enthaltenes Gewaltmonopol. Die erste, ältere und wichtigere Wurzel aber entstammt den schon erwähnten theoretischen Konzepten des 18. Jahrhunderts.[20] Der amerikanische Außenminister Cordell Hull versprach sich 1943 von den zu gründenden Vereinten Nationen, daß es mit ihnen «keine Notwendigkeit mehr geben würde für Einflußsphären, für Allianzen, für Machtgleichgewichte oder irgendeine andere Vereinbarung, durch die, in der unglücklichen Vergangenheit, die Nationen versucht haben, ihre Sicherheit zu bewerkstelligen oder ihre Interessen zu fördern».[21] Das war eine klare Absage an die klassischen Instrumente klassischer Beziehungsmacht. Die Gründungsväter der Vereinten Nationen vertrauten darauf, daß die Zusammenarbeit in der Weltorganisation den Kontext der globalen Politik qualitativ verändern würde. Der amerikanische Senator Arthur Vandenberg bezeichnete die neue Weltorganisation als das «Rathaus der Welt», in dem die Staaten gemeinsam ihre Sicherheitsprobleme beraten und damit das Sicherheitsdilemma aus der Welt schaffen würden.

Diese Wurzel der Vereinten Nationen wurde zunächst von den einsetzenden Wirren des Ost-West-Konfliktes zugedeckt und nach dessen Ende von den Hoffnungen überwuchert, die im Zeichen der «Neuen Weltordnung» auf das Gewaltmonopol des Sicherheitsrates gesetzt wurden. Sie sind nur teilweise aufgegangen, wie der zweite Golfkrieg zeigt; sie waren aber keinesfalls vergeblich, wie man an der langen Kette erfolgreicher Friedenssicherungsmaßnahmen durch den Sicherheitsrat erkennen kann. Sein Gewaltmonopol, seine Kompetenz zur Anordnung der Gewalt jenseits der Verteidigung waren wichtige Bestandteile der Weltordnung. Es ist traurig, daß sie mit der Kriegführung gegen den Irak im Winter 1998/99 ausgerechnet von Washington und London in Frage gestellt wurden, und mit dem Verzicht auf ein UN-Mandat auch von der NATO im Kosovo.

Über diesen Erfolgen (und neuerlichen Problemen) sollte die erste Wurzel der Weltorganisation nicht vergessen, sondern wieder sehr viel stärker in das politische Bewußtsein gehoben werden: durch die institutionalisierte Kooperation zu verhindern, daß die Systemanarchie das Sicherheitsdilemma und damit einen neuen Konflikt auslöst. Er muß vor allem zwischen den Großmächten vermieden werden, von denen nur fünf Ständige Mitglieder des Sicherheitsrates sind.

Auch dieser Aspekt spricht für eine Reform des Gremiums, die allerdings nicht nur Deutschland und Japan, sondern auch Mächte wie Indien und Indonesien, Brasilien und Argentinien oder die Südafrikanische Republik berücksichtigen sollte. Der Sicherheitsrat kann nicht beliebig erweitert werden, will man nicht seine Arbeitsfähigkeit aufs Spiel setzen; um so wichtiger wird es auch unter diesem Aspekt sein, die Zahl der regionalen Abkommen (Kapitel VIII) und Organisationen zu vermehren. Es ist wichtig, besonders die Großmächte in institutionalisierte Formen der Zusammenarbeit einzubinden, um zu verhindern, daß zwischen ihnen Mißtrauen aufkommt, das sich über die Ungewißheit zur Unsicherheit steigert, den Rüstungswettlauf und damit den Konflikt auslöst.

Unter den gegenwärtigen Bedingungen gilt dieses Monitum insbesondere für die Ständigen Mitglieder des Sicherheitsrates, darin vor allem für die Vereinigten Staaten, Rußland und China. Sie müßten zusammen mit den anderen Großmächten daran arbeiten, daß das gegenwärtig existierende weltweite Vertrauen zwischen ihnen erhalten bleibt. Ihr Konsens ist wichtiger als die Durchsetzung eines partikularen Interesses.

Die von der Jalta-Formel vorgeschriebene Einstimmigkeit der fünf Ständigen Sicherheitsratsmitglieder ist also nicht nur deswegen wichtig, weil ohne sie der Sicherheitsrat nicht aktiv werden kann. Fast noch wichtiger ist, daß die Beibehaltung dieses Konsenses das Sicherheitsdilemma ausschaltet. Wer diese Zustimmung, wie die NATO im Kosovo, aufs Spiel setzt, weil ihm ein Partikularinteresse wichtiger erscheint, sollte bedenken, daß er eine Struktur beschädigt, die eine große Gewaltursache stillstellt.

Auch die Funktion der Generalversammlung sollte stärker daraufhin angesehen werden, wie sie die Anarchie des internationalen Systems verringern kann. Sie vermag in ihren Entschließungen Normen zu setzen und Bearbeitungsweisen für die großen globalen Probleme anzuregen. Sie leistet auf dem mit der Systemanarchie verbundenen Gebiet der Rüstungskontrolle und der Abrüstung von Anbeginn unentbehrlich wichtige Arbeit. Daß sie auch der internationalen Vertrauensbildung dient und daß dieser Effekt genauso wichtig ist wie der eigentliche der Rüstungskontrolle, tritt erst seit neuerem, aber doch deutlich in Erscheinung.

Immer mehr wird jetzt gesehen, daß die Kontrolle konventioneller Waffen, gerade auch von Handfeuerwaffen, nicht in erster Linie eine Maßnahme der Rüstungskontrolle ist. Vielmehr dient sie dem «Frieden, der Konfliktprävention, der möglichen Vertrauensbildung und der Entwicklung».[22] Es kommt also weniger auf den Gegenstand der Zusammenarbeit als auf sie selbst, ihre Kontinuität und Dichte an. Diesen Aspekt könnte die Generalversammlung in ihren jährlichen Diskussionen stärker beachten. Sie würde dabei die eigentliche Aufgabe der Internationalen Organisation wiederentdecken, durch die Zusammenarbeit Vertrauen zu erzeugen und die beiden hoch gefährlichen Produkte der Systemanarchie, Ungewißheit über die Absichten der Staaten und das Sicherheitsdilemma, fernzuhalten.

Diese Aufgabe ist sehr aktuell. In der zweiten Hälfte der neunziger Jahre zeigten sich in den Analysen führender Entscheidungsträger des Westens schon wieder ganz deutliche Wirkungen der anarchischen Struktur des internationalen Systems. Politiker und Militärs des Westens können zwar keine direkte Gefährdung mehr erkennen, schon gar keine, die den Größenvergleich mit der durch die frühere Sowjetunion aushielte. Wenn sie dennoch von Gefahren für den Westen reden, die um so größer seien, weil sie so verschwommen sind, reagieren sie auf die Unsicherheit. Der amerikanische Verteidigungsminister Dick Cheney stellte 1992 fest, daß die alten Feindschaften nicht mehr existierten, aber daß «die Gefahren von Regionen in einer Zukunft kommen, die sich gar nicht vorhersehen läßt unter Bedingungen, die sich in der Zukunft auch nicht vorhersehen lassen».[23] Deswegen müßten die Vereinigten Staaten all jene «Fähigkeiten bereit halten, die es uns erlauben, mit der unvorhersehbaren Bedrohung fertig zu werden, mit den Umständen, die sich zwangsläufig früher oder später entwickeln werden und die niemand vorhersehen kann».[24] Diese Bedrohungsanalyse schiebt sich im Laufe der neunziger Jahre in der Argumentation westlicher Entscheidungsträger immer weiter nach vorn. Die Sorge richtet sich weniger auf die Möglichkeit eines Rückfalls Rußlands in die Aggression, als vielmehr auf die Unwägbarkeiten einer Zukunft, die, gerade weil sie nicht erkennbar sind, der Sicherheit des Westens gefährlich werden könnten.[25]

Wie in einem Lehrbuch läßt sich in diesen Analysen die Handschrift der anarchischen Struktur des internationalen Systems erkennen. Sie zwingt zur Verteidigungsvorsorge, weil unter den Bedingungen der Systemanarchie nicht mit Verläßlichkeit gewährleistet werden kann, daß keine Gefährdung mehr auftritt. Da Sicherheit das Hauptziel jedes Staates ist, muß schon die Unsicherheit die Verteidigungsvorsorge auslösen. Nur so läßt sich erklären, daß das amerikanische Verteidigungsbudget, mit 271 Mrd. USD auf fast der gleichen Höhe wie in den schlimmsten Zeiten des Kalten Krieges, bis zum Jahr 2005 um weitere 110 Mrd. USD gesteigert werden soll. Gewiß trägt auch diese Erhöhung partikularen Interessen Rechnung, denen der Rüstungsindustrie, denen der «power projection». Aber sie alle leben von der vordergründigen Plausibilität der Gesamtbegründung, die sich auf die im internationalen System herrschende Ungewißheit stützt. Der vom Kongreß eingesetzte private «Ausschuß für die nationale Verteidigung» brachte es im Dezember 1997 noch einmal auf den Punkt: «Wir können nicht das ganze Ausmaß und die Natur künftiger Herausforderungen kennen. Dennoch müssen wir kritische Entscheidungen und Auswahlen treffen, die bedeutende Investitionen von Ressourcen und Energien einschließen.» Zwar seien die Vereinigten Staaten Ende der neunziger Jahre sicher. «Aber wir müssen antizipieren, daß künftige Gegner aus der Vergangenheit lernen und uns in sehr verschiedenen Weisen herausfordern werden».[26]

b) Das Sicherheitsdilemma klein schreiben

Daß diese Analyse plausibel klingt, läßt sich gar nicht bezweifeln. Die Welt ist bei weitem nicht so übersichtlich geworden wie das euro-atlantische System. Die Zukunft ist prinzipiell offen, niemand kann ausschließen, daß den Vereinigten Staaten – und dem Westen – eines Tages ein neuer Gegner entsteht, der die Nachfolge der alten Sowjetunion antritt. Was möglich ist, ist deswegen noch lange nicht wahrscheinlich.

Die Clinton-Administration hatte – wie die gesamte NATO – daraus auch die Konsequenz gezogen und sich ein gemäßigtes Aufrüstungsprogramm verschrieben. Washington versuchte, all jenen Interessen einen Dämpfer aufzusetzen, die von der Ungewißheit des Internationalen Systems profitieren wollen. In den USA ist das besonders die Lobby für ein umfassendes Raketenabwehrsystem. Von Präsident Ronald Reagan 1983 offiziell gestartet, wurde es seit dem Ende des Kalten Krieges mit mittlerem bis mäßigem Tempo weiter betrieben, weil zu größerem Aufwand kein Anlaß bestand (immerhin wurden bis 1998 mehr als 50 Mrd. USD ausgegeben). Der republikanisch geführte Kongreß war da anderer Meinung, setzte eine überparteiliche «Kommission zur Bewertung einer Raketendrohung gegen die Vereinigten Staaten» ein, deren im Juli 1998 vorgelegter Bericht die beruhigende Wahrscheinlichkeitsrechnung der Regierung über den Haufen werfen wollte. Der Vorgang erinnert an die berühmte Einsetzung des «Team B», mit dem die der Rüstungsindustrie freundlich gesonnenen Konservativen 1976 die gemäßigten (obwohl, wie sich später zeigte, auch schon stark übertreibenden) Einschätzungen der sowjetischen Bedrohung durch den amerikanischen Geheimdienst nach oben korrigieren wollten. 1998 mußten «Schurkenstaaten» wie Nordkorea und Iran herhalten, um die Bedrohung zu veranschaulichen.

Dieser Versuch mußte alsbald aufgegeben werden. Die Lobby errang in dem Klima zunehmender Gewaltbereitschaft der NATO 1998/99 bedeutende Erfolge. Die Clinton-Administration gab im Frühjahr 1999 ihren Widerstand gegen den Aufbau eines Raketenabwehrsystems auf und wollte bis zum Jahr 2005 10,5 Mrd. USD für seine Stationierung ausgeben. Für den Krieg im Kosovo wurden 1999 6 Mrd. USD dem Verteidigungshaushalt hinzugefügt.

Daß Serbien nicht die Sicherheit der USA und der NATO bedrohte, sondern gegen die Unabhängigkeitsbewegung des Kosovo kämpfte, wurde nicht einmal mehr registriert. Der Gewalteinsatz hat jenen Kräften Auftrieb gegeben, die die Systemanarchie als Vorwand für die Steigerung der amerikanischen Militärpotentiale benutzen wollen. Als Anarchie wird, wie Alexander Wendt[27] nachgewiesen hat, das angesehen, was in der innenpolitischen Diskussion der Staaten dafür ausgegeben wird. Das Sicherheitsdilemma ist eine politisch konstituierte Größe. Es kann, je nach der innenpolitischen Kräftekonstellation, herauf- und heruntergefahren werden.

Diese politische Verfügbarkeit des Sicherheitsdilemmas kann man nur zerstören, wenn man ihre Ursache aufhebt, also die Systemanarchie durch Zusammenarbeit abbaut. Das könnten global die Vereinten Nationen und regional ihre Unterorganisationen. Die Welt ist noch keine Einheit, sondern ein Zusammenhang von Regionen, in denen jeweils eigene, identifizierbare Konfliktkonstellationen herrschen.

Deswegen war es so richtig, in Europa die OSZE einzurichten, und ist es so falsch, sie zu vernachlässigen. Deswegen sollte in Lateinamerika die Organisation der amerikanischen Staaten zur Vertrauensbildung zwischen den Ländern dieser Region eingesetzt werden. Denselben Zweck könnte in Afrika die Organisation der Afrikanischen Einheit erfüllen, wozu sie freilich etwas Hilfe brauchte. In Südostasien haben die ASEAN-Staaten 1994 das ASEAN Regional Forum (ARF) eingerichtet, zu dem sie fast alle Staaten Asiens (leider nicht Nordkorea), die USA und die Europäische Union eingeladen haben. Ursprünglich dazu bestimmt, nach einer erwarteten Minderung der amerikanischen Präsenz im Pazifik die Machtposition Chinas auszugleichen, dient es inzwischen auch dazu, einen «systematischen Dialog» einzurichten und darin gerade auch China miteinzubeziehen.[28] Das ARF ist ganz offenkundig der OSZE nachempfunden, aber man muß hoffen, daß ihm eine bedeutend größere Rolle zugebilligt werden wird.

Bis zum Eintritt der Wirtschaftskrise 1997 war die Aufrüstung Ostasiens mächtig in Fahrt gekommen, vor allem die Seerüstung. Subvention und Korruption haben dabei eine größere Rolle gespielt als äußere Bedingungen,[29] jedenfalls bei den ASEAN-Staaten. Japan verfügt – nach den Vereinigten Staaten und Rußland – über das größte Verteidigungsbudget der Welt, China über das viertgrößte. Die im April 1996 verkündete amerikanisch-japanische «Sicherheitserklärung», die Japan zu größeren militärischen Aktivitäten ermuntert, ist zwar, wie die USA und Japan verkünden, gegen niemanden gerichtet. Sie wird aber in China ebenso zwangsläufig als Bedrohung aufgefaßt wie die Osterweiterung der NATO in Moskau. Nimmt man noch die Verständigung der USA mit Australien hinzu, die den Norden dieses Kontinents mit der amerikanischen Militärpräsenz in Okinawa verbindet, dann gibt es allen Anlaß, diese Rüstungsdynamik im Pazifik mit großer Aufmerksamkeit zu betrachten. Sie ist das Produkt des Sicherheitsdilemmas.

China ist, wie der frühere amerikanische Verteidigungsminister James Schlesinger sagt, keine Bedrohung für die USA, will und wird auch keine werden. Aber es könnte durch die amerikanische Vorrüstung gezwungen werden nachzuziehen.[30] Es fehlt auch nicht an Streitpunkten, wie der ungeklärten Zukunft Taiwans, den divergierenden Besitzansprüchen auf die Spratly-Inseln und der noch immer andauernden Teilung des koreanischen Subkontinents mit dem unberechenbaren Regime in Nordkorea.

Auf all diese Unwägbarkeiten und Problemzonen mit weiterer Verstärkung der militärischen Komponenten zu reagieren, wäre die traditionelle, aber eben auch die falsche Reaktion. Statt dessen sollte das ASEAN Regional Forum gestärkt und vor allem bei seiner Bemühung unterstützt werden, die Rüstungen der Staaten der Region transparent zu machen, um die Ungewißheit zu verringern. Bei den riesigen Entfernungen des pazifischen Raums müßten entsprechende internationale Institutionen auch in Nordostasien aufgebaut bzw. ausgebaut werden.[31] Nur durch den Ausbau solcher Organisationen und die Intensivierung der Zusammenarbeit in ihnen kann sichergestellt werden, daß die Absichtserklärungen der einen von der anderen Seite zum Nennwert akzeptiert und nicht als Täuschungsmanöver beiseite gelegt und mit eigener Aufrüstung beantwortet werden.

Es gibt keine sinnvolle Alternative zu dieser Strategie. Sie bildet die einzige Möglichkeit, der großen Gewaltursache, die in der von der Systemanarchie gestifteten Unsicherheit liegt, zu entkommen. Sich ihr zu stellen, indem man sie akzeptiert und mit einer «balance of power»-Strategie zu beenden versucht, ist heute so aussichtslos wie eh und je. Die sich ausbreitende Gesellschaftswelt bietet statt dessen die neue Möglichkeit, durch die Institutionalisierung der Kooperation Vertrauen und Gewißheit im globalen System zu schaffen und die Gewaltursache Nummer Eins, das Sicherheitsdilemma, zu vermindern. Man muß diese Chance nur ergreifen und die internationalen Organisationen richtig benutzen.

In ihnen und in dem Multilateralismus als Verfahrensprinzip insgesamt, den Präsident Clinton zu Beginn seiner Amtszeit gerade im pazifischen Raum so stark gefördert hat, steht ein Instrument bereit, das die eine der beiden großen Gewaltursachen beseitigen kann. Wer die internationalen Organisationen vernachlässigen zu können glaubt, weil sie über keine Armeen verfügen, erweist sich nicht als Realist, sondern outet sich als Anachronist.

3. Angleichung der Machtfiguren

Neben der großen und bedeutenden Gewaltursache des Sicherheitsdilemmas erzeugt die Systemanarchie noch eine zweite. Sie ist kleiner, ihr Strukturgewicht sozusagen leichter. Aber auch sie will bedacht und wenn möglich aus der Welt geschafft werden. Realpolitiker wußten seit jeher, und die Theorie des Realismus hat ausgiebig erläutert, daß die Gewaltneigung in einem internationalen System auch beeinflußt wird durch die darin herrschende Machtverteilung. Sie stellt das jeweils gegenwärtige Ergebnis der Kriege und Kämpfe dar, wird also maßgeblich hervorgerufen durch die anarchische Struktur eines internationalen Systems. Die darin erzeugten Machtfiguren bilden deren Derivat.

Sie sind das Produkt der unaufhörlichen Machtkonkurrenz zwischen den Staaten, die sowohl früher als traditionelle Monarchien wie heute als moderne Demokratien darauf bedacht waren bzw. sind, ihre Macht zu erhalten und, wenn möglich, zu vergrößern. Gewinnt dabei ein Staat überproportional an Macht, so entsteht eine hegemoniale Figur. Sie ist stabil, aber nur auf Zeit. Die ungleiche Machtverteilung treibt die Abhängigen an, sich aus der hegemonialen Vorherrschaft zu lösen.

Ist die Machtfigur in einem internationalen System dagegen eher egal, sind also die Staaten einigermaßen gleich groß und gleich stark, so bilden sich Gruppierungen, die einander in Schach halten und dafür sorgen, daß kein Staat oder keine Staatengruppe die Suprematie erlangt. Solche Gleichgewichtssysteme können über längere Zeit durchaus stabil sein. Das Europäische Mächtekonzert währte von 1815 bis zum Krim-Krieg 1856; das bipolare Gleichgewichtssystem des Ost–West-Konflikts dauerte von 1948 bis 1990, also genauso lange. Die Dynamik des Gleichgewichtsdenkens wohnt auch dem Konzept des Kollektiven Sicherheitssystems inne. Greift ein Staat nach größerer Macht oder sogar zur Gewalt, schließen sich die anderen gegen ihn zusammen und verhindern, daß das Ungleichgewicht zustande kommt.

Das Gleichgewicht als Therapie der in der Machtverteilung liegenden Gewaltursachen ist seit Jahrhunderten ein gängiger und beliebter Topos der politischen Literatur,[32] allerdings kein einfacher. Der Begriff ist unklar, schon in den zwanziger Jahren wurden ihm mehr als tausend Bedeutungen zugewiesen.[33] Selbst bei Morgenthau, dem großen Klassiker der internationalen Politik, bleibt offen, ob das Machtgleichgewicht nun als Ziel, Zustand, Ergebnis oder Voraussetzung zu begreifen ist. Während des Kalten Krieges erwies es sich trotz großer Anstrengungen als unmöglich, ein Gleichgewicht zwischen den militärischen Potentialen der NATO und des Warschauer Paktes auch nur zu definieren. Ungleichgewichte hingegen machen sich deutlich bemerkbar, und deswegen ist der Gedanke an eine – wie auch immer beschaffene – Gleichheit von Größen nicht unwichtig.

Die Machtfigur muß noch unter einem anderen Aspekt besprochen werden, nämlich dem der Störung. In einem internationalen System pendeln sich, wie in jedem anderen System auch, die Beziehungen zwischen den Einheiten langsam ein. Es entsteht eine Figur, eine Art Ordnung, die über Zeit hin auch stabil bleiben kann. Wird sie gestört, etwa durch den Auftritt eines neuen oder den Zerfall eines alten Akteurs, gerät das System in Turbulenzen. Dafür gibt es viele Beispiele. Die Gründung des Deutschen Reiches 1871 hat das Gleichgewichtssystem, das in der Mitte Europas seit einem Jahrhundert herrschte, so maßgeblich gestört, daß sie zur Teilursache zweier Weltkriege wurde. Die stabile Bipolarität des Ost-West-Konflikts beruhte nicht zuletzt darauf, daß die Teilung Deutschlands jenen Störfaktor neutralisierte. Die Einsicht in die Notwendigkeit – und die Möglichkeit –, die 1871 aufgetretene Störung in einer Synthese, der Integration des wiedervereinigten Deutschlands in die Politische Union Europas, wieder aufzuheben, ist das bleibende Verdienst Bundeskanzler Helmut Kohls.

Allerdings stellt auch die Verwandlung der Europäischen Union in eine politische Union eine bedeutende Veränderung der Machtfigur Europas dar. Das sollte in den europäischen Hauptstädten nicht übersehen werden. Wenn 11, 16 oder bald auch 25 Staaten zu einer Handlungseinheit verschmelzen, wird sich die Landkarte der Welt drastisch verändert haben. Rußland, aber auch die USA werden es zu spüren bekommen. Die Beziehung zu beiden bedarf daher sorgfältiger Pflege, damit die neue Figur nicht neue Konflikte auslöst.

Die Unruhen in Bosnien-Herzegowina und im Kosovo müssen auch als Ausläufer des Zerfalls des Osmanischen Reiches gedeutet werden, das nach jahrhundertelanger, auch den Balkan umfassender Herrschaft 1922 von der politischen Landkarte Europas verschwand. Fünfzig Jahre haben nicht ausgereicht, um nach der Gründung des Staates Israel 1948 die neue Machtfigur im Nahen Osten akzeptabel zu machen und zu stabilisieren. Das ist auch in Vorderasien nicht gelungen, wo die Abtrennung Pakistans von Indien nicht nur den Streit um Kaschmir, sondern auch die andauernde Rivalität der beiden ungleichen Staaten ausgelöst hat.

Nicht von ungefähr stammen die erwähnten Beispiele aus der Staatenwelt, in der die alten Machtquellen zählten und die autoritär regierten Staaten sich in souveräner Isolierung gegenüberstanden. Gleichgewichte und Ungleichgewichte waren das Spielmaterial der Diplomatie. In der Gesellschaftswelt geht es um die Symmetrie oder Asymmetrie der gesellschaftlichen Potentiale. Die USA und Japan sind, nach den alten Regeln der Kunst gezählt, Großmacht und Mittelmacht. Aber: Bildung und Innovationskompetenz ihrer Gesellschaften sind einigermaßen gleich. Ihre Potentiale sind, modern berechnet, symmetrisch. Deswegen verhandeln sie heute auch von gleich zu gleich, ist die von ihnen gebildete Machtfigur egal.

Zwischen den USA und Rußland ist es genau umgekehrt. Nach alter Zählung bilden sie zwei gleich starke Großmächte, auch wenn die eine vorübergehend gelitten hat. Ihre gesellschaftlichen Potentiale aber sind höchst ungleich. Sie sind es auch im Verhältnis zwischen der GUS und

Westeuropa. Hier herrscht ein riesiges Wohlstandsgefälle, ein Ungleichgewicht ganz anderer Art.

War in der Staatenwelt ein extremes Ungleichgewicht extrem stabil, etwa das Verhältnis zwischen Großmacht und Kleinstaat, so wirkt eine extreme Asymmetrie in der Gesellschaftswelt konflikttreibend. Sind die gesellschaftlichen Potentiale hingegen symmetrisch, wie zum Beispiel zwischen Luxemburg und Frankreich, spielen die territorialen Größenunterschiede keine Rolle. Die Beziehung ist stabil und friedlich.

Im Derivat der Systemanarchie, der Machtfigur, stecken also zwei Problemkreise. Sind die gesellschaftlichen Potentiale symmetrisch oder asymmetrisch verteilt? Welche Rolle spielt die Anordnung von großen und kleinen Staaten? Ist sie in der Gesellschaftswelt des Euro-Atlantik, der hier vornehmlich behandelt wird, völlig belanglos oder hat sie eine Restbedeutung behalten?

a) Symmetrierung der gesellschaftlichen Potentiale

Realismus und Realpolitik haben den Machtfiguren, der «configuration of power», stets große Bedeutung beigemessen, unter Macht vor allem die Gewaltpotentiale verstanden. Fast genauso alt ist die Frage, wie sich die durch die Verteilung der Gewaltpotentiale entstehende Machtfigur auf die Stabilität eines internationalen Systems auswirkt. Morton Kaplan[34] hat dazu vor einem halben Jahrhundert die maßgebende theoretische und historische Studie vorgelegt. Sie war sehr viel differenzierter als die Lehre vom «Gleichgewicht der Macht», die, versteht man sie als Strategieanweisung, nachgewiesenermaßen keinen Krieg verhindert hat. Der Ost-West-Konflikt ist kein Gegenbeispiel. Seine Stabilität beruhte bis Anfang der siebziger Jahre auf einem den Westen begünstigenden Ungleichgewicht der Militärpotentiale; als die sowjetische Aufrüstung es auszutarieren begann, destabilisierte sich der Konflikt. Große Ungleichgewichte bewirken also nur vordergründig und zeitweise eine gewisse Ruhe. Mittelfristig regen sie den aufholenden Wettbewerb an. Jede Hegemonialmacht hat noch immer ihre Gegenmacht auf den Plan gerufen.[35]

In der Gesellschaftswelt hat die Macht nicht ihre Bedeutung verloren, wohl aber ihre Quelle. Macht stammt nicht mehr aus den militärischen Gewaltpotentialen, die noch verteidigen und zerstören, aber nichts mehr gewinnen und gestalten können. Macht stammt aus dem Humankapital, den gesellschaftlichen Ressourcen. Sie allein, ihre politische und wirtschaftliche Gestaltungsfähigkeit sind imstande, mit der wirtschaftlichen Wohlfahrt eines Staates auch seine modernen Machtquellen zu verstärken. Es gibt also noch die Machtfiguren. Aber sie beschreiben die Aufteilung jener gesellschaftlichen Potentiale auf die einzelnen Staaten und die Auswirkung dieser Verteilung auf die zwischenstaatlichen Prozesse.

An diese neuen Machtquellen müssen die alten Fragen gerichtet werden. Sollen sie überall gleich stark sein, oder wird dem Gewaltverzicht besser gedient, wenn sie asymmetrisch sind, wenn sich reiche und arme, entwickelte und unterentwickelte Staaten gegenüberstehen. Beispiele für den zweiten Fall, in dem reiche und entwickelte Länder armen und unterentwickelten gegenüberstehen, bietet das Verhältnis zwischen den USA und Lateinamerika sowie das zwischen der Europäischen Union und den nordafrikanischen Mittelmeeranrainern. Die extreme Ungleichheit der gesellschaftlichen Potentiale führt zu Armutswanderungen, die die wohlhabenden Länder überfluten. In den armen Ländern treten soziale und politische Erschütterungen auf, die die Region zu destabilisieren drohen.

In den Gewaltpotentialen sind die USA Europa überlegen; in den übrigen Bereichen herrscht Symmetrie. Konflikte drehen sich nicht um die Verteilung der Machtquellen, sondern um die Chancengleichheit ihrer Produkte. Die Beziehungen in der Atlantischen Gemeinschaft sind nicht problemlos, aber eindeutig gewaltlos.

Da die Macht auf dem Wohlstand, der Bildung und der Ingeniosität der Bürger beruht, wird die gleiche Verteilung dieses Potentials zur Grundlage von Kooperation und Gewaltverzicht. Anders als Waffenarsenale erlauben die gesellschaftlichen Potentiale, Wohlfahrt und Reichtum durch Kooperation zu stärken. Der Nachholbedarf der Unterentwickelten schränkt den Wohlstand der Entwickelten nicht ein, sondern steigert ihn sogar. Die deutsche Wirtschaft hat diesen Zusammenhang in Osteuropa längst entdeckt; sie würde ihn auch in Rußland aufsuchen, wenn die Verhältnisse es gestatteten.

Schon in den siebziger Jahren wurde darauf aufmerksam gemacht, daß eine rasche Entwicklung des afrikanischen Kontinents nicht nur den Menschen dort, sondern auch den Produzenten und Konsumenten in Westeuropa dienen würde. Die gesellschaftlichen Potentiale anzugleichen, beseitigt also nicht nur bedeutende und sich sonst vertiefende Gewaltanlässe, sondern schafft die Voraussetzung für die Wohlstandssteigerung auf allen Seiten. Anders als Rüstungswettläufe, die beiden Seiten teuer zu stehen kommen und in einer Explosion von Gewalt enden können, schlagen Entwicklungswettläufe zu beiderseitigem Nutzen aus.

Freilich muß sich das Verständnis der Entwicklungshilfe – deren Problematik hier nicht weiter behandelt werden kann – insofern grundlegend ändern, als sie nicht mehr auf die Exportförderung einzelner Industrien und Unternehmen der Geberländer, sondern auf die Entwicklung der Nehmerländer ausgerichtet werden muß. Daß davon am Ende des Jahrhunderts noch immer keine Rede sein kann, zeigt die Tatsache, daß es den Staaten des südlichen Afrika nach drei Jahrzehnten enger

entwicklungspolitischer Zusammenarbeit mit der Europäischen Union
wirtschaftlich schlechter geht als zuvor. Die Symmetrierung der gesellschaftlichen Potentiale ist kein karitativer Akt, wie es der Begriff der
«Entwicklungshilfe» immer wieder unterstellt, sondern ein eminent politisches Unterfangen, das eine vom Realismus richtig bezeichnete, aber
in der Gesellschaftswelt sich anders präsentierende Gewaltquelle zu beseitigen vermag. Denn wenn das Interesse und der Anspruch vieler Menschen auf die Entfaltung ihrer Existenz nachhaltig und andauernd uner-
füllt bleibt, greifen sie zur Gewalt. Die Aufstände in Kurdistan, in Indonesien und im Gebiet der Großen Seen in Afrika zeigen das.

Solche Asymmetrien der gesellschaftlichen Potentiale werden im
21. Jahrhundert größere Gewaltursachen ausbilden, als die Machtun-
gleichgewichte der Staatenwelt je vermochten. Unter ihnen litten der
Monarch und die politische Oberschicht. Die Unterentwicklung beeinträchtigt Gesellschaften, die ein Bewußtsein ihrer Interessen entwickelt
haben und durch die Medien ständig darüber unterrichtet werden, wie
weit sie hinter ihren Bedürfnissen und Möglichkeiten zurückbleiben. Die
Industriestaaten wirken als Vorbild und als Ärgernis. Ihr Vorbild wurde
dem Bolschewismus im Warschauer Pakt zum Verhängnis, weil es seine
Leistungsfähigkeit demonstrierte. Es wird den Transformationsländern
zum Ärgernis, weil das Wohlstandsgefälle von den Industrieländern nicht
abgebaut wird.

Das bedarf dringend der Korrektur. Es kann der Europäischen Union
nicht gleichgültig sein, wenn sich die wirtschaftliche Misere in Rußland
und den europäischen Staaten der früheren Sowjetunion vertieft. Sie
wird ganz andere politische Wirkungen nach sich ziehen als der Verfall
der russischen Militärmacht. Der Westen kann sich dabei nicht auf das
Argument zurückziehen, daß der Wirtschaftsaufschwung in erster Linie
von den betroffenen Staaten selbst zu erledigen ist. Er hat sehr viel selbst
zu diesem wirtschaftlichen Niedergang beigetragen, so durch das Anraten
hemmungsloser Privatisierung, durch Auflagen des Internationalen Währungsfonds, die, wie das Bestehen auf der sofortigen Konvertibilität des
Rubels, den Ausverkauf der russischen Wirtschaft beschleunigten. Die
westliche Finanzwelt hat unter Anleitung amerikanischer Ökonomen
Rußland einen Transformationskurs zur Marktwirtschaft aufgedrängt, von
dem schon der gesunde Menschenverstand wußte, daß er ins Chaos
führen würde.[36] Das Wirtschaftswachstum wurde auf ausländische Kredite statt auf einheimische Wertschöpfung gegründet.

Diese vom Westen zu verantwortende unverantwortliche Politik hat
den Banken und privaten Akteuren zunächst große Gewinne, später her-
be Verluste eingebracht, aber darüber hinaus Rußland ruiniert.[37] Schließlich darf auch die Europäische Union nicht vergessen werden, die mit
ihrer augenscheinlich so großzügigen Nahrungsmittelhilfe an Rußland

das Agrarpreisniveau dort unterboten und damit die russische Landwirtschaft nachhaltig geschädigt hat.

Selbstverständlich hat es unter den entstandenen Bedingungen keinen Zweck, bedingungslos Kapitalhilfe nach Rußland fließen zu lassen. Es gilt zunächst, den Strukturverfall zu beseitigen. Dazu kann eine von der Europäischen Union organisierte systematische Beratung, die auch die Erfahrungen des Marshallplans mit einbezieht, sehr viel mehr und besseres beitragen als die Einzelmeinung privatisierender Ökonomen. Dann aber könnte das Hilfsvolumen des Westens an Rußland und die europäischen Nachfolger der Sowjetunion durchaus gesteigert werden. Die gesamte Hilfe der OECD-Staaten für alle ehemaligen Mitglieder des Warschauer Paktes ging von 22 Mrd. USD 1994 auf 11 Mrd. USD 1995 zurück. Das ist ungefähr der Betrag, den die deutschen Landwirte für ihre Sozialversicherung 1995 erhielten. Vergleicht man diese lächerliche Summe mit den 463 Mrd. USD, die die NATO-Länder für ihre Verteidigung aufwandten (1994 in jeweiligen Preisen und Wechselkursen), dann zeigt sich die Aufmerksamkeitsverteilung der westlichen Politik überdeutlich. Sie konzentriert sich auf die Bewahrung und Erweiterung ihres Gewaltpotentials und vernachlässigt dafür die 1990 richtig begonnene, aber dann eben in den Hintergrund abgeschobene Bemühung um den Abbau der Gewaltursache, die in der drastischen Asymmetrie der gesellschaftlichen Potentiale zwischen West und Ost liegt. Für die Jahre 2000 bis 2006 hat die Europäische Kommission ein Förderprogramm in Höhe von insgesamt 8 Mrd. DM (4 Mrd. Euro) eingeplant, das Rußland und zwölf weiteren Staaten der früheren Sowjetunion zugute kommen soll. Das ist etwas mehr, aber keinesfalls genug.

In der Gesellschaftswelt aber sind die Einstellungen der Öffentlichkeit von politisch gestaltender Bedeutung. In den neuen Bundesländern läßt sich zehn Jahre nach der Wiedervereinigung in nuce ablesen, welche politischen Auswirkungen enttäuschte Erwartungen mit sich bringen. Wenn die Gesellschaften Rußlands und der europäischen Mitglieder der früheren Sowjetunion feststellen, daß ihre Hoffnungen auf die Verbesserung ihrer Lebensbedingungen vom Westen nicht nur nicht erfüllt, sondern oftmals konterkariert worden sind, daß an die Stelle des erhofften, wenn auch langsamen Aufstiegs zur Symmetrierung der gesellschaftlichen Potentiale die Kooperation mit dem Westen das Gegenteil bewirkt hat, braucht man sich über eine negative Reaktion nicht mehr zu wundern.

Die westliche Führung stützt sich, wenn sie an die «balance of power» denkt, beruhigt auf die alten Gewaltkataloge im Kopf, deren Zahlen den Westen so augenfällig begünstigen. Leider sind sie ganz und gar untauglich dafür, die heute mögliche kooperative Partnerschaft mit (vor allem) Rußland und der Ukraine herzustellen und zu fördern. Die westeuropäischen Gesellschaften sollten diesen Anachronismus nicht zulassen, sondern die Regierungen veranlassen, auf die Gesellschaften in Osteuropa und der GUS zu blicken, deren Konsens herbeizuführen. Damit – nicht mit der NATO – können die Gewaltquellen ausgetrocknet werden, die der Gesellschaftswelt zu schaffen machen.

Der Westen muß nicht blind Kapitalhilfe nach Rußland scheffeln, solange sie dort in dunklen Kanälen versickert. Politikhilfe ist gefragt, Hilfe zum Aufbau der Marktwirtschaft, Anleitung der gesellschaftlichen und wirtschaftlichen Akteure. Viel wird in dieser Hinsicht schon getan, aber nicht genug. Die Europäische Kommission mußte einräumen, daß für die Hilfe bestimmte Gelder in großem Ausmaß den Beratungsfirmen zugute gekommen sind, nicht den Menschen in der GUS. Die EU sollte sich eingestehen, daß 1,3 Mrd. DM pro Jahr für ein Gebiet wie die ehemalige Sowjetunion nicht einmal als der sprichwörtliche Tropfen anzusehen sind, der den heißen Stein kühlen soll. Wenn die Regierungsapparate die Einsicht nicht aufbringen, muß die Gesellschaft sie ihnen abfordern. Denn sie ist es, der letztlich die Rechnung für die veraltete Politik zugeschoben werden wird. Sie bezahlt mit einem neuen Konflikt (und immer neuen Kanonen), daß die Politischen Systeme immer nur an das Machtgleichgewicht denken, während die eigentliche Gewalturtsache längst ausgewandert ist in die Unzufriedenheit verarmender Gesellschaften.

b) Die Machtfigur der Atlantischen Gemeinschaft

Sind die gesellschaftlichen Potentiale, die Quellen der Macht in der Gesellschaftswelt, symmetrisch, so ist die wichtigste Voraussetzung für die Kooperation als internationales Beziehungsmuster gegeben. Ein bedeutender, in der Asymmetrie dieser Potentiale liegender Anlaß zur Gewalt ist dann beseitigt.

Über dieser einigermaßen gleich ausgestatteten Basis der Macht erhebt sich aber noch immer die alte Frage nach ihrer Verteilung. Auch wenn die Quellen der Macht überall gleich fließen, so kann ein Staat weniger, ein Staat mehr davon besitzen. Es gibt also auch in der Gesellschaftswelt große und kleine Staaten, wenn auch ihre Größen nicht mehr nach Waffenarsenalen, sondern nach wirtschaftlicher Potenz und gesellschaftlicher Leistungs- und Anpassungsfähigkeit berechnet werden. So muß erneut gefragt werden, ob symmetrische oder asymmetrische Verteilungen dieser Machtquellen stabiler sind, ob gleichgewichtige oder ungleichgewichtige Verteilungen die Kooperation begünstigen.

In der Gesellschaftswelt stellen sich diese Frage sehr viel genauer. Hier geht es wirklich nur um Macht-, nicht um Gewaltpotentiale. Hat deren Aufteilung unter große und kleine Staaten überhaupt noch eine politische Wirkung, oder ist sie irrelevant geworden angesichts der Symmetrie der gesellschaftlichen Machtquellen?

Aufschluß darüber vermittelt ein Blick in die Atlantische Gemeinschaft zwischen Nordamerika und Westeuropa. Die gesellschaftlichen Potentiale sind hüben wie drüben, mißt man sie am Bruttoinlandsprodukt pro Kopf ausgewählter Staaten, einigermaßen symmetrisch. 1995 belief es sich in den USA auf 27 547 USD, in Frankreich lag es bei 26 505 USD. In Kanada bewegt sich das Bruttoinlandsprodukt pro Kopf mit 19 100 USD ungefähr auf der Höhe dessen, was in Großbritannien gängig ist. Von einer Asymmetrie der gesellschaftlichen Potentiale kann jedenfalls im atlantischen Verhältnis nicht die Rede sein.

Ihre Verteilung hingegen ist ausgesprochen ungleich. In den USA sind Machtquellen in einer Menge konzentriert, wie sie keiner der kleinen europäischen Staaten aufweisen kann. In ihren bilateralen Beziehungen mit den USA gibt die Großmacht den Ton an, die kleinen europäischen Staaten müssen folgen. Das gilt sogar im Sachbereich der wirtschaftlichen Wohlfahrt. Der riesige amerikanische Markt produzierte 1995 ein Volumen von Gütern und Dienstleistungen in Höhe von 7,2 Billionen USD. Der deutsche Markt brachte es nur auf 2,4 Billionen USD, also ein Drittel. Die Folge ist, daß der amerikanische Markt dominiert.

Im Sachbereich der Politik und Sicherheit sind die Verhältnisse noch klarer. In den USA lebten 1995 263 Millionen Menschen, in Deutschland 81 Millionen, in Belgien 10 Millionen. Waren die gesellschaftlichen Potentiale also in ihrer Ausstattung gleich, so waren sie höchst ungleich verteilt. Einer Ballung in den Vereinigten Staaten stand eine Parzellierung der sechzehn kleinen europäischen Staaten gegenüber. Die Folge war eine eindeutig hegemoniale Machtfigur in den Bereichen Wirtschaft und Politik. Sie wurde durch die beherrschende und während des Kalten Krieges zum Schutz der Europäer eindeutig erforderliche militärische Überlegenheit der Vereinigten Staaten vor allem im Bereich der strategischen Waffen noch unterstrichen. War die Gesellschaftswelt in der Atlantischen Gemeinschaft gleich stark ausgeprägt und schon von daher jeder Gedanke an einen Gewalteinsatz absurd, so erschuf die ungleiche Verteilung der Machtquellen eine höchst ungleiche, hegemoniale Machtfigur.

Es ist interessant zu sehen, wie diese Figur durch den sukzessive sich vollziehenden Zusammenschluß der Europäer verändert wurde. Was 1957 als Europäische Wirtschaftsgemeinschaft mit sechs Mitgliedern begann, schloß die Außenhandelspolitik der Mitglieder zusammen, so daß auf diesem Teilgebiet ein Gleichgewicht mit den USA entstand. Die amerikanische Hegemonie bildete sich zurück. Seit 1973 geschah etwas Ähnliches auf dem Gebiet der Währungspolitik. Die EG-Mitglieder und Dänemark schufen einen Wechselkursverbund, dem 1978 das Europäische Währungssystem und seit Januar 1999 die Europäische Währungsunion folgte. Die binnenwirtschaftliche Integration der Europäischen Gemeinschaft führte 1993 zur Vollendung des Binnenmarktes, also zur Schaffung eines Wirtschaftsraumes, der dem der USA ebenbürtig, wenn nicht sogar überlegen war. Das Bruttoinlandsprodukt der Europäischen Union betrug 1994 (in jeweiligen Preisen) 14,1 Billionen DM, war also genauso groß wie das der USA mit 14,9 Billionen DM.[38]

Im Sachbereich der wirtschaftlichen Wohlfahrt ist die Macht zwischen den USA und Westeuropa nunmehr gleich verteilt. Kompromisse werden dadurch erleichtert, die Beziehungen stabilisiert. Beide Seiten müssen Konzessionen machen: Westeuropa in seinem Agrarprotektionismus, die USA in ihrer Nonchalance gegenüber den eigenen Zahlungsbilanzdefiziten. Den USA werden dabei mehr Opfer abverlangt. Es ist immer schwieriger, Vorteile zu verlieren, die man lange genossen hat, als solche zu bekommen, die lange entbehrt wurden. Aber vom neuen Gleichgewicht profitieren beide Seiten, weil es die Zusammenarbeit fördert. Waren sie immer schon aufeinander angewiesen, so kommt der erzeugte Nutzen fortan beiden gleich zugute.

Im Sachbereich der Sicherheit und Außenpolitik aber herrscht am Ende des Jahrhunderts noch immer Asymmetrie, erfreuen sich die USA hegemonialer Stärke. Auch hier ist der Prozeß des «balancing» seit langem in Gang.[39] Mit der Einheitlichen Europäischen Akte von 1986 wurde die Europäische Politische Zusammenarbeit (EPZ) in die EG aufgenommen und mit dem Vertrag von Maastricht 1991 zur Gemeinsamen Außen- und Sicherheitspolitik umgestaltet. Allerdings blieb es bei der Namensänderung; auch der Vertrag von Amsterdam, der 1999 in Kraft getreten ist, beließ es bei der intergouvernementalen Zusammenarbeit in der Sicherheits- und Außenpolitik, also beim alten.[40]

Im Sachbereich der Außen- und Sicherheitspolitik hat sich in der Atlantischen Gemeinschaft das Gleichgewicht noch nicht eingestellt, weil die Voraussetzungen noch nicht geschaffen worden sind. Mit 300 Millionen Einwohnern ist das gesellschaftliche Potential der Europäischen Union zwar größer als das der USA. Nimmt man aber die Verteidigungsaufwendungen als Maßstab des politischen Gewichts, dann brachten die europäischen NATO-Staaten 1994 mit 167,7 Mrd. USD nur zwei Drittel der 295,8 Mrd. auf, die die USA diesem Sachbereich zuwandten. Vor allem haben die 14 europäischen NATO-Mitglieder ihre souveräne Vereinzelung beibehalten, auch die zehn, die der EU angehören. Großbritannien fühlt sich ohnehin den USA mehr verbunden als den kontinentaleuropäischen Partnern. Es bremst deren Integrationsabsichten, wie es das schon bei der EWG-Gründung 1957 zu tun versucht hatte. Auch bevorzugen viele europäische NATO-Mitglieder die Führung durch die USA gegenüber der engeren Kooperation untereinander, vor allem mit Deutschland.

Die USA ihrerseits hatten sich zwar auf der deklaratorischen Ebene immer für die europäische Integration ausgesprochen, operativ aber alles daran gesetzt, sie zu verhindern. Erst Präsident Clinton wollte 1994 mit dieser Tradition brechen; heraus kam schließlich 1996 in Berlin die etwas vergrößerte, aber immer noch an die Zustimmung der USA gebundene Selbständigkeit der Europäer im Rahmen der «Alliierten Streitkräftekommandos» (Combined Joint Task Forces). Dabei hatten sich 1995 nicht nur der deutsche und der französische, sondern sogar der britische Verteidigungsminister dafür eingesetzt, in einem neuen zweiten transatlantischen Pakt die Gleichberechtigung der Europäer festzuschreiben.

Das eiserne Festhalten der amerikanischen Regierung an ihrer hegemonialen Vormachtstellung und die Verweigerung jeder Symmetrierung der NATO-Führung unterminieren die Stabilität der Atlantischen Gemeinschaft. Frankreich und England verabredeten im Dezember 1998 in Saint Malo, daß Europa wenn nicht außerhalb, dann doch innerhalb des Bündnisses eine eigenständige Rolle spielen müsse. Ist daraus nichts geworden, so zeigt der Vorgang, wie hoch die Spannungen im euro-atlantischen Verhältnis sind.

Die USA würden merklich entlastet, wenn Westeuropa, was schon Präsident Kennedy gewünscht hatte, die zweite Säule der Atlantischen Gemeinschaft bildete. Das von ihnen geforderte «Burden-Sharing» fände statt. Der amerikanische Rüstungshaushalt könnte gesenkt, die eingesparten Gelder innenpolitischen Bedürfnissen der amerikanischen Gesellschaft zugeführt werden.

Allerdings müßte die amerikanische Regierung dann auch die Macht teilen. Dagegen sperren sich Politiker und Beamte, obwohl sie persönlich gar nicht von dieser Macht profitieren und meist nur für kurze Zeit im Amt sind. Also muß die europäische Gegenmacht Abhilfe schaffen.

An dieser Entwicklung der Atlantischen Gemeinschaft läßt sich ablesen, daß die Machtfigur des Gleichgewichtes auch in der Gesellschaftswelt nicht bedeutungslos ist. Allerdings tariert das Gleichgewicht nicht mehr antagonistische Beziehungen aus, es dient nicht der Abschreckung eines möglichen Aggressors. In der Gesellschaftswelt stärkt es die Voraussetzungen für Kooperation und Integration. Damit hat es eine ganz andere Bedeutung bekommen, die mit der klassischen «balance of power» gar nichts mehr zu tun hat. Aber der Begriff ist nicht überflüssig geworden. Er macht darauf aufmerksam, daß auch in der Gesellschaftswelt, auch für die Prozeßmuster der Kooperation und der Integration, die Machtfigur eine wichtige Komponente darstellt. Je gleichmäßiger die Macht zwischen den Einheiten verteilt ist, desto stabiler wird die Zusammenarbeit. Der Synergie-Effekt macht es leichter, die Berücksichtigung partikularer Interessen abzuwehren und die in der Interaktion erzeugten Werte gleichmäßiger zu verteilen. Meta-Macht wird also den Macht-

figuren ebenfalls Aufmerksamkeit schenken müssen, wenngleich ihre Bedeutung weit hinter der der Systemanarchie und der gesellschaftlichen
Asymmetrie zurückbleibt.

c) Die Machtverteilung im euro-atlantischen Bereich

Was für die Atlantische Gemeinschaft gilt, gilt auch für andere Systeme,
insbesondere für das euro-atlantische insgesamt. Das Wohlstandsgefälle
zwischen der Atlantischen Gemeinschaft und den Mitgliedern der GUS
bildet, wie erwähnt, eine große Gewaltursache. Die Vertiefung und Erweiterung der Europäischen Union vergrößert aber auch das Machtun-
gleichgewicht. Statt 15 oder (nach der Aufnahme der zehn assoziierten
osteuropäischen Staaten) 25 Einzelstaaten entsteht eine riesige Föderation
mit einer tendenziell gemeinsamen Außen- und Sicherheitspolitik. Sie
wird nicht nur gegenüber den USA die Gleichberechtigung in der Atlantischen Gemeinschaft einfordern. Sie wird gegenüber den Staaten der
früheren Sowjetunion ein neues Ungleichgewicht erzeugen. Deren Gemeinschaft existiert nur auf dem Papier; ein Zerfall der Russischen Föderation läßt sich auch nicht mehr ausschließen. Die Schwierigkeiten,
hier ein neues Gleichgewicht zu finden, sind immens.[41]
Die gesellschaftlichen Asymmetrien zwischen Europa und Rußland
sind riesig. Geographisch ist Rußland unendlich viel größer als der kleine
europäische Subkontinent. Aber dort wohnen mehr als doppelt so viele
Menschen wie in Rußland, und ihr Bruttosozialprodukt pro Kopf ist
dreimal so groß: 14 415 USD gegenüber 4755 USD. Auch ist die Machtverteilung in der GUS denkbar ungleich. Von der Ukraine abgesehen,
stehen der Weltmacht Rußland nur kleine und kleinste Republiken gegenüber.
Die EU darf vor diesen Verhältnissen nicht die Augen verschließen.
Die Zukunft der Gemeinschaft Unabhängiger Staaten muß von ihnen
selbst geregelt werden. Sie liegt aber auch ganz legitim im Interesse der
Europäischen Union und der Atlantischen Gemeinschaft, weil beide vom
Ausgang des Neuordnungsprozesses direkt betroffen werden. Ihre Beteiligung, ihre politische Intervention ist daher dringend erforderlich. Die
Bedeutung, die den Machtfiguren zukommt, müßte den Westen daran
interessiert sein lassen, daß die GUS nicht zerfällt, sondern daß sie we-
nigstens als Wirtschaftsgemeinschaft erhalten bleibt. Dazu müßte die in
Gang befindliche Dezentralisierung der Russischen Föderation gefördert
werden, so daß sich die Ungleichgewichte in der GUS verringern.
Die EU war gut beraten, im «Strategiepapier» und im «Aktionsplan
der Europäischen Union für Rußland» vom 13. Mai 1996 die weitere
Zusammenarbeit der GUS-Staaten zu fordern. Überlegungen, wie sie
Kasachstans Präsident Nasarbajew unter der Überschrift einer Eurasi-

schen Union angestellt hat, sollten daher nicht verworfen, Vorformen davon wie der «Gemeinsame Wirtschaftsraum» zwischen Kasachstan, Usbekistan, Kirgistan, der 1994 gegründet wurde, ernst genommen und gefördert werden. Das gilt auch für die «Gemeinschaft Integrierter Staaten», zu der sich Weißrußland, Kasachstan und Kirgistan 1996 mit Rußland verbunden haben. Natürlich ist es ausschließlich Sache dieser Länder, darüber zu entscheiden, ob sie unabhängig bleiben oder sich zusammenschließen wollen. Aber jede gemeinschaftliche Form der Zusammenarbeit ist besser als der Versuch, die souveräne Unabhängigkeit der Staaten zu verabsolutieren. Gerade die kleineren Mitglieder der GUS wären gut beraten, sich zusammenzuschließen, wollen sie in der Zukunft die zunehmende Abhängigkeit von der Großmacht Rußland vermeiden.

Die westliche Politik sollte jedenfalls eine derartige Entwicklung behutsam fördern, sie in dem gegenwärtig gepflegten Bilateralismus zumindest nicht verstellen. Nicht die staatliche Stabilisierung und nationale Unabhängigkeit der einzelnen GUS-Staaten gilt es zu begünstigen, sondern die Herstellung einer neuen übergeordneten Integrationsgemeinschaft im GUS-Raum.[42]

Ob eine solche Politik machbar ist, steht dahin; aber wenn sie nicht versucht wird, ist sie immer schon gescheitert. Die ordnungspolitische Aufgabe des Westens endet nicht in Warschau, sondern in Wladiwostok. Er muß nicht nur dafür sorgen, daß auf dem Gebiet der früheren Sowjetunion langsam aber sicher Existenzbedingungen entstehen, die den seinen einigermaßen entsprechen. Er muß sich auch um die Machtfigur dieses Gebildes kümmern. Die Errichtung einer russischen Hegemonie muß verhindert und dazu die Dezentralisierung dieses Landes gefördert werden. Es entstünde dann eine Machtfigur, die der der Europäischen Union vergleichbar wäre.

Zwischen beiden könnte später, wie es der Europäischen Kommission vorschwebt, eine Freihandelszone als erste organisierte Beziehung eingerichtet werden. Sie wird allerdings erst dann gleichgewichtig sein, wenn die gesellschaftlichen Potentiale der GUS zum Stand derer in der EU einigermaßen aufgeschlossen haben. Das wird lange dauern. Wichtig ist, dieses Ziel anzustreben, es nicht gegen andere auszutauschen. Der Einsatz von Meta-Macht ist immer in Gefahr, vernachlässigt zu werden. Der Horizont der Politik ist mit Aktualitäten angefüllt, die es sehr schwer machen, die Strukturpolitik nicht aus dem Auge zu verlieren. Und doch ist sie entscheidend. Nur wenn die Strukturen geändert werden, aus denen die Gewalt entsteht, werden die Prozesse in die gewünschte Richtung gesteuert. Die Voraussetzungen sind in der Gesellschaftswelt gegeben. Die Politik ist gefordert, auf ihnen die richtigen Strukturen zu errichten.

4. Demokratisierung der Herrschaftssysteme

Meta-Macht muß vor allem eingesetzt werden, um die zweite große Gewaltursache zu beseitigen: die autoritär-diktatorialen Herrschaftssysteme. Zu Recht hatte Präsident Clinton sie 1993 in das Zentrum seiner außenpolitischen Strategie gestellt; zu Recht beschloß die in Paris am 24. November 1990 neu gegründete KSZE als erste und sozusagen wichtigste Maßnahme, ein Expertenseminar über demokratische Institutionen abzuhalten. Es fand ein Jahr später in Oslo statt. Demokratisierung der Herrschaftssysteme stellt die wichtigste Sicherheitsstrategie dar. Man braucht sich nur vorzustellen, welche Sicherheitsgarantie für ganz Europa entstünde, wenn in Moskau ein Herrschaftssystem installiert wäre, das dem in Washington oder in Berlin gleichkommt.

Demokratisierungsstrategien bilden das wichtigste Aufgabenfeld der Meta-Macht. Um hier erfolgreich zu sein, muß sie ein Hindernis aus dem Weg räumen und ein strategisches Problem lösen. Das Herrschaftssystem eines Landes von außen zu verändern heißt, in dessen innere Angelegenheiten einzugreifen. Solche Einmischung ist vom Völkerrecht strikt verboten. Was ist da zu tun?

Wie soll die Demokratisierungsstrategie aber auch praktisch vonstatten gehen? Die «re-education» der Deutschen nach 1945 hin zur Demokratie wurde durch die Siegermächte unter Besatzungsrecht ausgeführt. Das war einfach, aber auch einmalig. Ist es nicht im Normalfall unmöglich, von außen und ohne Gewalt das Herrschaftssystem eines Landes zu verändern?

a) Einmischung ist geboten

Das Verbot, sich in die inneren Angelegenheiten eines fremden Staates einzumischen, ist Bestandteil des klassischen Völkerrechts und ein selbstverständliches Korrelat des Souveränitätsprinzips. Wenn es auch dem Völkerrecht bisher nicht gelungen ist, diese «inneren Angelegenheiten» befriedigend zu definieren und den Begriff der «Einmischung» säuberlich abzugrenzen, so hat das Interventionsverbot in der Staatenwelt durchaus eine heilsame Wirkung ausgeübt. Deswegen ist es auch im Artikel 2, Abs. 4 der Charta der Vereinten Nationen festgeschrieben worden. Wie immer man diese «inneren Angelegenheiten» zu beschreiben versucht, ihr Zentrum wird von der Gestaltung des Herrschaftssystems gebildet, also des Verhältnisses zwischen der Gesellschaft und ihrem politischen System. Dies zu ordnen, bildet den Kern der inneren Angelegenheit. Wer in dieses Verhältnis von außen einzuwirken versucht, der interveniert.

Dieses Verdikt wird nicht dadurch abgeschwächt, daß eine solche Intervention, weil sie sich auf die Demokratisierung des Herrschaftssystems richtet, durchaus berechtigt ist. Sie beseitigt eine große Gewaltursache, von der die Umwelt unmittelbar betroffen wird. Deren Sicherheit hängt davon ab, daß die autoritär-diktatorialen Herrschaftssysteme durch demokratische ersetzt werden. Also hat sie aus Gründen ihrer Sicherheit einen Anspruch auf die Beseitigung der sie bedrohenden Gewaltursache. Er wurde schon vom amerikanischen Präsidenten Woodrow Wilson formuliert und in dem berühmten, von Präsident Eisenhower proklamierten «Kreuzzug für die Freiheit» erneut artikuliert. Präsident Ronald Reagan hatte 1983 eine «Nationalstiftung für Demokratie» ins Leben gerufen, die – wie übrigens die parteinahen Stiftungen der Bundesrepublik schon lange davor – die Demokratisierung in ihren Gastländern vorantreiben sollte. Wenn die Europäische Union die Einführung der Demokratie zur Voraussetzung der Mitgliedschaft erklärt, interveniert sie ebenfalls. Handeln sie also alle rechtswidrig? Natürlich nicht. Der Augenschein stammt von der Verwendung eines vormodernen positivistischen Staatsbegriffs, der bis auf wenige Ausnahmen noch immer im deutschen Staats- und Völkerrecht verwendet wird. Da gehört die Souveränität dem «Staat», der durch die Staatsregierung repräsentiert wird.

In der modernen liberalen Staatstheorie ist der Träger der Souveränität nicht «der Staat», sondern das Volk, die Gesellschaft. Wenn sie von einem Diktator oder einem Autokraten beherrscht und unterdrückt wird, dann ist es die Pflicht der internationalen Umwelt dieses Landes, der Gesellschaft, dem eigentlichen Souverän, zu Hilfe zu kommen. Wer von außen der Demokratisierung aufzuhelfen versucht, interveniert nicht, weil er nicht gegen den Souverän, sondern für ihn tätig wird. Diese Einmischung ist nicht nur nicht verboten, sie ist geradezu geboten.

Die Interessen der Umwelt fallen also mit denen der betroffenen Gesellschaft zusammen. Diese will den Diktator, jene eine Gewaltquelle loswerden. Wer aus Gründen seiner Sicherheit zugunsten der Demokratisierung in einem anderen Lande interveniert, interveniert zugunsten der Gesellschaft dort gegen ihr Politisches System, das ihr die als dem Souverän zustehende Partizipation an der Herrschaft verweigert.

Auf diesem Zusammenhang beruhte schon die Legitimation des Westens in der politischen Auseinandersetzung mit den kommunistischen Regimen im Warschauer Pakt. Darauf beruhte der 1995 in Dayton, Ohio, eingeleitete Versuch des Westens, in Bosnien-Herzegowina ein demokratisch legitimiertes Herrschaftssystem zu installieren. Darauf beruhte 1998 die Drohung der NATO, Serbien militärisch anzugreifen, wenn Belgrad nicht die Unterdrückung des Kosovo beendete, darauf beruhte auch der Angriff seit dem 24. März 1999.

Daß die westliche Militärallianz also auch vor der Gewaltanwendung nicht zurückschreckte, muß freilich als höchst problematisch angesehen werden. Die der Intervention zuzubilligende Legitimation ist daran gebunden, daß sie absolut gewaltfrei verläuft. Nur dann gilt, daß der Eingriff zugunsten der Demokratisierung eines Herrschaftssystems doppelt gerechtfertigt ist. Er setzt den Anspruch der internationalen Umwelt um, Gewaltursachen, die sie bedrohen, beseitigen zu können, jedenfalls dazu beizutragen. Er hilft, zweitens, den berechtigten Interessen der unterdrückten Gesellschaft, die volle Beteiligung am Herrschaftsprozeß in Rest-Jugoslawien zu erlangen.

Während das Einmischungsverbot sonst, und richtigerweise, bestehen bleibt, rastet es bei der Förderung von Demokratisierungsprozessen aus. Die Generalversammlung der Organisation Amerikanischer Staaten verabschiedete 1991 in Santiago, Chile, die Resolution 1080. Sie verlangte darin die repräsentative Demokratie für alle ihre Mitglieder und beauftragte die OAS mit dem Schutz dieses Systems.[43] «Die absolute und exklusive Souveränität ... gehört ... der Vergangenheit an», schrieb UN-Generalsekretär Boutros Boutros-Ghali in seiner Agenda für den Frieden 1992. Die Mitglieder der OSZE beschlossen 1990, zusammenzuarbeiten und «einander (zu) unterstützen, um zu gewährleisten, daß die Entwicklung der Demokratie nicht mehr rückgängig gemacht werden kann». Zu den Institutionen der OSZE zählt das «Amt für demokratische Institutionen und Menschenrechte».

Internationale Organisationen verfügen, weil sie den Konsens vieler Staaten ausdrücken, über eine Legitimation, die der einzelne Staat nicht ohne weiteres besitzt. Ihre Beschlüsse garantieren, weil sie mit Mehrheit erfolgen, wenn nicht sogar einstimmig, daß sie nicht partikularen Machtinteressen, sondern solchen der Gemeinschaft dienen. Internationale Organisationen richten sich nach innen, regulieren das Verhalten ihrer Mitglieder untereinander und beeinflussen es. Sie sind besonders geeignet, Demokratisierungsprozesse anzustoßen und zu fördern. Die OSZE tut das, aber sie könnte sehr viel aktiver werden, wenn ihre Mitglieder diese Aufgabe ernst nähmen.

Sie können sie auch selbst durchführen. Eine Internationale Organisation kann sowieso nur durch ihre Mitglieder aktiv werden. Freilich steht der einzeln intervenierende Staat immer unter dem Verdacht, daß er zwar Demokratisierung sagt, aber Machtgewinn meint. Deswegen ist es besser, wenn Demokratisierungsstrategien im Verbund einer Internationalen Organisation oder in deren direktem Auftrag von den einzelnen Mitgliedern ausgeführt werden. Auf sie kommt es letztlich an. Was nützt das Vorhaben einer Organisation, wenn es von den Mitgliedern nicht ausgeführt wird?

Die Einmischung muß ohne jede Gewalt verlaufen. Deren Anwendung ist nach Artikel 2, Abs. 4 der Charta der Vereinten Nationen ohnehin verboten. Nur der Sicherheitsrat darf sie anordnen oder anwenden; er darf sich damit auch – laut Artikel 2, Abs. 7 – in die inneren Angelegenheiten eines Aggressors einmischen. Alle anderen Akteure dürfen die Gewalt für politische Zwecke nicht einsetzen, also auch nicht für die der Demokratisierung. Das ist nicht nur eine völkerrechtliche Bestimmung, sondern auch eine Voraussetzung des Erfolgs. Die gewaltsame Intervention durch ein bewaffnetes Expeditionskorps war das klassische Instrumentarium des Europäischen Mächtekonzerts ebenso wie das des amerikanischen Imperialismus. Beide dokumentierten damit, daß sie, wie immer die von ihnen propagierten Ziele gelautet hatten, nur ihre eigenen Interessen verfolgten. Den Nachhall dieser Strategie konnte man seit 1990 im Mittleren Osten verspüren, als die von den USA angeführte Embargopolitik gegenüber dem Irak im Laufe der Zeit von den arabischen Staaten als Fortsetzung der ehemaligen Kanonenbootdiplomatie gedeutet wurde. Das Ergebnis ist ein anhaltender und verbreiteter Konsensverlust des Westens in dieser Region.

Die Intervention zugunsten der Demokratisierung muß also strikt gewaltlos ausgeführt werden. Hinzu kommt ein weiteres Argument, es ist entscheidend. Wird Gewalt angewendet, dann leiden darunter gerade die Bürger, denen die Strategie dienen soll. Diesen Fehler beging die NATO in Serbien.

Ein heikles und schwieriges Grenzproblem bietet die Unterstützung von Revolutionen. Sie von außen anzufachen, wie es die CIA im Irak versucht hatte und das Repräsentantenhaus durch die Bewilligung von Waffenhilfe im Herbst 1998 erneut probierte, ist aussichtslos. Der Entschluß zum bewaffneten Widerstand gegen die Diktatur kann nur von den Betroffenen selbst und wird von ihnen nur dann gefaßt werden, wenn die Unterdrückung so unerträglich geworden ist, daß das eigene Leben aufs Spiel gesetzt wird.

Aber auch die Unterstützung einzelner Parteien im Bürgerkrieg verspricht nur im Ausnahmefall Erfolg. Die USA scheiterten mit ihrer Intervention in Vietnam, die Sowjets mit der ihren in Afghanistan. Die USA und die UN mußten Somalia im März 1995 verlassen, nachdem sie die Neutralität aufgegeben und sich gegen eine Partei engagiert hatten. Selbst ihre Unterstützung der Mujaheddin in Afghanistan gegen die sowjetische Intervention kann nicht auf der Habenseite der politischen Strategie verbucht werden. Sie trug zwar dazu bei, die Sowjets aus Afghanistan zu vertreiben, militarisierte aber gleichzeitig das Land derart, daß es für weitere Jahrzehnte in Bürgerkriegen versank.

Revolutionen und Bürgerkriege bilden die Endstadien der Auseinandersetzung um die Herrschaftsform; wer erst dann sich einmischt, kommt ohnehin meist zu spät. Die Intervention zugunsten der Demokratisierung muß sehr viel früher einsetzen. Sie ist eine Vorfeldstrategie, gehört zum politischen Konzept der Vorbeugung, das seit dem denkwürdigen Beschluß des Sicherheitsrates vom Februar 1992 offiziell auf das Tapet der

Weltorganisation gehoben worden ist. Ebenso wie der Prozeß der Demokratisierung selbst langwierig und durchaus auch umwegig verläuft, muß die Beteiligung des Auslands daran auf lange Fristen angelegt sein.

Das Musterbeispiel für eine solche Strategie gab die Clinton-Administration 1996, als sie ihre China-Politik endgültig von der Sanktionierung der Menschenrechtsverletzungen umstellte auf die Förderung der Marktwirtschaft. Deren Entwicklung wird das demokratische Herrschaftssystem als unvermeidliches Beiprodukt erzeugen. Das war Meta-Macht reinsten Wassers. Sie ist mittelfristig angelegt, aber erfolgsgewiß.

Wie die chinesische Demokratie im einzelnen beschaffen sein wird, bleibt offen und den Chinesen überlassen. Die Clinton-Administration hat damit einen Fehler vermieden, der die Demokratisierungsstrategien des Westens lange Zeit belastet und immer wieder dem Verdacht ausgesetzt hat, mit dem westlichen Demokratiemodell auch die Macht- und Einflußsphäre des Westens erweitern zu wollen. Das traf während des Kalten Krieges durchaus auch zu. In der Regel lag dieser Strategie die naive Vorstellung zugrunde, daß Demokratie und Marktwirtschaft überhaupt nur in der westlichen Form zu realisieren seien. Gerade die Entwicklungspolitik der ersten Dekaden nach 1945 wurde nach diesem Muster gehandhabt.

Inzwischen ist anerkannt, daß dieser Ansatz nicht nur erfolglos, sondern auch falsch ist. In den verschiedenen Kulturen und Traditionen gibt es ganz unterschiedliche Formen demokratischer Partizipation an der Herrschaft, die sich von denen des Westens unterscheiden, aber funktional ihnen sehr wohl äquivalent sein können. In Afrika hat es Formen der Konsensfindung gegeben, die eine weit höhere Qualität besaßen als die der repräsentativen Demokratie.

Der Kern des demokratischen Herrschaftssystems ist die Partizipation der Gesellschaft an den Entscheidungen des Politischen Systems. Darin liegt keine Überfremdung nicht-europäischer Kulturen. Das Interesse an den Menschenrechten (gerade an den politischen Menschenrechten) ist in der Tat global verbreitet. Schon der amerikanische Präsident Jimmy Carter hatte 1977 festgestellt, daß das Verlangen nach solchen Rechten die ganz Welt erfaßt habe. Hier kann man zu Recht von «Globalisierung» sprechen; es gibt keine Gesellschaft, deren politisches Ziel nicht die Mitsprache an den Entscheidungen des Politischen Systems, sondern die bedingungslose und stimmlose Unterwerfung unter dessen Entscheidungen ausmachte. Die Verwirklichung dieser Mitbestimmung von außen zu befördern, überfremdet also keine Kultur, zerstört keine Tradition. Beiden bleibt überlassen, wie sie diese Mitbestimmung organisieren.

Das entscheidende Problem der Einmischung bildet deren Strategie. Dem Alltagswissen erscheint es als wenig wahrscheinlich, daß man sich gewaltlos vom Ausland in die inneren Angelegenheiten eines anderen

Landes einmischen und dort erwünschte Verhaltensänderungen hervorrufen könnte, zumal auf dem höchst empfindlichen Gebiet des Herrschaftssystems. Die Politik weiß es durchaus besser, wie das Beispiel der amerikanischen China-Politik zeigt. Auch das Militär weiß es besser. Es verspricht sich von der eigenen Aufrüstung, daß sie auf die Absichten und Optionen des Gegners, also auf sein Verhalten einwirkt. Auch das trifft zu, wenngleich nicht in der vom Militär erwarteten und erwünschten Weise. Der Gegner antwortet durchaus auf die Aufrüstung, allerdings damit, daß er selbst aufrüstet. Rüstungswettläufe sind, wenn man so will, ein höchst dynamisches Beispiel für die wechselseitige Einwirkung von Staaten auf die Innenpolitik anderer Staaten.

Bei näherem Zusehen zeigt sich, daß die Palette der Interventionsstrategien ungleich größer und farbiger ist, als es diese bekannten Beispiele vermuten lassen. Es gibt die große Gruppe der indirekten und der direkten Strategien, die ihrerseits noch einmal in unmittelbar und mittelbar wirkende Ansätze unterteilt sind. Der Meta-Macht, die die Demokratisierung der Herrschaftsordnungen in einem internationalen System anstrebt, stehen viele Wege offen.

b) indirekt

Die geringsten Probleme beim Einsatz bereitet diejenige Strategie, die sich einmischt, ohne in das Land selbst einzudringen. Sie bleibt in dessen Umwelt, in der sie sich frei und nach Belieben bewegen kann. Sie rechnet damit, daß die Gestaltung dieser Umwelt Einfluß nimmt auf die Binnenordnung des betreffenden Staates bis hinein in das Herrschaftssystem. Daß dieser Mechanismus in der Tat funktioniert, wurde am Beispiel der Aufrüstung schon gezeigt. Sie bleibt außen vor, dringt nicht in das Land ein, verändert lediglich dessen Umwelt, ruft aber erkennbare Reaktionen des betreffenden Landes hervor. Daß sie nicht so ausfallen, wie es eigentlich beabsichtigt, jedenfalls offiziell vorhergesagt worden war, steht auf einem anderen Blatt. Wichtig ist, daß die Veränderung der Umwelt, hier durch ihre Aufrüstung, auf das Adressatenland einwirkt, und zwar automatisch. Auch Supermächte können sich von dieser Einwirkung nicht befreien. Die Sowjetunion hatte während des Kalten Krieges keine Aggression des Westens zu befürchten, die USA keine der Sowjetunion. Und dennoch reagierten beide Supermächte auf die Vorrüstung der jeweils anderen Seite.

Die Reaktion eines Landes auf die Erhöhung seiner Bedrohung in der internationalen Umwelt ist nicht auf die Rüstung beschränkt. Sie hat auch wirtschaftliche Folgen. Das Land muß Ressourcen, die es zur Steigerung der privaten Wohlfahrt verwenden könnte, der Rüstungsproduktion zuführen. Das geht zu Lasten des privaten Verbrauchs, der Wohlstand sinkt. Diese Folgen zeigte die Sowjetunion im Rüstungswettlauf mit dem Westen ganz deutlich. Sie mußte wegen der Notwendigkeit zur Rüstungsproduktion die Schwerindustrie betonen, die Konsumgüterindustrie vernachlässigen. Korrekturversuche, die nach dem Tode Stalins von der Kollektiven Führung und später in der Ära Chruschtschow vorgenommen wurden, hatten keinen Bestand. Da der anhaltende Konsumverzicht der sowjetischen Gesellschaft nur aufgezwungen werden konnte, mußte das autoritär-diktatoriale Herrschaftssystem des Kommunismus unverändert aufrechterhalten, sogar verstärkt werden. Abweichungen davon konnten nicht einmal im Warschauer Pakt zugelassen werden; deswegen wurden die Revolution in Ungarn 1956 und der Prager Frühling 1968 mit Gewalt unterdrückt.

Der Westen, die Umwelt der Sowjetunion, nahm also durch seine Aufrüstung Einfluß nicht nur auf die Rüstungspolitik Moskaus, sondern auch auf dessen Wirtschaftspolitik und auf das Herrschaftssystem. Der Westen hat den Totalitarismus des bolschewistischen Kommunismus nicht erzeugt, natürlich nicht; er hat ihn nicht gefördert, sondern politisch bekämpft. Er hat ihn aber, weil er die Folgen seines Außendrucks auf das sowjetische Herrschaftssystem nicht bedachte, gleichzeitig durch sein Rüstungsverhalten stabilisiert. Man kann sehr erfolgreich von außen das Herrschaftssystem eines anderen Landes beeinflussen, einfach dadurch, daß man das Land militärisch bedroht.

Dieser Zusammenhang war schon von Immanuel Kant gesehen worden: «Das Problem der Errichtung einer vollkommenen bürgerlichen Verfassung ist von dem Problem eines gesetzmäßigen äußeren Staatenverhältnisses abhängig und kann ohne das letztere nicht aufgelöst werden.»[44] Hundert Jahre später spitzte der britische Historiker Robert Seeley diesen Zusammenhang noch zu mit der These, daß das Maß der Freiheit im Innern eines Staates umgekehrt proportional ist dem äußeren Druck, der auf seinen Grenzen lastet.[45]

Natürlich sind Diktaturen nicht das Produkt einer auswärtigen Bedrohung, sondern das Ergebnis innergesellschaftlicher Prozesse. Hitler kam bekanntlich in Friedenszeiten an die Macht. Für die Interventionsstrategie von Bedeutung aber ist die Einsicht, daß hohe Grade auswärtiger Bedrohung nicht nur den Wohlstand, sondern auch die herrschaftliche Freiheit der Bürger in einem Lande einschränken. Das zeigte sich sogar in den Vereinigten Staaten. Unter dem Druck der sowjetischen Bedrohung entstand dort die «Sicherheitsgesellschaft», in deren Zeichen unter der Präsidentschaft Ronald Reagan zahlreiche demokratische Freiheiten eingeschränkt wurden.[46]

Seeleys Gesetz formuliert diesen Zusammenhang einseitig und eindimensional. Systematisch betrachtet, ist die Beziehung zwischen dem Grad der Demokratisierung eines Herrschaftssystems und dem Ausmaß der

Bedrohung durch die internationale Umwelt sehr viel breiter. Demokratisierungsinteressen in einem Land können sich nicht verwirklichen, wenn große und aktuelle Verteidigungsnotwendigkeiten es plausibel erscheinen lassen, «den Gürtel enger zu schnallen» und zusammenzuhalten. Diktaturen bedienen sich daher sehr gerne dieses «Primats der Außenpolitik». Die Herrschaftssysteme des Warschauer Paktes waren in den letzten Jahren des Kalten Krieges auf den äußeren Druck angewiesen, um zu überleben. Umgekehrt kann sich in Ländern, die keinerlei auswärtige Bedrohung aufweisen, das Interesse an der Demokratisierung, wenn es vorhanden ist, ungestört ausweiten. In dieser Lage befanden sich die Vereinigten Staaten von Nordamerika bis 1960.

Wir haben es im herrschaftlich geordneten Verhältnis zwischen dem Politischen System und seiner Gesellschaft mit einer dynamischen Beziehung zu tun, die über das Verhältnis beider zur internationalen Umwelt gesteuert, wenigstens beeinflußt werden kann. Noch einmal: Diese Umwelt bildet nicht die Ursache des Herrschaftssystems, das in den innergesellschaftlichen Verhältnissen wurzelt. Da aber die Gesellschaft Teil ihrer internationalen Umwelt ist, bilden ihre Innen- und ihre Außenpolitik einen Zusammenhang, in dem sich beide wechselseitig beeinflussen. Die 68er Revolution in Europa wäre nicht möglich gewesen ohne den Entspannungsschub, der im Ost-West-Konflikt durch das Einsetzen erfolgreicher Rüstungskontrolle zu dieser Zeit ausgelöst wurde. Die «sanfte Revolution» im Ostblock brach aus, nachdem die amerikanisch-sowjetische Vereinbarung über die Abschaffung der Mittelstreckenraketen, 1986 in Reykjavik getroffen, und die feierliche Unterzeichnung des INF-Vertrages im Dezember 1987 in Moskau die Ost-West-Spannung drastisch abgesenkt hatten. Nachdem die Präsidenten Reagan und Gorbatschow im Juni 1988 gemeinsam über den Roten Platz in Moskau spaziert waren, konnte der Herrschaftsdruck der kommunistischen Regierungen in Osteuropa nicht mehr auf die Bedrohung durch den Klassenfeind gestützt werden. Er mußte gesenkt werden und gab so den Weg frei für die Revolution.

Mit dieser Veränderung der Umwelt des Warschauer Paktes hatte der Westen eine Strategie praktiziert (bewußt eingesetzt hatte er sie wohl nicht), die, wiewohl sie das Gebiet des Warschauer Paktes direkt gar nicht berührte, zum Sturz der kommunistischen Herrschaftssysteme führte.

Wer die Wechselwirkung zwischen dem Verhalten der internationalen Umwelt und dem Demokratisierungsgrad eines Herrschaftssystems zur Ausübung von Meta-Macht ausnützen will, muß eine Güterabwägung vornehmen. Wenn ein autoritär organisiertes Herrschaftssystem aggressive Gewalt in seine internationale Umwelt emittiert, wird ihr ihre Verteidigung wichtiger sein als die Unterstützung der – ohnehin meist unterdrückten – Demokratiepotentiale in der Diktatur. Vor diesem Dilemma stand der Westen lange Jahre im Ost-West-Konflikt. Die eigentlich interessante Frage lautet, zu welchem Zeitpunkt die Unterstützung der Demokratiepotentiale in Osteuropa und in der Sowjetunion möglich und damit auch wichtiger geworden war als die weitere Stärkung des westlichen Verteidigungsdispositivs. Vermutlich lag dieser Zeitpunkt um 1975, als mit der Schlußakte von Helsinki der KSZE-Prozeß eingeleitet werden konnte. Von da ab hätten Angebote zur Spannungsminderung gezielt eingesetzt werden können, um den Oppositions- und Bürgerrechtsgruppen im Warschauer Pakt zu immer größeren Handlungsspielräumen zu verhelfen.

Wer in einem – latent oder aktuell – gewaltsamen Konflikt die Gestaltung der internationalen Umwelt als Instrument von Meta-Macht zur Demokratisierung eines Herrschaftssystems einsetzen will, muß also sorgfältig prüfen, ob er es sich verteidigungspolitisch leisten kann. Dann aber kann er die Dimensionierung des Außendrucks für die Strategie der Demokratisierung einsetzen und damit der Gewaltursache zu Leibe rücken.

Das Umweltverhalten besteht nur im Ausnahmefall aus Truppenaufmärschen und Rüstungsdruck. In der Regel ist es politisch ausgelegt, stellt sich kooperativ oder dissoziativ, freundlich oder kritisch zu einem Staat. Die Palette der indirekten Strategien ist viel größer und breiter als die, die dem Westen während des Kalten Krieges gegenüber dem Warschauer Pakt zur Verfügung gestanden hatte. Die Zeit, solche Strategien für die Förderung der Demokratisierung einzusetzen, ist eigentlich erst nach 1990 gekommen.

Im euro-atlantischen Gebiet, wo seit 1990 der Demokratisierungsprozeß wie der der wirtschaftlichen Entwicklung in Osteuropa, in Rußland und im europäischen Teil der früheren Sowjetunion schon eingesetzt hat, bietet es sich geradezu an, die indirekte Strategie der Gestaltung der internationalen Umwelt voll auszufahren. Von keinem der Staaten der früheren Sowjetunion geht irgendeine akute oder mittelfristig angelegte Bedrohung aus, auch von Rußland nicht. Gerade in diesem wichtigen Land ist der Prozeß der Demokratisierung in Gang. Er kann substantiell gefördert werden dadurch, daß sich die internationale Umwelt kooperativ verhält und ihn nicht durch den Aufbau von Bedrohungspotentialen stört.

Um so mehr muß kritisiert werden, daß der Westen den erfolgreichen Einsatz solcher Meta-Macht zugunsten der Demokratisierung Rußlands durch die Osterweiterung der NATO selbst beschnitten hat. Der Demokratisierungsprozeß in Rußland wird dadurch erkennbar behindert. Vierzig amerikanische Politiker, darunter solche bekannten Realisten wie der frühere Senator Sam Nunn und der Sicherheitsberater Präsident Reagans, Paul Nitze, haben in ihrem Brief vom 26. Juni 1997 darauf aufmerksam gemacht, daß die Osterweiterung der Militärallianz in Rußland «die nicht-demokratische Opposition stärken; diejenigen, die Reform und Zusammenarbeit mit dem Westen begünstigen, schwächen; die Russen veranlassen (würde), die gesamte Regelung nach dem Kalten Krieg in Frage zu stellen».[47]

Seeleys Gesetz wird seine Strukturwirkung auf die Schädigung des demokratischen Prozesses in Rußland weiter verstärken, wenn es nach der Aufnahme Polens, Tschechiens und Ungarns im März 1999 zu einer zweiten Welle der Erweiterung der Militärallianz kommt. Rumänien, Bulgarien, Slowenien wollen möglichst rasch beitreten, die baltischen Staaten wollen es auch, hätten dazu verteidigungspolitisch auch den größten Anlaß. Sie aufzunehmen erscheint aber nun selbst den konservativsten «Realisten» als untunlich – nicht, weil sie für die Demokratie in Rußland fürchten (der Gedanke liegt ihnen gänzlich fern), sondern weil sie Moskau die Wiederbesetzung der baltischen Staaten zutrauen, die den Westen mit unangenehmen Alternativen konfrontieren würde.

Hat der Westen mit der Osterweiterung seiner Militärallianz ein Fait accompli geschaffen, das eine negative Strukturwirkung hat, so läßt sie sich immer noch abfedern. Die NATO-Rußland-Grundakte versuchte sich schon daran. Sehr viel wirksamer wäre es, die gesamteuropäische Organisation der OSZE zu aktivieren. Die Multilateralisierung ist als Kontextveränderung generell wichtig, davon wird weiter unten, wo Konfliktstrategien abgehandelt werden, noch ausführlich die Rede sein. Der in der Diplomatie herkömmliche Bilateralismus, der in kollektiver Form auch die NATO-Rußland-Grundakte beherrscht, ist nicht zuletzt deswegen so suboptimal, weil er so veraltet ist. Er läßt alle Einflußmöglichkeiten außer acht, die die Gesellschaftswelt mit sich bringt.

Es wurde oben schon gezeigt, daß die Internationale Organisation das geeignete Instrument ist, um in einem internationalen System das Sicherheitsdilemma zu reduzieren. Hier muß die Organisation unter dem Aspekt aufgeführt werden, daß die aktive Kooperation in ihr umweltgestaltend für alle Mitglieder wirken würde. Rußland, beispielsweise, sähe sich dann nicht nur der näher rückenden NATO-Armee, sondern auch der zunehmenden Kooperation des Westens in der OSZE gegenüber. In diesem Setting sieht die Erweiterung der Allianz ganz anders aus; jedenfalls vermindert sich der Anlaß, die Demokratisierung wieder hintanzustellen. Denn die OSZE ist, wie es in Bonn immer wieder betont wird, ein Instrument «kooperativer Sicherheit». Seine Aktivierung wirkt positiv auf die Demokratisierungsprozesse in Rußland.

Der Hinweis auf diesen Effekt müßte eigentlich bewirken, daß der OSZE nicht nur die «Restmenge»[48] an Aufgaben zugewiesen wird, die nach dem Abzug dessen übrigbleibt, was den UN, der EU, der NATO und dem Europarat vorbehalten ist. Weil in der Demokratisierung des russischen Herrschaftssystems die größte Sicherheitsgewähr für ganz Europa liegt, müßte die von der OSZE ausgehende Stärkung dieses Prozesses als überaus wichtige Strategie angesehen und bewertet werden. Davon waren 1999 viele Regierungen noch weit entfernt. Zwar erhielt die OSZE auf der Gipfelkonferenz 1999 endlich eine Charta, die das Grundsatzdokument von 1990 fortschreibt und erweitert. In den Vorarbeiten dazu 1998 und auf der Ministerkonferenz in Oslo 1999 zeigten sich aber erneut die Meinungsunterschiede zwischen den USA und einigen westeuropäischen Staaten sehr deutlich. Während Washington die OSZE nach wie vor auf die Vorbeugung und Bearbeitung von Konflikten, auf die Entwicklung demokratischer Institutionen und der Menschenrechte beschränken wollte,[49] traten manche westeuropäische Staaten, vor allem die Bundesrepublik, dafür ein, die sicherheitspolitische Bedeutung der Organisation anzuheben.

Die Öffentlichkeit sollte diese Version stützen. Es liegt im Interesse der Gesellschaften in Westeuropa, die Früchte des Umbruchs von 1989/90 durch eine Fortführung des Demokratisierungsprozesses in Rußland zu sichern. Wenn die Öffentlichkeit ihre politischen Anforderungen stärker artikulierte, könnte es ihr gelingen, den Multilateralismus der OSZE und nicht die Osterweiterung der NATO zum entscheidenden Umfeld Rußlands werden zu lassen. Diese Meta-Macht-Strategie, die zur Stabilisierung der Demokratie in Rußland beitragen und damit ein großes Stück der umfassenden Sicherheit erzeugen könnte, sollte nicht daran scheitern, daß ihre Wirkung unterschätzt oder überhaupt nicht erkannt wird. Aber um über die Tradition obsiegen zu können, braucht sie die kräftige Unterstützung der Gesellschaft.

Nützlich wäre, die Parlamentarische Versammlung der OSZE aus ihrem Dornröschenschlaf zu wecken. Die Pariser Konferenz von 1990 befürwortete «nachdrücklich, daß Kontakte auf Parlamentsebene fortgesetzt werden, um Tätigkeitsbereich, Arbeitsmethoden und Verfahrensregeln ... zu erörtern». Parlamentarische Versammlungen sind keine Parlamente, sie können aber politischen Anforderungen Gehör und Gewicht verleihen. Bei der OSZE wäre dies um so wichtiger, als ihr die Exekutiven eben nur jene «Restmenge» zugeschoben haben.

Eine Versammlung von Parlamentariern aus allen 55 Mitgliedsländern könnte hier ein Gegengewicht bilden, könnte sich selbst zum gesamteuropäischen Forum entwickeln, das das Ziel gesamteuropäischer Sicherheit erörtert und erarbeitet. Ein Vergleich der Parlamentarischen Versammlungen verschiedenster internationaler Organisationen in Europa hat ergeben, daß sie transnational arbeitende Netzwerke der Volksvertreter herstellen, die sehr gescheit und informiert an der Herausarbeitung nationenübergreifender Problemlösungskataloge arbeiten.[50] Eine solche Funktion könnte die Parlamentarische Versammlung auch ausüben. Sie könnte die

Interessen der Gesellschaft artikulieren und nach Wegen suchen, sie in die Entscheidungsprozesse der Politik einzubringen. Zumindest würde sie der Gesellschaftswelt in Euro-Atlantik zur Stimme verhelfen. Dabei würde sie wenigstens ein Stück weit jenes Klima der Kooperation erzeugen, das als Umweltgestaltung für die indirekte Strategie der Demokratisierung unentbehrlich ist.

c) direkt

Es ist schwer zu entscheiden, ob die direkte Einmischung in das Herrschaftssystem eines anderen Staates erfolgreicher ist als die indirekte. Jedenfalls ist sie schwieriger, vor allem, wenn sie offen und unmittelbar verfährt. Sie überschreitet dann nicht nur die territoriale Grenze, sondern interveniert regelrecht. Dadurch entsteht unweigerlich der Verdacht der Außensteuerung. Dieser Hauch von «Fremdbestimmung» verflüchtigt sich nur, wenn beim Adressaten das Politische System und sein gesellschaftliches Umfeld ohnehin bereits auf den Prozeß der Demokratisierung eingeschworen sind. Das ist in den mittelosteuropäischen Staaten (MOE) weitgehend der Fall, so daß die Europa-Abkommen, die die Mitgliedschaft an die Demokratisierung der Herrschaftssysteme binden (Konditionalität), nicht als unwillkommene Intervention empfunden werden. Ähnlich war es dem Marshall-Plan gegangen, dessen Einzelabkommen die Empfängerländer zum demokratischen Herrschaftssystem und auf die liberale Wirtschaftsordnung verpflichteten, aber von ihnen nicht als Einmischung empfunden wurden.

Unmittelbar werden sich direkt wirkende Strategien also nur selten einsetzen lassen, und nur durch die Politischen Systeme. Allein sie können Auflagen erteilen oder Gegengeschäfte anbieten, in denen die Demokratisierung oder ein großer Schritt in ihre Richtung mit Vorteilen bezahlt wird, die das anvisierte Politische System besonders hoch schätzt. Die Schlußakte von Helsinki 1975 verfuhr auf diese Weise, indem sie den Regierungen der Sowjetunion und der Länder des Warschauer Paktes die «Zusammenarbeit in humanitären und anderen Bereichen» (Korb 3) abkaufte gegen die Kooperation in den Bereichen der «Wirtschaft, der Wissenschaft und der Technik» (Korb 2). Der Transfer von Kapital und technologischem Know-how war den Politischen Systemen des Warschauer Paktes so wichtig, daß sie dafür auch den Geist der Bürger- und Menschenrechte, also den der westlichen Demokratie, in ihr Herrschaftsgebiet einließen.

Die direkte Einmischung kennt noch höhere Stufen. Amerikanische Administrationen haben geholfen, die Diktatoren Ferdinand Marcos von den Philippinen und Jean Claude Duvalier von Haiti zu entfernen. Sie haben den früheren Dissidenten und jetzigen Präsidenten von Korea Kim

Dae-jung vor der Hinrichtung durch eine korrupte Regierung bewahrt. Sie haben in Nicaragua für die Demokratie gesorgt; und in Haiti militärisch zugunsten der Demokratisierung interveniert. Der Einmarsch in Panama und die gewaltsame Entfernung des Diktators Noriega durch die Bush-Administration waren auch als Beitrag zur Demokratisierung des Landes gedacht; hier, wie schon bei der Intervention in die Dominikanische Republik 1965, ließ sich der Eingriff von traditioneller Großmachtpolitik nicht mehr randscharf unterscheiden. Die direkte unmittelbare Einmischung darf daher nie gewaltsam vorgehen; Gewaltlosigkeit ist gerade bei dieser Form die unentbehrliche Voraussetzung des Erfolges.

Sehr viel schwächer und daher unproblematischer verfährt der Versuch, durch völkerrechtliche Verträge und Konventionen wenigstens die Basis der Demokratie, die Berücksichtigung der Menschenrechte, verbindlich werden zu lassen. Der praktische Wert solcher internationalen Normierungen kann nicht festgestellt, aber trotzdem gar nicht überschätzt werden. Sie geben den Maßstab vor, an dem sich die Gesellschaften bei der Einforderung ihrer Rechte gegenüber ihren Politischen Systemen orientieren können. Wenn allerdings der Grundbestand der Menschenrechte mit immer weitergehenden Forderungen in immer neuen Resolutionen so ausgedehnt wird, daß die Politischen Systeme im Hinweis auf die Unerfüllbarkeit solcher Forderungen auch den eigentlich entscheidenden Kern der Menschenrechte verweigern können,[51] ist die Strategie gescheitert.

Die Politikhilfe, mit der der Westen die früheren Warschauer-Pakt-Staaten beim Aufbau demokratischer Verwaltungs- und Regierungsstrukturen unterstützte, gehört in eine Zwischenzone, die den Übergang bildet zu dem großen Bereich der direkten, aber mittelbaren Einwirkung. Der Effekt ist hier nicht offen zu sehen; um so leichter wird die Strategie akzeptiert, obwohl sie auf die Demokratisierung des betreffenden Landes gerichtet ist.

Viele Bereiche der zwischenstaatlichen Kooperation können unter dieser mittelbaren Strategie subsumiert werden. Die Gründung des Nordatlantischen Kooperationsrates 1991 (der 1997 in den Euro-atlantischen Partnerschaftsrat umbenannt wurde) nahm und nimmt Einfluß auf die Demokratisierung des Militärs in den früheren Warschauer-Pakt-Staaten. Den gleichen Nebeneffekt verfolgt die «Partnerschaft für den Frieden». Die Europäische Union hat das PHARE-Programm für die osteuropäischen Staaten und TACIS für die der früheren Sowjetunion und die Mongolei aufgelegt. Die Bundesregierung hat darüber hinaus das Beratungsprogramm TRANSFORM eingerichtet. Die multilaterale Aufbauhilfe der Europäischen Union und die bilaterale der einzelnen EU-Länder dienen mittelbar der Demokratisierung der Herrschaftssysteme. Die Bundesrepublik allein hat in den Jahren 1993 bis 1995 für diese

Hilfsprogramme 41,1 Mrd. DM aufgewendet,[52] rund 0,51% des Bruttosozialprodukts. Alle OECD-Länder zusammen schickten im Jahr 1994 12,2 Mrd. USD in den ganzen Bereich des früheren Warschauer Paktes.[53] Das ist nicht eben viel. Freilich müssen zu dem Betrag noch die Strukturhilfen hinzugerechnet werden, die die Europäische Union als ganze in diesen Bereich gegeben hat.

Eine Einzelanalyse müßte ergeben, ob und in welchem Ausmaß diese Hilfe den Demokratisierungsprozeß gefördert hat, ob sie vornehmlich den Interessen der Politischen Systeme oder aber den Bedürfnissen der Gesellschaften in den Empfängerländern entsprochen hat. Dem Demokratisierungsprozeß dienen nur solche Maßnahmen, die sich auf die Infrastrukturverbesserung der Empfängerländer richten, beispielsweise auf den Bau von Krankenhäusern, Schulen, Universitäten, Wohnungen, Straßen und Nahverkehrssystemen. Der amerikanische Senator Richard G. Lugar, ein führender Außenpolitiker, forderte 1998 zugunsten der Demokratisierung Serbiens die westliche Unterstützung für die jugoslawischen Medien, Gewerkschaften und oppositionellen Gruppen.[54]

Militärhilfe bewirkt das Gegenteil, stärkt das Politische System und dessen Gewaltkomponente, schädigt also die Interessen der Gesellschaft an stärkerer Berücksichtigung. Auch unter diesem Gesichtspunkt ist die Erweiterung der NATO nach Osteuropa nicht positiv zu bewerten, zwingt sie doch die neuen Mitglieder, einen erheblichen Anteil ihrer wirtschaftlichen Ressourcen der Anpassung ihres Militärs an die NATO-Standards zuzuwenden. Die erforderlichen Mittel gehen der Gesellschaft und ihrem Interesse an Steigerung ihrer Entfaltungschancen verloren.

Die Europäische Union und ihre Mitgliedsländer haben also beachtliche Findigkeit an den Tag gelegt bei der direkten, aber mittelbaren Unterstützung des Demokratisierungsprozesses in Osteuropa und in der GUS.[55] Hinzurechnen muß man auch die Versorgung mit Information durch westliche Rundfunk- und Fernsehanstalten. Sie setzen die erfolgreiche Tradition fort, die während des Kalten Krieges die «Stimme Amerikas» und «Radio Liberty» begonnen hatten.

Die bedeutendste Form mittelbarer, aber direkter Intervention zugunsten der Demokratisierungsprozesse ist die Stärkung ihres wirtschaftlichen Pendants, der liberalen Marktwirtschaft. Die Politischen Systeme Westeuropas und die EU müßten darüber schnell nachdenken, daß sie durch die Beibehaltung des Agrarprotektionismus den Aufbau einer liberalen Marktwirtschaft in Osteuropa schädigen, in Rußland übrigens auch. Wer die Demokratisierung dort fördern will, muß seine Märkte öffnen.

Die Ausbreitung einer liberalen Wirtschaftsordnung und die darin liegende Stärkung der wirtschaftlichen Wohlfahrt des einzelnen sind eine wichtige Voraussetzung für die Errichtung demokratischer Herrschaftssysteme. Das Einkommen bildet einen «bedeutenden Faktor, der die Ausbildung demokratischer politischer Institutionen fördert».[56] Den wirtschaftlichen Aufschwung zu fördern, stellt daher eine außerordentlich wichtige, direkt, aber mittelbar wirkende Demokratisierungsstrategie dar. Sie empfiehlt sich überall und besonders dort, wo direkte unmittelbare Einwirkungsstrategien wie die Konditionalität ausgeschlossen sind.

Daß eine solche direkte, aber mittelbar ansetzende Liberalisierungspolitik des Westens in Rußland bislang nicht erfolgreich war, beruhte auf den Fehlern und Mängeln, der falschen Beratung, der unzureichenden Mittelausstattung. Dahinter läßt sich aber auch erkennen, daß die Politischen Systeme nicht unbedingt die besten Urheber direkter mittelbarer Interventionsstrategien sind. Zunächst widersprechen sie sich selbst, wenn sie von Staats wegen die Liberalisierung des Wirtschaftssystems verlangen, das sich ja gerade vom Staat befreien soll. Sie setzen sich – das ist noch wichtiger – stets dem Verdacht aus, nicht nur die Demokratisierung befördern, sondern auch ihren eigenen Einfluß im Adressatenland verstärken zu wollen. Dieser Verdacht läßt sich nicht widerlegen: Außenpolitik ist immer Machtpolitik, so daß die Grenze zwischen altruistischer Hilfe und Zugewinn von Macht notwendigerweise verschwimmt.

Deswegen ist es besser, die direkten mittelbaren Strategien solchen Akteuren zu überlassen, die von diesem Verdacht frei sind. Das sind Nicht-Regierungsorganisationen (NGOs), gemeinnützige Stiftungen und – vor allem – die große Menge gesellschaftlicher Akteure.

Die im internationalen System zunehmend anzutreffenden NGOs verbessern die Information der Bevölkerung, brechen also das Informationsmonopol autoritärer Regime. Sie steigern, wenn auch nur sachbereichsspezifisch, die Aufklärung der Bevölkerung, erzeugen eine Transparenz der politischen Prozesse, die der Gesellschaft deren Korrektur erleichtert.[57] Sie sind Interessenverbände, haben also eine geringere Legitimität als die politischen Parteien. Sie gehören aber zum Spektrum der Meinungsbildung in einer Demokratie, sind deren Entstehung förderlich.

Die großen Stiftungen, wie das National Endowment for Democracy in den USA, die parteinahen Stiftungen in der Bundesrepublik und die Westminster Foundation for Democracy in England, um nur einige zu nennen, legitimieren sich durch die Strukturhilfe, die sie leisten. Weil ihre Finanzierung letztlich vom Politischen System stammt, hängt ihnen trotz ihrer realen Unabhängigkeit ein leichter Hauch machtpolitischer Einflußnahme an.

Gesellschaftliche Akteure hingegen weisen nicht nur keine der beiden Schwächen auf, sondern sind die idealen Träger einer völlig staatsfreien Demokratisierungsstrategie. Der Prozeß der Demokratisierung hat seinen

Kern darin, daß sich die Gesellschaften gegenüber den Politischen Systemen emanzipieren, sich als Souverän konstituieren und den Staatsapparat auf die Rolle eines gesamtgesellschaftliche Dienstleistungen erbringenden Subsystems zurückschrauben. So ist die Gesellschaftswelt entstanden, so kann sie sich weiter ausbreiten. Gesellschaftliche Akteure, die den ihnen zustehenden Rang im Heimatland längst eingenommen haben, können ihre Korrespondenten in Demokratisierungsländern unterrichten und dabei unterstützen, den gleichen Weg zu gehen.

Es ist das große Verdienst des amerikanischen Politologen Larry Diamond, schon 1989, noch bevor der Kalte Krieg zu Ende ging, diese gesellschaftlichen Akteure als die wichtigsten Träger von Demokratisierungsstrategien herausgestellt und benannt zu haben. Sie stellen «zusätzlich zu den politischen Parteien alternative Kanäle für die Artikulation von Interessen und die Formulierung von politischen Anforderungen an die Regierung dar. Durch ihren inneren Aufbau und ihre Arbeitsweise können sie als Übungsplatz für die Demokratie gelten, auf dem die politischen Fähigkeiten der Bürger verstärkt, neue politische Führer ausgebildet, die Teilhaber im Politischen System angeregt und das Engagement der Bürger in der Demokratie verstärkt werden».[58]

Was liegt also näher, als diese Verbände aus den Bereichen Wirtschaft, Religion, Kultur, Medien, die Gewerkschaften, die Frauen-Vereinigungen, Studenten- und Jugendgruppen zu animieren, im kontinuierlichen Kontakt mit ihren Partnern in den Demokratisierungsländern deren Position dort zu stärken. Dieser Vorgang weist keinen Bezug zur Machtpolitik des Heimatlandes auf. Er ist aber eminent politisch, weil er sich im Zentrum des Demokratisierungsprozesses abspielt.

Städtepartnerschaften sind in ganz besonderer Weise geeignet, Erfahrungen in der Praxis der Demokratie auf kommunaler Ebene zu transferieren. Deutsche Städte und Gemeinden haben seit 1947 mehr als 4000 solcher Partnerschaften verabredet;[59] in Richtung Rußland und GUS könnten sie noch erheblich vermehrt werden. Diese überaus erfolgreiche Tätigkeit gesellschaftlicher Akteure beruht darauf, daß in der Gesellschaftswelt jede grenzüberschreitende Interaktion auch als Vorgang direkter, unmittelbarer Intervention zu gelten hat. Ob Verwandtschaftsbesuche oder Touristik (sofern sie nicht ghettoisiert wird), ob Handel oder Investition, ob Austausch von Nachrichten und Informationen – sie alle beeinflussen, wenn natürlich auch nur infinitesimal, das politische Bewußtsein des Partners und damit auch dessen Stellung gegenüber seinem Politischen System.[60] Den gesellschaftlichen Akteuren ist dieses Nebenprodukt ihrer Interaktion oftmals gar nicht bewußt, muß es auch nicht werden. Sie sollen sich ja nicht als «Demokratisierungsagenten» verstehen, sondern fortführen, was sie aus wirtschaftlichen oder privaten Gründen schon immer getan haben: Kontakte zu unterhalten, Kommunikation zu verfestigen, zusammenzuarbeiten. Der Demokratisierungseffekt entsteht dann von selbst.

Das große, der Meta-Macht anvertraute Ziel der Demokratisierung wird zu einem guten Teil von solchen Akteuren verwirklicht, die gar nicht über Macht verfügen und sie auch nicht anstreben. Das ist paradox nur für den, dessen Verständnis von Außenpolitik noch immer dem in der Staatenwelt gewohnten Schema folgt. Verwendet man den oben besprochenen Begriff der «internationalisierenden Politik», werden die Bedeutung des gesellschaftlichen Umfeldes und die der gesellschaftlichen Akteure sofort klar. Das eine ist Schauplatz, die anderen sind wichtige Träger der internationalisierenden Politik.

Deswegen müßte Außenpolitik nicht nur neu definiert, sondern neu organisiert, sozusagen «vergesellschaftet»[61] werden. Der Prozeß selbst hat, wie der Übergang von der Außenpolitik zur internationalisierenden Politik zeigt, schon stattgefunden. Er müßte nur noch strategisch-konzeptionell reflektiert werden. Dabei kann es nicht darum gehen, die gesellschaftlichen Akteure zu quasi-staatlichen Agenten zu machen, sozusagen zu Subunternehmern der Auswärtigen Ämter. Diese Funktion bleibt den politiknahen Stiftungen und den vielen Unterorganisationen der Auslandshilfe vorbehalten, für die beispielsweise die Vereinigten Staaten jährlich mehr als 400 Mio. USD aufwenden.[62]

Der Reformbedarf ist sehr viel größer. Die Außenpolitik zu «vergesellschaften», weil sie in der Postmoderne längst in internationalisierende Politik umgeschlagen ist, verlangt vor allem ihre Dezentralisierung. Sie kann natürlich nicht isoliert, sondern nur als Teil des Reformprozesses vollzogen werden, dem sich das Staatsverständnis der westlichen Demokratien ohnehin unterziehen muß. Es gleicht noch immer dem einer kollektivierten Monarchie, weist wie sie ein zentralisiertes Politisches System auf. Der Staat der Gesellschaftswelt aber muß – wie es in der Diskussion um die zukünftige Figur der Europäischen Union ganz deutlich wird – stärker dezentralisiert sein, darf die erzeugten Ressourcen nicht mehr zentral akkumulieren, sondern muß sie dezentral verteilen.

Damit werden die subnationalen Akteure begünstigt bis hin zu den Kommunen, die sich dann sehr viel mehr Partnerschaften leisten können als jetzt. Der steuerlich entlastete Unternehmer wie der Privatmann können ihre internationalen Aktionen erheblich vermehren. Der Pegel der gesellschaftlichen Interaktionen wird merklich ansteigen und dementsprechend auch den Demokratietransfer begünstigen.

Auf diese ferne Zukunft kann die Meta-Macht nicht warten. Weil sie die wichtigste und größte Gewaltursache zu beseitigen vermag, muß die Demokratisierungsstrategie vom Westen in seiner gegenwärtig bestehenden staatlichen Organisation betrieben werden. Dazu muß er vor allem mehr analytische Aufmerksamkeit und mehr Geld aufwenden.

Die Bilanz, die er vorweisen kann, ist keineswegs ärmlich. Seit den Tagen des amerikanischen Präsidenten Jimmy Carter sind die Menschenrechte als Basis der Demokratisierung anerkannt und ihre Verwirklichung mit zahlreichen Institutionen ausgestattet worden. Fast in jedem Auswärtigen Amt gibt es eine eigene Abteilung für die Menschenrechte; die OSZE hat, wie erwähnt, sogar ein Zentrum dafür.

Dennoch gibt die Demokratisierung noch lange nicht das oberste und zentrale Thema westlicher Außenpolitik ab.[63] Sie sollte es werden. Sind nämlich alle Herrschaftssysteme im euro-atlantischen System demokratisiert und entwickelt, bestehen also überall Zustände und Bedingungen, wie sie die Atlantische Gemeinschaft kennzeichnen, dann ist das Problem umfassender Sicherheit gelöst, sind Stabilität und Gewaltfreiheit permanent gewährleistet.

Von einer solchen Prioritätensetzung ist im Westen wenig zu erkennen. Die NATO propagiert zwar die Demokratisierung, tut aber wenig dafür, kann auch als Verteidigungsallianz beim besten Willen nicht viel ausrichten. De facto schiebt sie diese Aufgaben der OSZE zu, ohne daß dieser Organisation die Möglichkeiten und die finanziellen Mittel zur Ausführung gegeben würden. In den Außenämtern der westlichen Demokratien gibt es keine Strategieabteilungen, die sich mit der Demokratisierung befaßten und ihr konzeptionell zuarbeiteten. Sie wird zwar im Mund der Außenminister geführt, aber in den Ministerien nicht ausgeführt. Es gibt viele kluge Diplomaten, die sich dieser Problematik sehr wohl bewußt sind; aber es gelingt ihnen offensichtlich nicht, ihr die Priorität im Geschäft der Außenpolitik zuzuschieben.

Vorherrschend sind vielmehr die vertrauten machtpolitischen Interessen an Stabilität, Berechenbarkeit und koalitionspolitischer Verwendbarkeit. Wenn einer der Herausgeber der berühmten amerikanischen Zeitschrift Foreign Affairs darauf aufmerksam macht, daß es auch «illiberale Demokratien» gibt, so hat er natürlich Recht. Nicht jede Demokratie, die sich so bezeichnet, entspricht dem im Westen verbreiteten liberalen Typus. Wenn er aber gleichzeitig den Konstitutionalismus, also die Verfassungsmäßigkeit, als das eigentliche Kriterium anpreist,[64] fühlt man sich unwillkürlich an Ronald Reagan und an seine UN-Vertreterin Jeane J. Kirkpatrick erinnert, die ihre 1979 niedergeschriebene Bevorzugung autoritärer Regime zum Leitmotiv der Außenpolitik in der ersten Reagan-Administration werden ließ.[65] Zakaria ist mit seinen Thesen auch auf heftige Kritik gestoßen.[66]

Auf der Suche nach ihrer außenpolitischen Identität könnte besonders die Europäische Union sich darum bemühen, die Demokratisierung der Herrschaftssysteme zum obersten außenpolitischen Ziel der Atlantischen Gemeinschaft werden zu lassen. Deren Verteidigungspolitik wird von der NATO in wirklich maximalem Umfang betreut. Die umfassende Sicherheitspolitik hingegen, die auf die Beseitigung der Gewaltursachen abstellt und nicht auf deren Bekämpfung, ist ein weithin unbeschriebenes Blatt geblieben. Die GASP, die Gemeinsame Außen- und Sicherheitspolitik, könnte es an sich nehmen und ausfüllen. Die Bundesrepublik wiederum könnte, gerade nach dem Regierungswechsel vom Herbst 1998, zum Schrittmacher einer solchen Innovation werden und versuchen, die GASP auf diese unbesetzten Plätze zu locken.

Dazu müßte freilich erst einmal die deutsche Außenpolitik der Demokratisierungsstrategie den obersten Rang einräumen und ihrer Ausarbeitung die entsprechende Aufmerksamkeit widmen. Die kleineren Mitglieder der Europäischen Union ließen sich rasch dafür gewinnen. Aber auch in den anderen westeuropäischen Staaten und selbst in den USA gibt es genügend politische Gruppierungen, die sich für eine solche erfolgversprechende Meta-Macht engagieren ließen. Wie groß das Potential gerade in den USA ist, läßt sich ermessen, wenn man sich an die Administration Carter und die ersten beiden Jahre der Clinton-Administration erinnert. In der westlichen Gesellschaft, in der politischen Klasse, gibt es ein genügend großes Innovationspotential. Es hat sich in der ersten Hälfte der neunziger Jahre auch deutlich artikuliert, hat in Demokratie und Marktwirtschaft, in der institutionalisierten Kooperation richtig die Strategien erkannt, die die beiden großen Gewaltursachen in Euro-Atlantik beseitigen können.

Unverkennbar hat Mitte der neunziger Jahre, beginnend mit der NATO-Osterweiterung, ein Paradigmenwechsel in der westlichen Politik eingesetzt. Sie vertraut seitdem wieder mehr den veralteten Strategien, die sich nicht an der Sicherheit, sondern an der Verteidigungsfähigkeit orientieren und die Fungibilität militärischer Gewalt höher bewerten, als sie es rechtfertigt. Diese Reprise fand im Angriff der westlichen Verteidigungsallianz auf Serbien 1999 einen erstaunlichen ersten Höhepunkt. Er wird hoffentlich zu einem neuen Wendepunkt werden. Jedenfalls sollten die Gesellschaften darauf bestehen. Die Strukturpolitik, die der Westen nach 1990 begonnen hatte, war richtig und zukunftsweisend. Sie sollte wieder aufgenommen und verstärkt werden.

III.

Beziehungsmacht: Bürgerkriege befrieden

Internationalisierende Politik kann sich nicht darauf beschränken, die strukturellen Ursachen der Gewalt zu bearbeiten; es gibt auch die drei prozessualen, die in den Interessen, den Interaktionen und im Vollzug von Politik stecken. Ihnen muß sich die Beziehungsmacht widmen, die bilateral oder multilateral ablaufende Routine des außenpolitischen Geschäftes. Ihr Aufgabenumfang ist noch sehr viel größer. Sie hat es nicht nur mit der Gewaltvermeidung zu tun, sondern muß Interessen wahrnehmen und auf das Prestige achten; sie muß dafür sorgen, daß die in der internationalen Umwelt erzeugten Güter möglichst gerecht verteilt werden, ebenso der Aufwand, der dafür geleistet werden muß. Es geht in der internationalen Politik glücklicherweise nicht immer um die Gewalt und um ihre Ursache, sondern vielfach um Geschäfte politischer Art. Deren Anteil steigt in der Gesellschaftswelt unablässig. Friede ist der ihnen entsprechende Systemzustand.

Um so wichtiger ist es, auch in den Prozessen, auch mit der Beziehungsmacht die Gewalt zu bekämpfen, wo sie sich noch immer zeigt. Die täglich sich vollziehenden politischen Prozesse so zu steuern, daß in der Interaktion der Akteure die umfassende Sicherheit entsteht, ist die schwierige Aufgabe kluger Macht. Sie muß wissen, welche Mittel und welche Instrumente im Zusammenspiel mit den Strategien anderer Akteure das gewünschte Resultat erbringen. Die richtige Auswahl ist entscheidend.

Nicht vergessen werden darf aber auch die taktische Komponente. Das Richtige muß auch machbar sein. In diesem Sinne ist Politik die Kunst des Möglichen. Wenn in der Mathematik die kürzeste Verbindung zwischen zwei Punkten die Gerade ist, so ist sie in der Politik häufig die Katastrophe. Um so klüger muß die Taktik verfahren, muß den richtigen Zeitpunkt und den richtigen Einstieg wählen.

Sie darf sich dabei aber nicht nur am Kriterium der Machbarkeit orientieren. Im strategischen Sinn ist Politik immer die Fähigkeit, erfolgreich zu sein bei der Verwirklichung der eigenen Ziele. Wer umfassende Sicherheit herstellen will – und nur davon ist hier die Rede –, muß die Mittel und die Instrumente auswählen, die sie unter den Bedingungen der Gesellschaftswelt erzeugen. Die Kunst, sie im richtigen Moment erfolgreich einzusetzen, gehört zur «fortune» des Politikers.

1. Der Einzugsbereich der Außenpolitik

Welche Strategien stehen der Bundesrepublik zur Verfügung, um die Prozesse der Interaktion zu beeinflussen? Allgemeiner gefragt: Wie sieht deutsche Außenpolitik unter den Bedingungen von Interdependenz aus? Die wechselseitige Abhängigkeit ist regional unterschiedlich ausgeprägt, ist relativ dicht im euro-atlantischen Bereich, hat weitere Zentren in den Amerikas und in Südostasien, schwächt sich dann aber rasch ab, verschwindet sogar. Das Modewort der Globalisierung unterschlägt diese Unterschiede, unterstellt einen weltweiten Gesamtzusammenhang der Interdependenz, den es nicht gibt. Das Kennzeichen der gegenwärtigen Welt ist nicht Globalisierung, sondern Regionalisierung. Höchstens die USA können für sich in Anspruch nehmen, eine Weltpolitik globalen Umfangs zu betreiben. Alle anderen Staaten, sogar große Staatenverbindungen wie die Europäische Union, bewegen sich in regional verdichteten Zonen von Interdependenz. Daher ist die auch im Begriff der Globalisierung mitschwingende, aber von ihm eben nicht benannte, wichtigste Folge der Interdependenz nur regional anzutreffen: die «Denationalisierung» des Staates.[1] Der Vorgang wurde oben beschrieben: Der Zwang zur Kooperation verdankt sich zwei Prozessen, die unterschieden werden müssen. Indem sich die gesellschaftlichen Akteure aus der Kontrolle der Politischen Systeme emanzipieren und ihre eigenen Handlungszusammenhänge bilden, unterlaufen sie den «Staat» als territorial abgrenzbare Entscheidungseinheit. Wenn die Politischen Systeme die Kontrolle zurückgewinnen wollen, müssen sie zusammenarbeiten. Da die Politischen Systeme die beiden Hauptanforderungen ihrer Gesellschaften nach Sicherheit und wirtschaftlicher Wohlfahrt nur noch erfüllen können, wenn andere Politische Systeme kooperieren, wird der «Staat» von dieser Interdependenz überwölbt, in die er eingebunden ist.

Außenpolitik beschränkt sich nicht auf die Reichweite der Interdependenzen, sie kann sich auf die ganze Welt erstrecken. Im Interdependenzbereich aber wird sie zur internationalisierenden Politik; hier stehen ihr die vielen neuen Strategien zur Verfügung, während sie jenseits dieses Bereiches auf die klassischen Mittel und Instrumente angewiesen bleibt. Kluge Macht kann sich daher besonders in den Zonen entfalten, in denen die Zustände der Gesellschaftswelt anzutreffen sind.

Diese Einzugsbereiche der Außenpolitik sind regional geprägt. Die Mitglieder der Europäischen Union haben nicht zuletzt deswegen 1993 ihren Binnenmarkt vollendet und 1999 die Währungsunion begonnen, weil die wechselseitigen wirtschaftlichen Austauschverhältnisse den gemeinsamen Markt längst hergestellt und die nationalen Wirtschaften unterlaufen hatten. Sie mußten ihre wirtschaftliche Ordnungskompetenz mit der Zusammenarbeit überwölben, wollten sie deren Regulierungsfunktion wiederherstellen. Dieser hohe Grad von Interdependenz in der Europäischen Union ist einmalig; er veranschaulicht aber gerade deswegen die Wirkungen der Interdependenz. Sie treten überall da auf, wo relativ intensive Handelsbeziehungen herrschen.

Nimmt man die Ausfuhr zum Maßstab, war die Bundesrepublik 1994 zur Hälfte mit den EU-Partnern vernetzt; es folgten die EFTA-Länder (von denen Finnland, Österreich und Schweden inzwischen der EU beigetreten sind). An dritter Stelle rangierten die Entwicklungsländer, vor allem die Schwellenländer, während die Positionen vier und fünf den USA und Japan zufielen.[2] In der Region Euro-Atlantik firmierten die Länder der früheren Sowjetunion als Handelspartner der Bundesrepublik, danach Polen, Tschechien und die Slowakei. Außerhalb der Region standen Südkorea, Taiwan, Singapur, Malaysia, Südafrika und Ägypten und Brasilien an herausgehobener Stelle.

Die Interdependenzkarte Frankreichs und Großbritanniens zeigt eine ähnliche Verteilung, allerdings mit stärkeren Verbindungen zu den AKP-Staaten. Würde die EU die in den wirtschaftlichen Austauschbeziehungen entstandene Interdependenz zur Steuerung der politischen Prozesse benutzen, dann wäre sie dazu am besten in Schwarzafrika und in einigen Ländern Südostasiens in der Lage. Eine Arbeitsteilung zwischen den EU-Ländern würde sich nach der gewachsenen Interdependenzdichte richten. In Schwarzafrika stünden ihnen darüber hinaus die Institutionen der verschiedenen AKP-Abkommen zur Verfügung, um Beziehungsmacht einzusetzen. Die USA sind in besonderer Weise mit Lateinamerika und Südostasien verbunden, Japan mit allen asiatischen Staaten.

Die industrialisierten Länder der OECD unterhalten also Interdependenzbeziehungen zu (fast) allen Staaten der Welt, wenn auch nicht in der gleichen, sondern in unterschiedlicher Dichte. Würden sie ihre Steuerungsversuche koordinieren, könnten sie auf der halben Welt Beziehungsmacht einsetzen.

Diese bilateralen Formen der Einflußnahme sichtbar zu machen, ist deswegen so wichtig, weil sie in der Darstellung der internationalen Politik gern ausgelassen werden. Wenn von der Vorbeugung und der Bearbeitung von Konflikten die Rede ist, von der Notwendigkeit der Abrüstung und der Rüstungskontrolle, von der Pflege und der Stärkung des Friedens, werden als Träger dieser Politik gern die internationalen Organisationen genannt. Die «Commission on Global Governance»[3] stellt die Erzeugung von Sicherheit ganz in die Verantwortung der Vereinten Nationen oder multilateraler Abkommen.

Sie können aber nicht erfolgreich sein, wenn die bilaterale Beziehungsmacht sich um die multilateral formulierten Ziele nicht kümmert, sie sogar konterkariert. Was nützt ein multilateral beschlossenes Waffenexportverbot, wenn es von der Beziehungsmacht der Staaten nicht durchgeführt wird? Eine Ausnahme bilden die multilateralen Verabredungen atomwaffenfreier Zonen, die in den bilateralen Beziehungen auch praktiziert werden. Was aber in der globalen Organisation der UN oder in der regionalen Großorganisation der OSZE beschlossen wird, findet im Verhalten der einzelnen Akteure kaum einen Niederschlag.

Wer die politischen Prozesse umsteuern will, muß auch und gerade die internationalisierende Politik der Politischen Systeme und der gesellschaftlichen Akteure in ihren jeweiligen Einzugsbereichen erfassen. Die Bundesregierung beispielsweise muß sich nicht nur fragen lassen, welche Politik sie in den Vereinten Nationen propagiert und unterstützt, sondern auch, welche Politik sie und die gesellschaftlichen Akteure ihrer bilateralen Beziehungsmacht anvertrauen. Die gleiche Frage muß an alle Mitglieder der Europäischen Union und später auch einmal an deren Gemeinsame Außen– und Sicherheitspolitik gestellt werden.

2. Gewalt nur im Notfall anwenden

Da am Ausgang des Jahrhunderts der Krieg aus dem internationalen System aus- und in die Staaten eingewandert zu sein scheint, steht die Befriedung von Bürgerkriegen im Aufgabenkatalog der Außenpolitik obenan. In Europa tobte er in Bosnien-Herzegowina und im Kosovo, in Afrika in Ruanda und Kongo. Im Mittleren Osten wurde der Eingriff im Iran und im Irak versucht. Auch in der Gesellschaftswelt ist die Außenpolitik an die Aktualität gebunden, steht also die Behandlung von Bürgerkriegen vorn. Sie sind bedeutungsvoll, weil sich in ihnen, wenn auch in unterschiedlichem Maße, der entscheidende Prozeß der Demokratisierung vollzieht und dabei die Gewalt auslöst.

Dennoch sind und bleiben sie innerstaatliche Vorgänge, für deren Bearbeitung die internationale Gesellschaft kein Instrumentarium besitzt und auch keinen rechten Auftrag vorweisen kann. Vor allem darf über der Beschäftigung mit ihnen nicht vergessen werden, daß der Krieg im engeren Sinn des Wortes als gewaltsame Auseinandersetzung zwischen staatlich geordneten Gesellschaften keineswegs für immer aus dieser Welt verschwunden ist, auch nicht notwendig aus der euro-atlantischen Welt. Es könnte sein, daß das Ende des Ost-West-Konflikts nur eine längere Fermate darstellt, nach deren Abklingen der Konfliktaustrag wieder zur Gewalt neigt. So viel Aufmerksamkeit die Bürgerkriege verlangen, so dringlich ihre Befriedung ist: sie werden an Bedeutung von der Aufgabe übertroffen, den zwischenstaatlichen Krieg als Konfliktsaustragsmodus zu beseitigen.

Im Jahr 1997 wurden 25 bewaffnete Auseinandersetzungen auf der Welt registriert; sie waren, wenn auch die Ursachen variierten, durchweg innerstaatliche Kriege.[4] 1999 kam der um das Kosovo hinzu, während der in Bosnien-Herzegowina nicht als beendet, sondern nur als stillgestellt angesehen werden darf. Es gibt also allen Anlaß, sich zunächst mit diesen Bürgerkriegen zu beschäftigen.

Im Vordergrund steht das Recht der Umwelt zur humanitären Intervention, zum militärischen Eingriff in einem Genozid. Es bekam Auftrieb durch Präsident Clintons Selbstkritik an der unterlassenen Intervention anläßlich seines Afrika-Besuchs im Sommer 1998. Die Entsendung von 5000 Truppen hätte die Ermordung von 50000 Menschen in Ruanda verhindern können.

Im Herbst 1998 entschied sich die NATO dafür, zugunsten des Kosovo Luftangriffe gegen Serbien zu fliegen, um Präsident Slobodan Milosevic zu größerer Autonomiegewährung für die Kosovaren zu zwingen. Mit dem Hinweis auf die Unwahrscheinlichkeit eines Sicherheitsratsbeschlusses sprach sich die NATO in ihrem Entscheidungspapier vom 9. Oktober 1998 selbst das Recht zum militärischen Eingriff zu. In Serbien war aber kein Genozid in Gang, sondern ein Sezessionskonflikt, der seit 1987 von der UCK als Sezessionskrieg geführt wurde. Der NATO-Aufmarsch und die Bombardierung Serbiens konnten beim besten Willen nicht als humanitäre Intervention gerechtfertigt werden, wenn sie auch so dargestellt wurden.

Bürgerkriege sind besonders grausam, im Kosovo war es nicht anders. Europa mußte handeln, hätte schon 1989 handeln müssen, als Milosevic den Autonomiestatus des Kosovo aufhob. Eine Rechtfertigung zum Gewalteinsatz von außen ergab sich daraus nicht. Hätte die NATO nicht sonst in Nordirland, im Baskenland und seit langem in der Türkei eingegriffen, wo Minderheiten sehr viel länger und mit sehr viel mehr Opfern unterdrückt wurden? Politische Interessen haben die Hand des Westens geführt.

Sie waren bei der «humanitären Intervention» schon immer aufgetreten. Sie war schon während des 19. Jahrhunderts praktiziert worden, und zwar von den Großmächten gegenüber der Türkei.[5] Weil schon damals deutlich sichtbar wurde, daß die ethischen Vorgaben die militärische Intervention nicht charakterisierten, sondern nur vor Kritik abschirmen sollten, kam der Begriff aus der Mode. Als er nach dem Ende des Kalten Krieges angesichts der zahlreichen Bürgerkriege wieder hervorgeholt wurde, zeigte sich, daß er seine Ambivalenz keinesfalls verloren hatte.[6] Zu dicht lag die humanitäre Intervention bei der «präventiven Diplomatie», die mit der militärischen Intervention ihre machtpolitischen Interessen zu fördern sucht. Es ist auffällig, daß dieser Begriff von NATO-Generalsekretär Solana verwendet wurde, um den immer wieder angedrohten Militärschlag gegen Serbien zu rechtfertigen. Wenn Bedrohungen auftreten, sagte Solana, müsse zuerst einmal gehandelt werden. Begründungen und Rechtfertigungen würden nachgereicht. Es bleibt richtig, daß dort, wo ein Genozid droht, schnell gehandelt werden muß. Ruanda darf sich nicht wiederholen. Um das sicherzustellen, sollte der Sicherheitsrat der UN eine Schnelle Eingreiftruppe bekommen. Seit 1990 betteln die UN-Generalsekretäre um eine solche Stand-by-Truppe. Sie würden sie nicht voreilig, aber im Notfall immer rechtzeitig und unparteiisch einsetzen. Kein westlicher Staat ist bisher dazu bereit.

Im Kosovo drohte aber kein Genozid. Der Westen begründete seinen Gewalteinsatz mit der Glaubwürdigkeit der NATO und der Verhinderung einer humanitären Katastrophe. Das eine Motiv ist sachfremd, das andere kann nicht von einer Partei, sondern muß von einer Internationalen Organisation festgestellt werden. Um so mehr überrascht die Leichtigkeit, mit der die NATO, die für den Friedenssicherungseinsatz in Bosnien-Herzegowina sich noch ein UN-Mandat hatte geben lassen, ihre Bombardierung Serbiens selbst verfügte. Auch wenn sie damit den unerträglichen Vorgang wechselseitigen Tötens zu beenden hoffte – tatsächlich hat er sich im Kosovo nach ihrem Eingriff und in Serbien aufgrund ihres Eingriffs ins Riesige gesteigert. Sie muß sie sich die Frage nach der Legalität und Legitimität ihres Vorgehens stellen lassen.

Immerhin haben 150 Jahre politisch-theoretischer Vorarbeit dazu geführt, daß in der Charta der Vereinten Nationen 1945 die Anwendung von Gewalt durchweg nur zur Selbstverteidigung erlaubt und sonst verboten worden ist. Nur der Sicherheitsrat kann sie zu Zwecken der Friedenssicherung oder -erzeugung einsetzen oder anordnen. Man kann darüber streiten, ob die Vereinten Nationen und der Sicherheitsrat die einzigen Instanzen bleiben sollen, die legitime und legale Gewaltaktionen anordnen können. Daß die in der Charta der Vereinten Nationen verankerten Regulierungen der Gewaltanwendung richtig sind, sagt noch nicht, daß sie ausschließlich der Weltorganisation vorbehalten bleiben müssen. Diese Regelung war schon 1945 umstritten, weil sie den Kontrollinteressen der Großmächte, vor allem der USA, mehr entsprach als den Selbstbestimmungsinteressen der Regionalstaaten.

In der Gesellschaftswelt, die eine regionalisierte Welt ist, wären regionale Organisationen sehr viel besser in der Lage, mit Konflikten in ihrer Region fertig zu werden. Die OSZE hat sich auf ihrem Lissaboner Gipfel von 1996 das Recht auf «kooperative Intervention» in die inneren Angelegenheiten ihrer Mitgliedsstaaten zugesprochen; diese Einmischung könnte notfalls auch militärisch durchgeführt werden. Freilich muß die OSZE die Organe und Verfahren dazu erst entwickeln. In der Theorie wäre sie sehr viel besser geeignet, mit Problemen wie der Auflösung

Jugoslawiens und der Neuordnung des Balkans umzugehen. Ebenso wären die Organisation Amerikanischer Staaten für die Probleme jener Region und die Organisation der Afrikanischen Einheit für Afrika die kollektiven Instanzen, die legitim wie legal sich notfalls mit Gewalt in Bürgerkriege ihrer Mitglieder einschalten könnten. Ihre Größe und Entscheidungsverfahren stellten sicher, daß die Intervention nicht partikularen, sondern wirklich humanitären Interessen entspringt. Solange diese regionalen Organisationen handlungsunfähig sind, bleibt der UN-Sicherheitsrat die Instanz, die den Gewalteinsatz legitimieren kann.

Im Unterschied dazu sind Militärbündnisse, also Organisationen kollektiver Verteidigung, zu solchen Eingriffen nicht berechtigt. Gerade weil die Differenz bis in die höchsten Spitzen bundesdeutscher Rechtsprechung unbekannt geblieben ist, kann man sie gar nicht deutlich und häufig genug herausarbeiten. Eine Militärallianz ist eine Organisation kollektiver Verteidigung, die auf die Abwehr äußerer Gefahren mit der Herstellung von Verteidigungsfähigkeit reagiert. Eine Organisation kollektiver Sicherheit hingegen ist nicht nach außen, sondern nach innen orientiert. Ihr Gründungszweck ist die Sicherheit zwischen den Mitgliedern, die sich insofern den Regeln der Organisation unterwerfen. Aus diesem Konsens kann ein legitimes Recht der Organisation zur militärischen Intervention gegen ein Mitglied erwachsen. Der NATO steht es nicht zu.

Daß sie sich 1998 darauf vorbereitete und es sich 1999 nahm, ist, wie sowohl der amerikanische Sonderbeauftragte Richard Holbrooke und der NATO-Generalsekretär Javier Solana einräumten, ein Bruch mit den bisher geltenden Prinzipien von Legalität und Legitimität. Der Stellvertretende amerikanische Außenminister Strobe Talbott, ein ebenso kluger wie besonnener Mann, überschritt ebenfalls diesen Rubikon, als er der NATO das Recht und die Freiheit zusprach, «immer dann zu handeln, wenn ihre Mitglieder im Konsens es für notwendig erachten».[7] Die europäischen NATO-Mitglieder haben das anders gesehen und auf der NATO-Gipfelkonferenz im April 1999 durchgesetzt, daß der Krieg gegen Jugoslawien die Ausnahme bleiben und nicht zur Regel werden sollte. Wenn das westliche Bündnis selbst eine Bresche in das Gewaltverbot der UN-Charta schlägt, werden viele andere Heere hindurchmarschieren. Daran kann niemandem gelegen sein, am wenigsten dem Westen.

Im Legitimierungsmonopol der Internationalen Organisation steckt nicht nur eine Rechtsnorm, sondern auch eine Erfolgsvoraussetzung. Der Gewalteinsatz muß von den Betroffenen auch akzeptiert, sein Ergebnis in ihrem Verhalten umgesetzt werden. Das wird niemals leicht, aber völlig unmöglich dann sein, wenn die Gewalt nur von einem westlichen Expeditionskorps beschlossen und ausgeübt wird. Diese Strategie war noch nicht einmal zu Zeiten des Europäischen Mächtekonzerts erfolgreich – sonst gäbe es das Balkanproblem nicht. Heute ist sie vollends dysfunktional. Ohne die Zustimmung der betroffenen Gesellschaft kann kein Bürgerkrieg beendet werden; die Erfolgsaussichten steigern sich, wenn der Eingriff auf einem Konsens der Nachbarn, der regionalen Organisation beruht. Sie können am besten die Autorität ersetzen, die der Regierung im Bürgerkrieg abhanden gekommen ist. Sie bieten eine Mindestgewähr für Neutralität und erleichtern so die Zustimmung der Konfliktparteien (die immer noch schwierig zu erreichen sein wird). Auch in Euro-Atlantik gibt es die «Innenpolitik» noch nicht, von der die Bundespräsidenten von Weizsäcker und Herzog so gern sprechen. Aber analoge Zustände herrschen hier. Also bedarf der Gewalteinsatz der kollektiven Autorisierung, um die wichtigste Voraussetzung seines Erfolges zu schaffen: die Zustimmung der Bevölkerung.

Der Fall Kosovo ist dem Sicherheitsrat nicht einmal vorgelegt worden. Hätten Rußland und China wirklich ihr Veto eingelegt, hätte aufgrund der Uniting-for-Peace-Resolution von 1953 die Generalversammlung einspringen und den Gewalteinsatz legitimieren können. Der Verzicht darauf läßt erkennen, daß in der Kosovopolitik die seit langem erkennbare Tendenz fortgeschrieben wurde, die NATO an die Stelle der Vereinten Nationen zu setzen, eine Militärallianz an die Stelle einer Internationalen Organisation.

Der Gewalteinsatz von außen in Bürgerkriegen muß vor allem einen Test bestehen: den des Erfolgs. Eine Militärintervention, die zwar rechtens ist, aber nur die Zahl der Toten erhöht und ihnen mit den intervenierenden Soldaten auch solche hinzufügt, die mit dem Konflikt überhaupt nichts zu tun haben, empfiehlt sich kaum. Das Scheitern der UN-Intervention in Somalia sollte als Beweis ausreichen.

Um so mehr verbietet sich die Gewaltanwendung, wenn sie ohne Recht und ohne Erfolg eingesetzt wird. Aber leider verhalten sich die Aussichten militärischer Gewalt umgekehrt proportional zu der Neigung der Politik, sich ausgerechnet auf dieses Instrument zu verlassen. Die Existenz hochgerüsteter, einsatzbereiter Militärverbände verführt immer wieder zu der Annahme, daß der Einsatz von Gewalt, weil er Folgen hinterläßt, auch erfolgreich ist. Dabei haben die USA in den sieben Jahren des Vietnam-Kriegs und die Sowjetunion in den fünf Jahren ihrer Afghanistan-Invasion das Gegenteil erfahren. Ihre Gewaltmittel waren denen ihrer Gegner weit überlegen, denen sie dennoch unterlagen. Die USA lernten 1992/1993 beim Einsatz der von ihnen geführten multinationalen Truppe in Somalia (UNITAF), wie teuer ihnen eine Einmischung in den Konflikt zu stehen kam. Sie zogen daraus in Bosnien-Herzegowina die richtige Konsequenz, die Konfliktparteien zunächst Frieden unter sich schließen zu lassen und ihn dann in deren Einvernehmen und im UN-Auftrag durch NATO-Kontingente absichern zu lassen. Beim Angriff auf Serbien wurde diese Lehre wieder vergessen. Der gezielte Einsatz von Gewalt kann unter bestimmten Bedingungen nützlich sein. Die Operation «Deliberate Force», mit der die NATO im Spätsommer 1995 die Führungs- und Kommunikationseinrichtungen der Serben in dem von ihnen kontrollierten Teil Bosniens zerstörte, half der Gegenoffensive der Kroaten auf die Beine. Dadurch wurde die Kompromißbereitschaft der bosnischen Serben erheblich gefördert. Freilich wurde mit der Vertreibung von 200 000 Serben aus der Krajina, einem ihrer Stammsitze, ein weiteres Problem geschaffen, das den Friedensschluß erschwert.

Bei regelrechten Bürgerkriegen wie dem im Kosovo nimmt sich der Gewalteinsatz des Auslands sehr viel schwieriger aus. Zu Albanern und Serben, deren Ansprüche auf das Kosovo wechselseitig unvereinbar waren, trat die NATO als weiterer Kriegspartner. Statt als Schlichter, Vermittler, als Helfer zu agieren, wie es Holbrooke im Oktober 1998 und das Autonomieprojekt der Kontaktgruppe in Rambouillet versucht hatten, brachte sich die NATO mit ihrer Forderung, als nicht UN-mandatierte Schutzmacht die Sicherung des Abkommens zu übernehmen, als Konfliktpartner ein. Dabei war die von Richard Holbrooke im Oktober 1998 ausgehandelte Regelung, die von OSZE-Beobachtern überwacht wurde, zwar nicht optimal, aber auch nicht erfolglos gewesen. Die Flüchtlinge kehrten zurück, die Lage beruhigte sich. Das Autonomieabkommen, das in Rambouillet von den Serben akzeptiert worden war, hätte diese Lage weiter verbessert. Zusätzliche Kontrollen und Anreize hätten eingesetzt werden können, um die Einhaltung durch Serbien sicherzustellen und damit die Gewaltanwendung der UCK politisch rückbilden zu können. Selbst wenn Übergriffe nicht ausgeblieben wären – was als gewiß gelten kann –, wäre die Lage ungleich besser, die Opfer der Gewalt viel geringer ausgefallen als das Chaos, das mit und aufgrund des NATO-Bombardements angerichtet worden ist. Der Mißerfolg ist eklatant. Seine Folgen ließen sich im Frühjahr 1999 nicht abschätzen.

Es kann bei Bürgerkriegen nützlich sein, wenn die Nachbarn eine militärische Drohkulisse errichten, um die Kampfhähne auf beiden Seiten zu beeindrucken. Die Wirkung wird um so größer sein, wenn die Aktion vom Sicherheitsrat oder einer regionalen Organisation autorisiert worden ist. Aber die Gewalt sollte in der Kulisse bleiben. Wenn sie eingesetzt werden muß, hat die Strategie versagt.

Die Westeuropäische Union sollte ihre Petersberger Erklärung vom Juni 1992 noch einmal daraufhin ansehen, ob die dort genannten und inzwischen in den EU-Vertrag aufgenommenen «Kampfeinsätze bei der Krisenbewältigung einschließlich friedenschaffender Maßnahmen» wirklich Erfolg versprechen. Frankreich hat begriffen, daß sein militärischer

Interventionismus in Afrika keine «Stabilität in der französischen Einflußzone erreichen konnte(n)». Konsequent hat das Land seine Kasernen in den ehemaligen französischen Kolonien Afrikas im April 1998 geschlossen. Militärische Gewalt kann im Notfall manches verhindern, aber Frieden schaffen kann sie nicht.

Eine Aufwand-Erfolgsrechnung der Gewaltanwendung von außen bei Bürgerkriegen fällt also nicht sonderlich günstig aus. Man wird auf dieses letzte Mittel beim Genozid und darüber hinaus nicht verzichten können, wenn wirklich nichts anderes übrigbleibt, der Einsatz durch eine Internationale Organisation legitimiert worden ist und so viel Erfolg verspricht, daß er sich auch gegenüber denen «rechnet», die die Kosten zu tragen haben.

Diese kritische Bilanz widerspricht dem «Interventionismus», der sich bei den Politischen Systemen zunehmenden Interesses erfreut. Die Gesellschaften hingegen stehen ihm äußerst reserviert gegenüber, und das mit Recht. Die militärische Intervention – wie immer sie sich rechtfertigt – nur als äußerstes, letztes Mittel anzusehen, heißt ja nicht, der Gewalt gegenüber untätig zu bleiben. Im Gegenteil. Wer den Gewalteinsatz nur als äußerste Notmaßnahme ansieht, muß sich um so mehr darum kümmern, mit anderen Mitteln und Instrumenten den Bürgerkriegen beizukommen, und zwar möglichst, bevor sie überhaupt ausgebrochen sind. Wer sich erst dann mit ihnen befaßt, wenn sie schon in die Phase gewaltsamer Auseinandersetzung eingetreten sind, hat mehr als die Hälfte seiner politischen Aufgabe schon verfehlt.

3. Rechtzeitig eingreifen

a) Möglich: Früherkennung

Der Gedanke, sich in einen Konflikt einzumischen, lange bevor die Kontrahenten Gewalt anwenden, ist nicht sonderlich neu. Er liegt dem System der Vereinten Nationen zugrunde, wenn er auch in deren Charta nicht expressis verbis erwähnt wird. Nach den langen Jahren der Konfrontation zwischen Ost und West hob ihn der Sicherheitsrat am 31. Januar 1992 wieder in den Vordergrund der politischen Aufmerksamkeit. Auf seiner ersten (und bisher einzigen) Gipfelkonferenz hat der Sicherheitsrat den Generalsekretär der Vereinten Nationen beauftragt, sich um die Vorbeugung zu kümmern. Den Anlaß dazu gab die große Zahl von Bürgerkriegen, bei denen die Vereinten Nationen um Hilfe gebeten worden waren und sie dennoch schuldig bleiben mußten.

Ihr Gründungsauftrag hatte auf die Verhinderung und Befriedung zwischenstaatlicher Kriege gelautet. Von Bürgerkriegen war 1945 nicht die

Rede gewesen. Sie brachen nach 1990 vermehrt auf, nachdem der Rückzug der beiden Supermächte aus der Dritten Welt die dort geführten Stellvertreterkriege beendet und damit die von ihnen lange Zeit überlagerten autochthonen Konflikte wieder aktiviert hatte. Auch die von den Supermächten gestützten Diktaturen wie die von Mobutu in Zaire und die des Apartheid-Regimes in Südafrika brachen zusammen. In Europa fiel die Bundesrepublik Jugoslawien auseinander. Nachdem der Tod Titos 1980 ihr den Einiger genommen hatte, nutzten nach dem Ende des Ost-West-Konflikts die Teilrepubliken Jugoslawien die vom Zusammenbruch des Warschauer Paktes und der Sowjetunion ausgehenden Signale, um ihre Selbständigkeit wiederzuerlangen.

Bürgerkriege zählen zu den schwierigsten Problemen der internationalen Politik, weil die Umwelt kaum eine Handhabe besitzt, auf sie einzuwirken. Gleichzeitig charakterisieren diese Kriege den Aufstieg der Gesellschaftswelt: Sie akzeptiert keine aufgezwungene Herrschaft mehr. Deswegen wurden Restbestände des Imperialismus besonders heftig bekämpft, wie zum Beispiel im Tschetschenien-Krieg und in der noch immer andauernden Revolte der Kurden gegen die türkische Herrschaft. Wie verschieden die Ursachen der Bürgerkriege im konkreten Einzelfall liegen, zwei sind ihnen gemeinsam: die politische Unterdrückung eines Volkes und seine wirtschaftliche Ausbeutung.[8]

Hatten sich die europäischen Großmächte schon immer in politische Aufstände und Unruhen in fremden Ländern eingemischt – erinnert sei etwa an den Boxeraufstand von 1900 in China –, so hat sich die Problemfigur heute grundlegend geändert. Bürgerkriege zu verhindern oder, wenn sie ausgebrochen sind, zu beenden helfen, dient nicht mehr den partikularen Zielen wirtschaftlicher und politischer Lobbies. Es liegt vielmehr im Interesse der Gesellschaftswelt mit ihren hohen Graden von Interdependenz und ihrer Empfindlichkeit gegenüber jeder Art gewaltsamer Störung. Die Bundesrepublik und die Europäische Union müssen sich nicht um sämtliche Bürgerkriege auf dieser Welt kümmern. In der Arbeitsteilung aber fallen ihnen diejenigen zu, die sich in ihrem Einzugsbereich befinden. Es sind die meisten und die wichtigsten, gleichzeitig auch die teuersten.

Wäre es gelungen, den Bürgerkrieg um Bosnien-Herzegowina abzuwenden, wäre nicht nur den Menschen dort viel Leid und Verlust erspart geblieben; die Bürger der westlichen Welt hätten allein bis 1990 einhundert Milliarden Dollar gespart. Was der Militäreinsatz in Serbien ab dem 24. März 1999, die Versorgung der Flüchtlinge gekostet haben und wie teuer der Wiederaufbau sein wird, muß sich noch zeigen. Solche Konflikte zu verhindern ist also auch aus Kostengründen mehr als geboten.

Zur Vorbeugung gehört, daß man die Entstehung des Konflikts frühzeitig erkennt. Nur dann kann man mit Aussicht auf Erfolg versuchen, seinen Austrag gewaltfrei bleiben zu lassen. Früherkennung ist der erste Schritt zur Vorbeugung. Beides muß, andererseits, deutlich auseinandergehalten werden. In der praktischen Politik gehen beide oft ineinander über, weil die Feststellung eines Konflikts schon als bedeutender politischer Akt gilt. Von ihrer Gesellschaft bedrohte Politische Systeme sind leicht geneigt, jede Herausforderung als «Terrorismus» abzuqualifizieren. Wird sie hingegen von der internationalen Umwelt als Konflikt bezeichnet, liegt darin eine gleichberechtigte Anerkennung der Herausforderung und damit in den Augen des Politischen Systems eine Einmischung in diese Auseinandersetzung.

Die Diagnose ist also ein eminent politischer Akt, in dem sehr viel politische Macht steckt. Wenn der Artikel 99 der Satzung der Vereinten Nationen dem Generalsekretär das Recht gibt, den Sicherheitsrat auf Vorgänge aufmerksam zu machen, die die Wahrung des Weltfriedens und der internationalen Sicherheit gefährden könnten, dann weist sie damit dem Generalsekretär eine Machtposition zu, die der eines Mitgliedsstaates vergleichbar ist.[9]

Umgekehrt hängt gerade deswegen die Früherkennung eines Konflikts sehr häufig von der politisch bedingten Bereitschaft ab, sich überhaupt mit ihm zu beschäftigen. Wird er nicht als solcher bezeichnet, existiert er, sozusagen, politisch nicht. Deswegen spielt es bei der Früherkennung auch eine große Rolle, auf welche Weise die Nachricht von einem sich entwickelnden Konflikt in den Entscheidungsprozeß der Politischen Systeme eingebracht und dort bearbeitet wird. Präsident Clinton hat sich bei seiner Afrika-Reise im März/April 1998 dafür entschuldigt, daß er das Blutbad der Hutu an den Tutsi in Ruanda zwar registriert, aber nicht als Genozid erkannt hat. Die Europäische Union hätte seit Titos Tod 1980 wissen können, daß die Bundesrepublik Jugoslawien auseinanderfällt; sie weigerte sich bis zum Ausbruch des Bürgerkriegs, die Ambitionen der sich abspaltenden Teilrepubliken als unterstützungswürdige Konfliktposition anzuerkennen. Als Präsident Milosevic 1986 die Autonomie des Kosovo aufhob, war leicht zu erkennen, daß hier ein neuer, anders und schwieriger gelagerter Konflikt vom Zaun gebrochen wurde.

Gerade weil die Früherkennung sowohl einen analytischen wie einen politischen Akt darstellt, sollten beide voneinander getrennt werden. Andernfalls wird immer wieder das politische Moment das analytische überlagern, so daß die Vorbeugung nicht rechtzeitig einsetzen kann. Wird hingegen die Früherkennung in die Hand unabhängiger, aber international zusammenarbeitender Forschungsinstitute gegeben, kann sie deutlich objektiviert werden. Ein Konflikt wird dann konstatiert werden, wenn die Vorgänge den festgelegten Kriterien entsprechen. Er wird in den Rang einer Tatsache erhoben, mit der sich die Politik auseinandersetzen muß, auch wenn sie es nicht will.

Gleichzeitig wird die Gesellschaft über die Existenz eines solchen Konflikts informiert, so daß sie von ihrem Politischen System die frühzeitige, vorbeugende Bearbeitung verlangen kann. Es ist dann nicht mehr möglich, vorhandene Informationen unter den Tisch zu kehren, wie es bei dem bevorstehenden Völkermord in Ruanda der Fall gewesen war. Zwar kann die Regierung noch immer versuchen, den Konflikt zu verdrängen, seine Bearbeitung zu verweigern oder zu verzögern; aber sie kann ihn nicht mehr vor der Gesellschaft verstecken.

Über die Frühindikatoren selbst herrscht weitgehend Einigkeit. Wenn Menschenrechtsverletzungen und die brutale Unterdrückung der Bevölkerung zunehmen, wenn sich die Hetze der Medien verschärft, die Aufrüstung steigt und die Zahl der politischen Morde zunimmt, dann ist ein Konflikt auf dem Wege in die Zone des gewaltsamen Austrags. Auch die Anzeichen dafür, daß ein Staat infolge seiner inneren Widersprüche zusammenzubrechen droht, sind bekannt. Von der Registrierung solcher Signale bis zur verläßlichen Vorhersage eines gewaltsamen Konfliktaustrags ist es freilich noch ein weiter Weg. Die Politikwissenschaft verfügt zwar über zahlreiche Datensätze, aber noch immer nicht über ein von der Theorie angeleitetes Modell, das diese Daten richtig verarbeiten könnte. Frühzeitige Prognosen entstehender Bürgerkriege sind noch immer sehr selten.

Politikwissenschaft und Friedensforschung sind auf dem Wege, ihre Fähigkeiten zu verbessern.[10] Die Außenministerien erstellen ihre Analysen meistens in eigener Regie; sie können so deren politische Konformität am besten sicherstellen. Ergebnisse wissenschaftlicher Forschung werden nur selektiv akzeptiert, dann aber problemlos integriert. Ob und wo ein Bürgerkrieg entsteht, wird nach wie vor anhand politischer Interessen festgestellt.

In dieser Abschottung der Politischen Systeme liegt die Hauptschwäche der Früherkennung. Sie wird erst verschwinden, wenn sich die «Einstellung der Regierungen und internationalen Organisationen grundlegend wandelt».[11] Sie begreifen Außenpolitik noch immer nicht als internationale Dienstleistung an den Interessen der Gesellschaft, sondern verstecken sie in einer eigenen, mit den Begriffen von Staatsräson, nationalen Interessen und nationaler Sicherheit säuberlich abgetrennten Sphäre. Solange sich dieses Bewußtsein nicht ändert, haben Früherkennung und Gewaltvorbeugung einen schweren Stand und nur wenige Agenturen.

Die Vereinten Nationen haben 1987 ein Amt für Forschung und Informationssammlung (ORCI) eingerichtet, es aber 1992 wieder abgeschafft. Dafür nahmen sie 1991 eine Erklärung über die Tatsachenermittlung im Bereich des internationalen Friedens und der Sicherheit an, die wenigstens die Zahl der Untersuchungskommissionen erhöhte. Da diese

Tatsachenermittlung auf die Kooperationsbereitschaft der Regierungen angewiesen ist, fällt sie naturgemäß sehr einseitig aus. Sie hält dem Vergleich mit den Frühwarnsystemen, die die Vereinten Nationen für die Umweltgefahren, die Naturkatastrophen, die Hungersnöte und die Epidemien eingerichtet haben, in keiner Weise stand.

Die Organisation für Sicherheit und Zusammenarbeit hat kein eigenes Institut für die Früherkennung. Lediglich der Hohe Kommissar für Nationale Minderheiten wurde 1992 in Helsinki mit der Früherkennung von gewaltsamen Entwicklungen in der Minderheitenpolitik betraut, sogar zu frühen Aktionen ermächtigt.[12] Freilich entscheidet auch er allein darüber, was er dem Hohen Rat in Wien meldet und was nicht. Der Hohe Rat selbst verfügt mit den «Langzeitmissionen» über ein eigenes Instrument der Früherkennung, das aber auch schon der Konfliktbehandlung dient. Bis Ende 1998 hat es zwölf solcher Missionen mit durchweg gutem Erfolg gegeben.[13] Daß die 1992 in das Kosovo entsandte Mission 1993 ihre Arbeit einstellen mußte, hat sie dem unseligen Beschluß der OSZE zu verdanken, die Mitgliedschaft Rest-Jugoslawiens in der Organisation zu suspendieren. Damit hatte sich die OSZE selbst von der frühzeitigen – und möglicherweise erfolgreichen – Bearbeitung des Kosovo-Konflikts verabschiedet.

Früherkennung gehört auch zu den Aufgaben des Amtes für Demokratische Institutionen und Menschenrechte in Warschau (ODIHR). Hat die OSZE also mehrere Einrichtungen für die Früherkennung, so fehlt es ihr doch an einem einigenden Konzept, auf das gerade sie besonders angewiesen wäre. Denn als Organisation kollektiver Sicherheit ist die OSZE gerade dafür geschaffen worden, die Konflikte zwischen ihren Mitgliedern und in ihnen zu erfassen und einer gewaltlosen Bearbeitung zuzuführen. Früherkennung ist die Voraussetzung für den Erfolg.

b) Erforderlich: Kultur der Prävention

Warum steckt die Politik so viel Geld und Aufwand in die Bereitstellung von Gewaltinstrumenten und deren Einsatz in Bosnien-Herzegowina, in Serbien und gegen den Irak, wenn sie doch sehr viel erfolgreicher und sehr viel billiger ihre Ziele erreichen könnte, griffe sie rechtzeitig, vorbeugend ein? Natürlich gibt es dafür keine Erfolgsgarantie, sie gibt es aber auch nicht für den Militäreinsatz. Die Kosten wären in jedem Falle sehr viel geringer, die Erfolgsaussichten sehr viel größer. Denn ein Konflikt, der sich gerade erst entfaltet, läßt sich sehr viel besser einhegen als der, bei dem die Gewalt schon ausgebrochen ist.

Warum wird die Vorbeugung so sträflich vernachlässigt? Die Politik bewegt sich in einem kurzfristigen Horizont; was nicht brennt, ist nicht aktuell. Die Interessen der Wähler und deren Finanzierungsbereitschaft enden in der Regel an den Staatsgrenzen, erstrecken sich nicht auf interne Probleme des Auslands. Es gibt aber noch einen dritten Grund. Denn die Gewaltpotentiale des Militärs werden großzügig ausgestattet und aufgerüstet, um jederzeit einsatzbereit zu sein. Während die politische Vorbeugung vernachlässigt, ja häufig als überflüssig angesehen wird, steht die militärische in voller Blüte. Was aus der Innenpolitik längst verschwunden ist, hält sich als Relikt in der Außenpolitik, obwohl in Euro-Atlantik die Gewaltanwendung nicht mehr als sinnvoll gelten kann. In der Tradition des vergangenen Jahrhunderts halten die Politiker die Gewalt noch immer für die «ultima ratio regis». Dafür gibt es psychologische Gründe. «Für allzu viele Führungspersönlichkeiten gilt es noch immer als Kern der Führung, ein Bild physischer Stärke vorzuzeigen.»[14] Deswegen neigt die Politik dazu, ihre Führungskunst dadurch zu erweisen, daß sie die Gruppeninteressen gegenüber dem Ausland eng definiert, sich in deren Verteidigung zäh und aggressiv erweist und dafür sogar die Anwendung von Gewalt rechtfertigt. Wie anders erklärt sich, daß Präsident Clinton im August 1998 die Terrorangriffe auf die amerikanischen Botschaften in Kenya und Tanzania mit amerikanischen Raketenangriffen auf eine Arzneimittelfabrik im Sudan und auf ungenannte Ziele in Afghanistan beantwortete? Wie anders erklärt es sich, daß der deutsche Verteidigungsminister Volker Rühe 300 Millionen DM dafür ausgab, deutsche Truppen nach Somalia zu entsenden, die dort Arbeiten verrichteten, die das Technische Hilfswerk besser und billiger erledigt haben würde? Beide Politiker vertrauten darauf, daß sie für den Einsatz des Gewaltinstruments nicht nur Zustimmung erlangen würden, sondern auch eine Zunahme an politischem Ansehen.

So sieht es aus, so wird es dargestellt, aber so ist es nicht mehr. Der amerikanischen Regierung ist seit dem Vietnam-Krieg klar, daß sie militärische Gewalt im internationalen System nur einsetzen darf, wenn sie schnelle Erfolge erzielt und keine, jedenfalls nur sehr wenige amerikanische Opfer erfordert. Der deutsche Verteidigungsminister weiß, daß die Gesellschaft keinen Gewalteinsatz tolerieren würde, der deutsche Soldaten das Leben kostete. Alles, was über die Verteidigung hinausgeht, steht unter diesem Vorbehalt.

Um so leichter sollte es fallen, endlich die in der Gesellschaftswelt längst überfällige Konsequenz zu ziehen und zu versuchen, die Gewaltanwendung nicht nur an das Ende des Mittelkatalogs zu rücken – das tun inzwischen sehr viele –, sondern ihr eine entschlossene Politik der rechtzeitigen Vorbeugung vorzuschalten, die den Einsatz der Gewaltinstrumente überflüssig machen würde.

Diese kopernikanische Wende steht noch aus. Sie bedarf, wie es die Carnegie-Kommission genannt hat, einer «Kultur der Prävention». Sie muß in der Gesellschaft entstehen, damit sie ihre Anforderungen an die

Politik verändert und sie dadurch zwingt, die Vorbeugung der Gewalt sehr viel höher zu bewerten als ihre Eindämmung, wenn sie ausgebrochen ist, mit dem Einsatz von Gegengewalt.

Die Voraussetzungen im politischen Bewußtsein der Gesellschaft sind dafür vorhanden. Ihr geht es, wie dargestellt, um Wohlstand und Entfaltung ihrer Existenz; sie ist längst darauf eingestimmt, ihre Ziele gewaltfrei, durch Kooperation und durch Ausnutzung der Interdependenz zu erreichen. Nicht zuletzt deswegen ist es der Ökologie-Bewegung gelungen, den Umweltschutz zu einem überragenden gesellschaftlichen Thema zu entwickeln, das bedeutende politische Folgen nach sich gezogen hat. Die Gesellschaft hat den Wert des Umweltschutzes für ihre eigenen Belange erkannt und so positiv darauf reagiert, daß in der internationalen Politik der Umweltschutz beinahe schon einen höheren Wert einnimmt als der Friede.

Ist das Bewußtsein der Gesellschaftswelt für den Wandel aufgeschlossen, so muß er doch gezielt eingeleitet werden. Es gilt, eine Wählerschaft für die Vorbeugung zu schaffen, eine «constituency for prevention».[15] Diese «Wählerschaft für die Vorbeugung» läßt sich erzeugen, wenn die Gesellschaft über die Vorteile einer solchen Politik aufgeklärt wird. Sie muß erfahren, daß, wie der Brandschutz vor der Feuerwehr, die Vorbeugung zu bevorzugen ist vor dem ebenso teuren wie erfolglosen Einsatz des Militärs. Brandverhütung ist allemal besser und billiger.

Dem Bürger der Gesellschaftswelt läßt sich auch vermitteln, daß seine Interessen keinesfalls an den Staatsgrenzen enden, daß er aber über sehr viel bessere Instrumente zur Wahrung dieser Interessen verfügt als das Militär. Er weiß, und erfährt es täglich aus den Medien, daß er und seine Gesellschaft in ein Netz von interdependenten Austauschbeziehungen mit der internationalen Umwelt eingebunden sind. Das Ausland ist längst zum Nachbarn geworden, so daß die «Außenpolitik» analog zur Innen- und Kommunalpolitik gestaltet werden muß. Die Stabilität eines europäischen Landes hängt mit der der anderen Länder zusammen. Insofern ist für den Bundesbürger direkt von Belang, wenn Bosnien-Herzegowina implodiert oder die Koexistenz von Serben und Albanern im Kosovo nicht wiederhergestellt werden kann. Hätten die Politiker den Marshallplan für den südlichen Balkan zehn Jahre früher gestartet, hätte sich mit der Perspektive wirtschaftlicher Entwicklung der Konflikt um das Kosovo vielleicht verhindern, gewiß jedenfalls entschärfen lassen.

Es müßte Politiker geben, die solche Rechnungen der deutschen Gesellschaft aufmachen und sie dadurch für die Einsicht gewinnen, daß unter den Bedingungen der Gesellschaftswelt die Vorbeugung die beste und aktuellste Außenpolitik ist, die sehr viel mehr Aufmerksamkeit und Aufwand erfordert als Rüstung und Militär. Deren Einsatz läßt sich, sollte es wieder zu einem Verteidigungsnotfall kommen, nicht vermeiden. Über diese Ausnahme hinaus sollte der Aufbau von Gewaltpotentialen hintangestellt werden zugunsten von Anstrengungen, die den Einsatz von Gewalt, verspätet wie er kommt und vergeblich wie er sein wird, entbehrlich machen. «Die Vision, die Kraft und die Fähigkeit, gewaltsame Konflikte zu verhindern – und die Fähigkeit, die Notwendigkeit der Vorbeugung zu verbreiten – müssen zu den erforderlichen Qualifikationen von Führung im 21. Jahrhundert gehören».[16]

Gewaltsame Konflikte sind keineswegs Schicksalsschläge; der Krieg kann ebenso vermieden werden wie der Bürgerkrieg. Beide entstehen nicht unweigerlich, sondern resultieren aus politischen Kalkulationen, die von Politikern getroffen werden. Also können sie auch beeinflußt, können Kriege und Bürgerkriege verhindert werden. Die Kosten einer solchen Politik sind unvergleichlich geringer, ihre Erfolge unvergleichlich höher als die des Gewalteinsatzes.

Eine Kultur der Prävention also gilt es zu verbreiten, sie muß den Politikern von der Gesellschaft abgefordert werden. Es ist natürlich bequem – und für einige Gruppen auch sehr lukrativ – zu warten, bis die Gewalt ausbricht, und sie dann mit Gegengewalt zu beantworten. Die Kosten in Gestalt von Rüstungsbudgets, Militärdienst und möglicherweise Gefallenen werden der Gesellschaft aufgebürdet. Diese Kosten sind um so höher, als sie in den meisten Fällen unnötig sind. Vorbeugung kann nicht jeden Krieg, nicht jeden Bürgerkrieg verhindern, wohl aber die meisten. Deswegen sollte die Gesellschaft von ihren Politikern verlangen, daß sie alle Kraft daran setzen, die Entstehung der Gewalt zu verhindern, statt ihren Ausbruch zu bekämpfen. Warum hat sich die NATO auf ihrer Jubiläumstagung im April 1999 in Washington auf die Abwehr von Massenvernichtungswaffen festlegen lassen, statt den Akzent auf deren Kontrolle und Abrüstung zu legen?

Bisher hat die Vorbeugung eine marginale Rolle gespielt. Die OSZE erwähnt sie an mehreren Stellen, hält aber kein Konzept dafür bereit. Der sogenannte Berliner Mechanismus mit dem Konfliktvorbeugungszentrum wurde 1992 zwar aus der Taufe gehoben, dann aber vergessen. Die NATO reklamiert in dem in Washington 1999 verabschiedeten Neuen Strategischen Konzept auch die Konfliktverhütung für sich, bietet dafür aber nur die Abschreckung an; sie erweist damit einmal mehr, daß sie den Horizont einer klassischen Militärallianz nicht verlassen hat.

Die Vereinten Nationen haben aus den Vorschlägen ihres Generalsekretärs Boutros Boutros-Ghali von 1992 und 1995 keine nennenswerten Konsequenzen gezogen. Die Organisation der Amerikanischen Staaten (OAS) hat keinerlei Vorsorge für die Vorbeugung oder auch nur für die Frühwarnung getroffen. Die Organisation der Afrikanischen Einheit (OAU) hat sich auf der Gipfelkonferenz in Kairo 1993 zwar einen «Apparat für die Verhinderung, das Management und die Lösung von afrikanischen Krisen» geschaffen, er ist aber nach wie vor nicht besonders leistungsfähig. Im Westen und im Süden des Kontinents hatten die Wirtschaftsgemeinschaft ECOWAS und die Entwicklungsgemeinschaft SADC schon etwas mehr zu bieten. In Asien versteht sich das ASEAN Regional Forum (ARF) zwar als Sicherheitsgemeinschaft, kümmert sich jedoch nicht um Frühwarnung und Konfliktvorbeugung. Es verläßt sich eher auf die in dieser Region traditionell wirksame Informalität der Kommunikation und der Steuerung.

Es kann also keine Rede davon sein, daß die Gewaltvorbeugung auch nur annähernd in der Konzeptualisierung von Außenpolitik den herausragenden Platz zugewiesen bekommen hat, der ihr zusteht. Selbst dort, wo es Frühwarnsysteme gibt, werden ihre Informationen von den Politikern nicht aufgenommen und in vorbeugende Handlungen umgesetzt. Vorbeugung spielt in ihrem Programmentwurf für die Außenpolitik nach wie vor keine Rolle. Also muß die Gesellschaft die überfällige Wende im Entwurf von Außenpolitik einfordern und ihr Interesse daran ganz stark und deutlich markieren. Da sie die Kosten veralteter Politik tragen muß, hat sie einen Anspruch auf deren Modernisierung. Gewalt muß in ihrer Entstehung verhindert werden.

c) Schwierig: Umgang mit dem Terrorismus

Wer Bürgerkriegen vorbeugen will, stößt zuallererst auf einen Vorgang, mit dem sie meist beginnen: den Terrorismus. Gesellschaftliche Gruppen, die ihre Unterdrückung durch friedliche Opposition nicht abzuschütteln vermögen, wenden Gewalt gegen das Politische System an. Sie werden von ihm als Terroristen bekämpft und diskriminiert. Der südafrikanische Bürgerrechtler Nelson Mandela saß bekanntlich jahrzehntelang als Terrorist im Gefängnis, bis er als Exponent der Schwarzen in ihrem Bürgerkrieg gegen die Apartheid anerkannt, freigelassen und schließlich zum Präsidenten der Republik gewählt wurde. Mit dem «Terroristen» Jassir Arafat durfte jahrelang nicht einmal geredet werden. Inzwischen sitzt er der Palästinensischen Autonomiebehörde vor und ist der wichtigste Partner der israelischen Regierung. Arafat und Mandela beschreiben Entwicklungslinien des klassischen «Terrorismus», vom verfemten Widerstandskämpfer zum Repräsentanten einer neuen gesellschaftlichen Ordnung. Der Versuch kann auch scheitern, wie das Schicksal des PKK-Führers Öcalan zeigt.

In der Gesellschaftswelt tritt inzwischen aber auch ein ganz anderer Terrorismus auf, einer, der den Namen schon eher verdient. Er kämpft nicht gegen eine veraltete, ungerechte oder diktatoriale Herrschaftsordnung, sondern zählt zu den neuen Akteuren im internationalen System. Gruppen, die ihre geistig-politische Heimat im extremen, durch die Irakpolitik des Westens zusätzlich radikalisierten Islam haben, greifen zur Gewalt gegen staatliche oder gesellschaftliche Exponenten dieses Westens. Der berühmt-berüchtigte Usama bin Ladin war zunächst ein (willkommener) Freiheitskämpfer in Afghanistan gegen die sowjetische Intervention, bis er nach Attentaten in Saudi-Arabien und nach den Sprengstoffanschlägen gegen die amerikanischen Botschaften in Nairobi und Daressalam im August 1998 von den USA zum meistgesuchten Terroristen erklärt wurde. Ihm zur Seite stehen die Harkat Ansar und weitere Gruppen militanter Muslime, die den USA den Kampf angesagt haben. Hinzu zählen muß man inzwischen nicht nur muslimische Aktivisten, die, wie in Ägypten, westliche Touristen ermorden, sondern auch politische Gruppen, die ihren Zorn gegen die USA und den Westen an unschuldigen Reisenden auslassen. Das amerikanische Außenministerium hat 1999 28 Länder genannt, in die der amerikanische Tourist nicht mehr reisen sollte.[17]

Die USA rechnen damit, daß daraus ein «Superterrorismus» oder ein «Katastrophenterrorismus» entstehen könnte, der biologische und chemische Waffen, in der Zusammenarbeit mit einem «Schurkenstaat» sogar Nuklearwaffen einsetzen könnte.[18] Präsident Clinton hat dazu im Juni 1995 eine erste und dann im Mai 1998 die Direktive 63 erlassen, die die Infrastruktur Amerikas gegen einen derartigen Katastrophenterrorismus schützen soll.[19]

Die Angst vor dieser Art des Terrorismus ist gewiß übertrieben; sie soll auch eine Mobilisierungslücke füllen, die durch das Ende des Kalten Krieges in der amerikanischen Außenpolitik entstanden ist. Beruhigung tut not[20] und wird wohl auch eintreten. Dennoch: Daß gesellschaftliche Akteure Gewalt international einsetzen, um westliche Politik zu «bestrafen» (wie die Flugzeugattacke über Lockerbie den amerikanischen Luftangriff auf Tripolis, dem Gaddafis Tochter zum Opfer fiel), wird zum Bestandteil der Gesellschaftswelt werden.

Zu unterscheiden davon ist der blinde Terrorismus, der keine oder nur pervertierte politische Ziele anstrebt, wie die RAF in der Bundesrepublik. Personifiziert durch «Carlos», bedeutsamer und gefährlicher repräsentiert durch die Giftgasattacken der Aum Shinrikyo-Sekte in der U-Bahn von Tokio im März 1995 und dem (glücklicherweise gescheiterten) Versuch einer amerikanischen Sekte 1985, die Wasserversorgung mehrerer amerikanischer Städte zu vergiften, verdient dieser gesichtslose Aktivismus wirklich die Bezeichnung als Terror. Unberechenbar und ohne gesellschaftliche Wurzeln, wie er sich bei dem verheerenden Bombenanschlag gegen ein Bürogebäude im amerikanischen Oklahoma gezeigt hat, ist er unvorhersehbar, glücklicherweise aber auch selten.

Was zunimmt, ist der Gewalteinsatz durch gesellschaftliche Gruppierungen, der politische Terrorismus. Er hat ganz unterschiedliche Ursachen, die bei seiner vereinheitlichenden Bezeichnung als «Terrorismus» leicht unter den Tisch fallen.[21] Für seinen Erfolg und seine Bekämpfung entscheidend ist die gesellschaftliche Resonanz, die er findet. Bei der deutschen RAF war sie gleich Null; deswegen waren und blieben ihre Morde reiner Terror. Bei den dreizehn Attacken gegen amerikanische Einrichtungen, denen zwischen 1983 und 1998 631 Menschen, meist amerikanische Bürger, zum Opfer fielen, hatten in der Regel arabisch-islamistische Gruppen ihre Hand im Spiel. Die Zahl der Toten steigt beträchtlich, wenn man die Terrorakte der Hamas in Israel dazuzählt.

Gleichzeitig verschwimmt die Grenze zwischen dem politischen Terrorismus einerseits, dem politischen Aufstand und dem Widerstand andererseits. Deren Mitglieder bejahen nicht die Methoden, vielfach aber die Ziele dieses politischen Terrorismus. Deswegen ist er so gefährlich. Wie der Terrorismus-Experte Brian Jenkins richtig festgestellt hat, will der Terrorist nicht, daß viele Leute sterben, sondern daß viele Leute zusehen.[22] Und natürlich auch zustimmen. Er kämpft um den Konsens der Gesellschaft für seine Ziele.

Das macht seine Methoden nicht akzeptabel, sie müssen selbstverständlich mit Gegengewalt bekämpft werden. Sie kann aber nur erfolgreich sein, wenn sie dem politischen Terrorismus das Wasser abgräbt, das ihn trägt. Dieser Terrorismus ist die Folgeerscheinung großer, ungelöster politischer Konflikte, die als solche bearbeitet und zu einem von der Gesellschaft akzeptierten Ende geführt werden müssen. Das Auftreten des politischen Terrorismus signalisiert nur den steigenden Lösungsbedarf.

Kein anderer als der Geheimdienstspezialist Robert M. Gates, der unter Präsident George Bush den amerikanischen Geheimdienst CIA leitete, hat diesen Zusammenhang freigelegt. Der arabisch-islamistische Terrorismus würde verschwinden, wenn der Likud-Block unter Ministerpräsident Netanyahu den in Oslo gestarteten Friedensprozeß nicht anhalten, sondern befördern würde. Wer die Unterstützung des islamistischen Radikalismus durch den Iran unterbinden möchte, müßte den Dialog mit dem gemäßigten Präsidenten Mohammed Chatami intensivieren und damit seine Gegner, die ihn stürzen und den Terrorismus von Hamas stärken wollen, schwächen.[23]

Wer verhindern will, daß sich der politische Terrorismus in der Levante weiter ausbreitet und in der arabisch-islamischen Welt noch mehr Zustimmung findet, muß die westliche Politik gegenüber dem Irak ändern. Dessen Vertreibung aus Kuwait wurde in der arabischen Welt akzeptiert, das jahrelange Embargo gegen ihn nicht. Es rief die Erinnerung an den Imperialismus der christlichen Staaten bis zurück zu den Kreuzzügen wach. Die amerikanischen Luftangriffe gegen den Irak, die im Dezember 1998 begannen und 1999 im Zeitlupentempo weitergeführt wurden, erbitterten die arabische Öffentlichkeit. Der «Terrorist» bin Ladin verstand sich mit seiner im Februar 1998 veröffentlichen Erklärung des Heiligen Krieges «gegen die Juden und die Kreuzzügler» als Exponent des arabischen und des islamischen Widerstands gegen die Unterdrückung, die Ausbeutung und die Überfremdung, die in der amerikanischen Politik gegenüber dem irakischen Volk zutage tritt. Diese Einschätzung klingt in westlichen Ohren seltsam, aber «sie wird in der islamischen Welt weithin – wenn auch keinesfalls allgemein – akzeptiert».[24] Dieser sich ausbreitende Konsens rechtfertigt nicht den Terror, sondern zeigt, wie er überwunden und ausgetrocknet werden kann. Werden die Probleme in einer Weise bearbeitet, der die arabische Welt zustimmt, verschwindet der Terrorismus von selbst.

Es wäre interessant, dieses Rezept in den vielen Gegenden der Welt anzuwenden, in denen die Unterdrückung von Minderheiten deren Gewalt auslöst. Auch in Europa, in Nordirland, im Baskenland, in Korsika dient die Sammelbezeichnung des «Terrorismus» den Regierungen dazu, ihre eigene Kompromißunwilligkeit zu verschleiern. Wer dieser Gewalt vorbeugen will, muß das Selbstbestimmungsrecht der Völker, wie es im Artikel 1, Abs. 2, und Artikel 55 der Charta der Vereinten Nationen verankert ist, ernst nehmen.

Das ist weder leicht noch einfach, aber mit der Ausbreitung der Gesellschaftswelt absolut vorrangig geworden. Der Versuch des Westens, dieses Recht den Kosovo-Albanern zuzugestehen, es gleichzeitig aber wieder zu beschränken, wird langfristig ebensowenig tragen wie die Untätigkeit gegenüber der Türkei. Sie trat 1952 in die NATO ein; das Bündnis hatte also mehr als 40 Jahre Zeit, auf die Lösung des Kurdenproblems hinzuwirken und damit dieser Gewalturscache vorzubeugen. Da das nicht geschah, hat sich der kurdische «Terrorismus» nach Westeuropa ausgeweitet.

Es gehört zu der komplexen Dialektik des Problems, daß oftmals der gefürchtete Terrorist von heute der geförderte Widerstandskämpfer von gestern war. Viele Terrorakte im Nahen Osten, vor allem in Saudi-Arabien, aber auch in den anderen Ländern der Region, wurden von den sogenannten «Afghanen» ausgeführt. Sie hatten als arabische Freiwillige in Afghanistan gegen die sowjetische Invasion gekämpft und waren dort von den Vereinigten Staaten als Mujaheddin im Guerillakrieg ausgebildet und mit modernen Waffen versehen worden. Nach dem Sieg über die Sowjetunion bereiteten nicht nur die vielen Stinger Boden-Luft-Raketen den Amerikanern Sorge. Sie hatten sie einst den afghanischen Widerstandskämpfern gegen die Sowjetunion in die Hand gedrückt, die anschließend den Kampf gegen die «Ungläubigen» aufnahmen, gegen den westlichen Kapitalismus. In ihre Heimatländer zurückgekehrt, wurden diese «Afghanen» die wichtigsten Träger des Terrorismus. Ihr berühmtester Exponent, bin Ladin, ist ebenfalls ein solcher «Afghane». Die jüngeren Erben der afghanischen Mujaheddin, die Taliban, führten den Widerstandskampf in Afghanistan zu Ende, zwangen dem gesamten Land ihren radikal-konservativen Islamismus auf und warfen es in seiner Entwicklung um Jahrzehnte zurück.

Solche Spätfolgen politischer Entscheidungen lassen sich auch dann nicht immer vermeiden, wenn man die religiösen und politischen Überzeugungen der Mitkämpfer, die man unterstützt, auf ihre langfristige Kompatibilität mit den eigenen hin überprüft. Wichtig aber ist, sie überhaupt ernst zu nehmen und in das Kalkül miteinzubeziehen. Meines Feindes Feind ist keineswegs mehr automatisch mein Freund. Diese Devise mochte in der Staatenwelt gegolten haben, wo die Religion selten eine Rolle spielte und die politische Ideologie überhaupt keine. In der Gesellschaftswelt ist beides entscheidend. Die Mujaheddin waren Feinde der Sowjetunion, aber nicht schon deswegen Freunde der Vereinigten Staaten und des Westens. Es muß verwundern, daß die USA die geopolitische Rivalität mit Rußland und mit dem Iran so hoch veranschlagen, daß sie die Ölleitungen vom Kaspischen Meer lieber durch das Afghanistan der Taliban verlegen wollen. Werden die Nachfahren der Mujaheddin den damit verbundenen Gewinn höher bewerten als ihren Kampf gegen den industrialisierten und gottlosen Westen? Jedenfalls würde ihrem «Terrorismus» ein Faustpfand direkt in den Schoß gelegt werden. Statt vermieden zu werden, würde eine Gewaltursache geradezu erschaffen. Wer über den Staatsterrorismus klagt, sollte ihn nicht gleichzeitig dadurch befördern, daß er Kandidaten wie dem talibanischen Afghanistan die Mittel dazu in die Hand drückt.

Der Gewalt vorzubeugen, die Ursachen von Bürgerkriegen und ihrem internationalen Auswuchs, dem Terrorismus, zu beseitigen, heißt zuerst, sie nicht selbst hervorzubringen. Das ist nicht leicht. Viel wäre aber schon geholfen, wenn die Politischen Systeme des Westens die mittel- und langfristigen Folgen ihrer Entscheidungen stärker berücksichtigen würden. Der politisch ernstzunehmende, international arbeitende Terrorismus wäre zu Ende, wenn im Nahen Osten der Friedensvertrag von Oslo verwirklicht und im Mittleren Osten die Isolierung des Iran und die gewaltsame Unterdrückung des Irak eingestellt werden würden. Beide Forderungen richten sich zu allererst an die Adresse Washingtons. Aber da auch die Europäer unter den negativen Folgen dieser Politik leiden, sollte sich die Europäische Union in die Konfliktbearbeitung einschalten – vorsichtig und behutsam, aber unübersehbar.

d) Vorhanden: Mittel der Vorbeugung

Wer die konzeptionelle Wende vollzieht und Außenpolitik vorrangig als Gewaltvorbeugung begreift, erkennt sehr rasch, daß die die Gesellschaftswelt kennzeichnende Interdependenz sehr viele Instrumente und Mittel dafür zur Verfügung stellt. In der großen und zunehmenden Zahl der Interaktionen stecken brauchbare Vehikel und in den gesellschaftlichen Akteuren tatkräftige Agenten der Vorbeugung. Kluge Politik wird dieses Leistungsvermögen erkennen und benutzen.

Zunächst können die Politischen Systeme die Tatsache ausnutzen, daß viele der potentiellen Bürgerkriegsländer von der Entwicklungshilfe abhängig sind. Sie wird damit zu einem Instrument direkter Intervention und sollte auch unter diesem Gesichtspunkt angelegt, ausgestattet und bewertet werden. Die unselige, weitgehend erfolglose Geschichte der westlichen Entwicklungspolitik ist vielfach erzählt worden. Sie hat sich in den neunziger Jahren das richtige Ziel gesetzt, «good governance» bei den Empfängern zu fördern, Unterdrückung und Zwangsherrschaft abzubauen. Das ist Vorbeugung pur. Aber wie sah die Ausführung aus? Die öffentliche Entwicklungshilfe der Bundesrepublik belief sich 1996 auf 11,4 Mrd. DM;[25] 1990 waren es noch 13,6 Mrd. DM gewesen. Diese nicht eben große Summe floß zu 80% in Gestalt von Aufträgen wieder nach Deutschland zurück. Das BMZ stellte 1998 zufrieden fest, daß die Entwicklungshilfe «volkswirtschaftlich weniger gekostet hat, als sie an Erträgen gebracht hat».[26] Sie diente also faktisch nicht der Vorbeugung, sondern der Exportfinanzierung.

Mit ihren Wirtschaftsbeziehungen könnte sich die Europäische Union in die Gewaltvorbeugung sehr viel aktiver einschalten. Gewiß sind die Beziehungen der Union zu Schwarzafrika in erster Linie wirtschaftlicher Natur, auf Handel, Investitionen und Hilfe gerichtet. Daß diese Beziehungen eine erhebliche wirtschaftliche Abhängigkeit der Entwicklungsländer ausdrücken, die auch eine politische Bedeutung hat, liegt auf der Hand. Die EU versucht, die AKP-Politik aus ihrer vielbeschworenen Gemeinsamen Außen- und Sicherheitspolitik ängstlich auszuklammern. Aber sie kann niemanden darüber täuschen, daß sie der wichtigste auswärtige Akteur im subsaharischen Afrika ist. Seit vielen Jahren dort überall präsent, kann sie von keinem Bürgerkrieg überrascht worden sein. Was hat sie getan, um ihn zu verhindern? Wo sind die Vorbeugungsstrategien der Europäer?

Dieser Schleier des Schweigens sollte weggezogen werden, damit die europäischen Gesellschaften sehen können, was ihre Regierungen und Brüssel getan – oder eben nicht getan – haben, um den Bürgerkriegen im Gebiet der Großen Seen vorzubeugen. Mit ihren Stabilisierungsfonds, Hilfsgeldern und Investitionsplänen ist die EU mit jedem afrikanischen Staat eng verflochten, zur Konfliktvorbeugung also prädestiniert.

Die deutsche Entwicklungshilfe dient, wie die der Europäischen Union, in erster Linie der Exportförderung, also den Interessen des Geberlandes mehr als denen des Empfängers.[27] Da sie aus öffentlichen Geldern finanziert wird, sollte die Gesellschaft verlangen, daß sich diese Orientierung ändert. Denn Entwicklungshilfe besitzt als Interventionsinstrument einen bedeutenden Wert. Sie kann Anreize schaffen für die kooperative Nutzung von Land, Wasser und Bodenschätzen in und zwischen den Staaten und damit eine der wichtigsten Gewaltursachen beseitigen.[28] Sie kann auf diese Weise ethnische Konflikte mildern.[29]

Würde sie in der ausreichenden Größenordnung gegeben, könnte sie mit der Perspektive raschen wirtschaftlichen Aufschwungs Kroaten, Muslime und Serben in Bosnien-Herzegowina veranlassen, ihre Politik nicht an der Vergangenheit des Bürgerkrieges, sondern an der Zukunft als Wirtschaftsstaat auszurichten. In Burma haben die Vereinten Nationen im November 1998 den Versuch unternommen, die Regierung gegen die Zahlung von einer Milliarde USD humanitärer Hilfe zur Eröffnung eines regelmäßigen Dialogs mit der Opposition zu bewegen.[30] Das war der erste Versuch, mit der Entwicklungshilfe politisches Wohlverhalten zu erkaufen. Wenn er auch nicht ohne weiteres gelungen ist, so zeigt er eine interessante Strategie auf, Bürgerkriegsursachen abzubauen.

Umgekehrt sollten die Regierungen transnational operierende Finanzdienstleister daran hindern, Kapital ohne Rücksicht auf die wirtschaftliche Stabilität der Aufnahmeländer zu transferieren. Westliche Investoren wußten doch wohl, daß ihre Aktivitäten in Asien nicht einem vernünftigen kapitalistischen Wirtschaftsaufbau dienten, sondern pervertierte Techniken eines Casino-Kapitalismus praktizierten, der den Aufnahmeländern mehr schadete als nützte.[31]

Die Auflagen, die der Internationale Währungsfonds seinen Krediten an Rußland im Sommer 1998 mitgab, verschärften dort die sozialen Spannungen zur Wirtschaftskrise.[32] Kompetente Vorbeugung hätte beidem gegengesteuert und damit zwei große Gewaltursachen verhindert. Interdependenz ist keine Einbahnstraße. Da der Internationale Währungsfonds aus Steuergeldern gespeist wird, hat die Gesellschaft ein Anrecht darauf, daß die Kriterien und die Praxis seiner Kreditvergabe der öffentlichen Kritik zugänglich gemacht werden.

Zur Vorbeugung eignen sich besonders die Handlungszusammenhänge zwischen den gesellschaftlichen Akteuren in den Industrie- und in den Entwicklungsländern. Die großen transnationalen Konzerne haben längst nicht nur ihre Verantwortung, sondern auch ihr Interesse erkannt, Gewaltursachen abzubauen. Aktionärsgruppen drängen darauf, Verbraucherverbände fordern es. Die Carnegie-Kommission schlug vor, Wirtschaftsbeiräte einzurichten, in denen die Länderexpertise der Wirtschaft vor Ort benutzt und für die Vorbeugung engagiert werden kann. Diese Unternehmen sind stark genug, um einerseits unabhängig handeln, andererseits Druck auf die Regierungen ausüben zu können, Gewaltursachen zu beseitigen.

Das Vorbild für diese Strategie bilden die sogenannten Sullivan-Prinzipien, die der Namensgeber, Geistlicher und Vorstandsmitglied von General Motors, 1977 für das Verhalten amerikanischer Firmen unter dem Apartheidsystem in Südafrika aufgestellt hatte. Bis 1985 hatten sich drei Viertel aller amerikanischen Firmen in Südafrika verpflichtet, in ihrem Bereich die Apartheid aufzuheben.

In den Wirtschaftsbeiräten könnte diese Praxis weltweit angewendet und zur Vorbeugung sozialer Gewaltursachen benutzt werden. Da die Gastländer an Präsenz und Verbleiben der Transnationalen Korporationen dringend interessiert sind, läßt sich die daraus entstehende Interdependenz hervorragend als Vehikel der Intervention benutzen.

Der in Amerika lebende Finanzmagnat George Soros hat daraus die direkte Konsequenz gezogen und mit seinem Vermögen ein weltweites Netzwerk von 21 Stiftungen errichtet. Es kümmert sich um die Verbesserung der Bildung und des politischen Pluralismus. Allein in Mitteleuropa hat die Soros Foundation zwischen 1989 und 1994 mehr als 124 Mio. USD ausgegeben, um Gewaltursachen, die in der herrschaftlichen Unterdrückung liegen, ausrotten zu helfen.[33]

Ein besonders wichtiges Vorbeugungsinstrument geben die Nicht-Regierungsorganisationen (NGOs) ab. Es sind gemeinnützige Vereinigungen, national oder international zusammengesetzt, die sich einem humanitären oder allgemeinpolitischen Ziel verpflichtet fühlen. 1948 waren 41 solcher NGOs bei den Vereinten Nationen akkreditiert gewesen. Zum Ende des Jahrhunderts wird ihre Zahl auf weit über 25 000 geschätzt, mit einer jährlichen Wachstumsrate von ungefähr 4%.[34]

Sie sind ein besonderes Kennzeichen der Gesellschaftswelt, nämlich Akteure, die sich durch netzwerkartige Verbindungen selbst hergestellt und in einflußreiche Positionen gebracht haben. Sie sind, wo sie gebraucht werden: vor Ort. Sie sind dabei aber mit ihren Korrespondenten weltweit vernetzt. Als Nicht-Regierungsorganisationen können sie sich problemnah bewegen und ihre Mithilfe zur Problemlösung direkt einbringen. Weil sie den Herrschaftsanspruch der Politischen Systeme unterlaufen, wirken sie direkt auf die betreffende Gesellschaft und zugunsten ihrer Emanzipation gegenüber dem Politischen System ein.

Ihre Größe variiert beträchtlich. Es gibt, je nach Zählung, 8 bis 20 größere NGOs, die über einen Etat von 75 bis 100 Mio. USD verfügen. Unter ihnen sind OXFAM (Oxford Committee for Famine Relief) und Ärzte ohne Grenzen die bekanntesten. Am anderen Ende der Skala bewegen sich kleinere und kleinste Gruppen, die nur in einem Land und nur zur Lösung eines Problems aktiv sind. Aber auch sie verstehen sich als Teil eines Netzwerks, mit dem sie unaufhörlich kommunizieren und kooperieren. Ihr spektakulärster Erfolg, für den sie 1997 den Friedensnobelpreis erhielten, war die Durchsetzung des Vertrags über die Besei-

tigung von Landminen gegen den Widerstand der USA. Mit der kana-
dischen Regierung haben 350 solcher NGOs aus 23 Ländern kooperiert,
um innerhalb von 14 Monaten die Unterschriften von 122 Nationen zu
gewinnen.[35]

Obwohl ihre Vielzahl inzwischen auch zur Konkurrenz untereinander
führt und damit zusätzliche Probleme schafft, können die NGOs als
ideale Instrumente der Vorbeugung gelten. Sie arbeiten nicht im Auftrag
irgendeines Staates, können also nicht der «politischen Intervention» ver-
dächtigt werden. Sie arbeiten zugunsten allgemeiner Güter, der Verwirklichung der Menschenrechte und des Anspruchs auf wirtschaftliche
Wohlfahrt. Sie besitzen hervorragende Landes- und Problemkenntnisse,
sind zumeist als Einheimische vor Ort und allgemein wie speziell auf
Gewaltvorbeugung ausgerichtet. Sie sind auch – darauf ist später noch
einmal hinzuweisen – aktiv bei der Bearbeitung und Lösung bereits
gewaltsam gewordener Konflikte. Im Sinne der Vorbeugung versuchen
sie, die Herrschaft des Rechts durchzusetzen, eine unabhängige Presse
einzurichten, freie Wahlen zu gewährleisten und zu überwachen und den
herrschaftlichen Verteilungsprozeß so zu steuern, daß er keine Gewaltursache bildet.

Welcher Mechanismen sich diese NGOs bedienen können, um in
einer Diktatur den Menschenrechten und der internen Opposition aufzuhelfen, hat eine wissenschaftliche Studie modellhaft vorgeführt.[36] In
Chile haben sich die NGOs zur Zeit der Pinochet-Diktatur als Foren
erwiesen, in denen die Bevölkerung sich politisch artikulieren konnte.[37]
Nicht umsonst wurde ihnen 1987 bescheinigt, daß immer mehr Probleme dieser Welt ohne die NGOs nicht in Angriff genommen werden
könnten.[38] Um ihre Tätigkeit noch stärker für die Kultur der Vorbeugung
fruchtbar machen zu können, sollten die wichtigsten Nicht-Regierungsorganisationen einmal im Jahr zusammentreten, die wichtigsten Fälle
erörtern und ihre Strategien koordinieren.

Eine herausragende Rolle kommt dabei den großen Religionsgemeinschaften zu. Sie haben logistisch wie inhaltlich einzigartige Vorteile. Sie
sind überall vor Ort, aber auch national wie international repräsentiert.
Ihre Kommunikationsnetze sind etabliert und funktionieren hervorragend. Als Religionsgemeinschaften sind sie traditionell auf den Gewaltverzicht und den Frieden ausgerichtet, zur Vorbeugung legitimiert und
deswegen auch prädestiniert. Das gilt nicht nur für die beiden großen
christlichen Konfessionen, sondern für alle Religionsgemeinschaften,
auch für den Islam, dessen Bild im Westen gegenwärtig verzerrt wahrgenommen wird. Die katholische Kirche auf den Philippinen war stets
eine treibende Kraft der Opposition gegen die Marcos-Diktatur, gleichzeitig ein Anwalt der Gewaltlosigkeit. Ihr ist maßgeblich zu danken, daß
der Diktator 1986 ohne großes Blutvergießen gestürzt werden konnte.

Die in Rom ansässige katholische Laiengruppe Sant'Egidio war maßgeblich am Friedensschluß in Mozambique beteiligt, schaltete sich aber auch bei den Konflikten in Burundi und Algerien ein. Die protestantischen Kirchen in den USA setzten sich besonders engagiert für den Kampf gegen die Apartheid in der Südafrikanischen Republik ein. Die gesamtafrikanische Konferenz der Kirchen hat sich 1997 in den Konflikt in der Demokratischen Republik Kongo eingeschaltet, für den friedlichen Wandel und für die Menschenrechte geworben. Die Oppositionsrolle der katholischen Kirche in Polen unter der kommunistischen Diktatur war entscheidend für deren kontinuierliche Schwächung und schließlichen Sturz.

Andererseits ist es den beiden christlichen Kirchen nicht gelungen, den jahrzehntelangen Krieg ihrer Anhänger in Nordirland in das Spektrum der Gewaltlosigkeit überzuführen. Wenn nationalistische mit religiösen Überzeugungen konkurrieren, gewinnen meist die ersteren. Das ließ sich auch in Bosnien-Herzegowina feststellen. Für die Katholiken könnte – und müßte – der Papst eine stärkere Führung zeigen.

Eine ähnliche, wenn auch in Qualität, Legitimität und Effektivität nicht vergleichbare Funktion könnten die Medien ausüben. Das Radio ist weltweit verbreitet, das Fernsehen zieht nach. Die von ihnen vermittelten Welt- und Politikbilder erreichen die meisten Haushalte auf der Welt. Ihre Wirkung ist groß, beugt aber nicht immer der Gewalt vor, heizt sie gelegentlich sogar an. Der «CNN-Faktor» wird gefürchtet, hat er doch die USA in den Krieg mit Somalia verwickelt.

Wenn die Medien die in den Industrieländern erreichten Grade von Freiheit und Wohlfahrt weltweit vermitteln, informieren sie alle Gesellschaften über ihre Fortschrittsmöglichkeiten. Ohne die damit auch verbundenen Probleme geringschätzen zu wollen, ohne die politische Sprengkraft zu unterschätzen, die den durch die Projektion geweckten Anforderungen zwangsläufig innewohnt, wirkt das von den Medien transportierte Bild entwickelter Gesellschaften emanzipatorisch. Diktatur und Ausbeutung werden diskriminiert, ihr Legitimitätsanspruch unterhöhlt. Deswegen fürchten alle autoritären Herrschaftssysteme die Medien und schränken ihre Freiheit so weit wie möglich ein.

Der verbesserte Zugang westlicher Medien seit 1983 in die Sowjetunion hatte, wie seit 1975 der Helsinkiprozeß insgesamt, dazu beigetragen, daß den Sowjetbürgern die Leistungsunfähigkeit ihres Systems in den Sachbereichen der wirtschaftlichen Wohlfahrt und der Herrschaft plastisch vor Augen geführt wurde. Solche Vergleiche, wenn sie ungeschützt transportiert werden, können selbstverständlich auch gewalttreibend wirken; der Pfad zwischen der Ermunterung zur gesellschaftlichen Emanzipation als langfristig richtiger Gewaltvorbeugung und dem Impetus zur unmittelbaren Gewaltanwendung ist sehr schmal. Die 24 Dokumentarsendungen, die die Stimme Amerikas 1995 dem Thema der Konfliktlösung gewidmet hat,[39] richteten sich deswegen weniger direkt an die Verbraucher als an die Journalisten in den einzelnen Ländern und Problemzonen, unterrichteten sie über den Zusammenhang von Freiheit und Gewaltverzicht. Das Ausbildungszentrum der Deutschen Welle für Journalisten im südlichen Afrika streut seit Jahren seine Ausbildungsangebote weit über Afrika hinaus.

Solcher Unterricht sollte nicht nur den Medienvertretern, sondern allen Angehörigen der politischen Klasse, allen NGOs und allen Angehörigen von international tätigen Unternehmen, Organisationen und Vereinigungen zuteil werden. Der gute Wille, der die meisten von ihnen bei ihren Tätigkeiten anleitet, reicht nicht aus, um sie zu Instrumenten der Vorbeugung werden zu lassen. Ihnen muß bewußt gemacht werden, daß jede Handlung die – wenn auch häufig sehr kleine – Möglichkeit zur Vorbeugung enthält, sofern sie diese zusätzliche Ausrichtung auch mitbekommt. Diese Interaktionen sollen nicht umfunktioniert, etwa zum Träger zusätzlicher staatlicher Interessen gemacht werden. Nichts wäre falscher als das. Der Handlungszusammenhang gesellschaftlicher Akteure ist – wie gerade das Ende des Ost-West-Konflikts gezeigt hat – in sich ein emanzipatorischer, auf die Stärkung gesellschaftlicher Interessen gerichteter Akt.

Zunächst muß die Vorbeugung als oberstes Ziel der Außenpolitik in der Gesellschaftswelt durchgesetzt werden. Diese Forderung richtet sich an die Politischen Systeme, die ihr reaktives, auf Abwarten und letztlich auf die Gewaltinstrumente vertrauendes Verhalten ändern und umstellen müssen. Gewaltvorbeugung ist in allererster Linie eine Aufgabe derer, denen die Gesellschaft die «Außenpolitik» anvertraut hat. Sie sollte darauf bestehen, daß dieser Auftrag optimal und zeitgemäß ausgeführt wird.

Dazu sind Strategien erforderlich, die die in der Gesellschaftswelt vorfindbaren Bedingungen gezielt nutzen. Die entschlossene Ausnutzung der Interdependenz, der zahllosen, täglich fließenden Interaktionen; der Einsatz von drängenden und werbenden, bevorteilenden Strategien – kurz, das gesamte Arsenal der politischen Intervention muß zugunsten der Vorbeugung von Gewaltursachen eingesetzt werden. Die Aufgabe der Politischen Systeme in der internationalisierenden Politik besteht darin, die Bestrafung durch die Kultur der Vorbeugung zu ersetzen.

Die NGOs haben dies seit langem begriffen. Die großen international operierenden gesellschaftlichen und wirtschaftlichen Verbände sind für diese Einsicht offen, könnten darin noch etwas bestärkt werden. Die Gesetze der Bundesrepublik verbieten den Export von Waffen in Spannungsgebiete und insgesamt den von Produkten, die zur Herstellung von Massenvernichtungswaffen und Trägersystemen benutzt werden können.

Die positive Ergänzung dieser Verbote, die Ausrichtung aller Aktionen und Interaktionen auf die Gewaltvorbeugung kann nicht per Gesetz erzwungen, sondern muß im politischen Konsens errungen werden. Dazu dient der Diskurs über die Kultur der Vorbeugung. Je mehr sich darin erweist, daß das gesellschaftliche Interesse an der Gewaltvorbeugung den Interessen der Akteure entspricht, desto besser wird es gelingen, sämtliche Prozesse der internationalisierenden Politik auf das Ziel der Gewaltvorbeugung auszurichten.

4. Im Kriegsfall helfen

Es wird dennoch nicht immer gelingen. Bürgerkriege gehören zu den schwierigsten Geschehnissen in der internationalen Politik. In der Staatenwelt zählten sie noch nicht einmal dazu; sie wurden als innere Angelegenheiten der Staaten angesehen, in die sich einzumischen geradezu verboten war. Erst das Aufkommen der Gesellschaftswelt, die die soziale Stabilität ihrer internationalen Umwelt sowohl zum normativen Ziel erhoben wie zur operativen Voraussetzung ihrer Sicherheitspolitik erklärt hat, zog die Bürgerkriege in das Aufgabenfeld der internationalisierenden Politik mit ein. Wenn es nicht gelingt, ihnen vorzubeugen, muß sich die internationalisierende Politik an deren Bearbeitung aktiv beteiligen. Sie muß zunächst versuchen, den Gewalteinsatz zu beenden, den Bürgerkrieg stillzustellen. Sie muß sich dann, vor allem, daran beteiligen, die Ursachen des Konflikts zu beseitigen.

a) Gewalt nur inszenieren

Bürgerkrieg von außen mit Gewalt zu beenden, ist aus vielerlei Gründen ein hoffnungsloses Unterfangen. Es muß nur im Sonderfall des Völkermordes gewagt werden. Beim Bürgerkrieg, der um die Herrschaft im Staat oder die Beteiligung daran geführt wird, verbietet sich ein gewaltsamer Eingriff der Umwelt. Er würde dem Bürgerkrieg nur eine weitere Partei hinzufügen, die gegen alle Kombattanten auftritt und deswegen von allen bekämpft werden wird. Sollte sie dennoch gewinnen, müßte sie das Land regieren – und würde dann ihrerseits als Besatzer zum Objekt des wiederauflebenden Bürgerkriegs.

Ein solcher Einsatz kann ohnehin niemals neutral erfolgen. Bürgerkriege haben keine klaren Fronten; ihre Kampfplätze sind Häuser und Straßen. Mit Luftangriffen läßt sich nichts ausrichten. Mit Bodentruppen in den Krieg einzugreifen heißt, dessen Bestandteil zu werden. Die USA haben in Vietnam für diesen Versuch mehr als 50 000 Menschenleben geopfert. Wer wollte diese Erfahrung wiederholen?

Die Androhung eines Gewalteinsatzes zu inszenieren, kann unter bestimmten Bedingungen hilfreich sein – so gefährlich sie ist. Der amerikanische Außenminister John Foster Dulles hat 1954 im Streit zwischen der Volksrepublik China und Taiwan die von ihm so genannte Brinkmanship-Strategie angewendet: mit der Errichtung einer Drohkulisse die Kompromißbereitschaft zu erhöhen. Mit derselben Absicht inszenierte die NATO ihren Aufmarsch rund um die Bundesrepublik Jugoslawien im Winter 1998/99. Ebenso wie sich die Tarifpartner bei Lohnstreitigkeiten, kommt es hart auf hart, wechselseitig Streik und Aussperrung androhen, um den angestrebten Kompromiß nach außen möglich und nach innen annehmbar zu machen, demonstrierte der NATO-Aufmarsch eine Entschlossenheit, die Präsident Milosevic und der UCK den Kompromiß erleichtern sollte. Freilich dürfen die Unterschiede zwischen dieser Strategie des Brinkmanship und einer Lohnrunde nicht verwischt werden. Wenn die Drohgebörden sich in Ultimaten verwandeln, die einen Handlungszwang auslösen, oder wenn auf einer Seite die Inszenierung mit einer Konfrontation verwechselt wird, bricht der Krieg aus. In diese Falle geriet der Konflikt um das Kosovo im Frühjahr 1999.

Sollte der gewaltsame Eingriff in einen Bürgerkrieg unabwendbar sein, ist seine Mandatierung durch die internationale Organisation die Grundvoraussetzung für seinen Erfolg. Nur dann würde ihm die Aura der Parteilichkeit oder gar des Imperialismus genommen und die der weltpolitischen oder doch regionalpolitischen Legitimität gegeben werden. Sie räumt ihm wenigstens die Chance der Akzeptanz bei den betroffenen Bürgerkriegsparteien ein. In Bosnien-Herzegowina sichert das UN-Mandat der NATO die Unparteilichkeit und deswegen die Zustimmung aller Konfliktparteien. Wäre sie ohne dieses Mandat einmarschiert, könnte sie nicht die Friedenssicherungsfunktion ausüben. Die Forderung des Westens auf der Konferenz von Rambouillet, das Autonomieabkommen für das Kosovo ohne Mandat des UN-Sicherheitsrates durch eine reine NATO-Truppe militärisch absichern zu können, geriet zum Stolperstein des Erfolgs. Erst drei Wochen nach Beginn ihres Angriffs rückte die NATO von dieser Forderung ab.

Unter der konzeptionellen Anleitung der USA läuft die NATO Gefahr, das Gewaltverbot der UN-Charta auszuhebeln. Sie gibt Tendenzen Raum, ihre Entscheidungs- und Handlungsfreiheit weder durch den Sicherheitsrat noch durch die UN-Generalversammlung oder eine andere Internationale Organisation einschränken zu lassen. Der Gegendruck der Europäer, vor allem der Franzosen und der Deutschen, hat nicht verhindern können, daß das in Washington im April 1999 verabschiedete Neue Strategische Konzept der Allianz in diesem Punkt sehr ambivalent ausgefallen ist (§ 31). Die Europäer sollten darauf bestehen, daß alle Gewalteinsätze jenseits der Verteidigung wie bisher unter das Mandat der UN oder auch der OSZE gestellt werden. Wer unter den Bedingungen der Gesellschaftswelt effizient Gewalt zur Politikgestaltung einsetzen will, muß dafür die Zustimmung der Welt oder der Region vorweisen können. Er sollte es selbst dann nur im äußersten Notfall tun. Die Kosten an Menschenleben sind riesig, die Aussichten auf politischen Erfolg minimal. Der Friede muß politisch herbeigeführt werden; dann kann er, wie in Dayton, militärisch abgesichert werden.

Das Instrument des Peace-Keeping, der Friedenssicherung, das seit 1988 und vor allem seit dem Ende des Ost-West-Konflikts häufig und erfolgreich eingesetzt worden war, ist etwas aus der Mode gekommen. 1994, auf dem Höhepunkt der Friedenssicherung, waren 70 000 Blauhelme in 19 Konflikten tätig. 1998 müssen sich 13 000 Blauhelme um 15 Probleme kümmern. Ihnen steht dafür jährlich eine Milliarde Dollar zur Verfügung, gerade einmal ein Prozent dessen, was die USA, England, Frankreich und Deutschland 1994 für ihre Verteidigung ausgegeben haben.[40] Mit dem Budget hat auch das Interesse abgenommen, sowohl beim Angebot wie bei der Nachfrage.[41] Die Friedenssicherungsaktion der NATO in Bosnien-Herzegowina stellt schon einen Sonderfall dar, der aber Schule machen wird. Der Sicherheitsrat der UN hat das Mandat erteilt und die Ausführung ganz in die Hände der NATO gegeben. Sie leitet und finanziert die Operation. Die Soldaten tragen nicht die blauen Helme der Vereinten Nationen, sondern die olivfarbenen der Allianz. In der Bezeichnung der Truppe – SFOR – taucht das Kürzel der UN nicht mehr auf. Die Ablösung der Friedenssicherung von den Vereinten Nationen ist in Bosnien-Herzegowina schon weit vorangekommen. Immerhin blieb der wichtigste Bestandteil, das UN-Mandat, erhalten.

In Nordirland, Nordspanien und in der Türkei ist an die Entsendung einer Friedenssicherungstruppe überhaupt nicht gedacht worden; sie wäre in London, Madrid und Ankara sofort strikt zurückgewiesen worden. Im Kongo, wo es von 1960 bis 1964 eine Friedenssicherungsoperation gegeben hatte (ONUC), ist bei dem Sturz des Diktators Mobutu und danach eine Neuauflage nicht erwogen worden. Statt dessen haben amerikanische Instrukteure seit 1997 begonnen, Truppen in Uganda, im Senegal und in anderen zentralafrikanischen Staaten für die Einsätze in Bürgerkriegen zu schulen. Allerdings sollen sie nicht in der Regie der Vereinten Nationen, sondern in der der USA stattfinden – weswegen sie von Südafrika unter Nelson Mandela konsequent abgelehnt wurden.[42] Truppen aus Uganda und Ruanda mischten sich denn auch 1998 im Kongo ein, so daß die Südafrikanische Republik, Namibia, Tschad und andere zugunsten Kabilas eingriffen.

Der Waffenstillstand im November 1998 hätte eine Friedenssicherungsaktion verlangt und ermöglicht. Sie wurde aber nicht vorgeschlagen. Auch die Europäische Union blieb tatenlos, obwohl sie seit mehr als 30 Jahren über die Lomé-Verträge mit allen schwarzafrikanischen Staaten eng verbunden ist. Frankreich, das sich bis zum Sommer 1997 als Vormacht in der Region gefühlt und aufgeführt hatte, hat seine militärische Präsenz aus finanziellen Gründen drastisch reduziert, damit aber nicht der Europäischen Union, sondern den Vereinigten Staaten Platz gemacht. Damit sei, so Peter Molt, statt einer Politik der Friedenssicherung eine «gefährliche Kombination aus Illusion, Ideologie, geschäftlichen und strategischen Interessen» in Zentralafrika eingezogen,[43] die der Gewalteindämmung nicht gerade förderlich sein dürfte.

b) Konfliktbilder beeinflussen

Die Gewalt im Bürgerkrieg stillzustellen, ist zwar der wichtigste, aber stets nur der erste Schritt zu seiner Befriedung. Der Konflikt selbst muß gelöst, für seine Bearbeitung ein neuer Modus gefunden werden. Diese Aufgabe ist um so schwieriger, je länger der Bürgerkrieg gedauert hat. Jede Strategie muß daher dreistufig verfahren. Sie muß zunächst dazu beitragen, daß sich der Gewaltverzicht verfestigt, die Zustimmung dazu ausbreitet. Sie sollte dann, zweitens, den Wiederaufbau zum gemeinsamen, wiewohl getrennt vorzunehmenden Ziel erheben. Erst wenn auf diese Weise den Kriegsparteien wieder eine gemeinsame Perspektive zugewachsen ist, zu deren Gunsten sie eventuell bereit sein könnten, in ihrem Konflikt einen Kompromiß zu suchen, kann diese dritte Stufe angegangen werden.

Sie ist und bleibt schwierig. Die Bürgerkriege des ausgehenden 20. Jahrhunderts sind durchweg Autonomie- und Sezessionskonflikte,[44] also Herrschaftskonflikte. Sie sind in doppelter Weise gesellschaftlich konstituiert: Sie haben die Anerkennung oder Nichtanerkennung von Herrschaft durch die betroffene Gesellschaft zum Gegenstand. Und: Ihre einzelnen Ursachen werden erst in der Wahrnehmung durch die Gesellschaft geschaffen. «Objektive» Bürgerkriegsursachen gibt es nicht. Das gilt auch für die vielgenannten ethnischen oder ethno-nationalen Konflikte. Sie entstammen nicht ethnischer Differenz, sondern deren Instrumentalisierung für politische Zwecke durch die jeweiligen Führungsschichten. Die Präsidenten Milosevic in Serbien und Tudjman in Kroatien waren Meister darin. Ein Konflikt zwischen zwei Ethnien besteht also nicht per se, sondern nur dann, wenn es den Führungsschichten gelungen ist, diese Differenz als Konfliktursache in die Wahrnehmung der Gesellschaft einzubringen.[45]

Dieser analytische Befund ist wichtig, weil er die Hilfe zur Konfliktlösung bei genuinen Bürgerkriegen richtig anleiten kann. Es kommt darauf an, die Konfliktwahrnehmung der betroffenen Gesellschaft zu verändern, wozu nur endogene Gruppen imstande sind. Bei Sezessionskriegen, die entweder die Entkolonialisierung nachholen, wie in Tschetschenien, oder überholte Imperien auflösen, wie der Austritt Kroatiens, Sloweniens und Bosnien-Herzegowinas aus der Bundesrepublik Jugoslawien, liegen die Dinge einfacher. Sezession ist hier die einzige, die richtige Antwort.

Bei genuinen Bürgerkriegen, bei denen es um die Nichtanerkennung von Herrschaft in traditionell gefestigten Staatsverbänden geht, kann die Lösung nur von innen kommen. Die Kooperation der drei Volksgruppen in der Föderation Bosnien-Herzegowina, das Verhältnis der Kosovo-Albaner zur serbischen Mehrheit in Jugoslawien, die Beziehung zwischen Protestanten und Katholiken in Nordirland – um nur diese drei Bürgerkriege zu nennen –, können nur von den Betroffenen selbst einer friedlichen Neuregelung zugeführt werden.

Das läßt sich am Schicksal Bosnien-Herzegowinas nach dem Friedensvertrag von Dayton ablesen: Der amerikanischen Diplomatie gelang es, die Führungen der Kroaten, der Muslime und der Serben zum Friedensschluß und zur Errichtung eines föderativen Herrschaftssystems in Bosnien-Herzegowina zu bewegen und den Gewaltverzicht durch die Entsendung einer NATO-Friedenstruppe sicherzustellen. Der politische Konflikt zwischen den drei Parteien wurde nicht aufgelöst, die Föderation nicht aktiviert. Die Kooperation blieb aus; Haß, Furcht und Rache blieben zurück.

So groß die Leistungen von Dayton und der NATO veranschlagt werden müssen, sie haben sich außerstande gezeigt, eine Konfliktlösung herbeizuführen. Regierungshandeln und Militäreinsatz reichen in der Gesellschaftswelt nicht mehr aus, um Konfliktursachen erfolgreich zu bearbeiten. Das gilt nicht nur für Bosnien-Herzegowina. Allen Bürgerkriegen ist gemeinsam, daß sie von den Gesellschaften getragen werden und deswegen nur von ihnen beendet werden können. Kluge Macht kann sich also nicht allein auf Diplomatie und Militär verlassen. Sie muß vielmehr Kräfte mobilisieren, die auf die gesellschaftlichen Gruppen im Bürgerkriegsland Einfluß nehmen und deren Konfliktperzeptionen verändern können.

Die Regierungen sind dennoch weiterhin unerläßlich wichtige Akteure. Ihre Guten Dienste, ihre Vermittlungen als Dritte Parteien haben nicht nur in der Staatenwelt erfolgreich gearbeitet. Die Rolle dritter Staaten bei Bürgerkriegen ist auch in der Gesellschaftswelt kritisch.[46] Bei den Konfliktlösungen in Kambodscha, El Salvador, Mosambik, Namibia und Nicaragua war die internationale Diplomatie außerordentlich hilfreich; sie war es auch dort, wo, wie in Südafrika, der Bürgerkrieg von den Konfliktparteien selbst aufgelöst wurde.

c) Multilateral verhandeln

Die Gesellschaftswelt erlaubt es, eine sehr viel modernere Strategie anzuwenden: die Multilateralisierung. In Südafrika, in Bosnien-Herzegowina und im Kosovo-Konflikt trat die sogenannte Kontaktgruppe in Erscheinung, die aus sechs Industriestaaten und Rußland bestand. Die Verhandlungen mit den Serben und Kosovaren im Frühjahr 1999 waren immerhin schon multilateral geführt und von den Außenministern Frankreichs und Englands geleitet worden. Zwar blieb all dies noch in der Tradition des Europäischen Mächtekonzerts; die Konferenz von Rambouillet unterschied sich aber doch vorteilhaft von der bilateralen Diplomatie, die bis dahin die Kontakte zu den Konfliktparteien organisiert hatte. Sie diente der Selbstdarstellung der Diplomaten und ihres Heimatlandes, aber kaum der Sache.

Der Bilateralismus wird stets von denen bevorzugt, die sich in einer starken kompromißunwilligen Position befinden. Sie ist nicht unbedingt abhängig von der Größe des Landes, sondern vom Geschick des Unterhändlers. Indem er jeden Besucher einzeln empfängt, kann er ihn manipulieren. Ebenso kann er seine Öffentlichkeit durch seine Information beeinflussen.

In einem multilateralen Verfahren, in dem alle Konfliktpartner und ihre Nachbarn konferenzöffentlich verhandeln, verfangen solche Taktiken nicht. Die Kontrahenten müssen ihre Position offenlegen und der Kritik ihrer Nachbarn präsentieren. Was gesagt worden ist, läßt sich nur sehr schwer hinterher umdeuten oder gar rückgängig machen. Es geht, aber es geht nur mühsam und kostet einen hohen politischen Preis.

Gerade weil nicht nur die Diplomaten und die Politiker, sondern auch die Gesellschaften überzeugt und gewonnen werden müssen, ist der Multilateralismus ein sehr viel besseres und erfolgreicheres Verfahren. Einen anschaulichen Beweis dafür lieferte die Konferenz von Madrid für den Nahostkonflikt 1991. Sie bildete den ersten – und bis 1999 nicht wiederholten – Versuch, in einem multilateralen Verfahren den Nahostkonflikt zu lösen – und er gelang. Der Friedensprozeß von Oslo wurde in Madrid gestartet. Daß er am Regierungswechsel in Israel Ende Mai 1996 zerbrach, ändert nichts an der Leistung, die der Multilateralismus gezeigt hatte.

Der Konflikt in Bosnien-Herzegowina wie der um das Kosovo würden ebenfalls davon profitieren, wenn ihre Bearbeitung auf einer multilateralen Konferenz erfolgte. Die OSZE wäre der allerbeste Rahmen. Der Multilateralismus vermindert natürlich die Optimierung des Prestiges einzelner Politiker und Diplomaten, ebenso die der Macht führender Staaten. Aber er würde die Konfliktlösung, siehe Madrid, erheblich erleichtern und befördern. Vor ihren Nachbarn könnten weder Milosevic noch die UCK ihre Politik rechtfertigen; die Serben und die Kosovaren würden erstmals objektive Stimmen hören. In Bosnien-Herzegowina käme die Serbische Republik unter Druck, aber auch Kroatien. Kurz: Multilaterale Verfahren sind gerade in einer Welt, in der die Gesellschaften Gehör verlangen, erfolgversprechender als der alte Bilateralismus.

Diese Welt legt es den Regierungen auch nahe, ihre eigenen gesellschaftlichen Akteure noch sehr viel stärker zu ermuntern, als Agenten des Wandels in dem Bürgerkriegsland tätig zu sein. Es ist suboptimal, wenn die Politischen Systeme in der Tradition der Staatenwelt nur mit der Regierung des betreffenden Landes verhandeln. Sie ist Bürgerkriegspartei, sie ist in den meisten Fällen auch die Ursache des Krieges. Insofern müssen die Regierungen den Kontakt zur oppositionellen Elite aufnehmen und auch mit ihr zusammenarbeiten. Was der amerikanische Senator Richard G. Lugar im Fall Serbien vorgeschlagen hat, sollte als Katalog politischer Intervention Allgemeingültigkeit erlangen. Die Regierungen sollen
- die Oppositionsgruppen in breiter Front unterstützen und ihre Führer zu internationalen Konferenzen einladen;
- unabhängige Medien, Gewerkschaften und demokratische Gruppierungen fördern;
- die Arbeit von Nicht-Regierungsorganisationen, öffentlich-rechtlichen Stiftungen und gesellschaftlichen Akteuren großzügig unterstützen und koordinieren.[47]

Die USA gaben 1998 nur 15 Millionen Dollar für diese Zwecke aus, davon zwei Millionen für die Unterstützung unabhängiger Fernsehberichterstattung. Das ist nicht viel, auch wenn man bedenkt, daß Jugoslawien kein großes Land ist. Ein Kriegstag hat die USA mehr als 100 Mio. USD gekostet.

d) Vielgleisig handeln

Erfolg verspricht die Aktivierung gesellschaftlicher Akteure des Auslands, die entweder im Bürgerkriegsland bereits vertreten sind oder sich dort leicht engagieren können. Auf diesem «Zweiten Gleis» (Track Two) lassen sich die Wahrnehmungen der Konfliktparteien verändern, Alternativen aufzeigen, Kompromisse ausloten. Hier haben sich die Nicht-Regierungsorganisationen und gesellschaftliche Akteure seit langem erfolgreich betätigt. Der zum Friedensvertrag von Oslo führende Prozeß im Nahen Osten wurde bekanntlich von einem norwegischen Soziologie-Institut eingeleitet. Dessen Vertreterin gelang es zum ersten Mal, Palästinenser und Israelis an einen Tisch zu bringen. In Guatemala haben kirchliche Organisationen den Dialog zwischen den Konfliktparteien in Gang gesetzt. Der Friede in Mosambik wäre nicht zustande gekommen ohne aktive Beteiligung der Kirchen wie der Wirtschaft. Zur Beendigung des Apartheid-Regimes in Südafrika haben die das System negierenden Transnationalen Korporationen des Auslands maßgeblich beigetragen. Die Nicht-Regierungsorganisationen, vor allem die großen, verfügen über sehr viel Geld und Einfluß, mit denen sie die Konfliktwahrnehmungen verändern können.

Es fehlt an der Koordinierung. Die Angehörigen der Nicht-Regierungsorganisationen vor Ort sind zwar meistens in der Konfliktbearbeitung besser ausgebildet als Diplomatie und Militär; sie folgen aber natürlich ihren eigenen Vorgaben und Präferenzen, arbeiten mit ihrer Klientel um derentwillen zusammen. Ihre Arbeit müßte koordiniert und in ein strategisches Gesamtkonzept eingebettet werden. Wer könnte es erstellen? Es gibt zwar viele Schulen, aber keine Leitung. Zwar haben die Vereinten Nationen ein eigenes Büro für Projektdienste, sind der UN-Flüchtlingskommissar und andere Einrichtungen der Vereinten Nationen vor Ort einschlägig tätig. Aber es gibt auch dort noch kein Modell für das Management und die Koordinierung. Besonders wichtig ist die integrierte Anleitung. Die Umsteuerung gesellschaftlicher Konfliktwahrnehmungen bedarf gezielter politikwissenschaftlicher Anleitung. Daran fehlt es ganz offensichtlich.[48]

Es genügt nicht, auf einem Zweiten Gleis neben der offiziellen Diplomatie gesellschaftliche Akteure zu engagieren und zu aktivieren. Gebraucht wird eine vielgleisige Strategie, die die aus dem Ausland stammenden gesellschaftlichen Akteure nicht nur aktiviert, sondern sie gezielt auf den Wahrnehmungswandel in den einzelnen Konfliktgruppen ansetzt, und zwar in einer ganz bestimmten Richtung. Diamond und McDonald haben das Schema einer solchen Strategie entwickelt:[49]

Schema der vielgleisigen Diplomatie

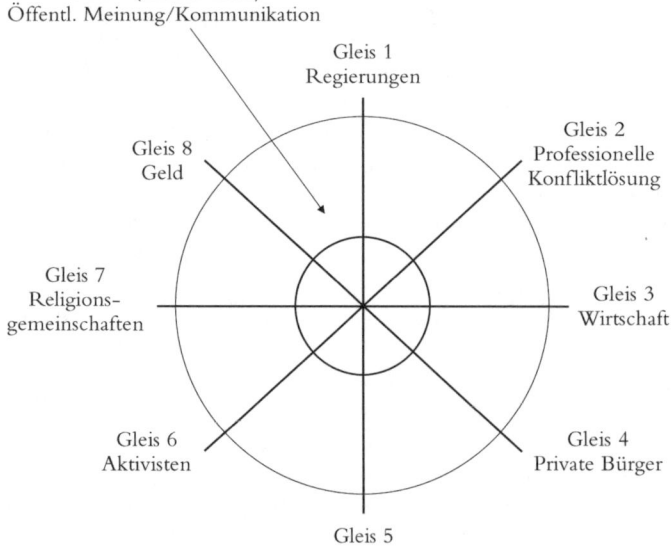

Gleis 9 (innerer Kreis)
Öffentl. Meinung/Kommunikation

Gleis 1
Regierungen

Gleis 2
Professionelle
Konfliktlösung

Gleis 8
Geld

Gleis 7
Religions-
gemeinschaften

Gleis 3
Wirtschaft

Gleis 6
Aktivisten

Gleis 4
Private Bürger

Gleis 5
Forschung, Ausbildung, Erziehung

Das Schema macht deutlich, daß vor allem die bürgerliche Vermittlung (civil mediation) große Bedeutung besitzt. Die Kirchen verfügen über die normative Kompetenz, die sich in allen Denominationen eigentlich an der Gewaltlosigkeit orientiert, jedenfalls orientieren sollte. Die Geschäftswelt dient ihren eigenen Interessen, wenn sie für die Beendigung des Bürgerkriegs und für die Herstellung einer tragfähigen gesellschaftlichen Ordnung sorgt. Die Medien stehen den beiden in nichts nach. In Bosnien-Herzegowina hat sich ihr bedeutender Einfluß gezeigt, leider konfliktverschärfend.

Für die Medien der westlichen Welt ergibt sich hier die wichtige, vielleicht sogar entscheidende Aufgabe, in der Kooperation mit ihren Partnern im Bürgerkriegsland zu versuchen, die Wahrnehmung der Konfliktursachen durch die Bürger zu beeinflussen.[50] Kirchen, Kaufleute und Kommentatoren haben großen Einfluß auf die in einer Gesellschaft vorherrschenden Wahrnehmungen; sie können am ehesten die von den Führern der Konfliktparteien verbreiteten Interpretationen korrigieren, ihnen andere Wahrnehmungen der Konfliktursachen entgegenstellen. Sie bereiten den Boden für diejenigen gesellschaftlichen Kräfte, die den Konflikt überwinden und dieses Ziel gleichzeitig zum Medium ihrer politischen Karriere machen wollen. Ohne eine solche lokale Alternativ-Elite bleibt jeder Konfliktlösungsversuch von außen ergebnislos.

e) Fachwissen benutzen

Deswegen ist jeder Beitrag zur Konfliktlösung auf zwei Arten von Fachwissen angewiesen. Landeskundliche Expertise ist entscheidend, die Kenntnis von Land, Leuten, der Sprache. Der Umerziehungsversuch der USA in Westdeutschland verlief nach 1945 deswegen so erfolgreich, weil er sich auf Emigranten stützen konnte, die in der Uniform der Besatzungsmacht vorübergehend zurückkehrten. Sie waren imstande, die oppositionellen Eliten in Deutschland zu identifizieren und mit Regierungsaufgaben zu betrauen. Der Gouverneur der russischen Provinz Krasnojarsk Alexander Lebed stützte seine Friedensbemühungen im Kaukasus 1998 auf lokale Eliten, deren traditionale, ritualisierte Form der Konfliktbearbeitung er aktivierte und ausnutzte.

Wo solche Möglichkeiten nicht gegeben sind, muß landeskundlicher und regionalspezifischer Fachverstand beteiligt werden. Weil sie ihn nicht einsetzt – und meistens in genügendem Ausmaß auch gar nicht besitzt –, muß sich die internationale Gemeinschaft zum Beispiel in Bosnien- Herzegowina mit Recht vorwerfen lassen, daß sie unvorbereitet und schlecht ausgerüstet an die politische Konfliktaufarbeitung herangegangen sei.[51] Die Ursachen des Konflikts in Bosnien-Herzegowina sind nicht bearbeitet worden. Es fehlte am Verständnis der lokalen Gegebenheiten und deswegen an der Möglichkeit, die lokale Bevölkerung zu mobilisieren und alternative Eliten zu identifizieren und zu unterstützen. Auch gesellschaftswissenschaftliches und politikwissenschaftliches Fachwissen wird gebraucht. Die Auflösung von Bürgerkriegen bedarf systematischer Kenntnisse und Techniken, über die in der Politikwissenschaft seit langem nachgedacht wird. Sehr bewährt haben sich Problemlösungs-Workshops, in denen die Vertreter der streitenden Parteien ihren Konflikt unter Anleitung von Praktikern und Wissenschaftlern diskutieren. In zahlreichen Bürgerkriegen ist diese Strategie erfolgreich eingesetzt worden; ihr war es beispielsweise zu verdanken, daß der zum Friedensvertrag von Oslo führende Kontakt zwischen Israel und der PLO hergestellt und zum Ausgangspunkt von Verhandlungen gemacht werden konnte.[52]

Politikwissenschaftliches Fachwissen ist unentbehrlich, wenn es um Strukturentscheidungen geht. Die Wahlen in Bosnien-Herzegowina haben 1996 den Konflikt nicht abgeschwächt, sondern verschärft, weil sie darauf abgestellt waren, die drei Ethnien im bosnischen Parlament proportional vertreten zu lassen. Damit wurde die ethnische Identität zum Wahlprinzip erhoben, nicht ihre Überwindung. Hätte es statt dessen multiethnische Listen gegeben, wären die Bewerber um ein Mandat darauf angewiesen gewesen, sich auch um die Stimmen aus anderen Ethnien zu bemühen. So war es in Südafrika geschehen; so handelte der Libanon, die beide mit dieser Art von «constitutional engineering» das multiethnische Zusammenleben gestärkt haben.[53]

Der Begriff deutet auf die Notwendigkeit hin, auch die Staats- und Verfassungstheorie neu zu überdenken. Sie orientiert sich nach wie vor am Modell des (europäischen) Nationalstaats, der nach der klassischen staatsrechtlichen Formulierung aus Staatsregierung, Staatsgebiet und Staatsvolk besteht. Dieses Modell war zwar auch in der Vergangenheit nur eine Rechtsfiktion, keine politische Wirklichkeit; heute sollte es gänzlich ausgedient haben. Nicht nur der Balkan, auch Rußland mit seinen fast 100 Föderationen, die Staaten der früheren Sowjetunion mit ihren russischen Minderheiten, die von den Kolonialmächten quer durch alle Stammesgebiete gezogenen Staatsgrenzen Afrikas weisen dringlich darauf hin, daß das Konzept des multinationalen Staates entwickelt werden muß.

Die Autonomie- und Sezessionskriege, die die letzten Jahre des 20. Jahrhunderts kennzeichnen, verlangen nach einem neuen Verständnis von Staatlichkeit, das weitgehende Autonomie für die Ethnien und Nationalitäten mit einer fragmentierten funktionalen Kooperation bei den Aufgaben kombiniert, die die Kapazität der Ethnien und der Nationalitäten übersteigen. Die Autonomie muß dabei nicht einmal an ein Territorium, sie kann auch an bestimmte Eigenschaften geknüpft werden. Der Schlüssel dazu, wie zu allen Bürgerkriegen des ausgehenden 20. Jahrhunderts, liegt in der Zustimmung der Gesellschaft. Ohne sie bleibt jede Macht machtlos.

IV.
Beziehungsmacht: Den Krieg austrocknen

1. Raus aus der Realismusfalle

So aktuell und bearbeitungsbedürftig die Bürgerkriege der Gegenwart sind – weit gefährlicher für die Weltpolitik ist die Wiederkehr des internationalen Krieges. Sie ist unwahrscheinlich, aber noch nicht ausgeschlossen. Überall dort, wo die Zustände der Staatenwelt herrschen, in den ärmeren Regionen der Entwicklungsländer, kann sich das politische Hauptinstrument dieser Welt, der Krieg, wieder einstellen. In Zentralafrika ist er seit der Mitte der neunziger Jahre angekommen, im Nahen und Mittleren Osten ist er latent vorhanden. In der Gesellschaftswelt des euro-atlantischen Bereichs hat er die geringsten Chancen; angesichts der beschriebenen Asymmetrien sollte man ihn auch hier noch nicht für endgültig besiegt halten. Deswegen ist der Einsatz von Meta-Macht so wichtig, um mit der Demokratisierung und der Marktwirtschaft die Strukturen der Gesellschaftswelt zu verfestigen bzw. zu erzeugen.

Aber auch die Beziehungsmacht muß in den Dienst dieser Aufgabe gestellt werden. Die außenpolitischen Prozesse müssen in die gleiche Richtung gesteuert werden, um den Struktureffekt zu fördern, jedenfalls nicht zu konterkarieren. Politische Prozesse, wenn sie über lange Zeit in eine bestimmte Richtung gelenkt werden, können durchaus strukturbildend wirken. Also muß gerade die Beziehungsmacht, die tagtägliche Außenpolitik, die Prozesse der Abhängigkeit und der Interdependenz zur Gewaltminderung einsetzen. Im Gegenzug muß die organisierte militärische Gewalt immer weiter zurückgenommen werden. Zwar bleibt sie unentbehrlich: individuell als Verteidigungsvorsorge für den Notfall; in der Verfügung des UN-Sicherheitsrats als Mittel zur Bekämpfung von Aggressionen. Aber als Instrument der Politik müßte sie immer weiter in den Hintergrund gerückt werden.

Angesichts dieser so grundlegend veränderten Einsatzlage nehmen sich die auf der Welt des beginnenden 21. Jahrhunderts vorhandenen militärischen Gewaltpotentiale noch immer riesig aus. Vor allem der Westen starrt vor Waffen. Zwar hat die Welt seit dem Ende des Kalten Krieges abgerüstet, gab 1996 nur noch 700 Mrd. USD für die Rüstung aus, statt 1000 Mrd. 1987. Die Beschäftigung in der Rüstungsindustrie ist weltweit halbiert worden.[1] Im Mittleren Osten und in Südostasien hingegen sind die Militärausgaben gestiegen, bis sie durch die Wirtschaftskrise 1997/1998 wieder abgebremst wurden. Die NATO hat seit dem Ende des Kalten Krieges ihre Stärke um rund ein Fünftel verringert, allerdings mit abnehmender Tendenz. Da sie vier Fünftel der militärischen Fähigkeiten, die sie während des Kalten Krieges brauchte, auch im Frieden behalten hat, darunter die entscheidenden hochmodernen Waffensysteme, bildet sie einen beachtenswerten Kontrapunkt in der eigentlich doch friedlichen Welt. Die Vereinigten Staaten haben ihr Verteidigungsbudget 1999 noch einmal um 12 Mrd. USD erhöht. Im Jahr 2005 soll es dann 360 Mrd. USD umfassen, mehr als je zuvor. Wie ihr im Dezember 1998 zusammen mit Großbritannien begonnenes Bombardement des Irak und der Krieg um das Kosovo zeigte, setzten sie dieses Militärpotential auch ein. Das war kein Zufall, sondern folgte einem neuen strategischen Konzept.

Die Nichtverbreitung von Massenvernichtungswaffen soll nicht mehr, wie bisher, dem Regime kooperativer Abrüstung, sondern der mit Gewalt durchgesetzten «counterproliferation» anvertraut werden. Aber auch die gesamte NATO schwenkt auf diese Linie ein. Schon ihr Luftwaffenaufmarsch gegen Belgrad im Oktober 1998 war, wie der amerikanische Sonderbeauftragte Richard Holbrooke sagte, ein Wendepunkt für die Allianz. Bei der Jubiläumsfeier der NATO im April 1999 in Washington wurde diese Tendenz, eigenmächtig über den Einsatz militärischer Gewalt zu befinden, noch verstärkt.

Rechnet man diese Strategie-Entscheidungen hoch, dann sind sie trendwidrig. Statt den Krieg auszutrocknen, was der allgemeinen Weltlage und ihrer Entwicklungstendenz entspräche, wird der Gewalteinsatz zu politischen Zwecken wiederbelebt. Ein sachlicher Grund dafür ist nicht zu erkennen. Ein «Schurkenstaat» wie das kleine Nordkorea kann kaum den regionalen Frieden gefährden; der Irak kann es nach acht Jahren konsequent kontrollierter Abrüstung auch nicht. Belgrads Vertreibung und Verfolgung der Albaner war ebenso grausam wie ungerecht; eine Kriegsursache wäre sie nie geworden. Rußland ist längst ein Partner des Westens und ein Quasi-Alliierter der USA geworden. China verlegt sich auf wirtschaftliche Macht, nicht auf militärische.

Wenn sich in dieser Situation die USA weiterhin darauf vorbereiten, zwei regionale Kriege gleichzeitig gewinnen zu können, dann bewegen sie sich in einem irrealen Szenario. Die neue NATO-Strategie vom April 1999 rechtfertigt sich, indem sie auf das «breite Spektrum militärischer und nichtmilitärischer Risiken ... (hinweist), die aus vielen Richtungen kommen und oft schwer vorherzusagen sind» (§ 20). Eine Begründung für die Hoch- und Aufrüstung der Allianz liegt darin nicht. Und: Was können hochmoderne Abstandswaffen gegen den Terrorismus, den Drogenhandel, den religiösen Fundamentalismus und die Umweltverschmutzung ausrichten?

Das Unerklärliche läßt sich nur damit erklären, daß die Entscheidungsstrukturen des Westens zehn Jahre nach dem Ende des großen Konflikts nicht an die veränderte Weltlage angepaßt worden sind. Sie blieben fast in der gleichen Größe und Ausstattung erhalten, die sie während der vierzig Jahre des Kalten Krieges eingenommen hatten. Solche überholten Strukturen tendieren dazu, die Szenarien zu reproduzieren, für deren Bearbeitung sie ursprünglich eingerichtet worden waren. Der österreichische Soziologe Joseph Schumpeter hat dieses Phänomen schon vor achtzig Jahren richtig beschrieben.

Es ist also nicht unproblematisch, daß der Westen sein in vierzig Jahren gewachsenes Verteidigungsdispositiv fast ungeschmälert erhalten hat. Es militarisiert die Perzeption der Welt, sucht in jedem Konflikt Ansatzpunkte für seinen Einsatz. «Wer als Werkzeug nur einen Hammer hat», sagt ein amerikanisches Sprichwort, «sieht bald überall nur noch Nägel». Der Besitz eines übermächtigen Gewaltpotentials verführt dazu, die rechtzeitige, möglichst präventive politische Bearbeitung von Konflikten für entbehrlich zu halten. «Einsatzbereite Streitkräfte sind allzu häufig ein Ersatz für eine gut durchgedachte Diplomatie oder Strategie.»[2]

Vor allem pflastern diese Streitkräfte den Weg in die Realismusfalle. Ihr Einsatz oder dessen Androhung ruft auf der Gegenseite entsprechende Reaktionen hervor, durch die sie sich dann bestätigt fühlen. Es wurde oben erwähnt, daß gerade in der Theorie des Realismus jede Hegemonie ihren Herausforderer erzeugt. Ebenso provoziert die Bereitstellung, Vorhaltung oder gar der Einsatz bewaffneter Macht die Gegenmacht herauf. Gerade deswegen ist die Existenz großer Gewaltpotentiale auf Seiten des Westens nicht so unproblematisch, wie sie von dessen Politikern dargestellt wird. Der Angriff der NATO auf Serbien, das keine Aggression begangen hatte, wird weltweit eine Aufrüstung auslösen.

Natürlich ist die NATO nicht aggressiv, aber darauf kommt es gar nicht an. Entscheidend ist, daß ihr Eingriff im Kosovo die Militarisierung auslösen und damit bewaffnete Konflikte heraufbeschwören könnte, die anderenfalls gar nicht entstanden wären. Natürlich ist absolute Abrüstung absurd; ebenso muß die NATO auf absehbare Zeit erhalten bleiben als Rückversicherung für den Notfall und als Stabilitätsanker in der euroatlantischen Zone und in der ganzen Welt. Militärische Gewalt ist ebenso unvermeidlich wie die Polizei innerhalb eines Staates. Wie sie darf auch in der Gesellschaftswelt der Besitz bewaffneter Streitkräfte nur eine Vorsorge für den Notfall darstellen, nicht ein Hauptinstrument der Politik. Ebensowenig wie die Innenpolitik der europäischen Staaten von der Polizei dominiert wird, sollte in ihrer Außenpolitik das Militär zur Politikgestaltung herangezogen werden. Es wird gebraucht und muß daher geachtet und entsprechend ausgerüstet werden. Aber die Proportion muß stimmen. Und sie stimmt nicht, wenn, wie im Budget der Bundesrepublik für 1999, der Haushalt des Verteidigungsministeriums mit 47,2 Mrd. DM fast doppelt so groß ist wie der des Auswärtigen Amtes, des Wirtschaftsministeriums und des Bundesministeriums für Wirtschaftliche Zusammenarbeit zusammen (27,5 Mrd. DM).

Dieses Mißverhältnis zeigt, daß die Usancen der Staatenwelt gerade auf diesem Gebiet noch immer nachwirken. Es gab ja auch zwischen 1945, als diese Welt zu Ende ging, und 1948, als sie sich mit dem Beginn des Ost-West-Konflikts scheinbar fugenlos fortsetzte, kaum eine Gelegenheit zur Korrektur. In der Staatenwelt war der Friede in der Tat, wie Bismarck gesagt hat, nur ein Provisorium, das «bis auf weiteres» galt. Die Zeit zwischen den Kriegen mußte genutzt werden, um sich auf den nächsten vorzubereiten.

Diese Weisheit der Staatenwelt verfiel erst 1990 mit dem Ende des Ost-West-Konflikts und dem Auftreten der Gesellschaftswelt. Der Wandel wurde auch durchaus wahrgenommen. Damals wurde die Beibehaltung der NATO nur mit den Nachwehen der Unsicherheit aus dem Kalten Krieg begründet. Seit 1995 schiebt sich immer mehr eine vertraute Argumentation in den Vordergrund, die wieder Bedrohungen zitiert. Sie können nicht benannt werden, bleiben diffus. Es ist nicht leicht, in der Welt des ausgehenden 20. Jahrhunderts eine militärische Bedrohung des Westens aufzutreiben. Zumindest aus der euro-atlantischen Region ist sie verschwunden; gerade deswegen sind der Aufbau und die Beibehaltung riesiger Streitkräfte anachronistisch.

Wenn sie keine Funktion mehr haben, so können sie immer noch Wirkungen erzeugen: Darin besteht gerade die vordergründige Plausibilität des Gewalteinsatzes. Präsident Bill Clinton und Ministerpräsident Tony Blair konnten im Dezember 1998 vorrechnen, daß die viertägigen Luftangriffe gegen 100 Ziele im Irak, vor allem Kasernen, Flugplätze, militärische Installationen und Rüstungsbetriebe, zu 72 % erfolgreich gewesen waren.[3] Der nachfolgende «Zeitlupenkrieg» hat allein in den ersten zehn Wochen des Jahres 1999 weitere 104 Ziele im Irak zerstört.[4] Politisch haben diese Bombardements die Position des Irak verhärtet und das seit 1991 auferlegte, erfolgreiche Abrüstungsregime der UN zerstört. Der Militärschlag hatte Folgen, aber er machte keinen Sinn. Selbst Henry Kissinger, der Erzrealist, mußte feststellen, daß die USA zwar die Schlachten gewinnen, Saddam Hussein aber möglicherweise den Krieg. Niemand im Mittleren Osten versteht, warum das Ölembargo gegen den Irak nicht aufgehoben, mit den Bomben die Bestrafung des Landes verschärft werden mußte.

Der Irak stand bis 1999 schon 9 Jahre unter Kuratel, länger als Deutschland nach 1945. Ein Ende der Blockade, die Rückführung des Irak in die Welt des Mittleren Ostens war längst überfällig.

Gewiß, solche Forderungen lassen sich leichter aufstellen als erfüllen. Wo noch die Zustände der Staatenwelt herrschen, Gewalt also an der Tagesordnung ist, wird sie sich zunächst nur durch Gegengewalt beruhigen lassen. Der Überfall des Irak auf Kuwait verlangte die Operation «Wüstensturm». Weitere Fälle dieser Art lassen sich nicht ausschließen. Ebenso aber wie nach der Vertreibung des Irak aus Kuwait eine politische Lösung des von ihm gebotenen Problems hätte einsetzen müssen, muß nach Strategien gesucht werden, die die existierende Aggressivität entmachten, ohne sie durch anhaltenden Gewalteinsatz nachträglich zu rechtfertigen und zu stützen.

Wer die Gewalt wieder zum Alltagsmittel der Politik macht, begibt sich in die Realismusfalle. Er führt durch sein Verhalten die Gefährdung erst herauf, durch die er sich nachträglich bestätigt sieht. Viel klüger ist es, auf den Notfall vorbereitet zu sein, aber dann die internationale Umwelt, vor allem die Nachbarn, einzuladen, die Eintrittswahrscheinlichkeit dieses Notfalls immer weiter abzusenken. Dazu dient die Abrüstung als die Herstellung von Verteidigungsvorsorge auf immer niedrigeren Niveaus. Wichtig ist ferner, auf der ganzen Welt, vor allem in der jeweiligen Region, ein Klima der Gewaltminderung zu erzeugen. In der vorhandenen und der entstehenden Gesellschaftswelt geht es vorrangig um wirtschaftliche Entwicklung und Wohlstand. Beides liegt quer zum Krieg. Die Reste der Aggressivität müssen entmachtet werden. Das ist die dritte Strategie, die eingesetzt werden kann, um den Krieg austrocknen zu lassen.

2. In Euro-Atlantik abrüsten

Wenn die Metapher vom «Welt-Dorf» irgendwo auch nur annäherungsweise Wirklichkeit widerspiegelt, dann in Euro-Atlantik. Zwischen den elf Mitgliedern der Europäischen Wirtschafts- und Währungsunion hat sich die Interdependenz bis zur Integration verdichtet; zwischen den 15 Mitgliedern der Europäischen Union herrscht institutionalisierte Kooperation. Etwas abgeschwächt verbindet sie die EU mit den Staaten des Europäischen Wirtschaftsraumes. Die Atlantische Gemeinschaft, also Westeuropa und Nordamerika, bilden nicht nur eine Werte-, sondern auch eine Interessengemeinschaft mit hoher Interdependenz. Osteuropa, vom Baltikum bis zum Schwarzen Meer, sieht sich wirtschaftlich und politisch auf die Europäische Union verwiesen. Dependenz, wenn auch noch nicht Interdependenz, charakterisiert die Beziehungen des Westens zu Rußland und den anderen Staaten der GUS. Rußland ist wirtschaftlich auf den Westen angewiesen und mit ihm in zahllosen Interaktionen verbunden. Militärisch herrscht zwischen ihm und der NATO eine offiziell beglaubigte Partnerschaft. Darüber hinaus hat die NATO in einer Studie 1996 selbst festgestellt, daß die «Wahrscheinlichkeit einer militärischen Konfrontation (mit Rußland) in den kommenden zehn Jahren «äußerst gering» sei.[5] Selbst wenn es angreifen wollte – was es, wie in der Grundakte zwischen der NATO und Rußland vom 27. Mai 1997 offiziell festgestellt, gar nicht will –, wäre es dazu auf absehbare Zeit nicht in der Lage. Im euro-atlantischen Bereich herrscht – noch immer – Friede. Die in der Politik herkömmlichen Bewertungsmaßstäbe lassen gar keinen anderen Befund zu.

Er erlaubt nicht nur, sondern verlangt geradezu, die Militärpotentiale zu verringern. Statt dessen werden sie im Westen vermehrt. Die NATO hat sich im April 1999 um drei Staaten Osteuropas erweitert, um «zwölf Divisionen und 39 Brigaden», wie man in Rußland erbittert registriert hat.[6] Die Tür für weitere osteuropäische Staaten bleibt offen. Der Vertrag über die konventionelle Abrüstung in Europa (KSE), dessen Anpassung an das Ende des Ost-West-Konflikts im Sommer 1997 noch beschlossen worden war, ist seitdem ins Stocken geraten. Die USA wollen sich die Freiheit, ihre Truppen nach Bedarf in Europa zu verlegen, nicht einschränken lassen. In Rußland wird deswegen immer weniger Sinn in dieser Art der Anpassung gesehen, die ihm nur Nachteile verschafft.[7]

Die Bundesrepublik Deutschland kämpft energisch gegen diesen Trend an. Aber auch die rot-grüne Koalition will nicht von der Wehrpflicht lassen, die doch nur in Krisen- und Kriegszeiten gerechtfertigt ist. Sie will den Verteidigungsetat nicht weiter mindern, sondern eher aufstocken, also ihn wieder an die Größen heranführen, die er während des Kalten Krieges gehabt hat. Frankreich hat zwar im Oktober 1998 die Wehrpflicht abgeschafft und durch ein System der Einberufung für die Verteidigungsvorbereitung ersetzt. Aber seine Armee wird im Jahre 2005 noch immer 328 000 Soldaten umfassen – zuviel für Friedenszeiten und viel zuviel angesichts der Kooperation im NATO-Bündnis.

Die Europäische Union hält noch immer an der Perspektive fest, die Westeuropäische Union zu ihrem Verteidigungsarm weiterzuentwickeln. Damit würde ein neues, weiteres Militärpotential in Europa geschaffen werden. Es wird kleiner ausfallen, wenn sich die am 4. Dezember 1998 in Saint Malo verabredeten englisch-französischen Pläne durchsetzen, die europäische Komponente innerhalb der NATO zu belassen. Abrüstung entsteht dadurch aber nicht. Vielmehr spricht das Bündnis von Aufrüstung. Seine Verteidigungsminister begrüßten im Juni 1998 den Plan für ein abgestuftes taktisches Raketenabwehrsystem in Europa (Layered Theatre Ballistic Missile Defense Capability), dessen Machbarkeitsüberprüfung bis zum Jahrtausendwechsel abgeschlossen sein soll.[8]

Auch die Rüstungsindustrie floriert. Die Teilprivatisierung des französischen Rüstungskonzerns Aérospatiale und die Aufnahme der Lagardère-Tochter Matra haben nicht nur zu einer weiteren Integration der französischen Rüstungsindustrie geführt, sondern auch die Tür geöffnet zu einem europäischen Luft- und Raumfahrtkonzern. An ihm werden vier Länder beteiligt sein, neben Frankreich Deutschland, Großbritannien und Spanien. Er ist in erster Linie dazu bestimmt, die europäische Identität auch auf diesem Gebiet zu sichern und die überragende Stellung der amerikanischen Rüstungskonzerne auszubalancieren. Dieser Moloch mit mehreren hundert Milliarden DM Umsatz pro Jahr wird natürlich auch hohe Rüstungsaufträge nachfragen. Sorgen um den «Einfluß der Rüstungslobby» (FAZ) sind also angebracht. Er kann kaum durch einen Wettbewerb zwischen den amerikanischen und den europäischen Rüstungsriesen, sondern nur dadurch gebändigt werden, daß die Ausgaben für die Verteidigung der realen Bedrohungslage in Europa angepaßt, also gesenkt werden.

Natürlich entwickelt sich die Wehrtechnik weiter, müssen die Europäer jeweils auf dem neuesten Stand bleiben. Amerikanische Planer sind weit voraus in der Entwicklung von neuen Zerstörungswaffen, die den amerikanischen Vorsprung in der Informationstechnologie ausnutzen. Abstandswaffen, aus großer Entfernung abgeschossen, aber höchst präzise geführt, sollen den Gegner zerstören, ohne daß er die amerikanischen Reihen überhaupt erreichen kann.[9] Miniaturflugzeuge, kaum handtellergroß, sollen das Schlachtfeld von morgen überwachen, in Häuser, Wohnungen, sogar in Zimmer eindringen. Sie leiten die Lenkwaffen, die von Flugzeugen oder Schiffen abgefeuert werden und deren Zielgenauigkeit immer größer wird. Die beiden Kriege gegen den Irak, «Wüstensturm» 1991 und «Wüstenfuchs» 1998, testeten diese neuen Waffen, von denen die älteren 750 000 Dollar pro Stück und die neueren mehr als eine Million Dollar kosten. Auch gegen Serbien wurden sie eingesetzt. Da der – nicht vorhandene, aber möglicherweise irgendwo wieder einmal erstehende – Gegner über diese Waffen auch verfügen wird, müssen Raketenabwehrsysteme entwickelt und stationiert werden; die neue Kriegstechnik ruft die neue Abwehrtechnik hervor. Nicht nur die USA und Westeuropa, sondern auch Japan, Südkorea und Taiwan sollen damit ausgestattet werden, was die Rüstungsdynamik auch in Asien in neuen Schwung versetzen wird.

Sind diese Technologien neu, so ist die dahinterstehende Strategie sehr alt. Sie folgt dem vertrauten Clausewitzschen Ratschlag, immer etwas stärker zu sein als der Gegner. Da die andere Seite genauso denkt, treibt diese Strategie nur die Rüstungsdynamik. Die USA hofften, mit der von ihnen erfundenen Technik der Mehrfachsprengköpfe der Sowjetunion endgültig überlegen zu sein. Das Gegenteil trat ein, so daß selbst Henry Kissinger diese «Vermirvung» als Fehler bezeichnet hat.

Warum werden die gleichen Fehler seit 1995 wieder gemacht. Lernt die Strategie nicht, oder will sie nicht lernen? Oder hofft sie, die Gesellschaft habe diese Erfahrungen, für die sie schließlich teuer bezahlt hat, inzwischen wieder vergessen?

Jedenfalls bleibt unerfindlich, warum die NATO-Verteidigungsminister dem Machbarkeitstest eines Raketenabwehrsystems in Europa zugestimmt haben. Im europäisch-atlantischen System ist nachweislich kein Gegner zu erblicken. Die Aufrüstung könnte ihn erzeugen. Stellen wir uns in einem Gedankenexperiment vor, daß Rußland ein solches Raketenabwehrsystem plante und errichtete; wie sehr würde sich der Westen ängstigen und versuchen, die dahinter vermuteten Offensivabsichten mit einem eigenen Abwehrsystem zu neutralisieren. Kennt die NATO in Brüssel diese Wirkungszusammenhänge nicht? Und wenn sie fürchtet, daß Raketenangriffe auf Westeuropa aus dem Iran (!) kommen könnten – wäre es dann nicht viel besser, die Isolierung dieses Landes zu beenden und mit der Stärkung der Reformkräfte um Präsident Chatami sicherzustellen, daß der Iran friedlich bleibt?

Für das Unverständliche gibt es drei Erklärungen. Sie sollten sämtlich die Gesellschaft beunruhigen. Die erste wurde schon erwähnt: Die während des Kalten Krieges entwickelten Rüstungsprogramme laufen, weil sie nicht gestoppt wurden, einfach weiter. Zweitens: Interessierte Kreise im Militär und in der Rüstungswirtschaft sorgen sich um ihre künftigen Anteile an Macht und Geschäft und betreiben bewußt eine Politik, die neue Gegner auf den Plan rufen und damit die Gewährleistung ihrer Interessen auf Dauer sicherstellen muß. Wer an der Großen Politik verdienen will, muß große Räder drehen.

Die dritte Erklärung schließlich: Nicht nur den Militärs, sondern auch den Politikern ist ein Systemzustand des Friedens, wie er in der euroatlantischen Zone herrscht und weiterentwickelt werden könnte, fremd. Sie haben nie darüber nachgedacht und keine Vorstellungen für eine Politik entwickelt, die sich nicht mit der Abwehr von Gefahren, sondern der Vertiefung der Zusammenarbeit befaßt. Dieser Sozialisationsmangel wird sich nicht so bald ausgleichen lassen; die wenigen Friedensforschungsinstitute können mit dem Output der Militärakademien und Kriegsschulen gar nicht mithalten.

Welche Motive und Interessen den Aufrüstungstrend auch in Gang gesetzt haben, er wird sich nur stoppen lassen, wenn die Gesellschaft direkt mit einer entsprechenden Anforderung eingreift und dem teuren Anachronismus ein Ende bereitet. Warum sollte sie sich im euro-atlantischen System einen neuen Konflikt mit Rußland aufzwingen lassen, für den es keine anderen Ursachen gibt als das Fehlverhalten der westlichen Politik? Warum sollte sie in Friedenszeiten ein militärisches Verteidigungssystem unterhalten, dessen Größe sich am vergangenen Konflikt und nicht am gegenwärtigen Frieden orientiert? Warum sollte sie mit ihren Steuergeldern riesige Rüstungsprojekte finanzieren, deren Existenz allein schon gewalttreibend wirkt? Der britische Außenminister Edward Grey hat aus dem Ersten Weltkrieg die Einsicht gezogen, daß «das enorme Wachstum der Rüstungen in Europa, das Gefühl von Unsicherheit und Furcht, das sie verursacht haben – daß sie es waren, die den Krieg unvermeidlich gemacht haben». Das, so führt er fort, ist «die wahre Lehre der Geschichte und das Lernstück, das die Gegenwart von der Vergangenheit lernen sollte im Interesse eines zukünftigen Friedens. Das ist die Warnung, die an die weitergegeben werden sollte, die nach uns kommen».[10] Videant sequentes.

Es ist noch immer nicht zu spät, das politische Steuer im euro-atlantischen Bereich umzulegen auf die Richtung, die die Politik in den ersten fünf Jahren nach dem Ende des Kalten Krieges eingeschlagen hatte: Abrüstung. Die Osterweiterung der westlichen Militärallianz ist zwar im April 1999 abgeschlossen worden, betrifft aber zunächst nur drei Staaten. Sie kann – und sollte – danach angehalten werden. Wird sie fortgeführt, sollte sie, wie besprochen, Rußland einschließen. Das Land ist kein Gegner und sollte keiner mehr werden.

Die Wirtschaftskrise, in die Rußland 1998 abgesackt ist – mit oder trotz westlicher Beratung –, gibt Westeuropa und den USA eine neue Chance, auf die in Rußland und zwischen ihm und dem Westen ablaufenden Prozesse steuernd einzuwirken. Der Westen sollte keineswegs warten, bis sich Rußland eine neue und bessere Wirtschaftspolitik zulegt, und ihm erst dann seine Unterstützung anbieten, wie es nicht nur vorgeschlagen,[11] sondern von der Politik auch praktiziert wird. Er sollte vielmehr in der Krise eingreifen und mit finanzieller Hilfe die Verwirklichung solcher Reformen anreizen und ermöglichen, die in Rußland eine gesunde Marktwirtschaft entstehen lassen. Dazu ist richtige Politikberatung und auch Geld erforderlich. Rußland hatte Ende 1998 151,1 Mrd. Dollar Schulden; sein Schuldendienst belief sich 1999 auf 17,2 Mrd. USD.[12] Rund 63 Mrd. USD der Kredite stammen von staatlichen Gläubigern oder internationalen Finanzorganisationen, wurden also vom westlichen Steuerzahler bezahlt. Sie stellen ein hervorragendes Interventionsinstrument dar. Wenn der Westen diese 63 Mrd. USD Rußland erließe, könnte er dafür, wenn es richtig gemacht und wirksam kontrolliert wird, ein großes Stück liberaler Reformen in Rußland «einkaufen». Damit wäre nicht nur Rußland geholfen, sondern gerade auch dem Frieden und der Sicherheit Osteuropas.

63 Mrd. USD sind sehr viel Geld, aber sie relativieren sich angesichts des Betrages von 60 bis 125 Mrd. Dollar, die der Westen für die Osterweiterung der NATO ausgeben wird. Die Summe wurde später vom Pentagon auf 35 Mrd., von der NATO sogar auf 1,5 Mrd. USD heruntergerechnet,[13] von interessierter Seite also, der man die Absicht allzu deutlich anmerkt. Der ursprüngliche Betrag wurde hingegen vom Budgetbüro des amerikanischen Parlaments errechnet, einer über jeden Verdacht erhabenen Autorität. Hinzu kommt die finanzielle Belastung der

neuen Mitgliedsstaaten, die alles andere dringender brauchen als eine Umstellung ihrer Rüstungen auf westliche Standards. Wenn der Westen also bereit war, eine solche Summe für die ebenso unnötige und politisch fatale, weil Rußland ausgrenzende Maßnahme auszugeben, könnte er sie doch mit sehr viel besserem Gewissen und sehr viel leichterer Hand für die Entschuldung Rußlands aufwenden. Sie ist ökonomisch sinnvoll, weil mit der Gesundung Rußlands als Wirtschaftsfaktor westliche Arbeitsplätze in großem Maße verbunden sind. Sie ist vor allem aber auch politisch sinnvoll, weil ein marktwirtschaftlich geordnetes Rußland auch in der fernsten Zukunft keine Bedrohung für die Osteuropäer darstellen wird.

Sehr zu Recht ist erneut ein Marshallplan für Rußland gefordert worden, wie ihn 1948 die Vereinigten Staaten für Westeuropa aufgelegt hatten.[14] Er verband großzügige Kredite mit einem sehr klugen Refinanzierungssystem und sehr rigiden Auflagen für die Wirtschaftsreformen. Er wandte Beziehungsmacht in hervorragender Weise an, und zwar nicht nur in Westdeutschland, wo sie durch die Besatzungsmacht in einzigartiger Weise unterstützt werden konnte, sondern auch in den anderen westeuropäischen Ländern, wo das nicht der Fall war. Geld gegen Reformen, das war das erfolgreiche Tauschgeschäft. Es hat den Grundstein für eine Entwicklung in Westeuropa gelegt, die den Krieg beseitigt hat.

Eine solche Politik gegenüber Rußland anzuwenden, würde nur den Erfolg fortschreiben, den sie in Westeuropa nachweislich erbracht hat. Gewiß sind die Rahmenbedingungen anders, liegen sie nicht so günstig wie 1948. Dennoch bleibt unverständlich, warum der Westen nicht einmal den Versuch unternimmt; noch unverständlicher ist, warum die Bürger und ihre Parteien sich dazu bringen lassen, ihr Geld für eine trendwidrige und gefährliche Aufrüstungspolitik herzugeben statt für eine sachgerechte, kostengünstige und Frieden erzeugende Politik. Kluge Macht muß sich auf solche in der Gesellschaftswelt erfolgreiche Strategien stützen. Sie darf nicht zulassen, daß Prozesse in Gang gesetzt werden, die nur gegenteilige Wirkungen erzeugen, also den Steuerzahler belasten, der Wirtschaft nichts nützen – außer der Rüstungswirtschaft – und einen erneuten bewaffneten Konflikt heraufbeschwören können, der ebenso gefährlich wie überflüssig ist. Die europäische Friedensordnung ist zu wichtig (um einen vielzitierten Satz von Clemenceau erneut zu variieren), als daß die Gesellschaft sie unkritisch solchen Politikern und Militärs überlassen sollte, die entweder nicht über die heute möglichen Strategiekenntnisse verfügen oder aber Ziele verfolgen, die nicht im Interesse der Gesellschaft liegen.

3. Globalklima der Gewaltminderung erzeugen

Auch im internationalen System herrscht um die Jahrtausendwende eigentlich Friede. Wen diese Bilanz erstaunt, der kann an seiner Verwunderung feststellen, wie sehr er schon das Opfer der Regierungspropaganda geworden ist. Wenn es auf einer Welt von 184 Staaten und sechs Milliarden Menschen keinen einzigen internationalen Krieg gibt, dann befindet sich das internationale System, mit allen herkömmlichen Standards gemessen, im Frieden. Bis 1990 war das anders, war der Beinahe-Krieg des Ost-West-Konflikts bestimmend für den euro-atlantischen Raum und für die ganze Welt. Seitdem er und die mit ihm zusammenhängenden Stellvertreterkriege zu Ende gegangen sind, herrscht Friede. In einigen Staaten gibt es den – bereits behandelten – Bürgerkrieg, aber der hat ganz andere Ursachen als der zwischenstaatliche Krieg.

Es gibt den zwischenstaatlichen Krieg latent im Nahen Osten, weil der in Oslo praktisch schon verabredete Frieden zwischen Israel und den Palästinensern von der 1996 ins Regierungsamt gekommenen Likud-Partei wieder aufgekündigt worden ist. Es gibt ihn ansatzweise im Mittleren Osten, wo Washington und London nach acht Jahren eines internationalen Embargos den Kleinkrieg gegen den Irak fortsetzen. Es gibt die bewaffneten Auseinandersetzungen in Zentralafrika, in denen Bürgerkrieg und Krieg ineinander übergehen. Im Horn von Afrika kämpfen Äthiopien und Eritrea um ein Stück Wüste. In Fernost rasselt das kleine Nordkorea mit dem Säbel. Sonst gibt es nichts. Der euro-atlantische Raum ist friedlich, Lateinamerika ist es, Asien ebenfalls.

In der politischen Diskussion spricht daher niemand von Krieg, alle sprechen von Globalisierung. Der Begriff übertreibt, weil die von ihm bezeichneten Prozesse noch nicht global sind. Aber indem er auf die Interdependenz als charakteristische Befindlichkeit der gegenwärtigen Welt deutet, die den Nationalstaat sowohl unterläuft wie überwölbt, beschreibt er die Lage der Welt zu Beginn des 21. Jahrhunderts richtig. Wirtschaftliche Entwicklung und die Schaffung von Arbeitsplätzen stehen im Vordergrund der Aufmerksamkeit und der Politik. Die Gesellschaftswelt ist eine Wirtschaftswelt. Sie ist keine Sicherheitswelt mehr, und mit einer klugen Steuerung der weltpolitischen Prozesse muß (wird) sie es auch nicht mehr werden. Die Bedeutung militärischer Faktoren geht immer weiter zurück. Statt dessen gehen die «Wirtschafsräume der Welt in einem Binnenmarkt auf, räumliche und zeitliche Distanzen verschwinden, und die Unternehmen ... bedienen globale Märkte und vernetzen sich zu wirklich globalen Verbindungen».[15]

a) Warum aufrüsten?

Wenn angesichts dieses Zustands des internationalen Systems die Politischen Systeme des Westens immer lauter nach vermehrten Rüstungsanstrengungen rufen und den Gewalteinsatz zu politischen Zwecken wieder fordern, dann dürften die Gründe dafür in dem oben schon besprochenen Syndrom liegen: Gewohnheit, Interessen, Konzeptionslosigkeit. Die im Sachbereich der Sicherheit tätigen Eliten wollen die seit 1990 überfällige Bedeutungsminderung des Sachbereichs der militärischen Sicherheit nicht hinnehmen. Sie produzieren immer wieder Weltbilder, die zwar wenig mit der Realität, aber sehr viel mit ihren Interessen zu tun haben. Sie selbst verwenden den Vergleich mit dem Fahrrad: Wenn es nicht in Fahrt gehalten wird, fällt es um. So sind sie unermüdlich tätig, die reale Weltlage mit der von ihnen produzierten Folie zu verschleiern, in denen der Irak und Nordkorea zu akuten Bedrohungen der westlichen Welt vergrößert und die Chinesen zur nächsten Herausforderung der Vereinigten Staaten (sozusagen als Nachfolger der Sowjetunion) heraufgestuft werden.

Leider sind die Vereinigten Staaten bei diesem Versuch führend; die Clinton-Administration, die 1992 ihren Wahlkampf mit der versprochenen Hinwendung zur Innenpolitik gewonnen und sich die ersten beiden Jahre an diese Orientierung auch gehalten hatte, ist infolge ihrer innenpolitischen Schwäche, aber auch infolge der in den USA besonders aktiven «Defense Community» zum wichtigsten Opfer dieser Kampagne geworden.

Dabei blickt die Welt in der Tat hoffnungsvoll auf die USA, aber nicht auf ihre militärische, sondern auf ihre wirtschaftliche und gesellschaftliche Hochleistung. Den «American Way of Life» zu gehen, ist das Ziel der ganzen Welt. Nachdem sich elf Staaten der Europäischen Union zur Wirtschafts- und Währungsunion zusammengeschlossen haben, könnte ihre Politik einen ähnlichen Vorbildcharakter bekommen. Dieses Vorbild war es bekanntlich, das den Kalten Krieg gewonnen und den Bolschewismus besiegt hat. Dieses Beispiel könnte es sein, das der globalisierten Gesellschaftswelt zu den ihr angemessenen Konfliktlösungen verhilft.

Wer der Wirklichkeit der globalisierten Welt zu Beginn des 21. Jahrhunderts gerecht werden will, muß die Gewaltpotentiale also nicht verstärken, sondern vermindern, und er muß die politischen Konflikte bearbeiten, die noch immer die Gewalt antreiben.

Natürlich muß die Verteidigungsfähigkeit jedes Staates erhalten bleiben, muß sie bei einer Supermacht wie den USA oder bei einem Verteidigungsbündnis wie der NATO groß genug sein, um auch abschreckend zu wirken. Beide sollten sich bei dieser Bemessung auf das zureichende Minimum beschränken, weil sie damit das Verhalten der anderen

Staaten beeinflussen können, die ebenfalls ihre Verteidigung bezwecken. Keinem Staat kann das Recht dazu bestritten werden. Solange die Verteidigung auf diesen Zweck beschränkt und gering dosiert wird, ist dies hinzunehmen. Verteidigungsvorsorge schließt nicht aus, daß sich global ein Klima der Gewaltminderung verstärkt und ausbreitet. Weil es in seinem Interesse liegt, sollte der Westen sich besonders dafür einsetzen, dieses Klima zu erzeugen. Die Abrüstung der Massenvernichtungswaffen müßte energischer vorangetrieben, die von konventionellen Waffen überhaupt erst einmal begonnen und der Waffenhandel gänzlich eingestellt werden.

b) ABC-Waffen abschaffen

Kontrolle und Abrüstung der Massenvernichtungswaffen waren bis 1998 ganz gut vorangekommen. 1993 wurde die Chemiewaffen-Konvention abgeschlossen[16] und 1997 in Kraft gesetzt, 1995 der Nichtverbreitungsvertrag für Nuklearwaffen auf unbegrenzte Zeit verlängert.[17] 1996 kam endlich das umfassende Verbot von Kernwaffentests zustande. Das Übereinkommen gegen biologische Waffen gilt seit 1975. Diesen Fortschritten war eine große Schwäche gemeinsam: Die Verifikation, die Überprüfung der Einhaltung ist nicht wasserdicht. Und nachdem Washington das UN-Verifikationsregime im Irak zu eigenen Spionagezwecken mißbraucht hat, wird kaum ein Staat bereit sein, selbst die lückenhaften Überprüfungen zu akzeptieren. Das System der Verifikation wurde schwer beschädigt.

Das Verbot der Kernwaffen gilt nicht für die sogenannten fünf legalen Nuklearmächte, sondern nur die bis dahin nuklearwaffenfreien Staaten. Sie alle empfanden diese Asymmetrie als Unrecht und unrichtig, verlangten schon immer die Abrüstung auch der Nuklearmächte, zumal sie im Nichtverbreitungsvertrag auch festgelegt war. Vor allem Indien hatte dieses Zweiklassensystem, mit dem sich die Kernwaffenbesitzer ein Monopol über den Rest der Welt sicherten, immer schon scharf kritisiert. Indien hatte aus diesem Grunde schon das umfassende Testverbot nicht unterschrieben. Da alles nichts half, trat Indien im Mai 1998 mit der offiziell bekanntgegebenen Explosion einer thermonuklearen Waffe in den Club der Atomwaffenbesitzer ein; sein Rivale Pakistan folgte wenige Tage später.

Damit wurde das Regime der Nichtverbreitung direkt durchbrochen. Israel war ihm sowieso nicht beigetreten, Ägypten deswegen auch nicht. Entscheidend aber war, daß Indien und Pakistan, die ihm bisher angehört hatten, sich nun von diesem Regime lossagten. Die von Washington gegen beide Staaten verhängten Handelsembargos, löcherig wie sie ohnehin waren, vermochten deren Kurs nicht mehr zu ändern. Es ist zu befürchten, daß nicht nur zwischen Indien und Pakistan, sondern vor allem auch zwischen Indien und China ein nukleares Wettrüsten anläuft; in jedem Fall ist das Regime der nuklearen Nichtverbreitung, das immerhin 37 Jahre gehalten hatte, an sein Ende gekommen.[18]

Wie es scheint, haben sich aber auch die Vereinigten Staaten von dem bisher geltenden Regime und seinen Spielregeln abgewendet. Der Luftangriff auf den Irak im Dezember 1998 war kein «Schuß aus der Hüfte» und hatte bestenfalls dem Zeitpunkt nach etwas mit den innenpolitischen Schwierigkeiten Präsident Clintons zu tun. Der Sache nach hatten sich die Vereinigten Staaten schon 1997, also vor der indischen Kernwaffenexplosion, von dem Regime mit seinen Verzichten und Kontrollen ab- und einer anderen Strategie zugewendet.

Sie setzen auf die Fähigkeit, mit militärischer Gewalt Anlagen zur Herstellung von Nuklearwaffen (und anderen Massenvernichtungswaffen) in solchen Ländern zu vernichten, die sie gegen ihre Nachbarn oder westliche Interessen einsetzen könnten.[19] Israels Zerstörung eines irakischen Kernreaktors im Juni 1981 war der erste Schuß in dieser Richtung gewesen, die Bombardierung des Irak im Dezember 1998 die erste große Salve. Man kann sich ausrechnen, welche Überlegungen in Karachi, Neu-Delhi und Beijing angestellt wurden, ganz zu schweigen von den amerikakritischen Staaten im Nahen und Mittleren Osten. Die USA haben auf der Jubiläumskonferenz der NATO im April 1999 versucht, ihre westeuropäischen Verbündeten auf den neuen Kurs der weltweiten, auch gewaltsamen Bekämpfung von Massenvernichtungsmitteln festzulegen.

Die Vereinigten Staaten sind 1999 also auf sehr breiter Front dabei, das bisherige Regime, das auf Kooperation und Verifikation beruhte, zu verlassen. Um so mehr sollten die Westeuropäer versuchen, den großen Verbündeten wieder einzufangen. Counterproliferation kann gegen Kleinstaaten wie den Irak möglicherweise militärisch effektiv eingesetzt werden – politisch wird dadurch nur der Führungseinfluß der USA weiter beschädigt. Denn diese Staaten werden den Gewalteinsatz nicht hinnehmen, sondern mit Widerstand beantworten. Vor allem werden alle Schwellenstaaten, voran die großen Regionalstaaten, zur Herstellung von Kernwaffen angereizt werden, um einen sich möglicherweise auch gegen sie richtenden amerikanischen Gewaltanspruch abzuschrecken.

Die USA sollten es aus ihrer eigenen Erfahrung eigentlich wissen. Als sie 1947 ihre Kernwaffen beibehielten, hofften sie, die Sowjetunion damit auf unabsehbare Zeit in Schach halten zu können. Zwei Jahre später schon war die Hoffnung zerronnen. Parität und Sicherheit sind im Bereich der Kernwaffen, wie im Waffenbereich überhaupt, nur in der Abrüstung zu erzielen, nicht in der Aufrüstung.

Dieser in der Geschichte von Rüstungskontrolle und Abrüstung während des Ost-West-Konflikts eigentlich genügend ausgewiesene Grundsatz wurde nach 1990 nicht nur von den USA, sondern auch von Frankreich und England sehr rasch wieder vergessen, auch von China. Rußland befolgte ihn zwangsweise, weil seine Nuklearwaffen verrosteten. Daß das Nichtverbreitungsregime gescheitert ist, lag also nicht nur an den Vereinigten Staaten. Der Anstoß zu einem neuen Regime kann aber wohl nur von den europäischen Nicht-Kernwaffenbesitzern kommen. Er muß, um das Vertrauen der nicht-europäischen atomaren Habenichtse überhaupt erst wieder herzustellen, die Kernwaffenbesitzer wenigstens tendenziell zur Abrüstung bewegen.

Ein Verzicht auf den atomaren Ersteinsatz wäre ein erster Schritt. Der gerade erst ins Amt gekommene deutsche Außenminister Joschka Fischer hatte ihn im Dezember 1998 richtig vorgeschlagen, war aber damit zunächst gescheitert. Die Washingtoner Jubiläumskonferenz im April 1999 beschloß, den Vorschlag zu prüfen – ein Schritt in die richtige Richtung.

Die Verwirklichung des im August 1998 verabredeten Vertrags zur Beendigung der Herstellung nuklearen Spaltmaterials für Kernwaffenzwecke (Cut off) wäre ein zweiter Anstoß. Ein dritter Vorschlag, nämlich die Anfertigung eines Kernwaffenregisters, ist schon 1993 vom damaligen Außenminister Klaus Kinkel gemacht worden. Die Verminderung von Kernwaffen bis hinunter auf ihren Verzicht kann sehr wohl überprüft werden. Die Internationale Atomenergie Agentur in Wien, die die nukleare Abrüstung des Irak zu überwachen hatte, stellte ihm schon 1998 einen Freipaß aus. Eine umfangreiche Analyse des Verifikationsproblems hat ergeben, daß es zwar sehr komplex, aber auch zureichend lösbar ist.[20] Wenn der Prozeß der Verifikation aber zu Spionagezwecken interessierter Staaten und Nachbarn mißbraucht wird,[21] wird kein Staat bereit sein, seine Türen für ihre Durchführung zu öffnen.

c) Abrüstung und Konfliktbearbeitung

Nukleare Abrüstung wird, wie die Abrüstung generell, ohnehin nur zustande kommen, wenn sie multilateral verabredet und gehandhabt wird. Darauf beruht der Erfolg der kernwaffenfreien Zonen. Voraussetzung ist, daß es keine existenzbedrohenden Konflikte gibt. Zwischen Rüstung und Konflikt herrscht eine komplexe Beziehung. Sie erzeugen sich wechselseitig. Rüstung kann über das Sicherheitsdilemma einen Konflikt hervorbringen, der nicht bestand, bevor die Aufrüstung begann. Andererseits lösen Konflikte, unvereinbare Positionsdifferenzen, ab einem gewissen Stadium die Aufrüstung aus. Der Kaschmirkonflikt gab die Ursache dafür ab, daß Indien und Pakistan sich schließlich Nuklearwaffen zulegten. Der ideologische Konflikt zwischen Liberalismus und Kommunismus schlug in den sechziger Jahren in einen Rüstungskonflikt um.

Rüstung kann aber auch dazu dienen, bestimmte Konfliktlösungen zu verhindern, weil sie unerwünscht sind. Israel brauchte keine Atomwaffen, wenn die Likud-Regierung sich auf den in Oslo geschlossenen Frieden mit den Palästinensern einließe. Weil es in den Regionen der Welt so viele ungelöste Konflikte gibt, wollen die fünf legalen Besitzer von ihren Kernwaffen nicht lassen. Wer die Nuklearwaffen abrüsten will, muß also die regionalen Konflikte lösen, den um Kaschmir, den Grenzkonflikt zwischen Indien und China. Er muß «Frieden herstellen zwischen Israel und den Arabischen Staaten. Ebenso müssen die Unsicherheiten am Persischen Golf beseitigt werden, besonders die, die in den Absichten und Fähigkeiten des Irak und im irakisch-iranischen Verhältnis liegen».[22]

Diesen Zusammenhang hatte der UN-Sicherheitsrat 1991, nach der erfolgreichen Beendigung der irakischen Aggression gegen Kuwait, klar vor Augen. In seiner Resolution 687 vom 3. April 1991 gab er die Abrüstung des Irak und seine Unterwerfung unter die Inspektion vor Ort aus als «Schritte zu dem Ziel, im Mittleren Osten eine Zone zu erreichen, die frei von Massenvernichtungswaffen und ihren Trägersystemen» sein sollte. Der Irak sollte abgerüstet und kontrolliert, im Zusammenhang damit aber der gesamte Mittlere Osten von Massenvernichtungswaffen befreit und, als Voraussetzung dafür, befriedet werden.

Dazu ist es nicht gekommen. Der Irak wurde in der Folgezeit singularisiert und, zusammen mit dem Iran, einer Eindämmungspolitik unterworfen. Das Gegenteil dessen wurde betrieben, was als Multilateralisierung hätte gelten können. Den Irak als Feind zu erhalten, nützte vielen Interessen in den arabischen Staaten, aber auch in den USA. Sie konnten den Golfstaaten seitdem Waffen im Wert von mehr als 40 Mrd. USD verkaufen; ein Drittel aller amerikanischen Waffenexporte ging in diese Region.[23] Dieser Markt wäre verloren gegangen, hätte der Sicherheitsrat seine Absicht verwirklichen und ein multilaterales Verfahren in Gang setzen können, das den Mittleren Osten befriedet, den Irak reintegriert und die ganze Zone von strategischen Waffen befreit hätte.

Der Zusammenhang von Abrüstung und Konfliktbearbeitung macht sich auch in der Kernwaffenabrüstung zwischen den USA und Rußland bemerkbar. Die Duma, das russische Parlament, ließ den START-II-Vertrag jahrelang unratifiziert, weil sie ihn als Geisel für amerikanisches Wohlverhalten nahm. Dabei hätten die Verhandlungen zu den Fortsetzungsverträgen START III und IV längst beginnen müssen. Die Zahl der russischen Atomraketen ist aus Altersgründen unter das im START II vorgesehene Niveau gefallen. Das amerikanische Pentagon möchte dieses Niveau ebenfalls unterschreiten – weil es viel zu hoch ist – und dabei sehr viel Geld sparen (das es freilich an anderer Stelle wieder ausgeben will). Rußlands im Januar 1999 stationierte neue mobile Atomrakete «Topol» hat nur einen Sprengkopf, bewegt sich damit im Vertragsrahmen.

Wenn beide Seiten je 1000 Sprengköpfe behielten, reichte dies für die Aufrechterhaltung einer stabilen Abschreckung vollständig aus. Die Verringerung von 6000 auf 1000 Sprengköpfe wäre aber ein dramatischer Schritt der beiden großen Nuklearmächte in Richtung auf die Abrüstung der Kernwaffen. Er könnte ein neues Nichtverbreitungsregime begründen, weil er dem berechtigten Wunsch der kernwaffenlosen Staaten nach Beseitigung des Zweiklassensystems wenigstens tendenziell nachkäme. Die Steuerzahler in den Kernwaffenstaaten würden erheblich von diesem Prozeß profitieren. Die angeblich so billigen Kernwaffen sind, rechnet man alles Notwendige hinzu, außerordentlich teuer. Die USA haben zwischen 1940 und 1996 insgesamt 5,8 Billionen Dollar dafür ausgegeben.[24] Schichtete man diesen Betrag in Ein-Dollar-Scheinen übereinander, so könnte man damit eine neun Meter hohe Mauer rund um den Äquator bauen.

Nuklearwaffen können vielleicht den Einsatz von chemischen und biologischen Waffen durch Staaten abschrecken, nicht aber den durch Terroristen. Er aber ist der wahrscheinliche, gerade bei biologischen Waffen. Chemische Waffen werden schon wegen ihres Selbstabschreckungseffekts kaum eingesetzt werden. Die großflächige Anwendung biologischer Waffen in einem zwischenstaatlichen Krieg ist ebenfalls ganz unwahrscheinlich.[25] Terroristen könnten versucht sein, sich ihrer zu bedienen. Dagegen helfen keine Kernwaffen. Wer den Terrorismus bekämpfen will, muß, wie erwähnt, die ihn hervorrufenden politischen Probleme lösen. Und: Je mehr das Klima der Gewalt im internationalen System verringert wird, desto mehr verschlechtern sich die Erfolgsaussichten jeder Art von Terrorismus. Weil die ärmeren und deswegen gewaltbereiteren Staaten in den chemischen Waffen das ihnen erreichbare Gegenstück zu den Nuklearwaffen sehen – Chemiewaffen werden die «Atombombe des kleinen Mannes» genannt –, würde eine entschiedene Verringerung der Nuklearwaffen bis hin zu ihrer vollständigen Abrüstung auch den Anreiz beseitigen, ihnen mit Chemiewaffen Paroli zu bieten.

Aufrüstung ruft Aufrüstung hervor, das hat der Ost-West-Konflikt wahrlich bewiesen. Genauso wird unter den Bedingungen der Gesellschaftswelt Abrüstung die Abrüstung fördern, zumal wenn sie konzertiert und multilateral vorgenommen wird.

d) Waffenhandel beschränken

Alle Kriege sind bisher konventionell geführt worden; wegen der verheerenden und nicht kontrollierbaren Wirkung der Kernwaffen wird das auch (hoffentlich) so bleiben. Die Präzisionswaffen des modernen Krieges tragen konventionelle, keine nuklearen Sprengköpfe. Die Bodentruppen verwenden vom Panzer bis zum Gewehr die üblichen Waffen. Im euro-atlantischen Raum ist die Abrüstung der konventionellen Waffen aufgrund des KSE-Vertrags ein gutes Stück vorangekommen, weltweit wurden zwischen 1985 und 1995 die Militärausgaben um fast ein Drittel gesenkt. Japan hat seine Rüstungsausgaben um ein Viertel, Südkorea um fast 50%, Taiwan um 75% gesteigert.[26]

Der Abwärtstrend im Handel mit konventionellen Waffen, der bis 1995 festgestellt werden konnte, wurde gebrochen. Der internationale Waffenhandel, der von 1987 bis 1992 auf 23 Mrd. USD zurückgegangen war, stieg 1997 wieder auf mehr als 46 Mrd. Dollar, also weit über das Niveau, das Mitte der siebziger Jahre vorgeherrscht hatte. Saudi-Arabien und Taiwan sind die größten Waffenabnehmer. Auch die Bundesrepublik steigerte ihre Waffenexporte 1997 gegenüber dem Vorjahr um beinahe 10%. Das aufgrund einer Initiative des amerikanischen Präsidenten Bush 1992 eingerichtete UN-Waffenregister berichtet zwar über Exporte und Importe, begrenzt sie aber nicht. Das macht auch der von den 15 EU-Staaten am 8. Juni 1998 angenommene Verhaltenskodex für den Waffenexport nicht und ebensowenig die Forderung des Europarats vom 23. September 1998, diesen Kodex auf ganz Europa auszuweiten.[27] Die EU-Staaten wollen den Mißbrauch vermeiden, aber nicht die Volumina verringern.

Darauf würde es aber ankommen, wenn das Gewaltklima in der Welt verringert werden sollte. Leider sind von den fünf größten Waffenexporteuren vier aus dem westlichen Lager: die USA, England, Frankreich und Israel, wobei auf die USA fast die Hälfte aller Waffenexporte entfallen. Die – auch in Deutschland herumgebotenen – Begründungen dafür halten dem Nachdenken nicht stand. Welchen Sinn macht ein Arbeitsplatz, wenn dessen Inhaber unter den Folgen seiner Produktion leidet – bis hin zum Heldentod? Japan hat vorgemacht, wieviel reicher man werden kann, wenn man nicht Waffen, sondern zivile Güter exportiert. Es ist richtig, daß Rußland und China und andere Staaten die Waffenmärkte beliefern würden, die der Westen verließe. Aber sie kämen erheblich unter Druck. Und ist es rational, seinen Nachbarn zu erschießen, nur um zu verhindern, daß ein anderer dieses Verbrechen begeht?

Waffenlieferungen vermitteln politischen Einfluß, das ist richtig. Aber die Berater raten, wie man die Waffen benutzen, nicht, wie man ihren Einsatz vermeiden kann. Der Irak konnte Kuwait nur überfallen, weil der Westen ihm die Waffen dazu geliefert hatte, die er ihm im Golfkrieg und seitdem wieder abjagen mußte. Die Gesellschaftswelt sollte sich weitere Beispiele solcher «Staatskunst» nicht bieten lassen und deswegen darauf drängen, daß der Waffenhandel drastisch beschränkt wird. Sie sollte nicht mit Spannungen, Kriegen und sogar eigenen Soldaten dafür bezahlen müssen, daß im Rüstungsexport hohe Gewinnspannen winken.

Waffen sind nicht die Ursachen politischer Konflikte – wenngleich die Aufrüstung, wie erwähnt, über die ihr innewohnende Dynamik sehr wohl zur Konfliktursache werden kann. Der Waffenbesitz verführt in jedem Fall dazu, die Bearbeitung eines internationalen Konflikts sehr schnell in den Modus der Gewaltanwendung zu übertragen. Ohne Waffen aus dem Westen hätte die UCK im Kosovo den Konflikt mit Belgrad nicht in einen Krieg verwandeln können. Weil Waffen gekauft und geliefert wurden, konnte der im Grunde lächerliche Konflikt zwischen Äthiopien und Eritrea im Mai 1998 um ein Stückchen felsiges Land sehr rasch zu einem Krieg aufgeschaukelt werden. Die USA haben daraufhin sofort ihre Waffenlieferungen an diese beiden Länder eingestellt. Hätten sie sie überhaupt nicht begonnen und andere Lieferanten, vor allem osteuropäische, zu dem gleichen Verhalten verpflichtet, hätte sich die Kriegsgefahr erheblich verringert.

Wo immer es einen Erfolg in der konventionellen Rüstungsbegrenzung gab, mußten die Regierungen von gesellschaftlichen Kräften zum Jagen getragen werden. Daß die Landminen endlich im Osloer Vertrag vom 18. September 1997 verboten wurden, war in allererster Linie den mehr als 1000 Nicht-Regierungsorganisationen zu verdanken, die mit einer geschickten weltweit geführten Kampagne genügend gesellschaftliche Akklamation mobilisierten, um den Vertrag durchzusetzen.[28] Staatliche Unterstützung erfuhr diese gesellschaftliche Kampagne nur bei Kanada, das sich schon immer als Protagonist der Abrüstung betätigt hat, bei Belgien, Holland und den skandinavischen Staaten. Rußland und China unterschrieben nicht, die USA leider auch nicht, ebensowenig die meisten nahöstlichen Staaten.

Norwegen berief zum Juli 1998 eine internationale Konferenz nach Oslo, die nun in ähnlicher Weise den Handel mit kleinen konventionellen Waffen verbieten soll. Ein ähnlich gerichteter Versuch, ein paar Jahre zuvor in Wassenaar, war ergebnislos geblieben. In Oslo legte Kanada einen Vertrag vor, der sowohl den legalen wie den illegalen Handel mit konventionellen Kleinfeuerwaffen einschränken will. Was jetzt noch fehlt, ist die unterstützende Informationsarbeit durch die NGOs. Diesmal müßte ihr Aufwand noch etwas größer sein. Im Waffenhandel steckt viel Profit, er hat eine lautstarke Lobby. Sie könnte aber gegen das Argument, daß dieser Waffenhandel die Sicherheit des Westens nicht stärkt, sondern gefährdet, kaum etwas ausrichten.[29]

Freilich muß es von den Gesellschaften selbst formuliert werden. Sie müssen ihre Regierungen mit politischem Druck dazu veranlassen, sich bei der Anwendung von Gewalt bewußt zurückzuhalten und ihren Einsatz für politische Zwecke öffentlich zu verpönen. Das Meinungsklima der Welt würde sich daran orientieren, ein Abweichler sich noch deutlicher outen. Die politikbildende Wirkung sollte nicht unterschätzt werden. Sie hat dazu geführt, daß die Aggressivität des Irak wie das Säbelrasseln Nordkoreas weltweit verurteilt, die Aktivitäten des Terrorismus diskriminiert werden. Das Gewaltverbot des Artikel 2, Abs. 4 der UN-

Charta ist mehr als eine völkerrechtlich gültige Bestimmung; es zeigt den Weg, auf dem der Krieg ausgetrocknet werden kann. Er ist in der Gesellschaftswelt funktionslos. Darüber sollte der Westen mit seiner Politik alle Gesellschaften informieren, die dieses Stadium anstreben, aber noch nicht erreicht haben. Das ist Weltführungspolitik.

Gewiß, gegen entschlossene Aggressivität kann sie nichts ausrichten; gegen sie müssen Gewaltstrategien eingesetzt werden. Aber die latente Aggressivität kann durch die Erzeugung eines solchen Globalklimas zurückgebildet werden. Die Verbreitung von Information und die Steuerung der Interpretation bilden, wie oben dargestellt, die obersten Stufen der Strukturellen Macht. Sie prägen das politische Bewußtsein. Wenn der Westen die Gewaltminderung zum globalen Stichwort machte, würde sich schon allein dadurch die internationale Politik verändern.

Leider hat er mit dem Krieg gegen Serbien genau das Gegenteil gemacht. Die Gewalt ist wieder hoffähig geworden. Es wird jetzt schwerer sein, anderen Staaten den Gewaltverzicht zu empfehlen, nachdem sich die führende Allianz des Westens selbst nicht daran hält. Auch dem hohen propagandistischen Aufwand des Bündnisses gelang es nicht, seinen machtpolitisch motivierten Gewalteinsatz gegen Serbien umzudeuten in eine humanitäre Hilfeleistung für die Kosovo-Albaner.

Die Langzeitwirkung des 24. März 1999 liegt darin, daß er das Regime des Gewaltverzichts nicht gestärkt, sondern geschwächt, wenn nicht sogar zerstört hat. Fünf Wochen später schob die Allianz in Washington das Konzept nach, das sie in Serbien schon praktiziert hatte. Sie will künftig «jeder Zeit in der Lage sein, so rasch wie möglich auf ein breites Spektrum von Eventualfällen … zu reagieren». Ihre Streitkräfte werden «zur Verfügung stehen, um längere Operationen durchzuhalten, entweder innerhalb oder außerhalb des Bündnisgebietes …». Die NATO versteht sich also in der Tat als Weltpolizist, der die globale Ordnung notfalls, aber auch sehr schnell, mit der Waffe in der Hand durchsetzt.

Niemand wird solche Beschlüsse überbewerten wollen. Sie sind aus zahlreichen Formelkompromissen zusammengesetzt, mit denen unterschiedliche Interessen bedient werden. Es gibt in dem «Neuen Strategischen Konzept» der NATO auch Passagen, die der Abrüstung und der Rüstungskontrolle, den Vereinten Nationen und der OSZE das Wort reden. Gelten aber werden wohl die Teile des Konzeptes, die beim Krieg gegen Serbien schon verwirklicht worden waren: die Umgehung des Gewaltmonopols des Sicherheitsrates und der Bruch des Gewaltverbots. Die 19 Mitglieder der NATO beanspruchen die Legitimierungskompetenz, die bisher nur den UN oder der OSZE zugestanden hatte. Sie nehmen sich das Recht, militärische Gewalt einzusetzen, wenn sie das für rechtens halten. Die Welt empfängt damit ein eindeutiges Signal: das letzte Argument des Westens soll wieder die Kanone sein.

Ob die politischen Führungen des Westens die Konsequenzen ihres Tuns und Denkens mitbedacht haben, wird man bezweifeln müssen. Das neue Strategische Konzept der NATO stellt eher einen verspäteten Reflex auf den Sieg im Ost-West-Konflikt dar und ein Mißverständnis der Bedeutung, die die überlegene militärische Macht der USA dabei gespielt hat. Wie dem auch sei: Wer ein Klima des Gewaltverzichts erzeugen will, bekommt Gegenwind jetzt nicht nur aus den Weltgegenden, wo immer schon Turbulenzen herrschten, sondern überraschenderweise auch aus Südwest.

4. Aggressivität entmachten

Gewaltminderung zu propagieren und zu verbreiten, entkräftet viele Gewaltanlässe, beseitigt aber nicht die Aggressivität. Sie gibt es durchaus, auch wenn sie selten geworden ist. Der Überfall des Irak auf Kuwait 1990 erfolgte in einem Klima ausgeprägter globaler Gewaltabneigung. Bis die von der Meta-Macht verfolgten Strukturreformen greifen – und das kann bei Ländern mit geringer Entwicklung sehr lange dauern –, muß Beziehungsmacht eingesetzt werden, um die Aggressivität zu beseitigen. Dafür stehen drei Empfehlungen zur Verfügung, die aus der Gesellschaftswelt abgeleitet sind: Umsichtig handeln, gradualistisch verfahren und Gegengewalt nur im UN-Rahmen einsetzen.

a) Umsichtig handeln

Die beste Strategie zur Entmachtung von Aggressivität und Kriegsbereitschaft besteht darin, beide nicht entstehen zu lassen, sie keinesfalls zu fördern. Dazu muß langfristiger gedacht, sehr viel genauer analysiert und vor allem umsichtiger gehandelt werden. Eine Erfolgsgarantie liegt auch darin nicht, immerhin aber die Chance, offensichtliche Fehler zu vermeiden. Diktatoriale Systeme sollten unter keinen Umständen unterstützt werden, befinden sie sich nun in der Regierung oder in der Opposition. Das aus der Geopolitik stammende Strategem: Meines Feindes Feind ist mein Freund, ist so hoffnungslos veraltet wie dieser ganze Ansatz. Daß er bei den Entscheidungsträgern des Westens noch immer so beliebt ist, drückt nur eine «intellektuelle Hilflosigkeit aus bei dem Versuch, die neuen Realitäten zu verstehen».[30]

Die Staatenwelt konnte ihre Bündnisse nach Belieben wechseln, weil der Konsens der Gesellschaften nicht ins Gewicht fiel. Heute ist er entscheidend. George Ball, Stellvertreter Außenminister der USA in den Administrationen Johnson und Kennedy, hat aufgrund der amerikanischen Erfahrungen mit dem Iran und in Vietnam einen wichtigen Ratschlag hinterlassen. Er sollte im Amtszimmer jedes Außenministers hängen:[31] Niemals mehr darf sich der Westen zum Verbündeten einer Regierung machen lassen, die keinen Kontakt zu ihrem Volk hat. Daß sie gegen ihn verstoßen haben, hat die Vereinigten Staaten in den Vietnam-Krieg geführt, wo sie erst Diem, dann Thieu bis zum bitteren Ende unterstützten; es hat sie die Beziehungen zum Iran gekostet, weil sie sich an den Schah klammerten, der sein Land ebenfalls ohne sein Volk regiert hatte.

Die USA, die hier nur als Repräsentant geopolitischen Denkens angeführt werden, haben manche dieser Fehler wieder gutgemacht, als sie Diktatoren wie Duvalier auf Haiti, Marcos auf den Philippinen, Mobutu in Zaire wieder zu entmachten halfen. Ihre jahrzehntelange Unterstützung der Diktatur in Südkorea machten sie sozusagen wieder gut, als sie 1983 den 1997 zum Staatspräsidenten von Korea gewählten Kim Daejung aus dem Gefängnis und vor seiner möglichen Hinrichtung retteten. Von allen westlichen Staaten sind die USA derjenige, der der Geopolitik aufgrund seiner eigenen Geschichte wenigstens skeptisch gegenübersteht. 1976 verboten sie mit dem Clark-Amendment die weiteren Waffenlieferungen an die angolesische Widerstandsbewegung UNITA und Sawimbi. Hätten sie diesen Kurs unter Präsident Reagans Anleitung 1985 nicht wieder revidiert, wäre der Krieg in diesem Land wahrscheinlich längst zu Ende. Die Unterstützung der Mujaheddin in Afghanistan gegen die Sowjetunion – bis hin zu der Lieferung der berühmten Stinger-Raketen – hat nicht nur das schon erwähnte Phänomen der «Afghanen» erzeugt, sondern auch den Taliban den Weg bereitet, auf dem sie Afghanistan erobern und in die Vormoderne zurückführen konnten.

Den Paradefall kurzfristigen Denkens und ungenauer Analyse aber bietet der Irak unter Saddam Hussein. Weil er den Iran, den ebenfalls selbsterzeugten Gegner der Vereinigten Staaten, 1980 überfiel, wurde er von den USA – und vom ganzen Westen – massiv unterstützt. Die USA stellten ihm Ergebnisse ihrer Luftaufklärung zur Verfügung, griffen seit 1987 im Persischen Golf sogar militärisch zugunsten des Irak ein.[32] Weil sie den Gegensatz zum revolutionären Iran und ihre geopolitische Rivalität mit der Sowjetunion höher bewerteten als die schon damals notorische Unterdrückung des irakischen Volkes durch Saddam Hussein, wurden sie zu seinem Bundesgenossen. Sie standen ihm so nahe, daß ein undeutliches Verhalten der amerikanischen Botschafterin in Baghdad April Glaspie von Hussein als Ermutigung aufgefaßt werden konnte, seine Rechnung mit Kuwait militärisch zu begleichen. Daraufhin haben die USA ihn freilich sofort vom Bundesgenossen zum Beelzebub umgetauft.

Langfristiges Denken hätte diese blinde Unterstützung des Irak vermeiden und damit ganz andere Informationen an Baghdad gelangen lassen können. Von Anfang an hätte versucht werden müssen, die Diktatur der Baath-Partei und Saddam Husseins wenigstens aufzulockern. Alle gesellschaftlich-wirtschaftlichen Bedingungen im Mittleren Osten sind, trotz des Ölreichtums, vormodern geblieben. Westliche Demokratisierungswünsche an die Adresse Kuwaits, Saudi-Arabiens und der Golf-Staaten wurden nicht erfüllt; freilich sind sie auch nie nachdrücklich vorgetragen und politisch unterstützt worden. Beides wäre möglich, wenn auch nicht einfach gewesen. Wenigstens hätten die autoritären Regime dort nicht mit Militärhilfe und massiven Waffenlieferungen unterstützt werden dürfen. Damit erweist sich der Westen, wie der Fall des Schahs von Persien gezeigt hat, nur einen Bärendienst. Die Regierung zu bewaffnen, wenn ihr die Zustimmung des Volkes fehlt, nützt nichts, es beschleunigt die Krise. Danach profitieren dann die Revolutionäre von den Waffen. Kluge Macht wird auf blinde militärische Unterstützung autoritärer Regime verzichten und zuerst einmal deren Reform veranlassen.

Um so sorgfältiger sollten die USA und die anderen NATO-Staaten auf ihre militärischen Sondermissionen achten, die sie in mindestens 110 Länder der Welt entsandt haben. Sie unterstehen keiner zivilen Aufsicht, schon gar nicht der des Außenministeriums, sondern arbeiten unter den kurzfristigen Gesichtspunkten des militärischen Interesses.[33]

Glücklicherweise gibt es kaum noch Staaten, die so aggressionsbereit sind, wie es der Irak war. In der amerikanischen Diskussion wurden zwar mehrere «rogue states» aufgeführt, vor allem Libyen (das nach der Auslieferung der Lockerbie-Attentäter von der Liste genommen wurde), Syrien, der Sudan und Nordkorea. Weder sind sie «Schurken» (der Begriff ist ebenso unanalytisch wie unangebracht), noch sind sie aggressiv. Am ehesten könnte diese Absicht noch Nordkorea unterstellt werden, das klein, unterentwickelt, isoliert ist und sich von Südkorea bedrängt fühlt. Mit den amerikanisch-nordkoreanischen Rahmenabkommen von 1994 hatte Washington einen klugen Weg eingeschlagen. Damals war Nordkorea angeboten worden, seinen Verzicht auf Nuklearwaffen mit der Lieferung von zwei Leichtwasserreaktoren und großzügiger Energiehilfe zu erkaufen. Dieses Arrangement wurde leider von keiner Seite eingehalten. Die Reaktoren wurden nicht fertiggebaut, Hilfsgelder nur in kleinem Umfang transferiert. Daraufhin hatte Nordkorea seine Kooperation eingestellt und wieder zu aggressiven Tonlagen gegriffen. Seoul und der amerikanische Kongreß antworteten entsprechend. Südkoreas 1997 gewählter Staatspräsident Kim Dae-jung kam mit seiner «Sonnenschein-Strategie» auf den ursprünglichen, richtigen Ansatz der USA zurück. Für einen kleinen Staat wie Nordkorea bedeutet jede Aggression den politischen Selbstmord. Um so leichter sollte es fallen, den Verzicht auf eine solche Aggression zu «erkaufen».

b) Sanktionen richtig handhaben

Bei mächtigen Staaten empfiehlt sich eine Strategie, die «Zuckerbrot und Peitsche» verwendet. Unter dem Stichwort des «Gradualismus» in den Vereinigten Staaten schon in den sechziger Jahren entwickelt, dreht diese Strategie die Mechanik der Aufrüstungsprozesse und der mit ihnen einhergehenden Spannungssteigerungen um. Sie rüstet ab und belohnt das Gegenüber, wenn es den gleichen Schritt tut, mit weiterer Rüstungskürzung. Verweigert der Partner die Kooperation, muß die Rüstung zunächst aufgestockt, dann aber die Offerte so lange wiederholt werden, bis die andere Seite von deren Aufrichtigkeit überzeugt ist und mitzieht. Diese Strategie wurde während des Kalten Krieges zwar selektiv, aber durchaus erfolgreich angewendet.[34] Vermutlich hat sich auch der sowjetische Präsident Michail Gorbatschow von ihr bei seinem erfolgreichen Versuch leiten lassen, den Westen zur Abrüstung der Mittelstreckenraketen zu überreden.

Der Realpolitik und dem politischen Alltagsverstand ist der Gradualismus nicht geheuer; dabei ist er unter den Bedingungen der Gesellschaftswelt logisch wie strategisch überzeugend. Aggressivität entsteht meist aus dem – oben besprochenen – komplexen Bündel von Verursachungen, so daß sie sich durch deren Steuerung auch beeinflussen läßt. Je entwickelter eine Gesellschaft ist, desto weniger ist sie an Waffengängen interessiert. Ähnlich disponiert dürften auch Gesellschaften sein, die sich erst im Entwicklungsprozeß befinden – obwohl es hier Varianten gibt. Wer aber wollte unterstellen, daß die irakische Gesellschaft bei der Invasion Kuwaits so engagiert war, daß ihr dieses Interesse mit einem mehr als achtjährigen Wirtschaftsboykott ausgetrieben werden mußte?

Eine differenziert verfahrende Politik hätte immer zwischen dem Diktator und seiner Bevölkerung unterschieden und die Sanktionspolitik so angelegt, daß sie nicht nur das Fehlverhalten des Politischen Systems unter eine Strafe stellt, die beim Kurswechsel des Politischen Systems wegfallen würde. In der Sanktionsstrategie müßte vielmehr auch ein Anreiz enthalten sein, sozusagen ein Belohnung für den Politikwandel. Eine solche Strategie wäre nicht nur erfolgreicher als die herkömmliche Sanktion, die die Regierung meist schon einkalkuliert und deswegen geringer bewertet hat als ihren politischen Verstoß dagegen. Auch der Regierung müßte in Aussicht gestellt werden, daß es ihr, hat sie die Auflagen erfüllt, nicht nur so gut gehen wird wie zuvor, sondern besser. Ein solches Verfahren hat sich in der modernen Pädagogik, sogar auch im Strafvollzug längst eingestellt. Demokratisierung muß sich «lohnen». Umgekehrt müssen Sanktionen die Entscheidungsträger treffen, nicht die Bevölkerung.

Ihren eigentlichen Stellenwert bekommt die Strategie des Gradualismus dann, wenn die Belohnung die Gesellschaft sehr viel mehr begünstigt als die Regierung. Auf diese Weise können beide voneinander getrennt, kann die Gesellschaft zu einer kritischen Position gegenüber ihrer Regierung geführt und dazu veranlaßt werden, sie unter Druck zu setzen. Damit steigen nicht nur die Chancen für die Erfüllung aller Auflagen; damit greift die Strategie auch in das für die Entstehung außenpolitischer Verhaltensdispositionen entscheidende Verhältnis zwischen dem Politischen System und seinem gesellschaftlichen Umfeld ein. Die moderne Kommunikationstechnologie bietet genügend Möglichkeiten, um die betreffende Gesellschaft über das Angebot zu informieren und damit innenpolitisch Reformdruck zu erzeugen.

All das wurde im Fall des Irak versäumt. Den Sanktionen sind Hunderttausende von Menschen, vor allem Kinder, zum Opfer gefallen, nicht aber das Regime. Es stand zu Beginn des Jahres 1999 fester auf seinen Füßen als je zuvor und konnte sich auf eine breite Zustimmung der irakischen Bevölkerung und der öffentlichen Meinung in den arabischen Staaten stützen.

Auch die allgemeine Bilanz schlichter Sanktionen fällt dürftig aus. Sie haben in höchstens einem Drittel aller Fälle ihr Ziel erreicht.[35] Vor allem der amerikanische Kongreß hat ausgiebig davon Gebrauch gemacht und Sanktionen gegen mehr als 75 Staaten verhängt. Allein in den neunziger Jahren wurden mehr als 60 Gesetze oder Regierungsverordnungen dazu erlassen.[36]

Geholfen haben sie nicht viel. Sie erzeugten im Adressatenland nicht die gewünschte Wirkung und schädigten die amerikanische Wirtschaft mehr, als sie der Politik nützten. Die im Juni 1998 gegen Indien und Pakistan wegen ihrer Kernwaffenexplosionen verhängten Sanktionen wurden alsbald wieder abgeschwächt, um den Export amerikanischen Weizens in beide Länder nicht zu gefährden. In besonderer Erinnerung bleiben das Helms-Burton- und das D'Amato-Gesetz von 1996, die einen Sekundärboykott gegen die europäischen Verbündeten der USA für den Fall androhten, daß sie die amerikanischen Sanktionen gegen Kuba und den Iran unterlaufen sollten. Präsident Clinton hat diese Bestimmungen gegenüber den amerikanischen Verbündeten immer wieder ausgesetzt.[37]

Wirtschaftssanktionen nehmen auf der Skala von Aufwand und Wirkung den obersten Platz ein, Waffenembargos den untersten. In der Mitte stehen gezielte Teilverbote.[38] Dabei wird inzwischen versucht, die Auswirkungen der Sanktionen auf die Regierung möglichst groß und auf die Gesellschaft möglichst klein zu halten.[39] Sanktionen werden, wie im Falle Haiti und zuvor in der Südafrikanischen Republik, so angelegt, daß sich für die Regierungen die Kosten innenpolitischer Unterstützung und Legitimation derart erhöhen, daß ihre Kompromißbereitschaft steigt. Dieser Effekt ist freilich nicht eingetreten; die Regierungen waren immer noch in der Lage, die Belastungen vornehmlich ihren Gesellschaften zuzuweisen und von sich fernzuhalten. Die Reise- und Kulturboykotte gegen die Südafrikanische Republik brachen den Widerstand dort. Gegenüber der UNITA in Angola ist eine solche Strategie fehlgeschlagen. Sanktionen differenziert auszugestalten, reicht also offensichtlich nicht aus. Erst ihre Umwandlung in eine gradualistische Strategie könnte ihre Wirksamkeit erhöhen. Ansätze dazu gibt es, wie erwähnt, in Nordkorea oder bei der – allerdings sehr viel unproblematischeren – Entnuklearisierung der Ukraine. Innovativ verfuhren die Vereinten Nationen, als sie allen Albanern im Winter 1998/99 anboten, die in Militärlagern geplünderten Waffen gegen ein Handy einzutauschen.

Bei dem Versuch, Aggressivität zu entmachten, sollte daher den Anreizen sehr viel mehr Beachtung geschenkt werden als bisher. Obwohl sie nicht für jeden Fall geeignet sind, dürften sie in Verbindung mit der Bestrafung sehr viel wirksamer sein als die Bestrafung allein.[40] Hätte man dem Irak bei der Verhängung der Sanktionen gegen ihn nicht nur deren absehbares Ende, sondern auch einen Schuldenerlaß und großzügige Hilfe für den Wiederaufbau der im Golfkrieg erlittenen Schäden in Aussicht gestellt, wäre ein innerer Sog für eine rasche Abrüstung entstanden. Hätte Saddam Hussein sich ihm verweigert, wäre er vielleicht gestürzt worden.

Leider unterblieb der Versuch. Die undifferenziert Regierung und Gesellschaft über einen Leisten schlagenden, seit 1990 anhaltenden wirtschaftlichen Strangulierungen des Landes konnten nur das Gegenteil dessen erreichen, was sie offiziell beabsichtigten. Die USA, die, sobald eine Forderung erfüllt war, eine weitere hinzufügten, waren sich kaum darüber klar, daß sie Saddam Hussein in die Hände arbeiteten. Eine Diktatur lebt vom Außendruck. Je stärker er wird, desto stärker wird sie.

In ähnlicher Form stellt sich die Frage nach der richtigen Strategie gegenüber denjenigen Staaten, die zwar nicht aggressiv sind, es aber vielleicht eines Tages werden könnten. Im euro-atlantischen Bereich ist das Rußland, das schon behandelt worden ist; in der übrigen Welt ist es vor allem China. Die amerikanische China-Politik – und die westliche Diskussion – hat jahrelang geschwankt zwischen einer Politik der Konfrontation und der Kooperation, bis sich die Vereinigten Staaten im Anschluß an die Taiwan-Krise vom März 1996 und die beiden amerikanisch-chinesischen Gipfeltreffen 1997 und 1998 zu einer «strategischen Partnerschaft» entschlossen.[41] Seitdem versuchen sie, die vier hauptsächlichen Streitpunkte der Menschenrechte, der Weiterverbreitung von Nuklearwaffen, des Handels und, vor allem, Taiwans assoziativ zu lösen. Ein Streitpunkt blieb ausgeklammert: der Aufrüstungsprozeß in China und die amerikanischen Gegenmaßnahmen durch die Verstärkung der militärischen Zusammenarbeit mit Japan und Australien.

China – das hier stellvertretend für ähnliche Problemlagen behandelt wird – ist keine militärische Bedrohung für seine Umwelt, könnte es aber werden. Es hat keine hegemonialen Absichten, rüstet nicht auf. Es gibt weniger Geld für Waffen aus als Japan und ist keineswegs mehr der alte totalitäre Staat, sondern auf dem Weg in die Demokratisierung.[42] Es bleiben die Menschenrechtsverletzungen.

Nach langem Schwanken, bei dem die Regierungen der USA immer eine kooperative, der Kongreß eine konfrontative Position befürwortet haben, herrscht seit dem Chinabesuch Präsident Clintons im Juni 1998 eine «strategische Partnerschaft». Die Vereinigten Staaten haben im März 1998 darauf verzichtet, die in der UN-Menschenrechtskommission in Genf übliche Verurteilung Chinas zu unterstützen. Sie haben die Meistbegünstigung immer wieder verlängert und von der Einhaltung der Menschenrechte abgekoppelt. Präsident Clinton setzt auf den Handel als verändernde Kraft in China, die das Land unseren Ideen und Idealen öffnet. Demgegenüber hat ein Ausschuß des Repräsentantenhauses nach einer sechsmonatigen Überprüfung zum Jahreswechsel 1998/99 festgestellt, daß die Handelsbeziehungen mit China in den vergangenen zwanzig Jahren die «nationale Sicherheit» beschädigt haben. Der Kongreß setzte 1999 wieder auf die Konfrontation.

Dennoch befand sich Präsident Clinton auf der richtigen, der Gesellschaftswelt entsprechenden Seite.[43] Die Volksrepublik ist noch immer eine kommunistische Diktatur, aber mit einer sich entfaltenden Marktwirtschaft und einem sich entwickelnden Mittelstand. Je mehr sich beide Tendenzen fortsetzen, desto bürgerlicher wird die chinesische Außenpolitik werden, wird sich mehr an der Steigerung der Wohlfahrt orientieren als an der der Rüstung. Das Land hat sich seit den Reformen Deng Xiaopings seiner Umwelt geöffnet, arbeitet in zahllosen Organisationen mit und kooperiert in der Wirtschaftskrise Asiens seit 1997.

Gegenüber einem solchen Staat ist eine kooperative Politik sehr viel angebrachter als eine konfrontative. Sie darf nicht mit einer Beschwichtigung verwechselt werden. Wo China gegen die Menschenrechte, gegen das Nichtverbreitungsabkommen für Nuklearwaffen, gegen das Raketenkontrollsystem verstößt, muß kritisiert, müssen gegebenenfalls gradualistisch ausgestaltete selektive Sanktionen eingesetzt werden. Generell aber bleibt die kooperative Strategie richtig, die auf die in der Gesellschaftswelt herrschende Interessengemeinschaft an wirtschaftlichem Wohlstand setzt. Natürlich wird die Volksrepublik China, je mehr sie auf dem Weg der wirtschaftlichen Entwicklung vorankommt, auch ihre Macht steigern. Entscheidend ist, daß sie ihre Gewaltpotentiale auf der für die Verteidigung unentbehrlichen Restgröße beläßt.

Darauf kann Chinas Umwelt, wenn sie sich gradualistisch verhält, entscheidenden Einfluß nehmen. Die Beijing angebotene «Strategische Partnerschaft» wird ihrer steuernden Wirkung beraubt, wenn die USA gleichzeitig Chinas Nachbarn und Konkurrenten, Japan und Australien, aufrüsten. Es gibt keinen Anlaß, den Mechanismus des Sicherheitsdilemmas auszulösen. Als Weltführungsmacht sollten die USA das Beispiel einer Politik abgeben, die die Beziehungsmacht auf wirtschaftliche Kompetenz, nicht auf militärische Gewalt abstützten. Zwar gibt es keine Garantie dafür, daß die regionalen Führungsmächte diesem Beispiel immer und überall folgen werden. Die USA hätten aber einen bedeutenden Anreiz dafür gegeben und es vermieden, ein falsches Vorbild zu bieten.

c) Gegengewalt gegen Gewalt

Wenn die Aggressivität eines Staates durch keine noch so elaborierte Strategie aufgehalten werden kann, muß Gegengewalt eingesetzt werden. Der irakische Überfall auf Kuwait gab einen exemplarischen Fall ab. Auch die Reaktion war exemplarisch. Der Sicherheitsrat der Vereinten Nationen stellte einen Friedensbruch fest und ermächtigte eine Koalition von – vorwiegend westlichen – Staaten, «alle notwendigen Mittel zu benutzen, um ... den internationalen Frieden und die Sicherheit in der Region wiederherzustellen» (Resolution 678 vom 29. November 1990).

Das Verfahren war nicht ganz lupenrein, es entsprach nicht dem ursprünglichen Verständnis der Charta der Vereinten Nationen und der Rolle des Sicherheitsrats darin. Er sollte über eigene Truppen verfügen, die ihm die Staaten zur Verfügung stellten, und die notwendigen Militäreinsätze selbst durchführen. Gegebenenfalls konnte er einen Staat oder eine Staatengruppe damit beauftragen. Im Falle des Irak «ermächtigte» der Sicherheitsrat lediglich diejenigen Mitgliedsstaaten, «die mit der Regierung von Kuwait kooperieren». Er verabschiedete sich sodann von der Szene und forderte diese Staaten lediglich auf, ihn regelmäßig vom Fortgang der Aktion zu unterrichten.

Hier lag der ordnungspolitische Schönheitsfehler der Aktion. Eine Ermächtigung konnte gegebenenfalls auch ein Auftrag sein. Das Oberkommando vor Ort nicht dem Generalstabsausschuß zu übertragen, der nach Artikel 47 der Charta den Sicherheitsrat berät, sondern es den Kommandeuren vor Ort zu geben, war einfach richtig. Aber den Oberbefehl, die politische Leitung des Unternehmens von Anfang an bis zu seinem Ende, hätte der Sicherheitsrat behalten müssen. Insofern stellte der Zweite Golfkrieg keine UN-Aktion, sondern lediglich eine vom Sicherheitsrat autorisierte Waffenhandlung einiger Staaten dar. Ihre Truppen durften die UN-Fahnen nicht führen.[44]

Damit fehlte der Intervention der Stempel der Überparteilichkeit. Gleichzeitig wurde ein Tor geöffnet, durch das individuelle Machtinteressen der teilnehmenden Staaten in den Krieg gegen den Irak einfließen konnten. Zwar zog der Sicherheitsrat mit der Entschließung 687 vom 3. April 1991 nach dem Ende der Kampfhandlungen die weitere Behandlung des Irak wieder an sich; aber das Tor blieb geöffnet.

Daraus leiteten die Vereinigten Staaten – gelegentlich unterstützt durch Großbritannien – die Freiheit ab, immer wieder nach Belieben Gewalt gegen den Irak einzusetzen. Fast in jedem Jahr seit 1995 haben sie aus eigener Machtvollkommenheit den Irak beschossen. Das Bombardement des Irak im Dezember 1998 bildete nur einen Höhepunkt in der Kette von Eigenmächtigkeiten, die die Vereinigten Staaten dann mit dem «Zeitlupenkrieg» gegen den Irak im Frühjahr 1999 fortsetzten.

Dazu waren sie völkerrechtlich nicht befugt. Das ist ein wichtiger Einwand. Politisch brachten die Luftangriffe nur Mißerfolge ein. Die Kritik aller arabischen Staaten an diesem Vorgehen war und blieb einhellig. Nach offizieller amerikanischer Zählung haben die Bomben vom Dezember 1998 bis zu 1600 Iraker getötet. Wieviel danach umgekommen sind, wurde nicht gesagt. Handlungen von solch menschlicher und damit auch höchst politischer Tragweite können nicht in das Belieben eines Staates gestellt werden, auch nicht in das einer Supermacht. Sie sinkt dann auf den Status eines Angreifers herab.

Gegengewalt kann, wenn sie rechtlich erlaubt und politisch sinnvoll sein soll, nur vom Sicherheitsrat oder einer anderen Internationalen Organisation gegen einen eklatanten Friedensbruch eingesetzt werden. Der Sicherheitsrat hätte 1991 sogar die Absetzung Saddam Husseins anordnen können. Der Absatz 7 des Artikels 2 der Charta der Vereinten Nationen schließt den Schutz der inneren Angelegenheiten, der sonst generell gilt, bei einem Friedensbrecher ausdrücklich aus. In Nürnberg und Tokyo ist auch Kriegsverbrechern der Prozeß gemacht, sind andere Regierungen von den Besatzungsmächten eingesetzt worden. So aber dominierten die Interessen der USA, die, aus welchen Gründen auch immer, Präsident Hussein zwar schwächen, aber an der Macht halten wollten.

Man kann fragen, ob der Sicherheitsrat das Gewaltmonopol behalten oder ob er es mit regionalen Organisationen teilen soll. Die USA hatten bei der Gründung der Vereinten Nationen auf dem Sicherheitsratsmonopol bestanden. Regionale Organisationen können laut Artikel 53 der UN-Charta Zwangsmaßnahmen nur mit Ermächtigung durch den Sicherheitsrat ergreifen. Diese zentralistische Regelung ist in der regionalisierten Welt der Gegenwart deutlich überholt. In Europa beispielsweise könnte die Organisation für Sicherheit und Zusammenarbeit eine Aggression in der Region sehr viel besser und schneller behandeln. Die Aktivierung der unmittelbaren Umgebung eines Aggressors ist nicht nur militärisch, sondern auch politisch die beste Vorkehrung, die sich treffen läßt. Aber die fünf Ständigen Sicherheitsratsmitglieder wollen von ihren Privilegien nicht lassen.

Dies wäre hinzunehmen, wenn die Vereinten Nationen gleichzeitig betont und gestärkt werden würden. Statt dessen sind schon seit 1994[45] Tendenzen erkennbar, sie langsam zu unterlaufen. Natürlich kann es vorkommen, daß der Sicherheitsrat durch das Veto eines Ständigen Mitglieds blockiert wird, so daß er nicht handeln kann. Für diesen Fall gibt es seit 1952 die bereits erwähnte Uniting-for-Peace-Entschließung, die die Generalversammlung in Stand setzt, mit Empfehlungen an ihre Mitglieder einzuspringen. Wenn auch dies nicht zustande kommt, bleibt noch immer das Recht der individuellen oder kollektiven Selbstverteidigung gegen einen Angriff nach Artikel 51 UN-Charta. Greift keine dieser Bestimmungen, dann darf Gewalt auch als Gegengewalt nicht eingesetzt werden. (Ausgenommen die humanitäre Intervention im Falle eines Genozids.)

Sie sollte auch nicht eingesetzt werden. Wenn sie die Zustimmung der globalen oder der regionalen Völkergemeinschaft nicht erreichen kann, fehlt der Gewalt die Legitimität und damit die Voraussetzung des Erfolges. Deswegen wiegt der Verzicht des Westens, bei der Gewaltanwendung gegen Serbien ein Mandat des Sicherheitsrats nicht einzuholen, so schwer. Das Tor, das 1991 beim Golfkrieg aufgestoßen worden war, wurde 1998/99 zu einer Bresche erweitert, durch die die Gewaltanwendung wieder zur Norm werden könnte. Bei der Bombardierung des Irak konnten sich die USA und Großbritannien wenigstens noch auf den Schatten einer UN-Mandatierung berufen. Im Fall des Kosovo fehlte selbst er. Die beiden Resolutionen des Sicherheitsrates vom Herbst 1998, Nr. 1199 und Nr. 1203, stellen zwar den Friedensbruch in Serbien fest, geben aber keinen Auftrag zur Gewaltanwendung.

Die Gegengewalt muß aber auch erfolgreich eingesetzt werden. Auf Gewalt nur mit Gewalt zu antworten, bleibt unter den heutigen Bedingungen ergebnislos. Wenn zehn Jahre der Sanktion und der Gegengewalt im Irak nichts haben ausrichten können, sollte diese Politik mangels Erfolges eingestellt werden. Das gleiche gilt für die Luftangriffe gegen Serbien 1999. Die NATO hatte zweifellos gehofft, daß sie mit ein paar Schlägen die serbische Führung zum Einlenken veranlassen wird. Der Erfolg in Bosnien-Herzegowina diente wohl als Vorbild. Da er sich nach wochenlangen Luftangriffen nicht eingestellt hatte, war diese Politik an ihr Ende gekommen.

Der Mißerfolg verwundert nicht. Die Strategie ist veraltet. Nur in der Staatenwelt konnte man erwarten, daß der Monarch, war sein Militärpotential genug geschädigt, einlenken würde. In der Gesellschaftswelt löst der Gewalteinsatz des Auslands nur eine Solidarisierung mit dem Politischen System aus. Saddam Hussein und Slobodan Milosevic wurden politisch gestärkt. Um sie zu schwächen, hätte die Strategie so verfahren müssen, wie es bei den Sanktionen schon dargestellt wurde. Die westliche Grundannahme, daß die Iraker und die Serben ihre Diktatoren so schnell wie möglich loswerden wollen, ist zweifellos richtig. Ihr muß aber in der Strategie Rechnung getragen werden.

Dazu muß sie gradualistisch verfahren, also auch beim Gewalteinsatz Bestrafung und Belohnung so miteinander verknüpfen, daß die Gesellschaft die Ursache der Bestrafung eindeutig dem Diktator zuordnet. Die Offerte, eine veränderte Politik durch Vorteilsgewährung zusätzlich anzureizen, rundet die Strategie ab.

Die Bombardierung Serbiens hätte nach wenigen Tagen unterbrochen und durch ein Angebot ersetzt werden müssen, ein Einlenken der Führung politisch und wirtschaftlich zu honorieren. Hätte Belgrad abgelehnt, wäre das Bombardement wieder aufgenommen und nach ein paar Tagen die Prozedur wiederholt worden.

Eine solche gradualistische Strategie hätte die serbische Regierung von ihrer Gesellschaft getrennt und jene motiviert, die Führung zu einem Politikwandel zu veranlassen oder sie abzulösen. Gegengewalt auf diese Weise einzusetzen, entspricht zwar nicht dem politischen Alltagswissen, das auf einen groben Klotz mit einem groben Keil antworten will. In der Politik muß man aber nicht Recht, sondern Erfolg haben.

d) Das Gewaltverbot nicht aushöhlen

Erste Anzeichen dafür, daß die NATO die Gewalt wieder in den Rang eines politischen Instrumentes erheben wollte, hatte sie schon mit der Umstellung ihrer Strategie von der Verteidigung auf die Entsendung Schneller Eingreiftruppen (Rapid Deployment Forces) erkennen lassen. Konnte dieser Schritt zunächst als Anpassung an eine grundsätzlich veränderte Bedrohungslage gelesen werden, in der die Verteidigung überflüssig und der Einsatz von Gewalt zur Sicherung vitaler Versorgungsinteressen und zum Schutz der Staatsbürger erforderlich werden könnte, so hat sich bis Ende der neunziger Jahre daraus die Tendenz entwickelt, die NATO zu einem Gewaltinstrument weiterzuentwickeln, das jederzeit überregional eingesetzt werden kann. Diese Aufgabe beschränkt sich nicht auf den Einsatz von Gegengewalt und stellt sich nicht unter das Mandat des Sicherheitsrats oder einer regionalen Organisation.

In den Vereinigten Staaten wird zusätzlich die Tendenz gepflegt, die Bürgerkriege der Gegenwart zu einer Gefahr aufzubauschen, die an Größe und Ausdehnung die Bedrohung durch den Warschauer Pakt weit übersteigt. Gewalt wird nicht mehr nur als Gegengewalt definiert, die eine Aggression unterbinden und abwehren soll, wie noch im Fall des Irak. Sie dient den «strategischen Interessen der Vereinigten Staaten», die es erfordern, die fünf Erdteile militärisch abzudecken.[46]

Diese Entwürfe stammen aus den vertrauten Federn der Angehörigen der früheren «defense community». Sie hatten sich nach 1990 mangels

Arbeit neue Jobs gesucht. Ab 1994 witterten sie wieder Morgenluft. Von der neuen Weltordnung, die Präsident Bush 1990 verkündet hatte, sind kaum noch Überbleibsel zu registrieren. Es scheint vielmehr, daß die Vereinigten Staaten der Versuchung erliegen, ihre Weltführungsposition immer stärker auf ihre militärischen Fähigkeiten zu stützen. Die Erinnerung an Vietnam verblaßt ebenso wie die an Somalia. Die Instrumente militärischer Gewalt schimmern in immer hellerem politischen Glanz.

Solch erstaunlicher Verzicht auf jede kritische Aufarbeitung eigener Erfahrungen ist in der Politik nicht neu. Er stellt die klassische Reaktion auf Mißerfolge dar, eine Art psychischer Auflehnung gegen die «chronische Ergebnislosigkeit des Krieges». Der Krieg hat sich noch nie als «wirksame Fortführung der Politik mit anderen Mitteln, ... sondern als deren Bankrott» erwiesen.[47] Um so krampfhafter muß diese Erfahrung verdrängt werden.

Die Gesellschaften sollten ihre Regierungen an diese Bilanz erinnern. Seit 1990 war der Krieg nicht wieder aufgetreten; die Anwendung von Gewalt ist, wie der Überfall des Irak gezeigt hat, international verpönt. Läßt sich ein solcher Notfall nicht durch energische Prävention verhindern, dann muß er im Auftrag des Sicherheitsrats – oder später dem einer regionalen Organisation – bekämpft werden. Das Gewaltmonopol der UN ist keinesfalls eine «Chimäre», wie Werner Link meint, sondern ein funktionierendes ordnungspolitisches Instrument der Gesellschaftswelt, das sich während des Kalten Krieges, vor allem aber danach sehr gut bewährt hat.

Daß die USA von dem sich schon unter Ronald Reagan zeigenden und von ihm sehr geförderten, ultrarechten Konservativismus immer weiter zur Restauration der Gewaltanwendung getrieben worden sind, muß von den Europäern keineswegs mitgemacht werden. Leider haben sie sich zu schnell bereit gezeigt, «Bündnistreue gegenüber Amerika über Prinzipientreue (zu) stellen. So ergibt sich eine Serie von Präzedenzfällen, die langfristig das Gewaltverbot und die Weltordnung unterhöhlen».[48] Der Krieg gegen Serbien hat die Serie eröffnet.

Wer die Aggressivität entmachten will, darf nicht selbst aggressiv werden, also Gewalt einsetzen, ohne dazu vom Sicherheitsrat oder einer regionalen Organisation ermächtigt worden zu sein. Er schädigt damit nicht nur das Völkerrecht und die Weltordnung, er beschädigt seinen Erfolg. Anders als in der Staatenwelt vermag die Gewalt in der Gesellschaftswelt keine Ordnung zu stiften, weil sie von den Gesellschaften nicht akzeptiert werden wird. Das Gerechtigkeitsempfinden ist zu einer politisch aktiven Größe geworden. Die arabischen Regierungen registrieren den Unterschied, den der Westen bei der Durchsetzung von UN-Beschlüssen zwischen dem Irak und Israel macht. Die Serben sehen sich diskriminiert, weil der Westen ihre Minderheitenunterdrückung bekämpft, aber die in der Türkei, in England und in Spanien tatenlos hinnimmt. Wenn der Westen künftighin die Gewalt wieder zu politischen Zwecken einsetzt, werden auch andere Staaten dieses Recht für sich in Anspruch nehmen. Der Krieg, der schon verdorrt war, wird nicht völlig ausgetrocknet, sondern gleichsam gedüngt. Wer wollte darin einen Erfolg westlicher Staatskunst sehen, wer ein ehernes Gesetz der Realpolitik?

V.
Konsensmacht

1. Governance

Kann man die Ausnutzung weltweit bestehender Abhängigkeiten noch als anpassende Modernisierung von Beziehungsmacht, also der klassischen Machtpolitik, begreifen, so stellt die Interdependenz neue Strategien zur Verfügung, die es in der Staatenwelt nicht gegeben hat. Abhängigkeiten waren immer vorhanden. Aber wechselseitige Abhängigkeit, die Interdependenz, ist ein Produkt erst derjenigen Prozesse, die die Gesellschaftswelt hervorgebracht haben. Sie sind vor allem regional anzutreffen; weltweit gibt es wenige, aber wichtige Felder, in denen sie herrscht.

Dieses Phänomen der Interdependenz tritt erst mit den Industrialisierungs- und Modernisierungsschüben der zweiten Hälfte des 20. Jahrhunderts auf. Sie haben den Staat «denationalisiert»,[1] so daß er für die Erfüllung seiner Funktionen auf die Kooperation anderer Staaten angewiesen ist. Die Grenzen nationaler Souveränität verfließen. «Internationalisierende Politik» hat das Aufgabenfeld dessen, was klassisch die «Außenpolitik» genannt wird, radikal verändert. Sie kann sich nicht mehr auf die Beziehungsmacht allein verlassen, mit der ein Akteur einen anderen dazu zwingt, etwas zu tun, was er andernfalls nicht getan haben würde. Diese Beziehungsmacht setzt voraus, daß beide Akteure voneinander unabhängig sind und Handlungsfreiheit genießen. Beides ist nicht mehr vorhanden, wenn Interdependenz herrscht. Wer hier seine Interessen durchsetzen will, muß auf Konsens setzen. Ihn zu erzeugen wird zur hohen Kunst der Machtpolitik in der Gesellschaftswelt. In ihr besitzt besondere Macht derjenige, der seine Ziele dadurch erreicht, daß er andere veranlaßt, daran mitzuwirken.

In Westeuropa hatte sich die wechselseitige Abhängigkeit der Staaten schon in den fünfziger Jahren des 20. Jahrhunderts so weit verdichtet, daß sie das Hauptziel der Gesellschaftswelt, den wirtschaftlichen Wohlstand, nicht mehr in nationaler Souveränität, sondern nur gemeinsam und zusammen mit den wirtschaftlichen Akteuren erreichen konnten. Die Gründung der Europäischen Wirtschaftsgemeinschaft war die funktional richtige Folge bis hin zur Wirtschafts- und Währungsunion, die 1999 in Kraft getreten ist. Die Europäische Union ist ein Paradebeispiel für die Wirkung der Interdependenz. Sie hat keine Regierung; aber die enge Zusammenarbeit zwischen den Regierungen und den wirtschaftlichen

Akteuren bewirkt regierungsähnliches Handeln: gemeinsame Kontrolle aufeinander folgender und wechselseitig abhängiger Prozesse. Geringere Grade dieser wechselseitigen Abhängigkeit gibt es auch überregional. Sie kennzeichnen die Atlantische Gemeinschaft zwischen Nordamerika und Westeuropa im Sachbereich der Wohlfahrt sowohl wie in dem der Sicherheit. Sie haben die Nordamerikanische Freihandelszone herbeigeführt, die zunächst zwischen den USA, Kanada und Mexiko eingerichtet worden ist und der sich Chile alsbald anschließen wird. Wechselseitige wirtschaftliche Abhängigkeit hat den Zusammenschluß der ASEAN ebenso zustande gebracht wie die noch umfangreichere Staatenverbindung APEC im Pazifik. Interdependenz hat im Sachbereich der Wohlfahrt immer schon den Grad erreicht, der eine Institutionalisierung der Zusammenarbeit erforderlich macht.

In schwächerer, aber ebenfalls deutlich erkennbarer Form hatte sich die Interdependenz schon im letzten Jahrzehnt des Kalten Krieges bemerkbar gemacht, als Ost und West zu der Einsicht kommen mußten, daß sie ihre jeweilige Sicherheit nicht mehr selbst, sondern nur in Kooperation mit der Gegenseite erreichen konnten. «Gemeinsame Sicherheit» war das Stichwort. Multilaterale Verträge boten die Handhabe, sie zu organisieren. Die Interdependenz war hier nur schwach ausgeprägt, lief immer wieder Gefahr, von unwissenden oder unverantwortlich handelnden Politikern in Frage gestellt zu werden. Wirksam aber war sie nichtsdestoweniger. Gerade der beiderseitige Besitz von Nuklearwaffen machte das jeweilige Überleben von der Kooperation des Gegners abhängig.

Wo hohe Interdependenz herrscht, nähern sich die politischen Bedingungen der Machtausübung denen an, die in der Innenpolitik der Staaten vertraut sind. Auch dort ist Macht das Mittel der Politik, das zum Zweck der Konsenserzeugung eingesetzt wird. Nur das Politische System verfügt über ein weiteres und qualitativ anderes Politikmittel: die Herrschaft. Sie gibt es in einem internationalen System natürlich nicht oder erst dann, wenn es sich in der Integration auflöst.

Das aber ist 1999 auch in der Europäischen Union noch nicht der Fall. Sie hat keine Zentralinstanz mit Sanktionskompetenz; sie ist noch immer ein Staatenverbund. Aber die in ihr ablaufenden Prozesse der Wertzuweisung kommen denen, die in der Innenpolitik eines traditionellen Nationalstaates ablaufen, schon sehr nahe. Sie ähneln den Verfahren des Neokorporatismus, indem «sich die staatliche Seite (hier die Europäische Kommission) selbst auf ein bestimmtes Handeln festlegt und die Verbände sich zur Durchsetzung des entsprechenden Verhaltens ihrer Mitgliedschaft verpflichten».[2]

Für diese neue und qualitativ andere Form der Machtpolitik gibt es den neuen Begriff der Governance. Das – dem englischen Government

(Regierung) nachgebildete – Kunstwort verweist darauf, daß die von der Interdependenz erzeugten innenpolitikähnlichen Zustände ein regierungsähnliches Handeln erfordern. Es muß Ordnung stiften, die im gemeinsamen Interesse liegt. Es kann keine Herrschaft ausüben, kann die Ordnung nicht mit legaler Gewalt durchsetzen. Governance kann sich nur auf die Kooperation, also auf die Zustimmung aller verlassen. Sie muß den Konsens aller Betroffenen erzeugen, nicht nur den der Regierungen, sondern auch den aller relevanten gesellschaftlichen Akteure, damit eine Entscheidung getroffen und umgesetzt werden kann.

Darin liegt eine große Herausforderung an die Machtpolitik, gleichzeitig aber auch eine bedeutende Chance der Strategie in der Gesellschaftswelt. Governance nimmt endgültig Abschied von dem traditionellen Begriff von Macht, die sich gegen Widerstand durchsetzt. Governance setzt sich durch, indem sie Zustimmung produziert. Sie muß überzeugen, nicht überwinden. Sie beteiligt alle, die an den Vorgängen beteiligt sind, an deren Kontrolle. Und steigert dadurch ihre Fähigkeit, diese gemeinsam ausgeübte Kontrolle in eine gewünschte Richtung zu steuern.

Governance ist ein distinktes Verfahren der Ausübung von Macht, aber sie kennt unterschiedliche Erscheinungsformen je nach der Dichte der Interdependenz. Sie wirkt in integrativen Staatenverbindungen wie der EU, in internationalen Organisationen, aber auch in locker gefügten Institutionen. Prinzipiell kann sie überall dort eingesetzt werden, wo die wechselseitige Abhängigkeit die Kooperation nahelegt.

a) In Europa: Integration

Daß aus der Europäischen Wirtschaftsgemeinschaft von 1957 die Wirtschafts- und Währungsunion von 1999 geworden ist, stellt ein Musterbeispiel erfolgreicher Governance dar. Sie ist nach wie vor keine Union, sondern der 1967 erfolgte Zusammenschluß der Montanunion, der Wirtschaftsgemeinschaft und EURATOM zu den Europäischen Gemeinschaften, die sich dann im Vertrag von Maastricht eine Politische Union zugelegt haben. 1999 kam dann noch für elf der fünfzehn Mitglieder die Währungsunion hinzu.

Ebenso komplex sind die Entscheidungsprozesse innerhalb dieser Union, die erst auf dem Wege zu sich selbst ist. Formal sind sie zwischen dem Ministerrat, der Kommission und dem Europäischen Parlament aufgeteilt. De facto besteht ein Mehrebenensystem, in dem nicht nur die erwähnten Institutionen, sondern auch die nationalen Regierungen mit den Verbänden, Unternehmen, Regionen und Forschungsinstituten im «Prozeß gemeinschaftlicher Problemlösung» verbunden sind.[3] Diese Governance hat oft widersprüchlich und langsam, aber mit bemerkenswertem Erfolg an der Konsenssteuerung gearbeitet. Er ist um so höher zu veranschlagen, als er von keinem Hegemon durchgesetzt, sondern von allen Mitgliedern gemeinsam erzeugt worden ist. Die These, daß die Kooperation in ihren verschiedenen Erscheinungsformen unbedingt auf einen Führungsstaat angewiesen ist, kann damit nicht nur in der Theorie,[4] sondern auch in der Praxis als widerlegt gelten. Nach dem Inkrafttreten des Amsterdamer Vertrags 1999 ist für 2001 eine neue Regierungskonferenz vorgesehen, in der wohl nicht nur über eine weitere Reform der Union, sondern auch über eine Verfassung gesprochen werden wird.

Bis dahin bleibt die Europäische Union ein Paradebeispiel für Governance, für die geschickte Ausnutzung von Interdependenz zur Förderung der Zusammenarbeit auf dem Gebiet der wirtschaftlichen Wohlfahrt. Davon profitieren alle, am meisten die Gesellschaften, die ihren Wohlstand immens steigern konnten. Der Erfolg wäre nicht zustande gekommen, wenn die beiden «Großmächte» der Union, Deutschland und Frankreich, nicht von vornherein auf jeden, auch gemeinsamen Führungsanspruch verzichtet hätten. Diese Entsagung wurde dadurch erleichtert, daß die gesellschaftlichen Potentiale beider einigermaßen gleich sind, die Bundesrepublik über ein größeres Wirtschaftspotential, Frankreich über ein stärkeres Politikpotential verfügt. Entscheidend aber war die politische Bereitschaft der Akteure auf beiden Seiten, in den Politischen Systemen wie in den Gesellschaften, aus Einsicht in die wechselseitige Abhängigkeit die Zusammenarbeit zu institutionalisieren und sie in eine Union überzuführen.

b) In der Atlantischen Gemeinschaft: Organisation

In der Atlantischen Gemeinschaft zwischen Westeuropa und Nordamerika ist die Interdependenz schwächer, aber immerhin noch so stark ausgebildet, daß sie den Begriff der Gemeinschaft rechtfertigt. Die Interessen und die Zusammenarbeit sind im Sachbereich der Sicherheit ebenso verzahnt wie in dem der wirtschaftlichen Wohlfahrt. Der Kalte Krieg hatte sicherheitspolitisch eine wechselseitige Abhängigkeit erzeugt, in der die Westeuropäer vom amerikanischen Nuklearschirm, die USA vom konventionellen Militärpotential ihrer europäischen Verbündeten profitierten. Die Märkte beiderseits des Atlantik sind nicht nur durch den Handel eng miteinander verbunden, sondern durch die wechselseitigen Investitionen auch schon teilintegriert.

Deswegen muß es auffallen, daß es trotz dieser hohen Grade von Interdependenz jenseits der Militärallianz NATO keine institutionalisierte Form der Zusammenarbeit, sondern nur Governance gibt. 1995 hatte die Neue Transatlantische Agenda die wirtschaftliche Zusammenarbeit zu stärken versucht; im Mai 1998 wurde eine «Transatlantische Wirtschaftliche Partnerschaft» nachgeschoben. Beide halten den Vergleich mit der

Militärallianz, die über eine straffe hierarchische Organisation unter der Führung der Vereinigten Staaten aufweist, nicht aus.

Dabei ist die wirtschaftliche Bedeutung der Atlantischen Gemeinschaft ungleich größer, auch weltpolitisch, als die militärische. Sie erzeugt beinahe 60% des Weltprodukts und bestreitet fast 40% des Welthandels. Nach der Wirtschafts- und Währungsunion sind die gesellschaftlichen Potentiale Westeuropas sogar ein wenig stärker als die der Vereinigten Staaten, die dafür über den Vorzug geschlossener Staatlichkeit verfügen. Diese annähernde Gleichheit hätte es nicht nur ermöglicht, sondern geradezu verlangt, die Bearbeitung der Interdependenz zu institutionalisieren, der Atlantischen Gemeinschaft eine – wenn auch lockere – Organisation beizugeben. Der Gedanke daran war von Bundeskanzler Kohl in den neunziger Jahren immer wieder geäußert, 1995 auch von England und Frankreich aufgenommen worden.[5]

Daß diese Organisation nicht eingerichtet, sondern Governance beibehalten wurde, lag am Interesse der Vereinigten Staaten. Sie wollten ihren im hierarchischen Aufbau der Militärallianz NATO installierten Führungsanspruch bewahren. Deswegen reservierten sie nicht nur den militärischen Oberbefehl des Bündnisses, sondern auch die wichtigsten nachgeordneten Kommandostellen für sich, teilten sie nicht in dem von den Europäern – jedenfalls von Frankreich – gewünschten Ausmaß. Das Interesse an hegemonialer Verfügung war stärker als das an der Vertiefung der Kooperation durch Teilung der Macht.

Dafür gibt es drei Gründe. Militärisch sind die USA den Westeuropäern hoch überlegen, weil sie über ein sehr viel größeres Rüstungspotential und, als Nationalstaat, ein geschlossenes Entscheidungssystem verfügen. Nicht zuletzt deswegen konnten sie in Bosnien-Herzegowina schneller und kohärenter agieren als die Europäer, konnten sie im Kosovo-Konflikt das Militärpotential der NATO aktivieren. Diese starke Überlegenheit führt die Versuchung hegemonialer Führung herauf. Sie wird erst abklingen, wenn die Europäische Sicherheits- und Verteidigungsidentität reale Gestalt angenommen haben wird, sei es innerhalb oder außerhalb der NATO.

Die hegemoniale Versuchung für Washington ist um so größer, als der Konsens der Verbündeten prinzipiell gegeben ist. Die Hegemonie kann sich also auch als Konsensmacht verkleiden. Die Bundesgenossenschaft aus dem Kalten Krieg wirkt hier ein, ebenso aber auch die Wertegemeinschaft und die starken wechselseitigen Bindungen zwischen den Westeuropäern und den USA. Die USA sind ein «wohlwollender» Hegemon, der auf die Zustimmung seiner Verbündeten auch dann Wert legt, wenn er sie ihnen abverlangt.

Als dritter Grund muß die Gewohnheit genannt werden. Wer, wie die USA, 50 Jahre lang eine große Militärallianz siegreich geführt hat, hat sich, sozusagen, an die hegemoniale Verfügungskompetenz gewöhnt. Das gilt auch, wenn man bedenkt, daß es «die USA» gar nicht gibt. Diese Personalisierung des Staates ist unzulässig. Das Politische System der USA wird von Personen getragen, die nicht nur im Turnus der demokratischen Wahlen, sondern auch sonst sehr häufig wechseln, also persönlich gar nicht profitieren, wenn sie die hegemoniale Attitüde gegenüber der Umwelt einnehmen. Ihre Entschädigung besteht vornehmlich im Lustgewinn. Denn sie können in persönliche Macht gegenüber anderen Personen umformen, was an anonymem kollektivem Durchsetzungspotential hinter ihnen steht. Nur so erklärt sich die Überheblichkeit eines Zbigniew Brzezinski, eines angestellten Beraters des amerikanischen Präsidenten, gegenüber dem gewählten deutschen Bundeskanzler Helmut Schmidt. Krieg, so hat Immanuel Kant gesagt, ist die Lust der Könige. Beziehungsmacht, so muß man hinzufügen, ist die Lust der Funktionäre. Noch der schäbigste Dienstwagen des Auswärtigen Amtes symbolisiert mehr von dieser Macht und der Lust daran als der dreimal so teure Privatwagen.

Konsensmacht ist dem Typ nach Beziehungsmacht, grenzt sich aber nicht gegenüber dem Adressaten ab, sondern bezieht ihn mit ein. An diesem Unterschied könnte sogar die Atlantische Gemeinschaft Schaden nehmen. Weil die USA ihre Politik den geänderten Bedingungen in Westeuropa nicht angepaßt haben, erscheint in ihrem Verhalten zunehmend die «Arroganz der Macht». Die europäischen Regierungen nehmen den amerikanischen Unilateralismus hin; es fehlt ihnen «am politischen Willen ... sich mit den Amerikanern und Briten anzulegen. So einfach ist das».[6] Der fehlende Widerspruch enthält aber keine politische Billigung, keine Zustimmung. Auf sie kommt es aber an, soll die Handlung erfolgreich sein.

Obwohl die hegemoniale Führung der USA in der Atlantischen Gemeinschaft etwas angestaubt ist, würde sie von vielen Westeuropäern noch immer gern akzeptiert, wenn die USA sich um deren Konsens bemühten. Das tat Washington in den Zeiten des Kalten Krieges, wo es, wegen der Abhängigkeit der Westeuropäer, nicht einmal so wichtig gewesen wäre. «Consultation» war das Leitwort der amerikanischen Führungspolitik in Westeuropa. Wurde sie, oft genug, auf reine «Information» verengt, so blieb doch immerhin der Anschein erhalten, der den Konsens der Verbündeten erzeugte und stärkte.

Der nach dem Ende des Kalten Krieges verstärkt hervortretende Verzicht auf beides in Washington, der Unilateralismus in Politik[7] und Wirtschaft,[8] der um so anachronistischer wirkt, als er auf ein erstarkendes Westeuropa trifft, gefährdet den bisherigen Erfolg der amerikanischen Führung. Von sich aus werden die USA den Übergang zur Governance in der Atlantischen Gemeinschaft nicht schaffen. Im Sachbereich der

wirtschaftlichen Wohlfahrt wurde er ihnen durch die Bildung der Wirt-
schafts- und Währungsunion aufgezwungen. Sie werden es nach einer
Weile hinnehmen, daß das Federal Reserve System in den USA und die
Europäische Zentralbank die Währungspolitik der Gemeinschaft im Takt
der Governance steuern.

Im Sachbereich der Sicherheit und der Außenpolitik werden sie den
Zeitpunkt, an dem ein ähnlicher Zustand eintritt, so weit wie möglich
hinauszuzögern suchen. Nicht zuletzt deswegen schieben sie die NATO
unentwegt in den Vordergrund; sie konserviert die hegemoniale Führung,
hält Governance, die einvernehmliche Steuerung, fern. Dabei ist die Interdependenz beider Seiten für die Gewährleistung ihrer Sicherheit groß
genug, um schon in die Form einer internationalen Organisation gegossen zu werden. Je früher Hegemonie wenigstens in Governance umge-
wandelt wird, um so dauerhafter und stabiler wird die Beziehung werden.

c) In Euro-Atlantik: Institution

Governance als Steuerungsinstrument einzusetzen, bietet sich überall
dort an, wo Interdependenz herrscht. Sicherheit im euro-atlantischen
Raum ist nur als «kooperative Sicherheit» zu haben. Das war schon während des Kalten Krieges sichtbar. Es sollte nicht vergessen werden in einer
Zeit, wo die wechselseitige Abhängigkeit nicht mehr so deutlich erkennbar ist, überlagert wird durch die einseitige Abhängigkeit Rußlands vom
Westen auf dem Sachbereich der wirtschaftlichen Wohlfahrt.

In den West-Ost-Beziehungen in Europa ist ausschließlich Kooperation imstande, Sicherheit zu gewährleisten. Die Alternative Zwang und
Gewalt ist nicht funktional, zumindest gegenüber Rußland nicht. Kooperation bietet sich an; Governance ist die richtige Strategie. Für sie gibt
es viele Instrumente: vor allem die OSZE. Sie ist schon in Kapitel II
besprochen worden, weil sie das Sicherheitsdilemma in Europa und damit
eine der beiden großen Gewaltursachen abzubauen vermag. Hier bean-
sprucht sie noch einmal Aufmerksamkeit als politisches Steuerungsinstrument. Sie könnte Governance ermöglichen, in der alle Teilnehmer des
ehemaligen Ost-West-Konflikts über die politische Neuordnung des
euro-atlantischen Raumes und die politischen Beziehungen darin beraten. Deswegen wächst ihr keine Entscheidungskompetenz zu; alle Teilnehmer sind und bleiben souveräne Staaten. Aber da sie für ihre Sicherheit wechselseitig voneinander abhängen, können sie sie am besten dadurch bewirken, daß der Konsens über den Gewaltverzicht erzeugt und
kontinuierlich gestärkt wird.

Im euro-atlantischen Raum geht es nicht um Integration, nicht einmal,
wie in der Atlantischen Gemeinschaft, um Organisation. Dazu sind die

Grade der Interdependenz nicht hoch genug. Sie sind aber so groß, daß die Sicherheit des einen Staates, der einen Staatengruppe, nicht ohne die des anderen Staates, der anderen Staatengruppe, erzeugt werden kann. So stand es 1990, als die «Charta von Paris für ein Neues Europa» verabschiedet wurde.

Wiederum waren es Beziehungsmachtinteressen, die die Weiterentwicklung dieser richtigen Strategie abblockten. Statt in und mit der OSZE Konsensmacht einzusetzen und mit ihr den Gewaltverzicht zu gewährleisten, glaubten die USA mit der Osterweiterung der NATO diesen Konsens vernachlässigen zu können. Natürlich hätte der Einsatz von Konsensmacht erfordert, Rußland, die Ukraine, alle anderen Staaten der GUS und die Osteuropäer als legal gleichberechtigte Staaten zu akzeptieren und ihren Konsens einzuwerben. Ein unzumutbarer Aufwand dürfte darin nicht gelegen haben, weil die Zusammenarbeit im Sicherheitsrat der Vereinten Nationen ein solches Verhalten gegenüber Rußland und China schon erfordert.

Andererseits sind die Unterschiede klar zu sehen. Im Sicherheitsrat haben die USA ein Veto, in der OSZE gibt es das nicht. Über ihre schiere Größe hätten die Russen in Wien einen Einfluß erlangen können, der die Reduzierung ihrer Macht durch die Niederlage im Kalten Krieg kompensiert haben würde. Rußland hätte de facto ein Mitspracherecht bei der Diskussion um die Neuordnung Europas erhalten, das die Ordnungsinteressen des Westens eingeschränkt haben würde, also auch ihre Macht. Das wurde in Washington deutlich gespürt.

Richtig erklärt aber ist das amerikanisch-westliche Verhalten erst, wenn man berücksichtigt, daß in Euro-Atlantik weniger die Interdependenz ausgeprägt ist als die Dependenz. Osteuropa und die GUS sind wirtschaftlich vom Westen abhängig. Legt man strenge Maßstäbe an, sind sie es militärisch auch. Solche Asymmetrien tendieren dazu, die Beziehungsmacht zu begünstigen und zu rechtfertigen.

Ob es klug ist, der Versuchung nachzugeben, steht auf einem anderen Blatt. Die USA waren auch 1945 die stärkste Wirtschafts- und Militärmacht der Welt. Dennoch hatten sie den ersten Entwurf ihrer Weltführungspolitik auf die Führung der Welt durch Führung einer Internationalen Organisation gestützt, auf Konsensmacht also. Sie haben 1948 den Westeuropäern, die von ihnen damals nicht weniger abhängig waren als die Russen heute vom Westen, im Marshallplan nicht nur Zusammenarbeit, sondern sogar Hilfe angeboten. Es kann also auch für eine Weltmacht angeraten sein, die Beziehungsmacht wenigstens zu ergänzen durch Strategien, die Konsensmacht einsetzen.

Etwas davon ist der OSZE verblieben. Die USA spielen in Wien eine aktive Rolle, wenn sie insgesamt auch die OSZE am Ende ihrer Strategie-Skala ansiedeln. Sie bekommt Hilfsfunktionen zugewiesen, keine

Ordnungsfunktionen. Sie hat auch während des Jahres 1999 keine Verfassung erhalten, wiewohl wenigstens eine Charta. Größere Aufmerksamkeit wird der Organisation erst zufallen, wenn zu Beginn des neuen Jahrhunderts sichtbar wird, daß in Euro-Atlantik mehr Interdependenz herrscht, als nach 1994 registriert wurde.

Die erste Runde der NATO-Erweiterung ist am 12. März 1999 in Independence, Missouri, abgeschlossen worden. Bis zur nächsten wird es eine lange Pause geben. Der EU-Beitritt von fünf osteuropäischen Staaten ist in Gang, die Union hat die wichtigsten Voraussetzungen dafür im Jahre 1999 geschaffen. Der Eintritt in die Gemeinschaft gewinnt an Interesse; die Konkurrenz mit der NATO wird sich abflachen. Unter diesen Bedingungen könnte es für den Westen interessant werden, wieder stärker auf die Konsensmacht zu setzen, um sich die anhaltende Zustimmung Rußlands zu der Teilordnung und die Geduld derjenigen Staaten zu sichern, die auf absehbare Zeit weder der NATO noch der EU beitreten können.

d) In den anderen Regionen: Kooperation

Global stellt die Interdependenz noch die Ausnahme dar. Sie besteht bei Kontrolle und Nichtverbreitung der Massenvernichtungswaffen sowie in einigen Bereichen des Umweltschutzes. Ob im Sachbereich der Wirtschaft weltweite wechselseitige Abhängigkeiten existieren, kann hier nur gefragt werden.

Regional ist diese Abhängigkeit gegeben, gerade im Sachbereich der Sicherheit. Die Staaten können das Interesse ihrer Gesellschaften an Sicherheit und Wohlstand nur verwirklichen, wenn sie wechselseitig auf die Gewalt verzichten. Multilaterale Verständigung im Zeichen von Governance bietet sich dafür an. Darauf hatte Präsident Clinton in den ersten beiden Jahren seiner Amtszeit den Akzent der amerikanischen Politik in den Weltregionen gesetzt.

Während seine Vorgänger die bilaterale Beziehungsmacht bevorzugt hatten, weil sie die «geopolitische Balance erhält und uns in Stand setzt, als ehrlicher Makler zu wirken»,[9] brach Präsident Clinton bewußt mit dieser Tradition. Ende November 1993 berief er die erste Gipfelkonferenz der APEC-Staaten nach Seattle. Daraus sollte eine «Neue Pazifische Gemeinschaft» entstehen, die die USA, wie Clinton in Seattle gesagt hat, von den Kosten ihrer militärischen Präsenz in Asien und der Bürde der regionalen Führung entlasten sollte. Kooperation sollte die Erzeugung politisch-militärischer Stabilität in diesem Raum verbessern und verbilligen und gleichzeitig den wirtschaftlichen Ertrag erhöhen, den die USA aus der handelspolitischen Kooperation in Asienpazifik zu erzielen hofften.[10]

Hatte die Bush-Administration den Plänen der ASEAN-Staaten, ein multilaterales Sicherheitsforum einzurichten, noch viele Steine in den Weg gelegt, so wurden sie von der Clinton-Administration zu dieser Gründung geradezu ermutigt. Im Juli 1993 kam das «ASEAN Regional Security Forum» zustande, das als ASEAN Regional Forum (ARF) seit 1994 besteht. Seitdem bemüht sich das ARF darum, den «systematischen Dialog zur Tradition» werden zu lassen.[11] Es rückt in dieser Funktion in die Nähe zur OSZE. Immerhin hat es das Forum geschafft, auch China zur Kooperation in Fragen von Rüstung und Rüstungskontrolle zu bewegen, so daß es eine bedeutende vertrauensbildende Wirkung entfaltet.

Wie in Europa hat sich auch im Pazifik der «assertive multilateralism» der frühen Clinton-Administration wieder zurückgebildet. Es war Bill Clinton in den zwei Jahren nicht gelungen, die während des Kalten Krieges gewachsene Ausrichtung des außenpolitischen Entscheidungsapparates und die darein gewobenen «vested interests» zu verändern. Sein Demokratischer Vorgänger Jimmy Carter war ebenfalls an dieser Struktur, und ebenfalls nach zwei Jahren, gescheitert. Clintons Einsicht, daß die Interdependenz in Asienpazifik so groß geworden war, daß nur die multilaterale Erzeugung von Zusammenarbeit und nicht der gewaltgestützte Bilateralismus den gewünschten Mix von Sicherheit und Gewinn erbringen konnte, ging wieder verloren.

Einige Regionalstaaten haben sie beherzigt. Es gibt nicht nur zahllose regionale Freihandelszonen; es gibt im Bereich der Sicherheit viele kernwaffenfreie Zonen. Die ASEAN-Staaten reaktivierten 1993 das schon 1971 beschlossene Konzept einer Zone des Friedens, der Freiheit und der Neutralität zwischen ihnen (ZOPFAN); 1995 schufen sie zwischen sich eine südostasiatische atomwaffenfreie Zone. Die gemeinsame Verabredung, auf solche Waffen zu verzichten, sie weder anzuwenden, herzustellen noch zu lagern, ist die beste Form der Abrüstung.

ASEAN folgte mit seiner Initiative dem Antarktis-Vertrag von 1961 und den atomwaffenfreien Zonen in Lateinamerika (Vertrag von Tlatelolco, 1969), im Südpazifik (Vertrag von Rarotonga, 1986) und in Afrika (Pelendaba-Vertrag, 1996). Obwohl sich die fünf legalen Kernwaffenbesitzer langsam wenigstens zur Respektierung dieser atomwaffenfreien Zonen durchgerungen haben, verhalten sie sich ihnen gegenüber noch immer zögerlich. Ihre Bewegungsfreiheit wird eingeschränkt, weil sie keine Kernwaffen in diese Zonen verbringen dürfen. Aber ihre Sicherheit profitiert davon. Denn die atomwaffenfreien Zonen des 1995 verlängerten Nichtverbreitungsvertrags gewährleisten, daß das Ziel, die Kernwaffen nicht zu verbreiten, in einigen Regionen verwirklicht wird. Aber die fünf legalen Kernwaffenbesitzer handeln ohnehin widersprüchlich.

Dabei ist überdeutlich zu sehen, daß gerade bei den Massenvernichtungswaffen weltweit eine derartige wechselseitige Abhängigkeit besteht, daß sie nur im Konsens abgeschafft werden können. Der Einsatz von Kern-, Chemie- und biologischen Waffen irgendwo auf der Welt beeinträchtigt die Gesundheit und damit die Sicherheit aller Menschen. Sie leiden entweder direkt unter der Wirkung dieser Waffen oder indirekt durch die Verbreitung der Schadstoffe über die Atmosphäre. Im Bereich der Massenvernichtungswaffen gibt es daher die Chemiewaffen-Konvention von 1993 und die Konvention über die Abschaffung der biologischen und toxischen Waffen von 1997.[12]

1968 war der Vertrag über die Nichtverbreitung von Nuklearwaffen geschlossen worden, der 1995 verlängert wurde. Auch wenn bis zum Jahr 1999 der START-II-Vertrag vom russischen, der Teststopp-Vertrag vom amerikanischen Parlament noch nicht ratifiziert worden war, hatte Global Governance im Bereich der Massenvernichtungswaffen so viele Fortschritte erzielt, daß schon über die neue Sicherheit in einer von Nuklearwaffen freien Welt diskutiert werden konnte.[13] Bis dahin hat es, leider, noch eine gute Weile. In den USA gibt es die Tendenz, auch in diesem sensitiven Bereich nicht mehr auf die globale Erzeugung von Konsens, sondern auf den Einsatz von Gewalt zu vertrauen. In diese Richtung hatte schon immer gewiesen, daß alle fünf erklärten Nuklearmächte ihre Waffen behielten und den Verzicht nur von den anderen verlangten.

Die USA (und Großbritannien) haben schließlich die Konsequenz daraus gezogen. Sie änderten im Laufe des Jahres 1997 ihre Strategie, gaben den bisherigen Ansatz von Rüstungskontrolle und Verifikation auf und setzten statt dessen auf Beziehungsmacht und Gewalt. Das Konzept wurde mit der im Dezember 1998 aufgenommenen Dauerbombardierung des Irak erstmals praktiziert. «Counterproliferation» – so das Kennwort dieser Strategie – ersetzt jedenfalls teilweise die bisherig praktizierte Politik der Nonproliferation.[14]

Dieser Strategiewechsel ist bestürzend, in seinen Konsequenzen unabsehbar und auch nicht leicht zu erklären. Die den Staat überwölbende Interdependenz auszunutzen, um Fortschritte bei der Entmilitarisierung der Welt und bei der Bekämpfung von Kriegsverbrechen zu erreichen, ist vornehmlich ein Interesse der Gesellschaften, die unter den finanziellen und menschlichen Belastungen der Rüstungen und der Kriege am meisten zu leiden haben. Deswegen sind sie zu Anwälten der Konsensmacht geworden, mit deren Hilfe sich dieser Fortschritt erzielen läßt. Daß diktatoriale Herrschaftssysteme sich dem widersetzen, auf Beziehungsmacht vertrauen statt auf Konsensmacht, versteht sich von selbst. Daß die Supermacht USA, Vormacht des Westens und Vorbild der Welt, sich der Konsensmacht zu verweigern beginnt, wirft weitreichende Fragen auf.[15]

Denn die USA haben während des gesamten Kalten Krieges und in den ersten fünf Jahren danach zwar die notwendige Verteidigungsleistung erbracht, aber ihre Sicherheit in der Erzeugung von kontrollierter Abrüstung und Rüstungskontrolle gesehen. Wenn sie von dieser erfolgreichen Strategie wirklich zum Ende des Jahrhunderts abweichen sollten, dann müssen die Ursachen dafür nicht in den doch ungleich günstigeren Bedingungen des internationalen Systems, sondern in der internen Entwicklung der USA, in den Beziehungen zwischen dem Politischen System und der amerikanischen Gesellschaft, gesucht werden.

Diese Bevorzugung der Beziehungsmacht durch die politische Klasse der USA ging einher mit einer relativen Entdemokratisierung des amerikanischen Herrschaftssystems. Auch damit hat die Reagan-Administration den Anfang gemacht.[16] Die jahrelange Ausrichtung der amerikanischen Politik auf den Konflikt mit der Sowjetunion und den Sieg darin hatte den bei den europäischen Staaten bestens bekannten Abbau von Partizipationsrechten mit sich gebracht. Sie hätten nach 1989/90 wiederhergestellt werden können, mußten nun aber offensichtlich den machtpolitischen Ambitionen der US-Administration Platz machen. Sie verlangen nach Beziehungsmacht, nicht nach Konsensmacht. Der oben geschilderte Zusammenhang zwischen der demokratischen Herrschaftsordnung und der Gewaltabneigung hat offensichtlich auch eine Negativseite: Je mehr die Beziehungsmacht bevorzugt wird und je mehr sie sich auf militärische Gewaltpotentiale abstützt, desto mehr leidet die demokratische Partizipation.

2. Multilateralismus

Wo die Interdependenz nicht groß genug ist, um Governance zu ermöglichen, aber doch die Beziehung in gewissem Maße kennzeichnet, kann ihr eine Vorform vorgeschaltet werden. Multilateral zu verfahren statt bilateral, erkennt an, daß infolge der Interdependenz die Staaten sich nicht mehr isoliert, sondern in einem gemeinsamen Kontext gegenüberstehen, der bei der Ausübung von Macht sichtbar gemacht und berücksichtigt werden muß. Wo keinerlei Interdependenz besteht, bleibt die Beziehungsmacht bilateral.

Als Konzept ist der Multilateralismus eindeutig westlich-liberalen Ursprungs. Aber seine Grundlagen und Grundsätze kommen den Interessen aller Staaten entgegen, weil und wenn sie auf die Zusammenarbeit untereinander angewiesen sind. Sie lauten:[17]

– uneingeschränktes Verbot der Benutzung von Gewaltmitteln für die Erreichung politischer Ziele;
– Nationale Interessen können am besten durch die zur Gewohnheit werdende Zusammenarbeit mit den Partnern verwirklicht werden.
– Recht und Pflichten werden (möglichst) gleich verteilt.

– Solidarität zwischen den Mitgliedern der internationalen Gesellschaft erwächst aus gemeinsamen Überzeugungen wie aus gemeinsamen Interessen.

Entscheidend für den Multilateralismus sind die gemeinsamen Interessen. Sie bilden das Kennzeichen und das Charakteristikum der Gesellschaftswelt. Multilateralismus entsteht, wenn jeder weiß, daß er seine Interessen nur – oder doch am besten – in der Zusammenarbeit mit anderen erreichen kann.

Der Übergang von Governance zum Multilateralismus, der Vorform, ist fließend. Ebenso ist der Formenreichtum des Multilateralismus groß, erstreckt sich vom Militärbündnis der NATO bis hinunter zu «koordinierten Beziehungen zwischen drei oder mehr Staaten auf der Grundlage ‹verallgemeinerter› Verhaltensprinzipien».[18] Selbst Regime fallen in die Kategorie des Multilateralismus. Sein hervorstechendes Merkmal: Diffuse Reziprozität. Seine Wirkung, wie sie insbesondere die Liberale Schule des Institutionalismus betont: Er mindert nicht die Macht, aber er mildert sie, indem er sie in einen größeren Rahmen stellt. Deswegen wollen beispielsweise die Entwicklungsländer über die Hilfe gern multilateral verhandeln, während die Geberländer zumeist den Bilateralismus bevorzugen.

Multilateralismus kann, andererseits, die Wirkung der Macht, indem er sie bündelt, vergrößern. Im GATT sahen sich die Entwicklungsländer immer einer Front der Industriestaaten gegenüber, die sie nicht aufbrechen konnten. Deswegen haben sie ihr eigenes Gremium, die Welthandelskonferenz, ins Leben gerufen. Multilateralismus ist nicht immer segensreich, aber er ist auch nicht leicht zu handhaben. Er fordert eine ganz andere Diplomatie als die traditionelle. Er ist nicht immer erfolgreich, kann sogar die Inaktivität fördern, die Tendenz, die Initiative anderen zu überlassen, so daß sie möglicherweise ganz unterbleibt.[19] Aber er kennzeichnet die Gesellschaftswelt, die die meisten Staaten regional oder global so dicht aneinander gerückt hat, daß sie wechselseitig ihre Existenz nicht in Frage stellen. Wer sich dieser diffusen Reziprozität entzieht, gilt als «rogue state», als «Schurkenstaat». Davon gibt es nicht sehr viele, und sie unterscheiden sich von den anderen durch ihre (jedenfalls unterstellte) Gewaltbereitschaft. Sie ist immer unilateral, verträgt keinen Multilateralismus.

Weil sie Kooperation fördern und sehr flexibel sind, werden multilaterale Verfahren vor allem im Sachbereich der wirtschaftlichen Wohlfahrt verwendet. Aber auch in dem der Sicherheit sind sie gängig, jedenfalls bei der Kontrolle der Massenvernichtungswaffen.

Es fällt auf, daß sie bei der Konfliktbearbeitung noch sehr selten angewendet werden. Erklären läßt es sich: der Konflikt beruht auf Positionsdifferenzen, die die Zusammenarbeit erschweren, wenn nicht sogar ausschließen. In der Regel stehen sich die Konfliktparteien bilateral gegenüber, meist sogar in einer Konfrontation. Der Multilateralismus ist ausgeschlossen. Es wäre aber hilfreich, wenn er als Kontext eingeführt werden würde. Von einem Konflikt werden nicht nur die Kontrahenten, sondern auch die Nachbarn betroffen. Was liegt näher, als sie an der Konfliktbearbeitung indirekt zu beteiligen?

Wenn die Gegner sich nicht mehr isoliert gegenüberstehen, sondern in dem von ihrer Umwelt gebildeten Kontext, werden ihre Perzeptionen der Positionsdifferenzen davon beeinflußt. Gleichzeitig kann diese Umwelt diese Perzeptionen auch beeinflussen. Darauf beruhte der Erfolg von Dayton. Die Kontaktgruppe repräsentierte die Umwelt der Kroaten, Bosnier und Serben. Sie brachte ihren Anspruch auf eine einvernehmliche Regelung der Verhältnisse in Bosnien-Herzegowina ein und erleichterte auf diese Weise ihre Herbeiführung.

Die Konferenz von Rambouillet war ähnlich organisiert worden, um eine neue Autonomieregelung für das Kosovo zwischen Serben und Albanern zu erleichtern. Um ein Haar wäre sie auch erfolgreich gewesen. Die multilaterale Konferenz von Madrid öffnete erstmals den Nahostkonflikt für den Frieden. Den bilateralen Verhandlungen von Camp David, 1978, gelang dies nur teilweise, denen in der Wye Plantation, 1998, gar nicht. Der Falklandkonflikt wurde ausssschließlich Großbritannien und Argentinien überlassen.

War es unvermeidlich, die Aggression des Irak durch die Koalition zurückzuweisen, so hätte anschließend ein regionaler Rahmen für die Friedensregelung gesucht werden können. Der Sicherheitsrat hatte in seiner Resolution 687 schon die Errichtung einer Zone im Mittleren Osten vorgesehen, die von Massenvernichtungswaffen frei sein sollte. Eine multilaterale Konferenz wäre das richtige Forum gewesen, um diesen Plan und die Zukunft des Irak zu regeln.

Über die Zukunft des Kosovo sollten nicht nur Serben und Albaner, sondern auch die Nachbarn mitbestimmen. Die OSZE-Beobachter, die von Oktober 1998 bis März 1999 die Einhaltung der Autonomieregelung überwachten, hätten viel mehr Einfluß gehabt, wenn die OSZE als arbeitende Konferenz neben ihnen gestanden und ihren Berichten eine große Öffentlichkeit verschafft hätte. Sie stellt in der Gesellschaftswelt einen bedeutenden politischen Faktor dar, der in multilateralen Verfahren zur Geltung gebracht werden kann.

Multilaterale Verhandlungen bieten die Möglichkeiten, nicht nur die Nachbarstaaten, sondern auch die gesellschaftlichen Akteure zu beteiligen. Sie können schon jene Public-Private-Partnership aktivieren, die erst das besondere Kennzeichen von Governance darstellt. Im Kosovo ging es ja nicht nur darum, die Regierungen, sondern vor allem die Gesellschaften zum Kompromiß zu bewegen. Wenn die Gesellschaften der Umwelt den entsprechenden Einfluß hätten nehmen können, wäre dieser wichtige Prozeß erleichtert worden. Wirtschaftsverbände sind in der Regel nicht am Bürgerkrieg, sondern am Frieden interessiert; sie lassen sich von außen ermutigen. Die Gewerkschaften, die Kirchen könnten sich beteiligen und auf die Partner im Konfliktgebiet einwirken. Das ganze Heer der Nicht-Regierungsorganisationen könnte mobilisiert und zur Beeinflussung des Verhaltens einzelner Gruppen eingesetzt werden. Netzwerke ließen sich bilden, ähnlich denen, über deren Hilfe die EU-Kommission das Verhalten der Mitgliedsgesellschaften zu steuern versucht. Sanktionen der Regierungen, vor allem wenn sie im Sinne des Gradualismus mit Belohnungen für Verhaltenskorrekturen ergänzt werden, lassen sich in der Public-Private-Partnership sehr viel besser und sehr viel genauer steuern. Vor allem könnten die gesellschaftlichen Gruppierungen im Bürgerkriegsland selbst direkt beteiligt, der Einfluß der multilateralen Konferenz in die Zentren des Konflikts hineingetragen werden. Kompromisse ließen sich nicht nur sehr viel genauer ausloten; sie könnten auch denen angetragen und bei ihnen mit Zuckerbrot und Peitsche durchgesetzt werden, die sie schließlich auszuführen haben.

Dies alles läßt sich gewiß leichter schreiben als ausführen; die Strategie läßt sich aber sehr wohl in der Wirklichkeit umsetzen. Man muß sich nur dafür entscheiden und sich die Mühe machen, sie als Novum sorgfältig auszuarbeiten.

Auch der Bürgerkrieg in Angola, aus dem sich die Vereinten Nationen im Frühjahr 1999 endgültig zurückziehen mußten, ließe sich mit der Strategie multilateraler Verfahren vielleicht doch noch bändigen. In diesen Krieg sind nicht nur zahlreiche Nachbarstaaten Angolas verwickelt, sondern auch westliche Interessen am Öl und an den Diamanten des Landes. Schon diese vielgliedrige Konfiguration des Landes legt es nahe, alle Konfliktbeteiligten und die Nachbarn in einem multilateralen Verfahren zusammenzuführen. Ob eine Public-Private-Partnership für die Kriegsbeendigung aktiviert werden könnte, bleibt abzuwarten.

Gesellschaftliche Akteure arbeiten vornehmlich für ihre eigenen Interessen; Akteursgruppen sind nur zu häufig auch Interessengruppen. Darin liegt ein prinzipielles Problem, auf das die Neokorporatismus-Diskussion immer wieder hingewiesen hat. Das Millsche Syndrom, der privilegierte Zugang partikularer Interessengruppen zu den Entscheidungen der Politischen Systeme, war schon immer eine wichtige Gewaltursache. Aber in der begrenzten Öffentlichkeit multilateraler Verfahren lassen sich auch solche Einflüsse reduzieren. Wer sich öffentlich dafür rechtfertigen muß, daß er Waffen an die UNITA in Angola liefert, könnte dadurch veranlaßt werden, auf die Fortsetzung dieser Politik zu verzichten. Das wird nicht leicht sein, weil es um den Zugang zu Rohstoffen geht. Aber die «Veröffentlichung» solcher Zusammenhänge böte wenigstens die Möglichkeit, sie aufzulösen. Bilateraler Machteinsatz wird sie eher stärken.

Der Nordirlandkonflikt wurde mit Hilfe einer internationalen Vermittlungskommission unter dem Vorsitz des früheren amerikanischen Senators George Mitchell beigelegt – aber in einer multilateralen Konferenz, an der nicht nur die Regierungen, sondern eben auch die beteiligten gesellschaftlichen Kräfte teilnahmen.

Multilaterale Verfahren entfalten ihre Wirkung gerade bei der Vorbeugung von Konflikten. Ihre Geschmeidigkeit und Flexibilität, ihre Informalität lassen sie zu einem geeigneten Instrument werden, vorhandene Kooperationsbereitschaften zu stärken und zu vertiefen. Die «Partnerschaft für den Frieden», 1993 von den USA entwickelt, wurde allen Staaten der früheren Sowjetunion angeboten, auch Rußland. Sie sollte natürlich den kleineren Staaten mehr nützen als der Großmacht, vor der sie sich fürchteten. Aber die Einbindung Rußlands in den kooperativen Kontext sicherte seine Zustimmung und erlaubte es, die Zusammenarbeit mit den kleineren Staaten der früheren Sowjetunion zu intensivieren, ohne Rußland zu provozieren.

Damit unterschied sich die «Partnerschaft für den Frieden» deutlich – und bewußt – von der (später doch erfolgten) Osterweiterung der NATO. Sie war altem traditionell geopolitischem Denken verhaftet. Sie entsprang den Konzepten von Gleichgewicht und Abschreckung, schloß Rußland nicht ein, sondern grenzte es aus. Das Konzept der «Partnerschaft» war sehr viel moderner. Es erkannte die Interessengemeinsamkeit mit Rußland an, behandelte das Land als Partner, dem selbstverständlich Zusammenarbeit angeboten und entgegengebracht werden mußte. Dieser Multilateralismus erlaubte es durchaus, in den Einzelverträgen mit den Staaten des früheren Warschauer Paktes deren Schutz- und Sicherheitsinteressen Rechnung zu tragen.

«Partnership for Peace» war auch viel moderner als die Grundakte zwischen Rußland und der NATO. Sie verfuhr nicht multilateral, sondern belebte den aus dem Kalten Krieg schon bekannten Bilateralismus zwischen der Militärallianz und Moskau. Er ist weder unwirksam noch überflüssig, aber er bleibt hinter den Möglichkeiten zurück, die der Multilateralismus als Verfahren eröffnet.

Wenn sich zwischen Governance und Multilateralismus eine weite Distanz erstreckt, so ist die kooperative Struktur beiden gemeinsam. Das ist entscheidend. Sie spiegelt wider, daß unter den Bedingungen der Gesellschaftswelt Zusammenarbeit der angemessene, richtige und erfolgversprechende Modus der Politik ist. Er verhindert keinen Konflikt. Aber er stellt sicher, daß er unter den veränderten Bedingungen des beginnenden 21. Jahrhunderts nicht antagonistisch, nicht mit Krieg und Gewalt ausgetragen wird, sondern nur mit Macht. Sie bleibt, sie ist das Vehikel aller Politik. Aber ihre Arbeitsbedingungen haben sich gewandelt, ihre Einsatzmöglichkeiten haben sich vermehrt. Kluge Macht kann in der Gesellschaftswelt vieles erreichen, was in der Staatenwelt mit Gewalt versucht und doch stets verfehlt worden ist.

Resümee

Wer in der Außenpolitik heute Erfolg haben will, darf sich nicht an der von gestern orientieren. Unter den postindustriellen Bedingungen der «Zweiten Moderne» (Ulrich Beck) haben die noch in der Prämoderne entwickelten Anleitungen der Außenpolitik ihre Bedeutung verloren. Alles muß neu gedacht werden. Macht kommt nicht mehr aus den Kanonenrohren, sondern aus dem Computer. Wohlstand hat nichts mit der Größe des Territoriums und seiner Erweiterung zu tun, sondern mit Ausbildung und Innovationsfähigkeit. Die das internationale System einst kennzeichnende Ungewißheit hat einer Informationsfülle Platz gemacht, die die Unsicherheit verringert. Die Souveränität der Staaten in Europa ist nur noch eine rechtliche Fiktion; funktional sind sie von der Interdependenz so ineinandergeschoben worden, daß die Bedeutung territorialer Abgrenzungen verschwimmt. Die Regierungen haben in den gesellschaftlichen Akteuren eine derartige Konkurrenz bekommen, daß dem Begriff der Internationalen Politik eine neue Bedeutung gegeben werden muß.

Aus der Staatenwelt ist die Gesellschaftswelt geworden. In ihr dominieren die Bedürfnisse der Gesellschaften und ihre Anforderungen an die Politischen Systeme. Deswegen ist die Welt von Bürgerkriegen gezeichnet, während der Krieg weitgehend verschwunden ist. Die Gesellschaften wenden Gewalt an, um sich einer Herrschaft zu entledigen, die sie nicht mehr akzeptieren. Sie lassen sich aber von ihrer Herrschaft für die Gewaltanwendung nach außen nur noch dann einnehmen, wenn es um die Verteidigung geht, an der sie interessiert sind. Zu kostspieligen Expeditionen zugunsten partikularer Macht oder Gewinninteressen sind sie nicht mehr zu motivieren.

Diese Gesellschaftswelt ist in Europa deutlich, in Euro-Atlantik sichtbar und in der anderen Welt schon erkennbar ausgeprägt. Die Grade differieren, aber der Prozeß ist in Gang. Damit ist die Welt nicht besser, aber sie ist anders geworden. Auf dieser Basis kann kluge Politik sie durchaus besser machen.

Wo die Interdependenz herrscht, muß die Außenpolitik zu Strategien greifen, die in der Innenpolitik angewendet werden. Militärische Gewalt kann noch zerstören, aber sie hat in der Gesellschaftswelt ihre politische Gestaltungskraft verloren. Gesellschaftlichen Konsens kann man nicht erschießen. Die USA haben es in Vietnam, die Russen in Afghanistan erfahren. Die NATO hat es in Bosnien-Herzegowina und erneut im

Kosovo gelernt. Jedenfalls hätten sie es lernen können, statt immer wieder unverdrossen denselben Fehler zu begehen. Die veränderten Bedingungen der Gesellschaftswelt verlangen neue Strategien der auswärtigen Politik. Sie müssen der Gewalt vorbeugen, statt ihr immer wieder mit Gegengewalt und immer zu spät entgegenzutreten. Kluge Macht beseitigt die Ursachen der Gewalt, die in den Strukturen und in den Prozessen stecken. Sie weiß, wie gefährlich die Interaktion ist und daß man überlegene strategische Kompetenz besitzen (also erst mal erwerben) muß, wenn man über die eigene Aktion die komplexe Interaktion steuern will.

Dazu ist Führung erforderlich, aber intelligent muß sie sein. Macht will heute ganz anders wahrgenommen werden als noch vor fünfzig Jahren. Wenn sie der Gewalt nur noch eine Reservefunktion für den Notfall der Verteidigung zuweist, ist sie keineswegs hilflos geworden. Im Gegenteil. Sie verfügt über die klassische Beziehungsmacht und zusätzlich über zwei neue Machtformen, die noch sehr viel wirksamer sind. Strukturelle Macht, verharmlosend oft «sanfte Macht» genannt, kann mit den Strukturen die Voraussetzungen beeinflussen, aus denen Außenpolitik überhaupt erst hervorgeht. Konsensmacht, Governance, multipliziert ihre Erfolgschancen, indem sie Kooperation koordiniert.

Auch Bürgerkriegen gegenüber ist kluge Macht keineswegs machtlos. Rechtzeitige politische Intervention kann möglicherweise ihre Entstehung verhindern, den Umschlag in die gewaltsame Austragung hinauszögern. Aber die Bürgerkriege sind zweifellos das schwierigste und störrischste Problem der internationalen Politik, weil sie eigentlich nicht ihr, sondern der Innenpolitik zuzurechnen sind. Um so mehr muß sich die Außenpolitik einfallen lassen, damit sie dieser Gewalterscheinung, die die Gesellschaftswelt charakterisiert, Herr werden kann.

Zu diesen Erscheinungen gehören auch der Terrorismus, das Organisierte Verbrechen, die Umweltverschmutzung. Dennoch bleibt es auch im 21. Jahrhundert die Hauptaufgabe der Außenpolitik zu verhindern, daß die «Geißel der Menschheit», der Krieg, wiederkehrt. Seine Chancen stehen schlecht, aber sie sind keinesfalls verschwunden. Gelingt es, sie endgültig zu beseitigen, können mehr als viertausend Jahre geschichtlicher Erfahrung der Menschheit zu den Akten gelegt werden.

Kluge Macht kann diesen Prozeß erfolgreich vorantreiben. Die veränderten Lebensbedingungen in der Gesellschaftswelt haben eine Kriegsursache, die Ungewißheit des internationalen Systems, sozusagen von selbst beseitigt. Sie läßt sich aber wieder heraufbeschwören, wenn Verteidigungspotentiale überdimensioniert und Verteidigungsallianzen ausgedehnt werden. Die zweite Gewaltursache, autoritäre Herrschaftssysteme, will aktiv bearbeitet werden. Um diese Systeme zu demokratisieren, muß man sich einmischen. Das ist im alten Verständnis von Souveränität und

Völkerrecht verboten, im neuen geradezu geboten. Die Interdependenz stellt die Möglichkeiten dazu bereit. Abhängigkeiten lassen sich zur Einmischung ausnutzen, wechselseitige Abhängigkeiten noch mehr. Gesellschaftliche Akteure sind überall präsent und willkommen. Wer sie darüber aufklärt, daß die von ihnen aufgebauten Handlungszusammenhänge auch die Demokratisierung des Gastlandes fördern, verstärkt ihren Einfluß. Deren wirtschaftliches Komplement, die liberale Marktwirtschaft, wird durch die Interaktion wirtschaftlicher Akteure sozusagen von selbst erzeugt.

Weil die gesellschaftliche Zustimmung zur Politik die entscheidende Größe geworden ist, wird sie zur entscheidenden Voraussetzung erfolgreicher Außenpolitik. Erzwingen läßt sich der Konsens nicht, erkaufen manchmal, erzeugen oftmals. Dazu muß man die Gesellschaften und ihre Regierungen an den Entscheidungen beteiligen. Die Verfahren des Multilateralismus bieten sich allgemein dafür an; wo hohe Grade der Interdependenz herrschen, läßt sich Governance einsetzen, die dem Regierungshandeln nachempfundene gemeinsame Kontrolle von Handlungsergebnissen. Multilateralisierung bietet ein Erfolgsrezept auch für die Bearbeitung internationaler Konflikte, sogar der Bürgerkriege. Wenn alle Beteiligten an einem Konflikt versammelt sind, auch die gesellschaftlichen Akteure, die den Preis des Austrags immer zu zahlen haben, vergrößern sich die Chancen, einen Kompromiß zu erzielen. Wenn dann noch die Nachbarn dabeisitzen, steigt der Kompromißdruck. Präsident Woodrow Wilson war vor achtzig Jahren seiner Zeit nur etwas voraus, als er forderte, die Verhandlungen der internationalen Politik öffentlich, jedenfalls teilöffentlich werden zu lassen.

Übersichtlichkeit, Kommunikation, Interdependenz, Marktwirtschaft und Demokratie kennzeichnen − zunächst zwischen den Industriestaaten, deren Zahl sich aber ausweitet − eine Welt, in der es noch Kontrahenten und Gegner gibt, aber keine Feinde. Es gibt Konflikte. Ihre Zahl wird sogar zunehmen, weil sich die Anlässe vermehren. Aber sie drücken nur noch Positionsdifferenzen aus, stellen die Existenz des anderen nicht in Frage. Damit entfällt die Voraussetzung des Krieges, jedenfalls könnte sie entfallen.

Was in Westeuropa gelang, nämlich einen über viele Jahrhunderte hin brennenden Kriegsherd nach 1945 in eine Friedenszone zu verwandeln, brauchte nur erweitert zu werden − erst in den euro-atlantischen Bereich, später in andere Teile der Welt, wo immer die Formation der Gesellschaftswelt entsteht.

Dazu wird Macht gebraucht, sie ist das Elixier der Politik, gerade der Außenpolitik. Aber sie muß sich auf die neuen Bedingungen einstellen, darf ihnen nicht alte Strategien aufzwingen wollen. Sonst stellt sie nur die Realismusfalle auf, erzeugt Konflikte, durch die sie sich bestätigt fühlt, die es aber ohne ihr Fehlverhalten gar nicht gegeben hätte. Diese Art von Realpolitik sollte sich die Gesellschaftswelt nicht mehr aufreden lassen. Denn sie bezahlt mit Leib und Leben, Hab und Gut dafür, wenn immer wieder alter, umgekippter Wein in die neuen Schläuche eingefüllt wird, die von den neuen gesellschaftlichen und wirtschaftlichen Bedingungen hergestellt worden sind.

Anhang

Anmerkungen

I.
Von der Staatenwelt zur Gesellschaftswelt

1 NATO-Brief Nr. 1, Frühjahr 1998, S. D14.

2 Deutsch-französisches Sicherheits- und Verteidigungskonzept vom 09. 12. 1996, in: Internationale Politik 1997, 5, S. 90 ff.

3 Cohen, William, 1998, in: U. S. Information and Texts 24, 18.06., S. 5.

4 Czempiel, Ernst-Otto, 1993: Weltpolitik im Umbruch. Das internationale System nach dem Ende des Ost-West-Konflikts, zweite, neu bearbeitete Auflage, München.

5 Medlicott, William Norton, 1969: Bismarck, Gladstone and the Concert of Europe, New York, S. 32.

6 Naumann, Klaus, 1994: Die Bundeswehr in einer Welt im Umbruch, Berlin, S. 92.

7 Wallace, Michael D., 1981: Old Nails in New Coffins: The Parabellum Hypothesis Revisited, in: Journal of Peace Research XVIII, 1, S. 91–95.

8 Boutros-Ghali, Boutros, 1992: Agenda für den Frieden. Vorbeugende Diplomatie, Friedenschaffung und Friedenssicherung, Bonn, Deutsche Gesellschaft für die Vereinten Nationen: Zur Diskussion gestellt, Nr. 42, Juli, S. 5.

9 Kissinger, Henry A., 1994: Die Vernunft der Nationen: Über das Wesen der Außenpolitik, Berlin.

10 Morgenthau, Hans, J., 1963: Macht und Frieden. Grundlegung einer Theorie der internationalen Politik, Gütersloh, S. 49.

11 Waltz, Kenneth N., 1979: Theory of International Politics. Reading, Mass., S. 102.

12 Morgenthau, Hans, J., 1963: Macht und Frieden. Grundlegung einer Theorie der internationalen Politik, Gütersloh.

13 Waltz (Anm. 11).

14 Zur Kritik siehe Guzzini, Stefano, 1998: Realism in International Relations and International Political Economy. The Continuing Story of a Death Foretold. London und New York.

15 Czempiel, Ernst-Otto, 1998: In der Realismusfalle. Kritik einer außenpolitischen Maxime, in: MERKUR, 52,1, Januar, S. 15 ff.

16 Brooks, Stephen G., 1997: Duelling Realisms, in: International Organization 51,3, Sommer, S. 445–77.

17 Henzler, Herbert und Späth, Lothar, 1998: Die zweite Wende, Weinheim.

18 Zürn, Michael, 1998: Regieren jenseits des Nationalstaates. Globalisierung und Denationalisierung als Chance, Frankfurt, S. 13 ff.

19 Albert, Mathias, 1996: Fallen der (Welt-)Ordnung. Internationale Beziehungen und ihre Theorien zwischen Moderne und Postmoderne, Opladen.

20 Cooper, Robert, 1993: Gibt es eine neue Weltordnung?, in: Europa-Archiv 48, 18, September, S. 507–516.

21 Dahrendorf, Ralf, 1998: Die neue Parteienlandschaft, in: Die Zeit, 27, 25. Juni, S. 7–8.

22 Gabriel, Oskar W. und Brettschneider, Frank (Hg.), 1994: Die EU-Staaten im Vergleich, Opladen, 2. Aufl., S. 502.

23 Görres-Gesellschaft (Hg.), 1985: Staatslexikon Recht Wirtschaft Gesellschaft in 5 Bdn., 7. völlig neu bearbeitete Aufl., Bd. 1, Freiburg u. a., S. 754.

24 Görres-Gesellschaft (Hg.), 1957: Staatslexikon Recht Wirtschaft Gesellschaft in 5 Bdn., 6. völlig neu bearbeitete und erweiterte Aufl., Bd. 1, Freiburg, S. 542.

25 Treue, Wilhelm, 1994: Gesellschaft, Wirtschaft und Technik Deutschlands im 19. Jahrhundert, München.

26 Statistisches Bundesamt (Hg.), 1996: Statistisches Jahrbuch, Stuttgart, S. 565.

27 Statistisches Bundesamt (Hg.), 1997: Datenreport. Zahlen und Fakten über die Bundesrepublik Deutschland, S. 104.

28 Bairoch 1976, S. 298–9; bei Sutcliffe, Antony, 1996: An Economic and Social History of Western Europe Since 1945, London.

29 Maddison, Angus, 1989: The World Economy in the 20th Century. Paris, OECD, S. 19.

30 Crossette, Barbara, 1998: A New Credo for a World (Mostly) at Peace: Make Money, Not War, in: IHT, 25. 08., S. 1.

31 Kant, Immanuel, 1964: Zum ewigen Frieden, in: Wilhelm Weischedel (Hg.): Immanuel Kant: Werke in sechs Bänden, Bd. VI, Darmstadt, S. 205–6.

32 Nipperdey, Thomas, 1983: Deutsche Geschichte: 1800–1866. Bürgerwelt und starker Staat, München, S. 463.

33 Gabriel et al. (Anm. 22), S. 506.

34 Ebenda, S. 285.

35 FAZ, 16. 07. 1998, S. 14.

36 FAZ, 10. 07. 1998, S. 12 und FAZ, 04. 08. 1998, S. 32.

37 Der Spiegel, 1997: Lichtblitze unter dem Ozean, Nr. 19, S. 182–190.

38 Statistisches Bundesamt (Hg.), 1997: Datenreport. Zahlen und Fakten über die Bundesrepublik Deutschland, S. 352.

39 Czempiel, Ernst-Otto, 1996: Kants Theorem oder: Warum sind die Demokratien (noch immer) nicht friedlich?, in: Zeitschrift für Internationale Beziehungen 3,1, Juni, S. 79–101.

40 Czempiel, Ernst-Otto, 1998: Friedensstrategien. Eine systematische Darstellung außenpolitischer Theorien von Machiavelli bis Madariaga. 2., aktualisierte und überarbeitete Auflage, Opladen/Wiesbaden, S. 35 ff.

41 Meinecke, Friedrich, 1957: Die Idee der Staatsräson in der neueren Geschichte. Herausgegeben und eingeleitet von Walther Hofer, München.

42 Huntington, Samuel P., 1991: The Third Wave: Democratization in the Late 20th Century.

43 Russett, Bruce, 1993: Grasping the Democratic Peace. Principles for a Post-Cold War World, Princeton, S. 20.

44 Ansprenger, Franz, 1999: Politische Geschichte Afrikas im 20. Jahrhundert, dritte, erweiterte Auflage, München.

45 Salamon, Lester M., 1994: The Rise of the Nonprofit Sector, in: Foreign Affairs 73,4, Juli–August, S. 109–122.

46 Freedom House, 1997: Freedom in the World, New York, Freedom House Press.

47 Washington Post 1997, zit. in: IHT, 02./03. 08., S. 6.

48 Rabehl, Thomas, 1997: Das Kriegsgeschehen 1997. Daten und Tendenzen der Kriege und bewaffneten Konflikte, Hamburg, S. 7–8.

49 Kaplan, Robert D., 1997: Was Democracy Just a Moment?, in: The Atlantic Monthly, Dezember, S. 55–80.

50 Zakaria, Fareed, 1997: The Rise of Illiberal Democracy, in: Foreign Affairs 76,6, November/Dezember, S. 22–43.

51 Czempiel (Anm. 40).

52 Inglehart, Ronald, 1989: Kultureller Umbruch. Wertwandel in der westlichen Welt, Frankfurt, S. 101, 397.

53 Page, Benjamin I. und Shapiro, Robert Y., 1992: The Rational Public. Fifty Years of Trends in American's Policy Preferences, Chicago, S. 281.

54 Groß, Jürgen, 1996: Deutschland, Rußland und die NATO. Einstellungen der Bundesbürger zur künftigen europäischen Sicherheitsarchitektur, Hamburg, Hamburger Beiträge zur Friedensforschung und Sicherheitspolitik, S. 14, 16.

55 Rielly, John (Ed.) 1991: American Public Opinion and U. S. Foreign Policy 1991, Chicago, Chicago Council on Foreign Relations, S. 10, und ders. (Ed.) 1995: American Public Opinion and U. S. Foreign Policy 1995, Chicago, Chicago Council on Foreign Relations, S. 10.

56 Juhász, Zoltán, 1995: Bedrohungsvorstellungen der Deutschen nach der Wiedervereinigung, Universität Bamberg, mimeo.

57 Rielly, John E. (Ed.), 1995: American Public Opinion and U. S. Foreign Policy 1995, Chicago, Chicago Council on Foreign Relations, S. 13.

58 Czempiel, Ernst-Otto, 1989: Machtprobe. Die USA und die Sowjetunion in den achtziger Jahren, München, S. 209 ff.

59 Rielly (Anm. 57), S. 54.

60 Dahmer, Kerstin, 1997: Parlamentarische Kontrolle der auswärtigen Gewaltanwendung. Eine Studie zur Entstehung und Wirkung des amerikanischen Kriegsvollmachtengesetzes von 1973–1996 mit besonderer Berücksichtigung des Iran-Irak-Krieges, Frankfurt.

61 Morgenthau, Hans, J., 1963: Macht und Frieden. Grundlegung einer Theorie der internationalen Politik, Gütersloh, S. 477.

62 Zu dieser Problematik detailliert und grundlegend Dahmer (Anm. 60)

63 Gartzke, Erik, 1998: Kant We All Just Get Along? Opportunity, Willingness, and the Origins of the Democratic Peace, in: American Journal of Political Science 42,1, Januar, S. 1–27.

64 Maoz, Zeev, 1997: The Controversy over the Democratic Peace: Reargard Action or Cracks in the Wall?, in: International Security 22,1, Sommer, S. 162–198.

65 Karatnycky, Adrian, 1997: Sceptical about Democracy? Look at the Record, in: IHT, 30. 12.

66 Kacowicz, Arie M., 1994: Explaining Zones of Peace: Democracies as Satisfied Powers? Paper Presented at the 16th World Congress of Political Science, Berlin.

67 Risse-Kappen, Thomas, 1995: Democratic Peace – Warlike Democracies? A Social Constructivist Interpretation of the Liberal Arguement, in: European Journal of International Relations 1, 4, S. 491–517.

68 Czempiel (Anm. 40), S. 98.

69 Tocqueville, Alexis de, 1959: Über die Demokratie in Amerika, Bd. 2, Stuttgart, S. 297.

70 Ebenda, S. 287.

71 Stiftung Entwicklung und Frieden, 1998: Globale Trends 1998. Fakten, Analysen, Prognosen, hg. von Ingomar Hauchler et al., Frankfurt, S. 57.

72 Ebenda, S. 138.

73 United Nations, 1994: World Social Situation in the 1990s, New York, S. 123.

74 Stiftung Entwicklung und Frieden (Anm. 71), S. 72.

75 Ebenda, S. 380

76 Der Fischer Weltalmanach 1997: Zahlen, Daten, Fakten, herausgegeben von Mario von Baratta, Frankfurt, S. 1111.

77 Stiftung Entwicklung und Frieden (Anm. 72), S. 385.

78 Vanhanen, Tatu, 1997: Prospects of Democracy. A Study of 172 Countries, Routledge, New York.

79 Rabehl (Anm. 48), S. 7.

80 Richburg, Keith B., 1997: The Desire for Democracy Challenges the Old Order, in: IHT, 17.12., S. 1, 4.

81 Strange, Susan, 1996: The Retreat of the State. The Diffusion of Power in the World Economy, Cambridge, S. 4.

82 Spiro, Peter J., 1995: New Global Communities: Nongovernmental Organizations in International Decision-Making Institutions, in: The Washington Quarterly 18, Winter, S. 45–46.

83 Rosenau, James IV., 1990: Turbulence in World Politics. A Theory of Change and Continuity, Princeton.

84 Czempiel (Anm. 40), S. 42 f.

85 Manning, Bayless, 1977: The Congress, the Executive and Intermestic Affairs: Three Proposals, in: Foreign Affairs 55, 2, S. 306–324.

86 Zürn, Michael, 1998: Regieren jenseits des Nationalstaates. Globalisierung und Denationalisierung als Chance, Frankfurt.

87 Waltz, Kenneth N., 1970: The Myth of National Interdependence, in: Kindleberger, Charles (Ed.): The International Corporation. A Symposium, Cambridge, Mass.

88 Keohane, Robert O. und Nye, Joseph S., 1977: Power and Interdependence: World Politics in Transition, Boston.

89 Achenwall, Gottfried, 1761: Geschichte der allgemeineren Europäischen Staatshändel des vorigen und jetzigen Jahrhunderts im Grundrisse als der Europäischen Geschichte zweyter Theil, Göttingen, S. 10–11.

90 Krasner, Stephen D., 1982: Structural Causes and Regime Consequences: Regimes as Intervening Variables,in: International Organization 36, 2, Frühjahr, S. 2.

91 Müller, Harald, 1993: Die Chance der Kooperation. Regime in den internationalen Beziehungen, Darmstadt, S. 27.

92 Hasenclever, Andreas; Meyer, Peter; Rittberger, Volker, 1997: Theories of International Regimes, Cambridge.

93 Efinger, Manfred; Rittberger, Volker; Zürn, Michael, 1988: Internationale Regime in den Ost-West-Beziehungen. Ein Beitrag zur Erforschung der friedlichen Behandlung internationaler Konflikte, Frankfurt.

94 Müller (Anm. 91), S. 133.

95 Schmidt, Hans-Joachim, 1996: Die Modernisierung des KSE-Vertrages und die Erweiterung des westlichen Bündnisses. Eine Diskussion möglicher Verhandlungsoptionen, HSFK-Report 9, Frankfurt.

96 Schlotter, Peter; Ropers, Norbert; Meyer, Berthold, 1994: Die neue KSZE: Zukunftsperspektiven einer regionalen Friedensstrategie, Opladen.

97 Wieß, Bettina, 1989: Verifikation und «Compliance Issues»: Die amerikanische Diskussion um strategische Rüstungskontrolle (1977–1985) und der INF-Vertrag, Münster.

98 Schaper, Annette und Frank, Katja, 1998: Ist eine kernwaffenfreie Welt verifizierbar? HSFK-Report, 6, Frankfurt.

99 Czempiel, Ernst-Otto, 1994: Die Reform der UNO. Möglichkeiten und Mißverständnisse, München.

100 Bulletin des Presse- und Informationsamts der Bundesregierung, Nr. 137, 24. November 1990, Bonn, S. 1409.

101 Czempiel (Anm. 4).

102 Czempiel, Ernst-Otto, 1999: Europa und die Atlantische Gemeinschaft, in: Aus Politik und Zeitgeschichte, B. 1–2/99, 08.01., S. 12 ff.

103 Stiftung Entwicklung und Frieden (Anm. 71), S. 217.

104 Sturm, Michael, 1998: Neuer Drang nach Osten? Deutsche Ostwirtschaftspolitik nach 1990, in: Rode, Reinhard (Hg.): Die Integration Mittelosteuropas in die Weltwirtschaft, Amsterdam, S. 55.

105 Prange, Heiko, 1998: Die Osterweiterung der Europäischen Union: Eine Zerreißprobe für das 21. Jahrhundert?, in: Rode, Reinhard (Hg.): Die Integration Mittelosteuropas in die Weltwirtschaft, Amsterdam, S. 80.

106 Sturm (Anm. 104), S. 56.

107 Europäische Kommission, 1994: Gesamtbericht über die Tätigkeit der Europäischen Union 1994, Brüssel, Luxemburg, S. 308.

108 Schneider, Klaus, 1995: Partnerschafts- und Kooperationsabkommen mit der Europäischen Union – Russische Föderation und Ukraine, in: Weidenfeld, Werner (Hg.): Demokratie und Marktwirtschaft in Osteuropa. Strategie für Europa, Gütersloh, S. 437ff.

109 Sachs, Jeffrey D., 1995: Consolidating Capitalism, in: Foreign Policy 98, Frühjahr, S. 50ff.

110 Stiftung Entwicklung und Frieden (Anm. 71), S. 143.

111 Drucker, Peter F., 1997: The Global Economy and the Nation-State, in: Foreign Affairs 76, 5, September-Oktober, S. 159ff.

112 Kaiser, Karl, 1969: Transnationale Politik, in: Czempiel, Ernst-Otto (Hg.): Die anachronistische Souveränität. Zum Verhältnis von Innen- und Außenpolitik, Politische Vierteljahresschrift, Sonderheft 1, S. 80ff.

113 Vgl. dazu die Arbeiten der «Group of Thirty», die im Sommer 1997 unter dem Titel: Global Institutions, National Supervision and Systemic Risk» veröffentlich worden sind, FAZ, 12. 07. 1997.

114 Albert (Anm. 19).

115 Mathews, Jessica T., 1997: Power Shift, in: Foreign Affairs 76, 1, Januar/Februar, S. 66.

116 Messner, Dirk, 1996: Politik im Wandel. NGOs in der Irrelevanzfalle oder NGO-isierung der (Welt-) Politik?, in: Friedrich Ebert-Stiftung (Hg.): Globale Trends und internationale Zivilgesellschaft oder: die NGOisierung der (Welt-) Politik?, Bonn, S. 34.

117 Lev, Ernst, 1998: Menschenrechtsorganisationen für einen Internationalen Strafgerichtshof, Frankfurt, S. 7.

118 Bader, Erik-Michael, 1997: Von den Opfern her. Der «Ottawa-Prozeß» und die Osloer Konvention zum Verbot von Antipersonenminen, in: FAZ, 22. 09., S. 14.

119 Spiegel-Special, 1996: Die Macht der Mutigen. Politik von unten: Greenpeace, Amnesty & Co., Nr. 7, Hamburg.

120 Mathews (Anm. 115), S. 54.

121 Beck, Ulrich (Hg.), 1998: Politik der Globalisierung, Frankfurt.

122 Siehe zuletzt in seiner Rede vor dem Weltwirtschaftsforum im Februar 1999 in Davos.

123 Smith, Jackie; Chatfield, Charles; Paglucco, Ron (Eds.), 1997: Transnational Social Movements and Global Politics: Solidarity Beyond the State, Syracus, N. Y., Syracus University Press.

124 Morgan, Dan und Ottaway, David B., 1998: Afghans' Treatment of Women Leaks Into Pipeline Deal, in: IHT, 12.01, S. 2.

125 Wagner, Beate, 1995: Partnerschaften deutscher Städte und Gemeinden. Transnationale Beiträge zur internationalen Sicherheit, Münster.

126 Hiatt, Fred, 1997: A State Law Makes Ways in Foreign Trade Policy, in: IHT, 26. 08.

127 The European Association of Metropolitan Cities, 1994: Eurocities, Brüssel.

128 Deutch, John, 1997: Terrorism, in: Foreign Policy, 108, Herbst, S. 10ff.

129 Mathews (Anm. 115).

130 Vgl. dazu Jachtenfuchs, Markus und Kohler-Koch, Beate (Hg.), 1996: Europäische Integration, Opladen.

131 Ropers, Norbert, 1986: Tourismus zwischen West und Ost: Ein Beitrag zum Frieden?, Frankfurt, S. 140.

132 Statistisches Bundesamt (Hg.), 1997: Datenreport. Zahlen und Fakten über die Bundesrepublik Deutschland, S. 298.

133 FAZ, 1997: Die Reiselust der Deutschen ist ungebrochen, 12.06., S. 17.

134 United Nations, 1994: World Social Situation in the 1990s, New York, S. 123.

135 FAZ (Anm. 133).

136 Luhmann, Niklas, 1971: Die Weltgesellschaft, in: Archiv für Rechts- und Sozialphilosophie 57, 1, S. 9.

137 Moisy, Claude, 1997: Myths of the Global Information Village, in: Foreign Policy 107, Sommer, S. 82

138 Ebenda, S. 80.

139 Utley, Gerrick, 1997: The Shrinking of Foreign News, in: Foreign Affairs 76, 2, März/April, S. 5.

140 Schweigler, Gebhard, 1997: Internetionale Politik: Aussenpolitische Auswirkungen der Informationsgesellschaft. SWP – S 418, Ebenhausen, April.

141 Moisy (Anm. 137), S. 84.

142 Jarren, Otfried, 1998: Demokratie durch Internet?, in: Stephan Eisel und Mechthild Scholl(Hg.): Internet und Politik, Konrad-Adenauer-Stiftung, Interne Studien Nr. 164, S. 46.

143 Gellner, Wienand, 1994: Massenmedien, in: Gabriel, Oskar W. und Brettschneider, Frank (Hg.): Die EU-Staaten im Vergleich, Opladen, 2. Aufl., S. 294.

144 Czempiel (Anm. 4).

145 Buzan, Barry, 1997: Rethinking Security After the Cold War, in: Cooperation and Conflict 32, 1, 1997, S. 5 ff.

146 Ermarth, Fritz W., 1982: Die globale Projizierbarkeit sowjetischer Macht und die strategischen Erfordernisse ihrer Eindämmung, in: Nerlich, Uwe (Hg.): Die Einhegung sowjetischer Macht, Baden-Baden, S. 109ff, 125.

147 Schwarz, Hans-Peter, 1994: Die Zentralmacht Europas. Deutschlands Rückkehr auf die Weltbühne, Berlin, S. 96, 102.

148 Waltz, Kenneth N., 1998: Interview with Ken Waltz, conducted by Fred Halliday and Justin Rosenberg, in: Review of International Studies 24, 3, S. 379. Zur Kritik siehe Guzzini, Stefano, 1998: Realism in International Relations and International Political Economy, London, S. 125 ff. Guzzini entwickelt die zutreffende These, daß der wissenschaftliche Realismus auf dem zum Scheitern verurteilten Versuch beruht, die «Maximen der europäischen diplomatischen Praxis des 19. Jahrhunderts in die allgemeineren Gesetze einer amerikanischen Sozialwissenschaft zu übertragen», S. 1..

149 Maghroori, Ray und Ramberg, Bennett (Eds.), 1982: Globalism Versus Realism. International Relations' Third Debate, Boulder, Colo.

150 Holsti, Karl J., 1985: The Dividing Discipline. Hegemony and Diversity in International Theory, Boston.

151 Herz, John H. 1959: Politischer Realismus und politischer Idealismus. Eine Untersuchung von Theorie und Wirklichkeit, Meisenheim am Glan.

152 Meyers, Reinhard, 1981: Die Lehre von den Internationalen Beziehungen. Ein entwicklungsgeschichtlicher Überblick, Düsseldorf, S. 37ff.

153 Rochau von, August Ludwig: Grundsätze der Realpolitik, angewendet auf die staatlichen Zustände Deutschlands, Stuttgart 1853. Die Schrift erschien zunächst anonym.

154 Faber, K.-G., 1966: Realpolitik als Ideologie, in: Historische Zeitschrift 203, S. 1ff.

155 Czempiel (Anm. 40).

156 Keohane, Robert O. und Nye, Joseph S., 1987: Power and Interdependence Revisited, in: International Organization 41, S. 725 ff.

157 Brooks (Anm. 16).

158 Wendt, Alexander, 1992: Anarchy is What States Make of it: The Social Construction of Power Politics, in: International Organization 46, 2, S. 391ff.

159 Efinger et al. (Anm. 93).

160 Keck, Otto, 1991: Der neue Institutionalismus in der Theorie der Internationalen Politik, in: Politische Vierteljahresschrift 32, 4, S. 635 ff.

161 Kegley, Charles, W., Jr., 1993: The Neoidealist Moment in International Studies? Realist Myths and the New International Realities, in: International Studies Quarterly 37, 2, S. 141.

162 Moravcsik, Andrew, 1997: Taking Preferences Seriously: A Liberal Theory of International Politics, in: International Organization 51, 4, S. 513 ff.

163 Czempiel (Anm. 15).

164 Herz, John H., 1974: Idealistischer Internationalismus und das Sicherheitsdilemma, in: Ders.: Staatenwelt und Weltpolitik, Hamburg, S. 39 ff.

165 Waltz (Anm. 11).

166 Glaser, Charles L., 1997: The Security Dilemma Revisited, in: World Politics 50, 1, S. 171 ff.

167 Brooks (Anm. 16).

168 FAZ, 1997: 31. 12.

169 Asbach, Olaf, 1996: Politik und Frieden beim Abbé de Saint Pierre. Erinnerung an einen (fast) vergessenen Klassiker der politischen Philosophie, in: Karl Graf Ballestrem et al. (Hg.): Politisches Denken, Jahrbuch 1995/96, Stuttgart, S. 133 ff.

170 Czempiel (Anm. 99).

171 Siehe die Beiträge in Spanger, Hans-Joachim (Hg.), 1998: Rußland und der Westen. Von der «Strategischen Partnerschaft» zur «Strategie der Partnerschaft», Frankfurt.

172 Czempiel, Ernst-Otto, 1972: Schwerpunkte und Ziele der Friedensforschung, München.

173 Levy, Jack S., 1988: Domestic Politics and War, in: Journal of Interdisciplinary History 18, 4, S. 653 ff.

174 Russett (Anm. 43).

175 Schweller, Randell L., 1996: Neorealism's Status-Quo Bias: What Security Dilemma?, in: Security Studies 5, 3, S. 90 ff.

176 Keohane, Robert O. und Nye, Joseph S., 1974: Transgovernmental Relations and International Organizations, in: World Politics 27, 1, S. 39 ff.

177 Rittberger, Volker, 1994: Internationale Organisationen – Politik und Geschichte, Opladen.

178 Mathews (Anm. 115).

179 Müller, Harald, 1989: Vom Ölembargo zum National Energy Act. Amerikanische Energiepolitik zwischen gesellschaftlichen Interessen und Weltmachtanspruch, 1973–1978, Frankfurt.

180 Dahl, Robert A., 1957: The Concept of Power, in: Behavioral Sciences 2, S. 202.

181 Zitiert bei Frankel, Benjamin, 1996: Restating the Realist Case: An Introduction, in: ders. (Ed.): Security Studies 5, 3, S. XVIII.

182 Krasner, Stephen D., 1985: Strucural Conflict. The Third World Against Global Liberalism, Berkeley, S. 14.

183 Hart, Jeffrey, 1976: Three Approaches to the Measurement of Power in International Relations, in: International Organization 30, 2, S. 289–308.

184 Rosenau, James N. und Czempiel, Ernst-Otto (Eds.), 1992: Governance without Government: Order and Change in World Politics, Cambridge, Mass.

185 Nye, Joseph. S., Jr., 1990: Soft Power, in: Foreign Policy 80, Herbst, S. 153 ff.

186 Maßgeblich dazu Zürn (Anm. 18).

187 Rosenau, James N., 1997: Along the Domestic-Foreign Frontier. Exploring Governance in a Turbulent World, Cambridge, Mass., S. 172 f.

188 Guzzini, Stefano, 1993: Structural Power: the Limits of Neorealist Power Analysis, in: International Organization 47, 3, Sommer, S. 443 ff.

189 Duchhardt, Heinz, 1997: Balance of Power und Pentarchie, 1700–1785, Paderborn.

190 Klueting, Harm, 1986: Die Lehre von der Macht der Staaten. Das außenpolitische Machtproblem in der «Politischen Wissenschaft» und in der praktischen Politik im 18. Jahrhundert, Berlin.

191 Baumann, Rainer; Rittberger, Volker; Wagner, Wolfgang, 1998: Macht- und Machtpolitik: Neorealistische Außenpolitiktheorien und Prognosen für die deutsche Außenpo-

litik nach der Vereinigung, Tübinger Arbeitspapiere zur Internationalen Politik und Friedensforschung, Nr. 30, S. 11.

192 Cline, Ray S., 1977: World Power Assessment, Boulder, Colo.; Knorr, Klaus, 1975: The Power of Nations, New York.

193 Nye, Joseph S., Jr. und Owens, William A., 1996: America's Information Edge, in: Foreign Affairs 75, 2, S. 20 ff.

194 Nye (Anm. 185).

195 Fußmann, Klaus, 1998: Eine Kunst kam aus Amerika. Der Abstrakte Expressionismus und die CIA, in: FAZ, 11. 07.

196 Schwarz, Hans-Peter, 1994: Die Zentralmacht Europas. Deutschlands Rückkehr auf die Weltbühne, Berlin; Schöllgen, Gregor, 1993: Angst vor der Macht. Die Deutschen und ihre Außenpolitik, Berlin.

197 Hacke, Christian, 1997: Die neue Bedeutung des nationalen Interesses für die Außenpolitik der Bundesrepublik Deutschland, in: Aus Politik und Zeitgeschichte B1–2/97, S. 3 ff.

198 Zürn, Michael, 1998: Regieren jenseits des Nationalstaates. Globalisierung und Denationalisierung als Chance, Frankfurt.

199 Der luxemburgische Ministerpräsident Jean-Claude Juncker, zitiert in: Der Spiegel 9, 01. 03. 1999, S. 164.

II.
Strukturen verändern

1 FAZ, 1996: 28. 11., S. 1.

2 Mendelssohn-Bartholdy, Albrecht, 1928: Die Politik und das Abrüstungsproblem, in: Th. Niemeyer (Hg.), Handbuch des Abrüstungsproblems, systematischer Teil, Berlin, S. 36.

3 Puschkow, Alexej, 1997: Pyrrhussieg des Westens? Das Tauziehen um die NATO-Erweiterung, in: Internationale Politik 5, S. 33.

4 Sample, Susan G., 1998: Military Build-ups, War, and Realpolitik. A Multivariate Modell, in: Journal of Conflict Resolution 42, 2, April, S. 156 ff.

5 Dembinski, Matthias, 1998: Perspektiven der GASP nach dem Vertrag von Amsterdam, in: Die Friedens-Warte 73, 2, S. 173 ff.

6 Vgl. Europäische Union, 1995: Strategiepapier vom 21. 11. für die Beziehungen zwischen der EU und Rußland, in: Bulletin für die Europäische Union 11, S. 150 ff.

7 Schlotter, Peter, 1999: Die KSZE im Ost-West-Konflikt. Wirkung einer internationalen Institution, Frankfurt.

8 Bulletin des Presse- und Informationsamts der Bundesregierung, Nr. 137, 24. November 1990, Bonn, S. 1409.

9 Gemeinsame Erklärung von zweiundzwanzig Staaten über die neuen Ost-West-Beziehungen in Europa am Rande des KSZE-Gipfeltreffens in Paris am 19. November 1990 verabschiedet, in: Europa-Archiv 45, 24, 25. 12., S. D654 ff., § 1.

10 Archer, Clive, 1983: International Organizations, London, S. 163.

11 Meyer, Berthold, 1998: In der Endlosschleife? Die OSZE-Langzeitmissionen auf dem Prüfstand, HSFK-Report 3/1998, Frankfurt a. M.

12 Elrod, Richard B., 1976: The Concert of Europe: A Fresh Look at an International System, in: World Politics 28, 2, Januar, S. 159 ff.

13 Annual Report of the Secretary General on the Work of the Organization, 16. 06. 1965–15. 06. 1966: Introduction, New York.

14 OSZE-Jahrbuch 1998, hg. vom Institut für Friedensforschung und Sicherheitspolitik an der Universität Hamburg (IFSH), Nomos, Baden-Baden S. 552.

15 Schlotter, Peter; Ropers, Norbert; Meyer, Berthold, 1994: Die neue KSZE: Zukunftsperspektiven einer regionalen Friedensstrategie, Opladen.

16 Mandelbaum, Michael, 1996: The Dawn of Peace in Europe. New York.

17 Kant, Immanuel, 1964: Zum ewigen Frieden, in: Wilhelm Weischedel (Hg.): Immanuel Kant: Werke in sechs Bänden, Bd. VI, Darmstadt, S. 236.

18 Vogel, Heinrich, 1998: Gesicherte Partnerschaft. Das Verhältnis NATO-Rußland, in: Internationale Politik 53, 7, Juli, S. 37.

19 Kolodziej, Edward A. und Leppingwell, John W. R., 1997: Reconstructing European Security. Cutting NATO Enlargement Down to Size, in: Contemporary Security Policy 18, 1, April, S. 29.

20 Czempiel, Ernst-Otto, 1994: Die Reform der UNO. Möglichkeiten und Mißverständnisse, München.

21 Hull, Cordell, 1944: Rundfunkansprache vom 9. April 1944, in: Documents on American Foreign Relations VI, Washington, S. 25 ff.

22 Di Chiaro, Joseph, 1998: Consolidating Peace Through Practical Disarmament Measures and Control of Small Arms, in: Stiftung Wissenschaft und Politik (Hg.), Ebenhausen, S. 146.

23 Cooper, Henry, Director of SDI 1992: Interview by a European Audience on WorldNet, 19. 03., in: U.S. Policy Information and Texts 035, 20. 03. 1992, S. 32.

24 Cheney, Dick, Secretary of Defense, 1992: The Security of the Nation Comes First, in: U.S. Policy Information and Texts 005, 10. 01. 1992, S. 42.

25 Schliebe, Tanja, 1998: Analysen der Stellungnahmen amerikanischer und deutscher Politiker zum Sicherheitsdilemma nach 1990. Frankfurt, HSFK, mimeo.

26 National Defense Panel, 1997: Transforming Defense. National Security in the 21st Century, Report, Dezember, Executive Summary.

27 Wendt, Alexander, 1992: Anarchy is What States Make of it: The Social Construction of Power Politics, in: International Organization 46, 2, S. 391ff.

28 Asian Security, 1997–1998: Compiled by the Research Instiute for Peace and Security, Tokyo, London, S. 226 ff.

29 Li, Chien-pin, 1997: Fear, Greed, or Garage Sale? The Analysis of Military Expenditure in East Asia, in: The Pacific Review, 10,2, S. 274 ff.

30 Tyler, Patrick E., 1999: The China Threat, Some Experts Insist, Is Overrated, in: IHT 16. 02.

31 Inoguchi, Takashi und Stillman, Grant B., 1997: North-East Asian Regional Security: The Role of International Institutions, Tokyo.

32 Gruner, Wolf D. (Hg.), 1989: Gleichgewicht in Geschichte und Gegenwart, Hamburg.

33 Moul, William B., 1989: Measuring the «Balance of Power»: A Look at some Numbers, in: Review of International Studies, 15, S. 116.

34 Kaplan, Morton A., 1957: System and Process in International Politics, New York.

35 Link, Werner, 1980: Der Ost-West-Konflikt. Die Organisation der internationalen Beziehungen im 20. Jahrhundert, Stuttgart, S. 21.

36 Noé, Claus, 1998: Wohin der Rubel rollt. Moskaus Währungspolitik führt zum Ausverkauf des Landes, in: Die Zeit, 36, 27. 08., S. 19.

37 Schmidt-Häuer, Christian, 1998: Der Rat der falschen Freunde. Der Internationale Währungsfonds ist mit schuld an Rußlands Niedergang, in: Die Zeit, 36, 27. 08. 1998, S. 17.

38 Statistisches Bundesamt: Statistisches Jahrbuch für das Ausland 1996, Wiesbaden 1996, S. 166.

39 Czempiel, Ernst-Otto, 1996: Die USA und Westeuropa: Asymmetrie, Interdependenz, Kooperation, in: Manfred Knapp und Gert Krell (Hg.): Einführung in die internationale Politik. Studienbuch. Oldenburg, 3. Auflage, S. 85 ff.

40 Dembinski (Anm. 5).

41 Czempiel, Ernst-Otto, 1998: Eine neue Ordnung für Europa, in: Internationale Politik und Gesellschaft, Nr. 4, S. 357–376.

42 Czempiel, Ernst-Otto, 1997: Die Neuordnung Europas. Was leisten NATO und OSZE für die Kooperation mit Osteuropa und Rußland?, in: Aus Politik und Zeitgeschichte B 1–2, 03. 01. 1997, S. 44.

43 Halperin, Norton H., 1993: Guaranteeing Democracy, in: Foreign Policy 91, Sommer, S. 112f.

44 Kant (Anm. 17), S. 42

45 Hintze, Otto, 1962: Staat und Verfassung. Gesammelte Abhandlungen zur allgemeinen Verfassungsgeschichte, hg. von Gerhard Oestreich, S. 411.

46 Czempiel, Ernst-Otto, 1989: Machtprobe. Die USA und die Sowjetunion in den achtziger Jahren, München, S. 209 ff.

47 Congress Report 7/1997, 12.

48 Peters, Ingo, 1997: Von der KSZE zur OSZE: Überleben in der Nische kooperativer Sicherheit, in: Helga Haftendorn und Otto Keck (Hg.): Kooperation jenseits von Hegemonie und Bedrohung. Sicherheitsinstitutionen in den internationalen Beziehungen, Baden-Baden, S. 57 ff.

49 Asmus, Ronald, 1998: Statement des Deputy Assistant Secretary of State for European and Canadian Affairs Ronald Asmus vor dem Ständigen Rat der OSZE am 17. Juli 1998, in: U. S. Information and Texts, 29, 23.07., S. 20 ff.

50 Jun, Uwe und Kuper, Ernst (Hg.), 1998: Nationales Interesse und integrative Politik in transnationalen Parlamentarischen Versammlungen, Opladen.

51 Czempiel, Ernst-Otto, 1996: Zwischen Ideal und Realität: Die Menschenrechte, in: MERKUR, 50, 9/10, September/Oktober, S. 905 ff.

52 Deutscher Bundestag, 1996: Drucksache 13/5601, 25. September: Entwicklung der Reformprozesse in den MOE-Staaten und den Neuen Unabhängigen Staaten auf dem Territorium der ehemaligen Sowjetunion seit Anfang 1994. Antwort der Bundesregierung. Bonn, S. 75 ff.

53 Organization for Economic Co-Operation and Development (Ed.), 1996: Aid and other Resource Flows to the Central and Eastern European Countries and the New Independent States of the Former Soviet Union (1990–1994), OCDE/GD (96), Paris, S. 30.

54 Lugar, Richard G., 1998: What the Balkans Need Is Democracy in Serbia, in: IHT, 1. 12.

55 Interessant, aber sehr unsystematisch dazu Sandschneider, Eberhard, 1997: Demokratieförderung von außen, in: Internationale Politik, 52, 2, Mai, S. 11ff.

56 Londregan, John B. und Poole, Keith T., 1996: Does High Income Promote Democracy?, in: World Politics 49, 1, Oktober, S. 28.

57 Schmidt, Hilmar und Take, Ingo, 1997: Demokratischer und besser? Der Beitrag von Nichtregierungsorganisationen zur Demokratisierung internationaler Politik und zur Lösung globaler Probleme, in: Aus Politik und Zeitgeschichte, B. 43/97, 17. Oktober, S. 14.

58 Diamond, Larry, 1989: Beyond Authoritarianism and Totalitarianism: Strategies for Democratization, in: The Washington Quarterly 12, 1, Winter, S. 148.

59 Wagner, Beate, 1995: Partnerschaften deutscher Städte und Gemeinden. Transnationale Beiträge zur internationalen Sicherheit, Münster.

60 Czempiel, Ernst-Otto, 1985: Das Phänomen der Intervention aus politikwissenschaftlicher Sicht, in: ders. und Werner Link (Hg.): Interventionsproblematik aus politikwissenschaftlicher, völkerrechtlicher und wirtschaftswissenschaftlicher Sicht, Straßburg, S. 5 ff.

61 Czempiel, Ernst-Otto, 1994: Vergesellschaftete Außenpolitik, in: MERKUR, 48, 1, Januar, S. 1ff.

62 Fact Sheet, 1997: U. S. Efforts to Promote Human Rights and Democracy, in: U. S. Information and Texts, 51, 18. 12., S. 29 f.

63 Diamond, Larry, 1992: Promoting Democracy, in: Foreign Policy 87, Sommer, S. 43.

64 Zakaria, Fareed, 1997: The Rise of Illiberal Democracy, in: Foreign Affairs 76,6, November/Dezember, S. 41.

65 Kirkpatrick, Jeane, J., 1979: Dictatorships and Double Standards, in: Commentary, 68, 5, November, S. 34 ff.

66 Illiberal Illusions. Responses to «The Rise of Illiberal Democracy», in: Foreign Affairs 77, 3, May/June 1998, S. 122 ff.

III.
Beziehungsmacht: Bürgerkriege befrieden

1 Zürn, Michael, 1998: Regieren jenseits des Nationalstaates. Globalisierung und Denationalisierung als Chance, Frankfurt.

2 Statistisches Bundesamt, 1996: Statistisches Jahrbuch 1996 für das Ausland, Wiesbaden, S. 107.

3 The Commission on Global Governance, 1995: Our Global Neighbourhood. The Report of the Commission on Global Governance. Oxford, S. 132

4 Rabehl, Thomas, 1997: Das Kriegsgeschehen 1997. Daten und Tendenzen der Kriege und bewaffneten Konflikte, Hamburg, S. 7.

5 Kimminich, Otto, 1984: Einführung in das Völkerrecht, München[2], S. 323.

6 Debiel, Tobias und Nuscheler, Franz (Hg.), 1996: Der neue Interventionismus. Humanitäre Einmischung zwischen Anspruch und Wirklichkeit, Bonn; Brunkhorst, Hauke (Hg.), 1998: Einmischung erwünscht? Menschenrechte und bewaffnete Intervention, Frankfurt.

7 Talbott, Strobe, 1999: Das neue Europa und die neue NATO, in: FAZ, 05. 02., S. 11.

8 Boutros-Ghali, Boutros, 1992: Agenda für den Frieden. Vorbeugende Diplomatie, Friedensschaffung und Friedenssicherung, Bonn, Deutsche Gesellschaft für die Vereinten Nationen: Zur Diskussion gestellt, Nr. 42, Juli, S. 5.

9 Simma, Bruno (Hg.), 1991: Charta der Vereinten Nationen. Kommentar. München, S. 993.

10 Bungarten, Pia (Hg.), 1995: Frühwarnung und Vermittlung bei Konflikten – Chancen für Prävention? Bonn, Friedrich-Ebert-Stiftung.

11 Carnegie Commission on Preventing Deadly Conflict, 1997: Preventing Deadly Conflict. Final Report. New York, S. 44.

12 Netherlands Institute of International Relations, Clingendael: Conflict Prevention and Early Warning in the Political Practice of International Organizations, The Hague, 1996, S. 17.

13 Meyer, Berthold, 1998: In der Endlosschleife? Die OSZE-Langzeitmissionen auf dem Prüfstand, HSFK-Report 3/1998, Frankfurt a. M.

14 Carnegie Commission (Anm. 11), S. 156.

15 Ebenda, S. 162.

16 Ebenda, S. 151.

17 IHT, 08. 03. 1999.

18 Carter, Ashton, John Deutch und Philip Zelikow, 1998: Catastrophic Terrorism, in: Foreign Affairs, 77,6, November/Dezember, S. 80 ff.

19 USPIT 21, 27. 05. 1998, S. 8–9.

20 Sprinzak, Ehud, 1998: The Great Superterrorism Scare, in: Foreign Policy 112, Herbst, S. 110 ff.

21 Deutch, John, 1997: Terrorism, in: Foreign Policy 108, Herbst, S. 10 ff.

22 Sprinzak (Anm. 20), S. 133.

23 Gates, Robert M., 1998: No Easy Remedies Against Anti-American Terrorism, in: International Herald Tribune, 18. 08.

24 Lewis, Bernard, 1998: License to Kill, in: Foreign Affairs, 77, 6, November/Dezember, S. 14 ff.

25 Statistisches Bundesamt, 1998: Statistisches Jahrbuch für die Bundesrepublik Deutschland, Wiesbaden, S. 690.

26 SZ, 12. /13. 09. 1998.

27 Kaltefleiter, Viola, 1995: Die Entwicklungshilfe der Europäischen Union. Rechtfertigung, Effizienz und politische Ökonomie staatlicher Entwicklungshilfe. Heidelberg.

28 Carnegie Commission (Anm. 11), S. 88.

29 Esman, Milton J., 1997: Can Foreign Aid Moderate Ethnic Conflict? Washington.

30 IHT, 1998: 26.11., S. 1.

31 Rosenthal, A. M., 1997: How the West Sped Asia on its Road to Ruin, in: IHT, 24./25. 12.

32 FAZ, 1998: 28. 07.

33 IHT, 1997: 14. 07.

34 Friedrich-Ebert-Stiftung (Hg.), 1996: Globale Trends und internationale Zivilgesellschaft. Oder: die NGOisierung der (Welt-)Politik? Bonn, S. 34.

35 Simmons, P. J., 1998: Learning to Live with NGOs, in: Foreign Policy, 112, Herbst, S. 84.

36 Gränzer, Sieglinde et al., 1997: Transnationale Menschenrechtsnetzwerke in der Internationalen Politik. Florenz, mimeo.

37 Friedrich-Ebert-Stiftung (Anm. 34), S. 42.

38 Brundtland-Bericht, 1987: Unsere gemeinsame Zukunft. Deutsche Ausgabe herausgegeben von Volker Hauff, Greven, S. 322.

39 Carnegie Commission (Anm. 11), S. 122.

40 Khanna et al., 1998: Sharing the Financial Burden for U. N. and NATO Peacekeeping 1976–1996, in: The Journal of Conflict Resolution 42, 2, April, S. 176 ff.

41 Klingenburg, Konrad und Schnabel, Albrecht, 1997: Quo Vadis Peacekeeping?, Hamburger Beiträge zur Friedensforschung und Sicherheitspolitik 106, September, IFSH, Hamburg.

42 IHT, 1997: 01. 07.

43 Molt, Peter, 1997: zitiert in: FAZ, 30. 10. 1997.

44 Rabehl (Anm. 4), S. 8.

45 Ebenda, S. 10 ff. Vgl. zu diesem Problemkreis die Diskussion um den Konstruktivismus in den internationalen Beziehungen.

46 Crocker, Chester A. und Hampson, Fen Osler, 1996: Making Peace Settlements Work, in: Foreign Policy, 104, Herbst, S. 54 ff.

47 Lugar, Richard G., 1998: What the Balkans Need Is Democracy in Serbia, in: IHT, 1. Dezember.

48 Helmke, Reinhart, 1996: How to Manage the Many International and Local Actors, in: Winrich Kühne: Winning the Peace. Concept and Lessons Learned of Post-Conflict Peacebuilding. Report, Ebenhausen, S. 99.

49 Diamond, Luise und McDonald, John, 1991: Multi-Track Diplomacy: A Systems Guide and Analysis, Occasional Paper 3, Iowa Peace Institute, zitiert bei: Thania Paffenholz: Vermittlung. Kriegsbeendigung und Konfliktregelung durch friedliche Einmischung, in: Volker Matthies (Hg.): Vom Krieg zum Frieden. Kriegsbeendigung und Friedenskonsolidierung, Bremen, 1995, S. 53.

50 Zu den Erfahrungen in Bosnien-Herzegowina vgl. Jan-Dirk von Mervelt, 1998: UN Media Policy, in: Wolfgang Biermann und Martin Vadset (Eds.): UN Peacekeeping in Trouble: Lessons Learned from the Former Yugoslavia, Hants, S. 253 ff.

51 Gasteyger, Curd, 1998: After the War. How to Keep Peace and Rebuild Society? in: IHT, 10. 11.

52 Ropers, Norbert und Debiel, Tobias (Hg.), 1995: Friedliche Konfliktbearbeitung in der Staaten- und Gesellschaftswelt, Bonn, S. 291.

53 Reilly, Ben, 1998: This No-Melting Pot. A Recipe for Failure in Bosnia, in: IHT, 12.–13. 09.

IV.
Beziehungsmacht: Den Krieg austrocknen

1 Bonn International Center for Conversion, 1998: Conversion Survey 1998. Global Disarmament, Defense Industry, Consolidation and Conversion, Oxford.

2 Cimbala, Steven, J., 1998: Armies, States and Terrorism, in: Strategic Review, Winter, S. 47.

3 IHT, 1998: 22. 12.

4 IHT, 1999: 08. 03., S. 6.

5 FAZ, 1996: 28. 11., S. 1.

6 Adam, Werner, 1997: Noch fehlt es an klarer Orientierung, in: FAZ, 20. 10., S. 16.

7 Schmidt, Hans-Joachim, 1998: Folgenreicher Stillstand. Die westliche Strategiedebatte gefährdet die konventionelle Rüstungskontrolle in Europa, in: FAZ, 10. 06., S. 12. Vergleiche umfassend dazu von demselben Autor: Die Anpassung des KSE-Vertrages: Konventionelle Rüstungskontrolle zwischen Bündnisverteidigung und kooperativer Sicherheit. HSFK-Report, 1, 1998, Frankfurt.

8 USIT 1998, Nr. 24, 17. 06., S. 16.

9 Gompert, David C., 1998: National Security in the Information Age, in: Naval War College Review, 51,4, Herbst, S. 22 ff.

10 Grey, Edward, 1972, zitiert bei M. Tate: The Disarmament Illusion, New York, 1972.

11 Aslund, Anders, 1998: Programmierter Kollaps. Rußlands Finanzkrise führt ins Chaos. In: Internationale Politik, 53, 10, Oktober, S. 11.

12 Die Zeit, 1998: 29. 10., S. 33.

13 Pradetto, August und Alamir, Fouzieh Melanie (Hg.), 1998: Die Debatte über die Kosten der NATO-Osterweiterung. Baden-Baden, S. 28.

14 Carey, Sarah und Maynes, Charles William, 1998: Uns bleibt nur noch wenig Zeit. Der Marshall-Plan könnte ein Modell für Hilfsaktionen sein, in: Die Zeit, 29. 10., S. 15.

15 Breuer, Rolf-E., 1999: Offene Bürgergesellschaft in der globalisierten Weltwirtschaft, in: FAZ, 04. 01., S. 8–9.

16 Kelle, Alexander, 1996: Das Chemiewaffen-Übereinkommen und seine Umsetzung – Einführende Darstellung und Stand der Diskussion, HSFK-Report 12, Frankfurt.

17 Müller, Harald und Preisinger, Johannes, 1995: Non-Proliferation auf dem Prüfstand. Die Verlängerung des Nichtverbreitungsvertrags und die Zukunft des Nichtverbreitungsregimes, HSFK-Report, 3, Frankfurt.

18 Müller, Harald, 1998: Das Ende der nuklearen Nichtverbreitung? Hintergründe und Folgen der Atomtests in Südasien, in: Blätter für deutsche und internationale Politik, Jg. 43, Nr. 7, Juli, S. 818 ff.

19 Maynes, Charles William, 1995: Relearning Intervention, in: Foreign Policy 98, Frühjahr, S. 103 ff.

20 Schaper, Annette und Frank, Katja, 1998: Ist eine kernwaffenfreie Welt verifizierbar? HSFK-Report, 6, Frankfurt.

21 IHT, 1999: 07. 01., S. 1 und 2.

22 Perkovich, George, 1998: Nuclear Proliferation, in: Foreign Policy 112, Herbst, S. 21–22.

23 FAZ, 20. 11. 1998.

24 Rademacher, Horst, 1998: Die Kosten eines Krieges, der nie geführt wurde, bei dem es keine Schlachten und Gefechte gab, in: FAZ, 20.08.

25 Zur Thematik siehe Thränert, Oliver, 1998: Zwischen Rüstungskontrolle und Abschreckung: Amerikanische Antworten auf die Verbreitung Biologischer Waffen. Friedrich-Ebert-Stiftung, Mai, Bonn.

26 Stiftung Entwicklung und Frieden (Hg.), 1997: Globale Trends 1998, Frankfurt, S. 318, S. 313.

27 Das Parlament, 1998: Nr. 45, 30. 10., S. 14.

28 Wisotzki, Simone, 1998: Eine Erfolgsstory: Der Ottawa-Vertrag gegen die Minenplage, in: Reinhard Mutz et al. (Hg.): Friedensgutachten 1998, Münster, S. 317ff.

29 Stiftung Wissenschaft und Politik (Ed.),1998: Consolidating Peace Through Practical Disarmament Measures and Control of Small Arms, Ebenhausen.

30 Rotfeld, Adam Daniel, 1997: The Emerging International Security Agenda, in: SIPRI Yearbook 1997, London 1998, S. 1ff.

31 Ball, George W., 1982: The Past Has Another Pattern. Memoirs, New York.

32 Maull, Hanns W., 1990: Der iranisch-irakische Krieg. In: Die internationale Politik 1987/1988, München, S. 265ff.

33 Priest, Dana, 1998: A Fuzzy Role for U. S. Military, in: IHT, 13. 07.

34 Thränert, Oliver, 1991: Einseitige Abrüstung? Erfahrungen mit sowjetischen und amerikanischen Initiativen, Frankfurt.

35 Rudolf, Peter, 1995: Zweischneidig, aber nützlich – Wirtschaftssanktionen in der internationalen Politik, Ebenhausen. Zum Problemkreis insgesamt vgl. David Cortright und George A. Lopez (Eds.): Economic Sanctions. Panacea or Peacebuilding in a Post-Cold War World? Boulder, 1995.

36 IHT 1998. Bestritten werden diese Zahlen vom Vorsitzenden des Auswärtigen Senatsausschusses Jesse Helms: What Sanctions Epidemic? in: Foreign Affairs 78,1, Januar/Februar 1999, 2ff.

37 Siehe dazu die umfassende und gründliche Untersuchung von Rudolf, Peter, 1998: Amerikanische Sanktionspolitik und Transatlantische Beziehungen: Konflikte und Gestaltungsaufgaben, SWP-AP 3087, Ebenhausen, bes. S. 21ff.

38 Kulessa, Manfred und Starck, Dorothee, 1997: Frieden durch Sanktionen? Empfehlungen für die deutsche UN-Politik. Policy Paper der Stiftung Entwicklung und Frieden, Bonn. Eine gekürzte Version bietet Kulessa, Manfred, 1998: Stumpfes Friedensinstrument? Zur Problematik der UN-Sanktionen, in: Aus Politik und Zeitgeschichte, B. 16–17, 10. 04., S. 31ff.

39 Rudolf, Peter, 1997: Macht ohne Moral? Zur ethischen Problematik internationaler Wirtschaftssanktionen, in: Die Friedens-Warte, 72,4, S. 321.

40 Cortright, David (Ed.), 1997: The Price of Peace: Incentives and International Conflict Prevention. Lanham, MD.

41 Gellman, Barton, 1998: New U. S.-China Ties are the Fruit of 96' Shift in Policy, in: IHT, 23.06., S. 2.

42 Lampton, David M., 1998: China, in: Foreign Policy, Frühjahr, S. 13ff.

43 Brenner, Michael, 1997: Kritischer Dialog oder konstruktives Engagement?, in: Internationale Politik, 52, 9, September, S. 7ff.

44 Zu den Einzelheiten Czempiel, Ernst-Otto, 1994: Die Reform der UNO. Möglichkeiten und Mißverständnisse, München, S. 96ff.

45 Ebenda, S. 74ff.

46 National Defense Panel, 1997: Transforming Defense. National Security in the 21st Century. Report. Dezember, S. 33ff., 72ff.

47 Wegley zit. bei Keegan, John, 1997: Die Kultur des Krieges, Hamburg.

48 Weller, Marc, 1998: Auf dem Weg zu einer imperialen Machtordnung der Welt?, in: FAZ, 21. 12.

V.
Konsensmacht

1 Zürn, Michael, 1998: Regieren jenseits des Nationalstaates. Globalisierung und Denationalisierung als Chance, Frankfurt.

2 Kohler-Koch, Beate, 1996: Die Gestaltungsmacht organisierter Interessen, in: Markus Jachtenfuchs und Beate Kohler-Koch (Hg.): Europäische Integration, Opladen, S. 204.

3 Jachtenfuchs, Markus und Kohler-Koch, Beate (Hg.), 1996: Europaische Integration, Opladen, S. 24.

4 Keohane, Robert O., 1984: After Hegemony, Princeton NJ.

5 Czempiel, Ernst-Otto, 1999: Europa und die Atlantische Gemeinschaft, in: Aus Politik und Zeitgeschichte, B. 1–2/99, 08. 01., S. 12 ff.

6 Boutros-Ghali, Boutros, 1999, zitiert in: Der Spiegel, 2, S. 130.

7 Weidenfeld, Werner, 1996: Kulturbruch mit Amerika? Das Ende transatlantischer Selbstverständlichkeit. Gütersloh.

8 Gerke, Kinka, 1997: Die unilaterale Versuchung: Die Sanktionen der USA gegen die Handelspartner Kubas, Irans, Libyens und ihre Auswirkungen auf das Welthandelsregime, HSFK-Report, 2, Frankfurt.

9 Baker, James A. III, 1991/1992: America in Asia: Emerging Architecture for a Pacific Community, in: Foreign Affairs, 70, Winter, S. 1 ff.

10 Clinton, Bill, 1993, in: USPIT 119, 26.11.

11 Asian Security, 1997–1998: Compiled by the Research Instiute for Peace and Security, Tokyo, London, S. 226 ff.

12 Thränert, Oliver (Ed.), 1996: Enhancing the Biological Weapons Convention, Bonn.

13 Kelle, Alexander, 1998: Security in a Nuclear Weapons Free World. How to Cope with the Weapons of Mass Destruction Threat, PRIF-Report,Nr. 50, Frankfurt.

14 Czempiel, Ernst-Otto, 1998: Worte, die Gewalt bedeuten. Clintons Rede, Amerikas Neue Strategie und der Abschied von der Politik der Weltgemeinschaft, in: FAZ, 18. 12.

15 Davor versagt auch der Neorealismus. Siehe Link, Werner, 1998: Die Neuordnung der Weltpolitik. Grundprobleme globaler Politik an der Schwelle zum 21. Jahrhundert, München, S. 197.

16 Siehe dazu ausführlich Czempiel, Ernst-Otto, 1989: Machtprobe. Die USA und die Sowjetunion in den achtziger Jahren, München, S. 127 ff.

17 Brenner, Michael, 1995: The Multilateral Moment, in: Ders. (Ed.): Multilateralism and Western Strategy, New York, S. 9.

18 Rugie, John Gerard, 1992: Multilateralism: The Anatomy of an Institution, in: International Organization 46, 3, Sommer, S. 571.

19 Dazu Rugie, John Gerard (Ed.), 1993: Multilateralism Matters: The Praxis of an Institutional Form, New York.

Sachregister

Personenregister

Anzeigen

Zeitgeschichte

Manfred Görtemaker
Geschichte der
Bundesrepublik Deutschland
Von der Gründung bis zur Gegenwart
1999. 915 Seiten. Leinen

Gerhard A. Ritter
Über Deutschland
Die Bundesrepublik
in der deutschen Geschichte
1998. 303 Seiten. Leinen

Kurt Sontheimer
So war Deutschland nie
Anmerkungen zur
politischen Kultur der Bundesrepublik
1999. 262 Seiten. Gebunden

Norbert Frei
Vergangenheitspolitik
Die Anfänge der Bundesrepublik
und die NS-Vergangenheit
2., durchgesehene Auflage. 1997. 464 Seiten. Leinen

Saul Friedländer
Das Dritte Reich und die Juden
Band 1: Die Jahre der Verfolgung 1933–1939
Aus dem Englischen von Martin Pfeifer
2., durchgesehene Auflage. 1998.
458 Seiten. Leinen

Manfred Hildermeier
Geschichte der Sowjetunion 1917–1991
Entstehung und Niedergang
des ersten sozialistischen Staates
1998. 1206 Seiten mit 73 Tabellen,
8 Diagrammen und 1 Karte. Leinen

Verlag C. H. Beck München